却话程门立雪时

——程正民教授80华诞贺集

王志耕 邱运华 陈太胜 编

中国社会科学出版社

图书在版编目（CIP）数据

却话程门立雪时：程正民教授 80 华诞贺集 / 王志耕，邱运华，
陈太胜编 . —北京：中国社会科学出版社，2017.3
ISBN 978 - 7 - 5161 - 9468 - 3

Ⅰ.①却… Ⅱ.①王… ②邱… ③陈… Ⅲ.①程正民—纪念文集
Ⅳ.①K825.46 - 53

中国版本图书馆 CIP 数据核字（2016）第 308834 号

出 版 人	赵剑英	
责任编辑	罗 莉	
责任校对	李 林	
责任印制	戴 宽	

出 版	中国社会科学出版社	
社 址	北京鼓楼西大街甲 158 号	
邮 编	100720	
网 址	http://www.csspw.cn	
发 行 部	010 - 84083685	
门 市 部	010 - 84029450	
经 销	新华书店及其他书店	

印刷装订	北京君升印刷有限公司	
版 次	2017 年 3 月第 1 版	
印 次	2017 年 3 月第 1 次印刷	

开 本	710 × 1000	1/16
印 张	31	
字 数	435 千字	
定 价	109.00 元	

2001 年，在昆明云南大学

大学照

高中毕业团支部照（后排右一）

大学毕业部分同学照（后排左二）

老两口

全家福

2000 年，文艺学研究中心和民俗典籍文字研究中心部分老师合影

2002 年，文艺学研究中心老师合影

1999 年，参加中外文论学术研讨会，左起杜书瀛、程正民、童庆炳、钱中文、李衍柱

2007 年，参加巴赫金学术研讨会，左起童庆炳、托多罗夫（法国）、刘宁、程正民

1987 年，与 1985 年文艺学研究生在一起（右二童庆炳）

2002 年，与原苏联文学研究所部分师生在一起

2016 年，与历届研究生在一起

2001 年，在云南西双版纳热带雨林

2001 年，在宁夏沙坡头的腾格里沙漠

2001 年，在广东湛江海边

1990 年，在格鲁吉亚哥里

2010 年，在法国南部的蔚蓝海岸

2014 年，在美国普林斯顿大学

目　　录

◎第四编　程正民为学生著作题序录

◎第五编　程正民回忆录《风声雨声读书声》节选

第一编

程正民学术生涯评述

我所走过的学术道路[*]

程正民

一

1955 年我从厦门双十中学毕业，到北京师范大学中文系学习，至今已经整整 60 年了。我的祖籍是惠安，出生地是厦门，18 岁以前一直在厦门生活和求学，是家乡的水土养育了我，是家乡的老师培育了我，我对福建、对厦门怀有深深的感情。

1959 年，我从北京师范大学中文系毕业，留在文艺理论教研室工作，从此走上文艺理论教学和研究的道路。60 年代中期，转入苏联文学研究室和后来的苏联文学研究所，专门从事俄苏文论和俄苏文学的研究工作和教学工作。期间曾任《苏联文学》杂志常务副主编和苏联文学研究所副所长。90 年代初，苏联文学研究所解散，叶落归根，我又回到中文系文艺理论教研室，先后担任过教研室主任和中文系系主任。退休以后，我一直在 2000 年成立的教育部人文社会科学重点研

---

　　* 本文是为《程正民著作集》写的总序。著作集有《俄罗斯文学批评史研究》、《俄罗斯文学批评家研究》、《巴赫金的文化诗学研究》、《俄罗斯作家创作心理研究》。

究基地北京师范大学文艺学研究中心工作。50多年来，工作单位虽有变化，但我的学术研究和教学工作始终没有离开文学理论，重点也一直是俄苏文学理论。

"文化大革命"前我主要从事文艺理论教学工作，"文化大革命"期间除了"大批判"根本谈不上什么学术研究，我们这一代人的宝贵青春是在政治运动中耗掉的。好在历史是有情的，新的历史时期使我们重新获得学术生命，在科学的春天里开始了真正的科学研究。新时期以来，我的研究工作以俄苏文论为中心，先后从事以下几个方面的研究：（1）俄苏文学批评史的研究，俄苏马克思主义文论的研究；（2）文艺心理学的研究，俄国作家创作心理学的研究；（3）巴赫金的研究；（4）20世纪俄罗斯诗学流派的研究。这次出版的这套著作集基本上反映了以上几个方面的研究成果。

在著作集编辑出版的过程中，我的学生王志耕、邱运华、陈太胜和他们的学生在各个方面做出了很大的努力，付出了辛勤的劳动，他们对老师的爱让我深深感动，我谢谢他们。

二

新时期我的学术研究是从俄苏文学批评史研究，从俄苏马克思主义理论批评研究起步的。俄苏文学批评、俄苏马克思主义理论批评，在世界文学理论批评格局中占有重要地位，对中国现代文学理论批评也产生过独特的、深刻的影响，这项研究的意义是不言自明的。1983年，我参加刘宁主持的国家社科"六五"重点项目"俄苏批评史"的研究工作，同他一起给研究生开设"俄苏文学批评史"课程，共同编写出版《俄苏文学批评史》（1992），后来又参加他主持的《俄国文学批评史》（1999）的编写。在宏观研究的基础上，我又抓住列宁和卢那察尔斯基这两个重点人物进行研究，这两个项目先后被列入"八五"和"九五"国家社科基金项目，出版了《列宁文艺思想与当代》（1997）和《卢那察尔斯基文学理论批评的现代阐释》（2006）这两本专著。前者被评论认为是"对列宁文艺思想中的一系列重大理论问题进行了深入的研究，可称新中国成立以来中国学者集中研究列宁文艺思想的突破性和总结性成果"（《文艺理论与批评》1998 年第 5 期）。尽管当下有些人看不上马克思主义文艺理论批评，但我始终认为马克思主义文论是经过实践检验的科学真理，当今西方一些著名的文学理论家都十分看重它，认为马克思主义文艺理论是无法绕过的。问题是马克思主义文艺理论需要随着现实生活的发展，随着当下文学艺术的发展而发展。为了总结 20 世纪马克思主义文艺理论的新发展、新形态以及多样性、当代性、开放性等一系列新特征，我于 2003 年申请了国家社科重点项目"20 世纪马克思主义文艺理论国别研究"，并邀请我的朋友童庆炳同我一起担任总主编，大家经过多年努力，出版了包括中国、俄国、日本、德国、法国、英国、美国七大卷的《20 世纪马克思主义文艺理论国别研究》（2012）。其中，我参加了《20 世纪俄国马克思主义文艺理论研究》的编写。国别史的研究引起学界的重视，著名文艺理论家钱中文指出："这套丛书，应该说是对 20 世纪世界范围的马克思主义文艺理论成就、问题的一个总体性的详尽描述、一个综合性的理论总结，堪称一部 20 世纪全景式的马克思主义文艺理论发展史。这样全面性的介绍、大规模的综合研究，在中国自然是第一次，在世界范围内也更属首创，这真使我们大开眼界。"（《中国图书评论》2012 年第 10 期）

三

历史地看，马克思主义文论、马克思主义艺术社会学，在 20 世纪俄罗斯文论中占有主导的地位，但随着材料的发掘和研究的深入，人们发现俄罗斯文论并非只此一家别无分店。20世纪俄罗斯诗学不仅有普列汉诺夫、列宁、沃罗夫斯基和卢那察尔斯基这些光辉的名字，也有什克洛夫斯基、普罗普、维戈茨基、洛特曼和巴赫金这些曾受过批判但具有国际影响的文论大家，不同的诗学流派构成了20世纪俄罗斯诗学多姿多彩的灿烂图景，他们的理论探索和理论贡献开拓了新的文艺理论空间，影响了世界文论的发展。注意到这种新情况，近十几年来，我的俄罗斯文论研究以巴赫金的研究为起点，开始转向更为开阔的俄罗斯诗学流派研究，并于2010年申请了教育部人文社会科学研究基地重大项目"20世纪俄罗斯诗学流派"，同我的年轻朋友一起从事社会学诗学、形式诗学、心理诗学、叙事诗学、历史诗学、结构诗学和文化诗学等七大诗学流派的研究。

20世纪初，俄罗斯诗学产生了重要变化，在出现了马克思主义社会学诗学的同时，也出现了把文艺等同于政治、经济的庸俗社会学（非诗学的社会学），出现了只讲形式结构忽视历史文化语境的形式主义（非社会学的诗学）。面对这种复杂的局面，如何把文学的内容研究和形式研究、历史研究和结构研究、外部研究和内部研究统一起来，成了文艺理论家纠结的大问题。当年俄罗斯各诗学流派的代表人物顶住了被打成"形式主义"的罪名和"离经叛道"的种种压力，进行了长期的、艰难的理论探索。普罗普用了20年时间以故事结构研究为起点，进而把故事的结构研究和历史研究结合起来，他的研究深深影响了西方的叙事学。维戈茨基作为著名的心理学家，专注于作品叙事的结构研究，寻找读者审美反应和文本艺术结构的内在联系。洛特曼的诗歌研究从诗歌结构入手，研究诗歌结构和意义生成的关系，提出应当把文本结构和超文本结构（历史文化语境）结合起来。这些诗学流派代表人物的研究，十分重视艺术形式结构的研究，又努力继承俄罗斯文论的历史主义传统，他们强调形式和内容的结合、结构和历史的融合、内部和外部的贯通，为文学研究闯出了新路。

在20世纪俄罗斯诗学七大流派的研究过程中，除了完成我个人承担的"巴赫金诗学研究"，也对其他诗学流派做了概略的研究，写出了《历史地看待俄国形式主义》、《普罗普的故事结构研究和历史研究》、《维戈茨基论审美结构和审美反应》、《洛特曼论文本结构和意义生成》等系列论文。同时，应学校研究生院之约为文艺学硕士和博士研究生录了网络专题课"从形式主义到巴赫金——20世纪俄罗斯诗学流派研究"。之后，为了深化这方面的研究，我写出了20万字的《在历史和形式之间——考察19—20世纪俄罗斯文论的一个视角》。我研究的目的是试图把一个重要的理论问题交还给历史，从史论结合的角度，从俄苏文学理论批评史的角度，来探讨内容和形式、历史和结构、外部和内部这个重要的文学理论问题，使得理论的研究有历史感，使历史的研究有方向感和理论深度。其中包括19世纪俄国文学理论批评的两种走向（别林斯基的历史批评及美学批评和皮萨列夫的"美学毁灭论"、德鲁日宁的"纯艺术论"），19世纪末20世纪初俄国学院派文学理论批评的两个派别（佩平的历史文化学派和维谢洛夫斯基的历史比较学派），20世纪初俄罗斯文学理论批评的两个极端（俄国形式主义和庸俗社会学），俄罗斯马克思主义文学理论批评如何对待历史批评和美学批评（普列汉诺夫、列宁、卢那察尔斯基），十月革命后俄罗斯文学理论批评历史和形式相融合的新探索和新趋势。通过历史的研究可以发现，内容与形式、历史与结构、外部与内部的矛盾以及对于两者融合的追求和探索，始终贯穿其中。这个历史过程的展示，也能引发我们对如何达到两者融合的理论思考，并进一步把握理论发展的趋势。

四

在20世纪俄罗斯各种诗学流派中，最重要的也最令我神往的是巴赫金的诗学。巴赫金是20世纪俄罗斯乃至世界范围最伟大的哲学家和文学理论家。20世纪80—90年代，当他进入国内学术界的视野时，人们普遍关注的是他的"对话"、"复调"、"狂欢"理论，在此之外，我更关心他的诗学理论。我认为一部《陀思妥耶夫斯基诗学问题》谈的与其说是陀思妥耶夫斯基的诗学，不如说是巴赫金诗学，巴赫金是通过研究陀思妥耶夫斯基的诗学来表达和阐明自己的诗学观点。巴赫金的诗学研究内容非常丰富、深刻，而且独具特色，其中包括语言诗学、体裁诗学、小说诗学、历史诗学、文化诗学和社会学诗学等。当年我的巴赫金诗学研究是从巴赫金文化诗学研究起步的，是在我的老师、中国民俗学泰斗钟敬文先生的关心和指导下进行的。他在《巴赫金全集》首发式上谈巴赫金的狂欢化思想和中国狂欢文化的关系，给了我很大的启发。当他看到我发表在《文学评论》（2000 年第 1 期）的论文《巴赫金的文化诗学》时，鼓励我将它扩展为一本书。2002 年 1 月，我把刚出版的《巴赫金的文化诗学》送到先生病床前时，他露出了微笑。而由他审阅过的《文化诗学：钟敬文和巴赫金的对话》发表在《文学评论》2002 年第 2 期时，他已离我们而去。巴赫金的文化诗学研究给我最大的启示是不能把文学研究封闭于文本之中，研究文学不能脱离一个时代完整的文化语境，要把文学理论研究同文化史研究紧密结合起来，只有这样做才能揭示文学创作的底蕴。巴赫金在《陀思妥耶夫斯基诗学问题》中，既细致地分析了复调小说在体裁、情节、结构和语言方面的一系列特征，又深入揭示了复调小说的文化历史根源，以及它同民间狂欢文化的联系，狂欢体小说的历史演变等。这样，他把文学的内部研究和外部研究完全融为一体。在从事巴赫金的文化诗学研究之后，我又先后研究了巴赫金的语言诗学、体裁诗学、小说诗学、历史诗学和社会学诗学，写出了 30 多万字的专著《巴赫金的诗学》。在这些研究中，我感到巴赫金不仅对各种诗学的研究有自己独到的见解和突出的理论建树，其中诸如"超语言学"、"体裁社会学"、"小说性"、"文学的内在社会性"等一系列理论观点，都有很强的理论独创性和很高的理论价值。同时，巴赫金又是把诗学研究作为一个整体加以看待，他认为文学是一种复杂而多面的现象，有社会、文化、心理、语言、形式多种层面。文学研究没有什么灵丹妙药，必须从不同的角度和不同的层面进行研究，而不同角度和不同层面的研究又不是互不相干的，它们构成一个统一的整体，这是巴赫金诗学研究最富独创性和最具特色的地方。因此，我把巴赫金的诗学命名为巴赫金的整体诗学。巴赫金的整体诗学研究形成了一个基本的格局：（1）把形式和体裁放在一个重要的突出的地位，主张诗学研究应当从形式和体裁切入，从形式和体裁的创新来把握思想内容的创新，来把握作家创作的真正特质。（2）把文化诗学作为诗学研究的中心，既反对把文学同社会政治经济因素直接联系起来，又反对过分强调文学的特性，把文学同社会历史文化割裂开来，主张在一个时代广阔的整体的文化语境中来理解和把握文学现象。（3）为了深入把握一种艺术形式和艺术体裁的特征，还必须把体裁诗学同历史诗学结合起来，对艺术形式、艺术体裁、艺术手法的演变过程做深入的历史分析，使共时研究和历时研究得到相互印证。

不管是巴赫金也好，普罗普、维戈茨基、洛特曼也好，他们的研究对象虽然各不相同，巴赫金是研究小说的，普洛普是研究故事的，洛特曼是研究诗歌的，但他们都是在克服非社会学的诗学（形式主义）和非诗学的社会学（庸俗社会学）的基础上，积极探索和实践文学研究中形式研究和内容研究相结合、结构研究和历史研究相融合、内部研究和外部研究相贯通的道路。他们的研究既弘扬了俄罗斯文论的历史主义传统并克服其对艺术结构形式的忽视，又吸收西方文论对形式结构的重视并纠正其忽视社会历史文化语境的偏颇，这就为世界文论的发展找到了新的出路，开拓了新的理论空间。

五

文艺心理学研究，特别是俄国作家创作心理研究，也是我新时期文论研究的一个独具特色的方面。新时期的文艺心理学研究在沉寂了半个世纪之后重新活跃起来，许多研究文学理论的同行从文艺社会学的研究转向文艺心理学的研究。这种现象的出现不是偶然的。大而言之，它是同关注人自身、研究人自身的思潮相联系的，是同文艺界对审美主体的重视，对艺术特点和艺术规律的探求相联系的。文艺心理学在洞悉艺术的奥秘方面，比起文艺学的其他分支来就有不可代替的优势。从我个人来说，由文艺社会学转向文艺心理学研究，则是同自己的学术旨趣相关。在文学理论的教学和科研中，我一直对作家的个性和作家创作过程的奥秘感兴趣，但又苦于无法从理论上透彻说明一些问题，传统的文学理论很少涉及这方面的问题，而文艺心理学恰好能为探讨这些问题找到一些出路。我的文艺心理学研究最早得到我的老师黄药眠先生的关心和支持，他热情鼓励我从事文艺心理学研究，并建议利用熟悉俄苏文学文论的优势，先从了解苏联的文艺心理学研究做起。在先生的指导下，我先后翻译了苏联心理学家科瓦廖夫的《文学创作心理学》，苏联文艺学家梅拉赫的《创作过程和艺术接受》，并在《文艺报》上发表了《苏联的文艺心理学研究》（1985 年第 6 期）一文。事物的发展总有必然性也有偶然性，1985 年我的朋友童庆炳恰好申请到国家"七五"社科重点项目——"心理美学（文艺心理学研究）"，他诚恳地邀请我参加这项研究，于是我们同他的 13 位硕士生组成一个充满学术锐气和团结和谐的学术集体，师生平等地展开研究和对话，共同在文艺心理学的世界里遨游，当年的情景至今仍然令人神往。这项研究的最终成果是《现代心理美学》（1993），其中我写了"总论"。作为这一项目的组成部分，我们还出版了一套《心理美学丛书》（13 种），其中我写了《俄国作家创作心理研究》（1990）。

《俄国作家创作心理研究》是国内第一次从文艺心理学的角度探讨普希金、果戈理、屠格涅夫、陀思妥耶夫斯基、托尔斯泰、契诃夫等俄罗斯著名作家的创作心理，试图从作家个性特征和艺术思维特征的角度，更深入地揭示俄罗斯作家的创作奥秘和底蕴，为俄罗斯文学研究提供新的视角，开拓新的天地。研究的中心是作家的个性心理，其特色是理论研究和个案研究的结合。我力求运用文艺心理学的相关理论来阐明俄罗斯作家的创作心理，同时又借助俄罗斯作家创作心理的丰富内容来思考和深化文艺心理学一些重要的理论内容，其中涉及作家创作个性和作家气质的关系，作家艺术个性和作家艺术思维、艺术思维类型的关系，以及作家童年经验对作家创作的影响等问题。例如在作家创作个性和作家艺术思维关系问题上，指出由于感性、理性等不同的思维组成因素在不同作家身上形成不同的独特联系，作家艺术思维可以划分为主观型、客观型和综合型等不同类型，造成了作家不同的创作个性。普希金的创作个性是同诗人富于创造性的、开放性的和不断变化的艺术思维相联系的，是同思想、感情和形象和谐统一的艺术思维相联系的，而陀思妥耶夫斯基的创作个性则是同作家充满矛盾和充满活力的艺术思维相联系的。陀氏艺术思维中的感情因素和理性因素、形象因素和思维因素，常常处于不平衡和矛盾的状态。当作家从现实生活出发，当他的艺术思维中情感的因素占优势，逻辑的理性的因素被掩盖时，作品就充满艺术力量；当他的艺术思维脱离现实生活的逻辑的理性的因素占优势，具体的形象的感性的因素只能做一种点缀时，这时作品必然丧失艺术力量。但总的来看，陀思妥耶夫斯基的艺术思维体系是现实的，它比作家那些脱离现实生活的偏执理论更有力量，天才作家不朽的力量盖源于此。

　　随着研究的深入，我也渐渐发现文艺心理学研究也有局限性，作家的创作心理实际上不仅是一种个性心理现象，也是一种社会心理现象。在文艺心理学研究中把文艺心理学和社会心理学结合起来是必然的，于是便有了《托尔斯泰的创作和俄国农民心理》、《俄国文学主人公的演变和社会心理的变化》、《俄苏文学创作和世纪之交的俄国社会心理》等文章，并收入多人合作的《文学艺术与社会心理》（1997）之中。在《托尔斯泰的创作和俄国农民心理》中，我在学习列宁论托尔斯泰论文的基础上，试图进一步探讨托尔斯泰创作的矛盾、托尔斯泰创作的艺术独创性、托尔斯泰艺术思维的变化和托尔斯泰美学思想同俄国农民心理的内在联系，指出托尔斯泰把俄国千百万农民的真诚和天真、抗议和绝望，完全融进自己的创作探索和美学探求之中。

六

从中文系文艺理论教研室到苏联文学研究所，又从苏联文学研究所回到文艺理论教研室和文艺学研究中心，回顾 50 多年所走过的研究和教学的道路，由于历史的原因，我一直在文学理论研究和俄苏文论、文学两界穿行。我的文学理论研究以俄苏文论为中心，又同俄苏文学创作密切联系。这虽然是一种个人无法选择的命运安排，却暗合了理论和实践相结合、理论研究和历史研究相结合的研究路数。我常常告诉自己的学生，做文学理论研究，最好以一个国别的文学和文论的研究，或者以一段文学史或几个作家的研究作为根据地，只有真切地感悟文学作品的艺术魅力，真正深入到历史文化语境中去，这样谈起文学理论问题才不会从理论到理论，从概念到概念，才能避免干巴空疏，才能真正洞悉文学现象的全部历史复杂性，才能真正领略文学现象的无限生动性。理论和创作相结合，使我的文学理论研究获益不少。文学理论的视角给我的俄苏文学研究带来"理论色彩"，而俄苏文学的研究又使得我的文学理论研究有了创作实践的依据，也更富于历史感。比如，我的俄罗斯作家研究，由于从文艺心理学的角度切入，就更能深入作家的内心世界，更能把握作家的创作个性和艺术特色，同时，俄罗斯作家创作心理的个案研究也促使我思考作家的童年经验和创作的关系、作家的艺术思维类型和创作个性的关系等一系列文艺心理学的重要理论问题。又如，文学的内容和形式、历史和结构、外部和内部，一直是让历代文学理论家纠结和苦闷的问题，当我把这个重大的理论问题交给历史，特别是交给 20 世纪俄罗斯文学理论批评的新进展来进行思考时，我可以从巴赫金、普罗普、维戈茨基、洛特曼这些理论大家的探索中得到启发，找到解决问题的思路，史论结合的方法使我尝到了甜头。

当然，这种两界穿行由于精力分散和自身学养不足，也存在明显的局限，两方面的研究常常顾此失彼，无法深入，因而两个方面的研究都很难达到比较理想的境界，并留下不少遗憾。随着时间的流逝，年岁的增长，这一切很难再有大的改进，只能留给年轻的一代学者去探索和解决。令我感到欣慰的是，在50多年的学术道路上我始终热爱自己的专业，始终没有懈怠，始终没有放弃自己的追求。让我感到温暖的是，在这条道路上一直有师长、同行和朋友的陪伴和相助，这一切我将永远铭记在心。

附：程正民学术著作简表

专著

《俄国作家创作心理研究》，百花文艺出版社 1990 年、1999 年版。

《俄苏文学批评史》（合著），北京师范大学出版社 1992 年版。

《20 世纪俄苏文论》，百花文艺出版社 1994 年版。

《马克思主义文艺理论发展简史》（合著），北京师范大学出版社 1995 年版。

《列宁文艺思想与当代》，北京师范大学出版社 1997 年版。

《文学艺术与社会心理》（合著），高等教育出版社 1997 年版。

《俄国文学批评史》（合著），上海译文出版社 1999 年版。

《马克思和现代美学》（合著），高等教育出版社 2001 年版。

《创作心理与文化诗学》，辽宁人民出版社、辽海出版社 2001 年版。

《巴赫金的文化诗学》，北京师范大学出版社 2001 年版。

《中国现代文学理论体系的建构——文学理论教材与教学的历史沿革》（合著），北京大学出版社 2005 年版。

《卢那察尔斯基文艺理论批评的现代阐释》（合著），北京大学出版社 2006 年版。

《程正民自选集》，山东文艺出版社 2007 年版。

《艺术家的个性心理和发展》，北京大学出版社 2012 年版。

《20 世纪俄国马克思主义文艺理论研究》（合著），北京大学出版
社 2012 年版。

《从普希金到巴赫金——俄苏文论和文学研究》，福建人民出版社
2015 年版。

《跨文化研究与巴赫金诗学》，中国大百科全书出版社 2016 年版。

参与主编的著作

《心理美学丛书》（13 本，副主编），百花文艺出版社 1990 年版。

《现代心理美学》（副主编），中国社会科学出版社 1993 年版。

《文艺社会学：传统与现代》（主编之一），武汉大学出版社 1994
年版。

《文艺心理学教程》（主编之一），高等教育出版社 2001 年版。

《20 世纪外国文论经典》（主编之一），北京师范大学出版社
2004 年。

《文艺心理学新编》（主编），北京师范大学出版社 2011 年版。

《20 世纪马克思主义文艺理论国别研究》（7 卷本，总主编之一），
北京大学出版社 2012 年版。

《英俄历史文学传统与经验》（主编之一），北京师范大学出版社
2013 年版。

译著

《勃列日涅夫集团关于文艺问题的决议和言论选编》（合译），人
民文学出版社 1978 年版。

《苏联现实主义问题讨论集》（合译），外国文学出版社 1981
年版。

《文学创作心理学》（科瓦廖夫，独译），福建人民出版社 1983

年版。

《苏联当代作家谈创作》（合译），北京师范大学出版社 1984
年版。

《苏联文学史》（叶尔绍夫，合译），北京师范大学出版社 1987
年版。

《创作过程与艺术接受》（梅拉赫，合译），黄河文艺出版社 1989
年版。

《苏联时期儿童文学精选》（合译），中国少年儿童出版社 1993
年版。

论文与书评、书序

《浅谈托尔斯泰是怎样创作的》，《北京师范大学学报》1978 年第
5 期。

《关于勃列日涅夫时期文艺政策的一些情况和看法》，《文艺百家》
1979 年第 2 期。

《近年来苏联文学道德探索问题》，《外国文学动态》1983 年第
1 期。

《屠格涅夫现实主义创作论》，《苏联文学》1983 年第 5 期。

《生活好像从她心中流过》（评贝尔戈利茨《白天的星星》），《苏
联文学》1983 年第 5 期。

《苏联评论界关于 50—60 年代文学言论评述》，《苏联 50—60 年
代文学讨论集》，外语与教学出版社 1984 年版。

《苏联作家的思考和探索》（《苏联当代作家谈创作》前言），《苏
联文学》1984 年第 4 期。

《苏联的文艺心理学研究》，《文艺报》1985 年第 6 期。

《卢那察尔斯基文艺批评给我们的启示》，《艺术欣赏指要》，文化
艺术出版社 1986 年版。

《卢那察尔斯基文艺思想》，中国社会科学院外文所《外国文学函
授》1986 年。

《苏联当代文学观念的变化》，《国外文学》1986 年第 4 期。

《一本经得起历史考验的书》（评维戈茨基《艺术心理学》），《外国文学评论》（创刊号）1987 年 2 月。

《列宁文艺批评的方法论问题》，《北京师范大学学报》1987 年第 3 期。

《苏联文艺心理学研究的新成就》，《苏联文学》1988 年第 1 期。

梅拉赫《创作过程与艺术接受》译本序言，黄河文艺出版社 1989 年版。

《苏联的艺术创作综合研究》，《文艺研究》1989 年第 2 期。

《屠格涅夫：特殊的音调和特殊的喉咙》，《南都学坛》1989 年第 3 期。

《普希金的创作个性和艺术思维的特征》，《外国文学评论》1989 年第 3 期。

《果戈理：气质、生命力和创作》，《苏联文学》1989 年第 6 期。

《人格的力量，时代的风云——评黄药眠〈动荡：我所经历的半个世纪〉》，《文艺报》1991 年 11 月 9 日。

《中国现代诗学和俄苏诗学》，《中西诗学比较体系》，人民文学出版社 1992 年版。

《列宁的社会主义文化纲领》，《北京师范大学学报》（增刊）1992 年。

《总论：心理美学的历史、对象和方法》，《现代心理美学》，中国社会科学出版社 1993 年版。

《艺术家的道德情感》，《北京师范大学学报》1994 年第 3 期。

《俄罗斯文学皇冠上的一颗明珠》（《初恋——屠格涅夫中短篇小说精选》前言），华文出版社 1995 年版。

《想起了俄罗斯文学》，《光明日报》1995 年 8 月 30 日。

《托尔斯泰的艺术独创性与艺术思维和农民心理》，《北京师范大学学报》1996 年第 2 期。

《昨日书评辉煌的启示——评〈中国书评精选评析〉》，《文汇读书周报》1999 年 2 月 13 日。

《俄罗斯文学批评在中国的传播和影响》，《俄国文学批评史》，上
　　海译文出版社 1999 年版。

《巴赫金的文化诗学》，《文学评论》2000 年第 1 期。

《巴赫金的对话思想和文论的现代性》，《文艺研究》2000 年第
　　2 期。

《巴赫金的诗学研究》，《马克思主义美学研究》第 3 辑，广西师
　　范大学出版社 2000 年版。

《狂欢式的世界感受——巴赫金文化诗学的哲学层面》，《文学前
　　沿》第 2 辑，首都师范大学出版社 2000 年版。

《巴赫金多元互动开放的整体文化观》，《文学理论学刊》第 1 辑，
　　北京师范大学出版社 2000 年版。

邱运华著《诗性启示：托尔斯泰小说诗学研究》序言，学苑出版
　　社 2000 年版。

《小说特性与民间文化》，《文学评论》2001 年第 6 期。

《文化诗学：钟敬文和巴赫金的对话》，《文学评论》2002 年第
　　2 期。

《狂欢式的思维和艺术思维》，《福建论坛》2002 年第 3 期。

《巴赫金的文化诗学的民族特色和大家风范》，《文学理论学刊》
　　第 2 辑，北京师范大学出版社 2002 年版。

黄键著《京派文学批评研究》序言，上海三联书店 2000 年版。

《巴赫金的对话理论与语文教学的对话性》，《语文教学与研究》
　　2003 年第 9 期（上）。

《拉伯雷的怪诞现实主义小说和民间诙谐文化》，《江西师范大学
　　学报》2003 年第 6 期。

《新世纪文学理论教学的改革和出路》，《中华读书报》2004 年 9
　　月 8 日。

《卢那察尔斯基文学批评的社会维度和美学维度》，《马克思主义
　　美学研究》第 8 辑，广西师范大学出版社 2005 年版。

《巴赫金的整体诗学研究和当代文艺学建设》，《理解与阐释》
（《人文新视野》第 3 辑），百花文艺出版社 2005 年版。

《解放初高校文艺学教学的转型——1951—1952 年高校文艺学教学
大讨论》，《文化与诗学》第 5 辑，北京大学出版社 2005 年版。

《周扬与统编的文艺学教材》，《中国现代文学理论知识体系的建
构——文学理论教材与教学的历史沿革》，北京大学出版社
2005 年版。

《俄罗斯文艺学的历史主义传统和创新》，《外国文学评论》2006
年第 1 期。

《马克思主义美学文艺学的多种形态》，《中国社会科学院院报》
2006 年 11 月 30 日。

《历史地看待文论教材和文论知识体系的重构》，《文艺美学研究》
第 4 辑，河南人民出版社 2007 年版。

《经典在对话中形成》，《文化与诗学》第 6 辑，北京大学出版社
2008 年版。

《程正民自选集》序言，《程正民自选集》，山东文艺出版社 2007
年版。

《作为美学家、文艺理论家的黄药眠》，《中国政法大学学报》
2008 年第 2 期。

《俄罗斯文艺学结构研究和历史研究的结合》，《俄罗斯文艺》
2008 年第 3 期。

《文化大发展的新局面和当下美学的机遇》，《沈阳工学院学报》
2008 年第 4 期。

《文化多样性和 20 世纪俄罗斯马克思主义美学的多种形态》，《湖
北大学学报》2008 年第 4 期。

《从对立到对话——20 世纪俄罗斯马克思主义文艺学的发展轨迹》，
《马克思主义美学研究》第 11 辑，中央编译出版社 2008 年版。

吴晓峰著《国语运动和文学革命》序言，中央编译出版社 2008
年版。

邱运华著《俄苏文学十八题》序言，安徽教育出版社 2009 年版。

《历史地看待蔡仪主编的文艺学教材——为蔡仪诞辰百年而作》，
　　《美学的传承和鼎新》，中国社会科学出版社 2009 年版。

《别林斯基论历史题材创作》，《北京师范大学学报》2009 年第
　　2 期。

《巴赫金的体裁诗学》，《清华大学学报》2009 年第 2 期。

《识见·立场·旨归——俄苏文论研究与教学 30 年》，《俄罗斯文
　　艺》2009 年第 2 期。

《历史的张力和艺术的魅力——普希金历史题材创作二题》，《中
　　国政法大学学报》2009 年第 3 期。

宋春香著《他者文化语境中的狂欢理论》序言，中国社会科学出
　　版社 2009 年版。

周春霞著《解读红色经典——〈青春之歌〉的文本张力和生产机
　　制》序言，中国广播电视出版社 2009 年版。

《审美意识形态和理论创新》，《文化与诗学》2009 年第 2 辑，北
　　京大学出版社 2009 年版。

《开拓文艺学的理论空间——俄罗斯文论大家论文艺学建设》，
　　《文化与诗学》2010 年第 1 辑，北京大学出版社 2010 年版。

张灵著《叙述的源泉——莫言小说与民间文化中的生命主体精
　　神》序言，中央编译出版社 2010 年版。

《客观地展示陀思妥耶夫斯基的全貌——谈陈燊主编的〈陀思妥
　　耶夫斯基全集〉》，《俄罗斯文艺》2011 年第 3 期。

《中国文论要有开阔的国际视野》，《文化与诗学》2011 年第 1 辑，
　　北京大学出版社 2011 年版。

《苏联的社会历史文化心理学派》，《文艺心理学新编》，北京师范
　　大学出版社 2011 年版。

《总论：20 世纪俄罗斯马克思主义文论的发展》，《20 世纪俄国马
　　克思主义文艺理论研究》，北京大学出版社 2012 年版。

《20 世纪马克思主义文论的多样性、当代性、开放性》，《马克思

主义与现实》2012年第1期。

《普罗普的故事结构研究和历史研究》，《中国政法大学学报》
    2012年第5期。

《艺术家心理学的研究对象和方法》，《艺术家个性心理和发展》，
    北京大学出版社2012年版。

谢慧英著《强力的"挣扎"与主体性"突围"——路翎创作研
    究》序言，中国社会科学出版社2012年版。

《历史地看待俄国形式主义》，《俄罗斯文艺》2013年第1期。

王志耕著《圣愚之维：俄罗斯文学经典的一种文化阐释》序言，
    北京大学出版社2013年版。

《文本的结构和意义的生成——洛特曼的结构诗学》，《文化与诗
    学》2012年第2辑，北京大学出版社2013年版。

《钟敬文与文艺学研究》，《北京师范大学学报》2013年第4期。

《苏联文学优秀经典的张力和魅力》，《俄罗斯文化评论》第4辑，
    首都师范大学出版社2014年版。

《马克思主义文艺理论研究的一项重大成果——七卷本〈20世纪
    马克思主义文艺理论国别研究〉述评》，《中国中外文艺理论
    研究·2013》，中国社会科学出版社2014年版。

《跨文化研究与巴赫金的对话思想》，《中国文艺评论》2016年第
    3期。

踏踏实实的开创性工作

——评《俄苏文学批评史》*

何茂正

我国学术界早就呼唤有识之士对俄苏文学批评进行整体研究，写出有创见、有特色的俄苏文学批评史。

众所周知，19 世纪以前的俄国文学和俄国文学批评有如一个刚刚学步的小孩，而进入 19 世纪以后，俄国文学和文学批评迅速成长为一个巨人，一跃而登上了世界文学和文学批评的前列，以后便长期盛而不衰。这里有多少值得我们研究的规律性东西和值得我们探讨的理论问题啊！在俄苏文学史的研究方面，我国已经出版了几部中国人自己写的俄苏文学史，然而俄苏文学批评史的研究，却长期处于空白状态。刘宁、程正民合著的《俄苏文学批评史》的问世，填补了这一空白，这是我国学术界的一件喜事。

---

* 刘宁、程正民：《俄苏文学批评史》，北京师范大学出版社 1992 年版。

　　研究俄苏文学批评史的难度很大。研究者面对纷繁复杂的俄苏文学批评史料，需要尽可能完整地加以搜集整理，寻求一个准确的视角对其进行分类归纳，发现俄苏文学批评的内在系统，进而对俄苏文学批评史进行深入的把握和科学的表述。俄苏文学批评史的研究，其工作量之大还在于，俄苏历史上的各个文学批评流派是以各自的理论、观点、方法面对俄苏作家及其文学作品的，这就有一个联系大量俄苏文学作品再来审视他们的鉴赏、判断、评价与理论概括是否科学及科学程度如何的问题。只有结合文学作品对有关批评史料进行认真审视才能判断批评家批评的成败得失。而俄苏文学作品又是具体的俄苏社会现实生活的再现以及作家灵魂的表现，因而还有对俄苏社会现实进行再研究的问题。这就是说，除了俄苏文学批评史料之外，从某种意义上说，俄苏作家作品及社会现实都应纳入俄苏批评史的研究范围。只有进行这样大量的工作，而且以唯物辩证法为指导进行这样大量的工作，才能得出实事求是的，而不是人云亦云的结论来。

　　可以看出，《俄苏文学批评史》一书的作者做了艰苦的研究工作，特别是对有代表性的俄苏批评流派、批评家和作家的批评活动及其著作做了较深入、具体的分析、研究，极力揭示文学批评与一定时代和社会的哲学、政治思潮、文艺思潮与文学运动之间的内在联系，找出其发展、演变的历史规律，并对不同的流派及其代表人物在俄苏文学批评史上的地位和作用做出科学的评价，较好地总结了俄苏文学批评发展的规律和经验教训。

　　作者在书中建构了一个科学的俄苏文学批评史体系。全书采用的是综合性概论和批评家专论相结合的体例，从多视角然而又主次分明地将俄苏历史上各批评流派及其代表人物的批评主张、其发展变化、对其成败得失的评论编织到批评史体系中，使读者清晰地看到俄苏历史上种种文学思潮和文学批评流派的形成、演变和更迭的历史面貌。对俄苏文学批评的主流，作者做了酣畅淋漓的论述。俄苏文学批评的主流是现实主义批评，这一主流是源远流长的，它形成于 19 世纪前半期，一直到苏联时代都是占主导地位的批评流派。它在 19 世纪俄国的代表人物是别林斯基、车尔尼雪夫斯基、杜勃罗留波夫,它在19世纪末20世纪初的代表人物是普列汉诺夫和沃罗夫斯基,它在十月革命初期及苏联20年代和30年代的代表人物是列宁、卢那察尔斯基和高尔基。该书作者对俄苏文学批评各大小支流也给予了充分注意。在俄苏文学批评史长河中,现实主义批评出现之后,俄苏文学批评的支流有斯拉夫派的文学批评、根基派的文学批评、"纯艺术论"的文学批评、民粹派的文学批评、现代派(未来派、象征派、意象派等)的文学批评、学院派(神话学派、文化历史学派、比较历史学派、心理学派)的文学批评、形式主义的文学批评、庸俗社会学的文学批评等,对这些流派都做了论述。书中对现实主义文学批评形成前俄国先后出现的古典主义文学批评、感伤主义文学批评、浪漫主义文学批评也做了认真论述,说明了现实主义的文学批评是如何合乎历史必然地登上俄国文学批评舞台的。

作者将现实主义文学批评的代表人物从政治历史上做了分野,指出别林斯基、车尔尼雪夫斯基、杜勃罗留波夫所代表的是革命民主主义文学批评,列宁、普列汉诺夫、沃罗夫斯基所代表的是马克思主义文学批评,认为苏联现实主义批评不仅是俄国现实主义批评的继承和发展,而且是俄苏文学批评史上的一个崭新阶段。论述的脉络清楚明了,论证客观公允。对现实主义批评之外的各批评流派的分析与评价也是实事求是的,持一分为二的公允态度,例如对形式主义的文学批评,作者既指出了它把"文学性"作为文学研究的对象、把文学与生活割裂开来、把文学的内容和形式割裂开来等错误,同时也肯定了它在对文学的特殊性和规律性的分析上、对诗歌语言的研究和文学形式的分析上不乏深刻的见解和独到之处。对其他批评流派的分析与评价也是一分为二的。对于中国读者不熟悉的学院派的文学批评,书中还提供了不少新的有趣资料。

书中的综合性概论各章,采取史论结合的方式,在理清俄苏文学批评的历史发展脉络的同时,拓宽了俄苏文学批评史论述的广度,评述了各文学批评流派的哲学、美学观及批评理论与方法,各批评流派的互相斗争、互相影响，以及文学流派的变迁情况。如在"19 世纪上半期的文学批评"一章里，介绍了 19 世纪头 25 年间俄国文学批评界的论争与批评流派的分野，注意指出各批评流派既是相互论争，又是彼此取长补短、相互丰富的，而重点又是放在论述这一时期最大的文学批评流派——浪漫主义文学批评流派的形成、发展及其内部情况，以及 19 世纪 20 年代到 30 年代现实主义文学批评流派的形成并从此成为俄国文学批评的主流的情况。又如苏联时期的综合性概论各章，论述了十月革命初期和 20 年代各文学批评流派的相互斗争、相互影响，当时既有大胆的开拓，又有痛苦的探索，还有马克思主义文学批评在斗争中迅速发展的情况，并较细致地论述了 30 年代社会主义现实主义这一苏联文学与文学批评方法如何确立，文学批评流派纷呈的局面如何结束，从而转入基本理论的探讨与建设的情况。从全书综合性概论各章可以看出，作者对纷繁复杂的俄苏文学批评史料做了广泛而认真的搜集整理，进行了科学的分析研究，正确评价了各批评流派的历史地位及其发展更迭，对俄苏文学批评史做了总体把握与概括。

书中的批评家专论各章，深入细致地评述了别林斯基、车尔尼雪夫斯基、杜勃罗留波夫、普列汉诺夫、沃罗夫斯基、列宁、卢那察尔斯基、高尔基这八大家的文学批评遗产，选出这八大家做深入评析，论述他们的思想发展、美学观、文艺批评理论与实践。对他们的论述，作者所追求的是新的深度，写出新的深度，亦即超越我国出版物中发表过的有关论述的总和的深度，是这部文学批评史成功的秘诀之一。这一点，总体说来作者是做到了的。批评家专论各章中，给我印象最深的是论别林斯基、杜勃罗留波夫、普列汉诺夫、沃罗夫斯基、卢那察尔斯基各章，这几章写得相当深入，相当精彩。比如别林斯基这位大批评家，我国读者与学术界对他相当熟悉，对他如若没有精深的研究，就必定会写得一般化。我在读论述他的专章时，注意力始终被紧紧吸引住，产生一种畅快淋漓的感觉，为作者的深刻论述所慑服。我国学术界对卢那察尔斯基的评介要比别林斯基少得多，作者实事求是地把他摆在苏联文学批评史中一个显要地位来评述，这是完全尊重客观历史事实的。卢那察尔斯基一章写得十分精彩，特别是对他的马克思主义理论的深厚功底、他学识的渊博、他提出的评价作品形式的三标准（形象性、独创性、通俗性）、他对文学评论写作的高度要求（批评文章既要成为科学著作又要成为独特的艺术作品）、他把美学批评与历史批评结合起来的杰出批评实践、他既准确鲜明又热情洋溢的批评风格等的评述，不仅以理服人，而且以情感人，给我留下十分深刻的印象。沃罗夫斯基是中国读者不大熟悉然而有重大贡献的大批评家，作者正确地把他摆在重要位置上来评述，也写得引人入胜。在批评家专章中，车尔尼雪夫斯基、列宁、高尔基三章，我觉得写得差一些，深度不够，有美中不足之感。

文学批评方法（或模式）及其嬗变，是文学批评史研究者和读者十分关注的。所谓批评方法（或模式），指的是由批评主体与客体相结合而形成的相对稳定的批评系统或类型，它由文学批评目的、标准、方式等因素组成，受批评主体的批评态度、批评观与哲学思想所制约。围绕某一批评方法往往形成一套系统理论。有的文学批评史研究者甚至主张按批评方法（或模式）的历史嬗变来编写国别文学批评史。但本书的作者不是按批评方法（或模式）的历史嬗变的体例来撰写批评史，而是采用综合性概论和批评家专论相结合的体例撰写这部批评史，这是更科学的写法，更能从史的线索写出俄苏文学批评的全貌并突出应该突出的批评家，因为质言之，俄苏文学批评史是由众多的文学批评家、批评流派及其批评理论与实践所写成的。批评家、批评流派的批评理论与实践就包括批评方法与方法论。书中从这一角度对批评家、批评流派的批评方法与方法论十分重视。我们读完全书后，对俄苏文学批评方法与方法论的历史嬗变也会有全面而清晰的了解。俄苏文学批评方法中，最源远流长的是美学批评与历史批评相结合的批评方法（或方法论）。我感到，书中别林斯基、卢那察尔斯基两章之所以写得十分精彩，其中重要原因之一，就是作者充分论述了别林斯基和卢那察尔斯基在美学批评与历史批评相结合的方法论与批评实践上的重大贡献。别林斯基在俄国文学批评史上第一个完整地提出美学批评与历史批评相结合的方法，并在批评实践中达到了把美学批评与历史批评融为一体的完善境地。他的"不涉及美学的历史的批评，以及反之，不涉及历史的美学的批评，都将是片面的，因而也是错误的"的重要论断，直到现在仍是那样富于生命力。他这方面的批评实践成果，直到现在读来仍使人感到那样深刻周全。车尔尼雪夫斯基虽然致力于更广泛、更深入地对文学作品所反映的社会生活现象做综合分析与判断，更深入地揭示了作品的思想内容与社会意义，但他对作品的美学批评重视不够，这一点多多少少总是使人感到遗憾的。直到苏联时代，对美学批评这一层面的重视始终是不够的，所以卢那察尔斯基的批评理论与实践是那么使人感到可贵。卢那察尔斯基曾正确指出，美学批评乃是文学批评的"最薄弱的一环"，他强调马克思主义文艺批评应当把美学批评和社会历史批评结合起来，强调"真正的、名副其实的批评一定要包含"美学批评和社会批评"这两个因素"，而且认为"美学批评和社会批评实际上是一个东西，或者至少是一个东西的两面"，因此，"在一般批评达到某个完善境界，在它发展到某个高级阶段的时候，美学批评和社会批评是彼此一致、互相补充的"。正是在这样深刻的认识的基础上，卢那察尔斯基在文学批评实践上从不把艺术分析和思想分析截然分开，例如在分析陀思妥耶夫斯基的创作特征时，他总是力图说明在这位作家笔下"形象的艺术语言是怎样同他那内在的、热情的、以矛盾重重为标志的世界融合起来的"。他的文学批评总是深刻的社会历史分析同热烈的情感和鲜明的形象有机地紧密结合一起的，并且呈现出多姿多彩的风貌，称得上是"独特的艺术品"。他的评论文既有理论高度，又有艺术发现，时而有透彻说理，时而有动人抒情，既是论说文，又是优美的散文。他既是"艺术的批评家"，又是"批评的艺术家"。可惜以后的苏联文学批评往往从这一或那一极端偏离了别林斯基和卢那察尔斯基的方法论原则。这部俄苏文学批评史虽然没有直接从这样的角度进行论说，但读完全书后读者会获得这样的感受和认识。

《俄苏文学批评史》在史论结合中谈论俄苏文学批评时，还包容另外许多可贵的思想观点，诸如：要坚持文学批评的民族性和人民性（民族性和人民性是俄国现实主义美学和批评的基本概念和评价尺度），要坚持百家争鸣，要坚持一分为二、实事求是的科学态度，要反对文学批评中的不良倾向。而特别值得提到的是，作者善于运用列宁关于两种文化的学说和关于俄国社会发展的两种历史趋势的基本观点，来分析俄国文学批评史料，把俄国文学批评中直接或间接反映社会历史进步趋势和人民解放要求的民主性精华发掘出来加以论述，同时如实地反映与论述了历史发展的曲折复杂过程，实事求是地构筑了这部俄苏文学批评史框架。

《俄苏文学批评史》的作者力求运用马克思主义的历史唯物主义原则，对俄苏文学批评史料做了大量艰巨然而又扎扎实实的发掘、整理、研究工作，理清了俄苏文学批评形成和发展的脉络，比较实事求是地评价了各批评流派的代表人物，总结了许多可贵的历史经验和教训，它的出版不仅填补了我国俄苏文学批评史研究的空白，而且对我们建设马克思主义文艺理论批评有一定的借鉴意义。可惜本书缺乏对苏联 50 年代中期以来的文学批评史的论述，缺乏了这一时期的文学批评史的论述，这部《俄苏文学批评史》就显得不完整。现在苏联已经解体，俄苏文学批评史应该包括整个苏联部分。我们期望作者再撰写一部《苏联当代文学批评史》或《苏联当代文学理论批评述评》，以弥补本书的欠缺。

（原载《苏联文学》1993 年第 3 期）

列宁文艺思想与文艺学经典命题

——读程正民《列宁文艺思想与当代》*

邱运华

假如我们拉回自己的视角，还原到 19 世纪末 20 世纪初那个众声喧嚣的语境，便会发现，列宁的声音，在俄罗斯思想界，在恩格斯之后的国际马克思主义话语氛围中，远非正统，也还并未自居中心。甚至，直到 1910 年列夫·托尔斯泰去世前，列宁的文艺思想还屡屡为普列汉诺夫、卢那察尔斯基、沃罗夫斯基等人的声音所淹没。列宁在 20 世纪所面临的文艺学的问题，常常与政治策略、哲学争论、思想斗争和文学思潮更替的褒贬等因素联系在一起，远非今天看来那样清晰明了。他所做的理论建设和批评实践，时刻处于自诩正统的马克思主义者的嘲笑之中。但是，他对马克思主义基本原理的精神的精确把握，对俄国现实的深刻把握，对文学艺术规律的充分认识和尊重，通过一系列光辉著作，对文艺学一系列经典命题做出了及时的回答，发展了

---

* 程正民：《列宁文艺思想与当代》，北京师范大学出版社 1997 年版。

马克思主义文艺学，形成了独特而系统的文艺思想，以至于在他去世以后，列宁文艺学（литературоведческая лениниана）成为苏联文艺学研究的"显学"，在 70 多年中产生了大批成果。程正民先生的《列宁文艺思想与当代》（北京师范大学出版社 1997 年版，225 千字。以下简称《列》）便是中国学者献给这一学科的重大理论成果。

《列》全书 18 章，分总论和上、中、下三编，以"列宁文艺思想是马克思主义文论发展的新阶段"，"列宁文艺思想是一个严整的理论体系"，"列宁文学批评的理论、实践和方法"，"列宁文艺思想和当代文艺学的发展"总括全书，对列宁文艺思想中的一系列重大理论问题进行了深入的研究，可称新中国成立以来中国学者集中研究列宁文艺思想的突破性和总结性成果。

列宁文艺思想有两根支柱：一是马克思主义的辩证唯物主义和历史唯物主义，作为其理论基础；二是俄罗斯革命民主主义美学成果和优秀的文学创作，成为它的思想土壤。所以，它一方面是马克思、恩格斯文艺思想的发展，另一方面是俄国革命民主主义者别林斯基、车尔尼雪夫斯基、杜勃罗留波夫等人的美学思想和文学批评的更高层次总结。列宁文艺思想是在思想斗争的环境中形成的。"19 世纪 90 年代同民粹派唯心主义历史观——主观社会学的斗争、20 世纪同马赫主义经验批判唯心主义哲学的斗争，对列宁的马克思主义哲学思想的形成和确立，对列宁的马克思主义文艺思想的形成和确立，具有重大的意义。"（《列》，第 22 页）20 世纪这一全新的现实环境：社会形态的转变、政权更替和反复、工人运动的高涨、知识界民主力量的加强、苏维埃政权的建立。思想界围绕俄国未来道路的争论、有关马克思主义（以及什么是马克思主义）在俄国命运的争鸣、俄罗斯民族文化精神及其未来的取向、世纪末的宗教狂热和闹剧（拉斯普金事件）所带来的信仰危机、社会民主工党内部的思想争论和分歧（列宁和普列汉诺夫、波格丹诺夫、卢那察尔斯基等）以及种种"合法马克思主义"的宣传（司徒卢威、别尔嘉耶夫等）。文学界的空前繁荣，一方面是列夫·托尔斯泰、契诃夫、柯罗连科、蒲宁、库普林等所代表的现实主义传统，生命力犹存，影响深远；另一方面，梅列日柯夫斯基、马雅可夫斯基、勃洛克、勃留索夫等所代表的现代主义文艺思潮以奇异的美冲击着文坛，给文艺学提出了新的课题；还有以高尔基、别德内依等为首的无产阶级文学运动的萌起……从世纪末到革命前，现实斗争、思想争鸣、文学繁荣，为列宁文艺思想的形成提供了丰沃的土壤。《列》对这种多元语境进行了层次清楚、娴熟的叙述，指出了列宁文艺思想的严整的理论体系、鲜明的个性特征和独特方法论体系，认为"艺术反映论、文学党性原则和两种文化学说从三个重要方面涉及文艺理论三个最基本的问题，构成列宁文艺思想的基础，形成了列宁文艺思想完整的体系"。而"战斗的党性"、"哲学的深度"和"历史的具体性"，则成为列宁文艺思想的个性特征。我认为，这种归纳抓住了列宁文艺思想中最具特色的东西。

列宁论文艺，最重要的命题，就是文学的党性原则。列宁的著名文章《党的组织与党的出版物》就明确提出了这一点。这篇文章发表在 1905 年《新生活报》上，它不仅强调党对文化事业的领导，成为马克思主义文艺学中旗帜鲜明的檄文，而且，因其关键词的中译失误，使得中国读者长期以来形成一个误区，误以为党组织应该对文学创作实行直接的干预，似乎存在一种所谓独特的"党的文学"。这种误译甚至直接影响了现代中国文艺学观念体系。那么，究竟应如何理解"文学的党性原则"这一基本命题呢？或者说，"文学的党性原则"这一命题中蕴含何种深层的、符合文学本质规律的思想呢？对于这一问题的阐释，是《列》最闪烁智慧光彩的篇章："列宁在论述党性和艺术特性的关系时，实际上在美学上提出了一个重大理论问题，即艺术与其他意识形态的关系问题。"这一提法是有趣味的。联系 19、20世纪之交种种将文学与意识形态割裂（如形式主义、现代主义文论）或等同（如实证主义、历史文化学派）的现实，便可以发现列宁这一命题的深刻。

人们在论述经济基础对上层建筑、存在对意识的决定关系时，往往把意识形态中的所有领域同等看待。这是一种错误的观念。列宁充分意识到文学艺术较之意识形态其他部门的特殊性。他说："无可争论，写作事业最不能机械划一，强求一律，少数服从多数。无可争论，在这个事业中，绝对必须保证有个人创造性和个人爱好的广阔天地，有思想和幻想、形式和内容的广阔天地。"还说："无产阶级的党的事业中写作事业这一部分，不能同无产阶级的党的事业的其他部分刻板地等同起来。"既强调文学事业是党的事业的"齿轮和螺丝钉"，又注意到它本身的独特性，《列》认为：这一论题的展开具有三层美学意思：一是文学艺术的服务方向（倾向性）问题；二是文艺创作的自由问题；三是文艺创作中的作家个性问题。总之，就是文学艺术怎样在服务于人民的前提下，充分尊重艺术创作的内在规律和作家创作个性的问题。《列》认为："离开这一基本思想，就不可能对列宁文学党性原则有正确的和全面的认识，也不可能深刻认识和理解 19 世纪末 20 世纪初文艺学和美学发展的基本走向。"这样，将一个被习惯地理解为单向度（文学的政治性）的命题，引向双向度（文学的政治性和文学的本质性），从而，将列宁的命题与 20 世纪的文学创作实践密切联系起来，赋予它强烈的现实针对性和本体论色彩，也使读者对列宁这一命题的美学内含有了更深刻的认识。

《列》在理论阐述方面，有两个重大特点：一是善于从平凡的史实中提炼出具有普遍美学意义的命题，从而避免了就事论事，纠缠于字词的毛病，拓展了列宁命题的内涵；二是能把列宁的命题还原到当时的理论背景、思想氛围，尤其是放到文艺创作的历史纵横坐标系中去考察，使之生成出时代的、本体的意义。在论及列宁论托尔斯泰、高尔基、阿维尔钦科等作家时，就是如此。

列宁论托尔斯泰，是马列文论里的经典命题之一，其中闪烁的辩证思想和反映论的光辉，无论在苏联 70 余年的列宁文艺学研究中，还是在东西方其他国家，都得到了充分的评价。但是，其间的具体的学术价值和理论意义何在？却并未得到完全廓清。列夫·托尔斯泰思想的丰富性、与时代的复杂关系、无与伦比的艺术技巧，从来都是文艺学面临的难题。从 19 世纪中叶最初的研究托氏论文，到 20 世纪前十年，有关"托尔斯泰现象"的争论就从未停止过。程正民先生从四个方面阐明列宁论托尔斯泰的文艺学意义：首先，指出了作品所反映的内容与社会现实之间的关系；其次，辨清了作家的主观思想与艺术价值的关系；第三，指出托尔斯泰思想的性质仍是"东方思想体系"；第四，在普列汉诺夫与列宁论托尔斯泰的比较中显示出这种评论的学术价值和思想史意义。其中，最显著的特征有二：一是辩证法的反映论；二是抓住矛盾、剖析矛盾。

列宁论托尔斯泰的思想氛围是复杂的。从学术传统看，20世纪50年代车尔尼雪夫斯基曾肯定地提及其"道德的纯洁性"；民粹派理论家尼·米哈依洛夫斯基则首次用"左手"、"右手"比喻托尔斯泰思想的矛盾，认为：其批判锋芒和对现实的深刻反映，是有力的"右手"，而宗教观、宿命论，则是较弱的"左手"。普列汉诺夫一方面认定其是"天才的艺术家和极低能的思想家"，另一方面强调他"到死都是一个大地主"。而托洛茨基也把托尔斯泰归入已经过去的"另一个世界残片"，他的全部思想矛盾，都是他个人生活的矛盾，他"始终都是一个贵族"。梅列日柯夫斯基看到他是个"对肉欲洞察入微的人"，是"新启示的伟大源泉"；卡尔达舍夫吹捧他为伟大的寻神者，表现了"俄罗斯灵魂对上帝真理和虔诚的国土、博爱和怜悯的全部巨大的思想"。很显然，托尔斯泰不仅是俄罗斯伟大的文学链上的一环，而且，成为那个危机四伏的时代里思想对话的中心。因此，完整客观地说明托尔斯泰（其思想、宗教和艺术），便显出了超越单纯文学的意义。列宁在这种语境下撰写的七篇论及托尔斯泰的文学论文，就不仅表明了无产阶级对待文学遗产的态度，而且，表明了马克思主义者分析文学作品作家的方法论和价值观，换而言之，它们是无产阶级接受、判别文学现象的世界观和方法论。《列》理清了这一思想氛围的复杂因素，强调：列宁评论托尔斯泰的文章围绕着一个核心，这就是如何"运用马克思主义和工人阶级的观点，阐明托尔斯泰和俄国革命的关系，揭示托尔斯泰创作和学说的矛盾及其产生的社会历史根源和阶级根源，别开生面地说明完整的统一的托尔斯泰"。其中，我以为最具启发意义的一点，是说明了托尔斯泰主义与"东方思想体系"和"亚洲制度"的关系。这是反映论的运用。《列》说："从思想传统看，列宁认为托尔斯泰创作和学说的矛盾，尤其是托尔斯泰主义，是属于东方思想体系。"托尔斯泰对西方文明的幻想破灭后，开始把目光转向亚洲，首先转向中国古代，转向老子、孔子、墨子。这一转向的思想史意义是深远的，它对于研究托尔斯泰思想的变化和归宿所具有的意义，尚未被充分认识。《列》说："显然，托尔斯泰力图从亚洲的哲学、道德和宗教中吸取修身养性、以和为贵，以及主张兼爱等思想，以充实他的托尔斯泰主义，同时还想用亚洲的静止不动来对抗资本主义，为农民式的社会主义辩护。"社会的危机，通过托尔斯泰面对不再静止不动的俄罗斯所产生的惶惑而表现出来。这一结论的确抓住了托尔斯泰晚年思想变化的中枢。因此，当"静止不动"的亚洲终于也"行动"起来时，列宁的那个结论：1905 年"是托尔斯泰主义的历史终点，那个可能和应当产生托尔斯泰学说的整个时代的终点"，也就顺理成章了。托尔斯泰是属于革命前俄罗斯的，属于那个农奴制、专制制度的残余和资本主义因素相互作用的时代，属于工人阶级运动正在产生和成长的时代，属于那个"一切都翻了个个，一切都刚刚开始"的时代。但是，一旦农奴制、专制被彻底摧毁，资本主义被社会主义制度所取代后，托尔斯泰主义便失去了生存的土壤。

在此，重提列宁与普列汉诺夫在评价托尔斯泰时的分歧，无疑具有不可忽视的思想史价值。就在列宁发表论托尔斯泰七篇文章的同时，普列汉诺夫也发展了六篇文章评论托尔斯泰。显见，俄国思想界"对托尔斯泰的胡说八道和卑躬屈膝，惹得普列汉诺夫也大发雷霆了"（列宁语）。但是，长期以来，普列汉诺夫的这一系列文章似乎并未为中国学者充分注意，更没得到充分评价。《列》专辟一节，比较了列宁和普列汉诺夫评论托尔斯泰的相同、相异处，明确了马克思主义文艺学在分析文学现象时所采取的共同的方法论和价值标准，验证了文学反映论的美学观，同样，这一比较，也更为清楚地看到普列汉诺夫文艺思想的缺陷：对文学反映论的机械运用，缺乏发展的历史观。他对俄罗斯时代命运的偏颇把握，也使他在理解托尔斯泰主义本质及其变化时产生误解。托尔斯泰的思想家行状式文本，突兀地呈现于世纪之交的话语中心（他的寿辰、他的去世强化了这一中心位置），各种思想立场的聚光灯投射到他身上，不是单一方向的，而是多角度的；对他的整体阐释，不是一元的，而是多元的。在借托尔斯泰阐扬自己的思想的语境中，托尔斯泰本人仍在独语。《列》以普列汉诺夫对俄国革命的性质和动力的错误认识，以及他哲学观、方法论的缺陷，来概评他的托评不足，固然是十分必要的，但是，假如能更进一步，像论述列宁文艺思想的整体性一样，从他的哲学思想体系、个性、思想的复杂性，以及学识修养等方面来透视，这一命题的学术价值和思想史的意义会更高。也许，这种要求对一本列宁文艺思想的专著，过于苛求了吧？

列宁论高尔基，是政治家与文学艺术家友谊的典范。这一论题，不仅为俄苏文学家所注意，也为东西方文学史屡屡提及。《列》从高尔基与列宁的两次重大分歧中，从文艺学的角度提出了文艺合作中的"善良的愿望与客观真理"之间的关系问题，继而，总结出文学家和政治家共同面对的"如何看待生活"的问题。众所周知，高尔基在意大利卡普里岛与波格丹诺夫等人过从甚密，试图调和列宁与波格丹诺夫等人的政治思想分歧。频繁介入政治观点的直接争论，使高尔基这一时期的小说中出现了很浓的说教气息（如《忏悔》），宣扬"造神说"："不要寻神，要创造神；不要虚构生活，要创造生活。"他试图通过这一学说将个人与社会联系起来，聚集成创建美好生活的积极力量。对此，列宁一针见血地指出："任何捍卫或庇护神的观念的行为（甚至最巧妙、最善意的）都是庇护反对派的行为。"那种"试图把真理、正义和民主等抽象的理想变为崇拜的对象，以取代对神的崇拜，从而建立所谓社会主义新宗教"的想法，是政治上的幼稚。而实际上，只要深入现实生活去体验，就会发现，工人阶级已经不需要求助于虚构的神来支撑自己的精神，他们已经掌握了比神更为有力的武器，已经在改造世界了。

值得深思的是，为何作家、艺术家的善良的主观愿望会与客观真理产生背离呢？这里的关键是：作家不能须臾脱离丰富的现实生活，不能游离于具体的活生生的生活之外。高尔基正是因为远离俄罗斯，没有充分认识到国内工人阶级政治思想的成熟程度，没有认识到这个时期的工人已经不是《小市民》里的尼尔，更不是《底层》里的流氓无产者，甚至不是尼洛芙娜。他们已经结束了茫然、探索的过程，能够自觉地参与解放运动了。高尔基远在意大利，脱离了这一切，其失误在所难免。同样，在十月革命期间，高尔基远离积极的、火热的生活，整天被帝俄时期的遗老遗少所包围，不免对革命的暴力的残酷性、非道德性忧心忡忡，甚至对革命是否必要产生疑虑，这也是他在《新生活报》上撰文与列宁辩论的原因。我认为，他的《不合时宜的思想》虽然切中了革命中对文化（文化设施、文化人、文化传统等）的破坏、暴力对文明的破坏，涉及革命中知识分子命运等问题，但是，却忽略了革命暴力的本质：它是结束一个旧政权、产生一个新政权的阵痛，而不是深陷入黑暗深渊的灾难和绝望。

那么，高尔基与列宁这种争论，对于文艺学有何种意义呢？能否将它归结于文学家与政治家关注对象的差异呢？我认为，政治家和文学家关注的最终对象是一致的，就是人的命运。这里的核心问题是：如何看待生活，如何估价生活中的积极因素问题。诚如列宁所言："作为一个艺术家，到那些不是对首都举行疯狂进攻、对各种阴谋作激烈斗争、表现出首都知识分子的深仇大恨的地方，到农村或外地的工厂（或前线），去观察人们怎样以新的方式建设生活。在那里，单靠普通的观察就很容易分辨出旧事物的腐朽和新事物的萌芽。"因此。这里的关键仍旧是艺术家深入生活，并善于从中发现、肯定积极的、新事物的问题。《列》将高尔基与列宁的两次争论，提炼出关系到文艺学本质的结论，我以为都可谓"得其环中"了。

作为20世纪马克思主义文艺学最杰出的代表，列宁的文艺思想还涉及"两种文化"、"社会主义文化建设"、"文学批评的理论、方法和实践"，以及如看待"作家的思想倾向、情感和艺术成就"等问题。

回顾 20 世纪文学的实践，尤其是中国现代文论发展中的经验和教训，倾听列宁的声音，重读列宁的文艺论著，我以为，不仅是亲切的，而且是及时的。

（原载《文艺理论与批评》1998 年第 5 期）

巴赫金研究的新成果

—— 读程正民的《巴赫金的文化诗学》*

钱中文

巴赫金的著作介绍到我国已经有 20 多年的历史了。先是他的有关俄罗斯作家的著作被翻译过来，随后是他的选集相继出版；1998 年汇集他的主要著作与论文，并新译出了大批未曾与我国读者谋面的论著的 6 卷本文集出版，这给我国学者了解、研究巴赫金的学术思想，带来了不少便利。

20 多年来，巴赫金的思想被我国不同知识、文化素养的学者阐释着。有从当时刚刚介绍过来的叙

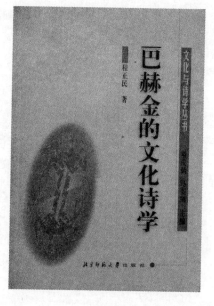

述学的角度来阐释巴赫金的，有从我国文化转型的角度来讨论巴赫金的思想的，虽然巴赫金的有些基本概念的转译并不确切。而美国学者的一本巴赫金研究的传记，翻译成中文后，被我国当成理解巴赫金的向导与入门书。不过，巴赫金的文化遗产继承人之一瓦其姆·柯日诺夫对此书并不满意，认为"都被它搅乱了"。据闻他着手写作巴

* 程正民：《巴赫金的文化诗学》，北京师范大学出版社 2001 年版。

赫金传一书，但未完成就去世了。巴赫金到底如何被"搅乱"的，我们只有从巴赫金的著作与有关材料和美国学者的传记进行仔细的对照之后才会有所了解。不少朋友和我谈起，巴赫金有关文学的论著，所提出的思想命题，如对话、狂欢化，的确具有深厚的文化蕴藉、理论的深度和大家风范。不少从事文学理论研究的硕士生、博士生都纷纷以巴赫金的文学、美学思想，作为自己的学位论文题目，而且有的博士论文，别开生面地描述、探讨了巴赫金在我国的接受史，巴赫金思想如何融入了我国当代文学理论，可见巴赫金对我们的影响之深。

探讨巴赫金思想的视角是多方面的。当我接到程正民教授赠我的《巴赫金的文化诗学》一书时，我立时想起20世纪90年代初俄国学者彼别莱尔的《巴赫金，或文化诗学》一书，后者实际上是从哲学的角度来探讨巴赫金的文化诗学的，而程正民教授则是从文学理论的角度切入的，视角不同，对象也不一样，写得各有特点。在这里，我很同意丛书主编在《总序》里说的话，即我国文艺学在20世纪末走向文化研究、文化诗学的研究，一方面有外来的影响，另一方面有现实的坚实基础，有其自身发展的内在需求。在80年代末和90年代，实际上一些学者已经在探讨文学与文化的关系，把文学视为文化的组成部分，并有专著问世。90年代末，在文化研究发生泛化的趋势中，北师大文艺学研究中心提出文化与诗学集体研究课题，将"文化诗学"定位在"诗学"的基础上，但又是"文化的"，两者是相互沟通的，这更加显示了文化诗学研究的理论自觉。程正民教授撰写的《巴赫金的文化诗学》，可谓适逢其时。

巴赫金在其著作中，提出过多种诗学，如社会诗学、理论诗学、体裁诗学、历史诗学、文化诗学等。程著认为，这是一种总体诗学研究，著者标举巴赫金的文化诗学，认为这是巴赫金诗学研究的最为重要、突出的方面。巴赫金在晚年指出，"文艺学应与文化史建立更紧密的联系，文学是文化不可分割的一部分，脱离了那个时代整个文化的完整语境，是无法理解的。不应该把文学与其余的文化割裂开来，也不应该像通常所做的那样，越过文化把文学直接与社会因素联系起来，这些因素作用于整个文化，只是通过文化并与文化一起作用于文学"。其次，程著认为巴赫金的文化诗学在 20 世纪文化研究中独树一帜，并反映了 20 世纪诗学研究的重要趋势。这种对巴赫金诗学的历史评价都是很有见地的。对于巴赫金一些著作的内涵，我也觉得程著把握得相当准确。比如巴赫金的《陀思妥耶夫斯基诗学问题》，"与其说是陀思妥耶夫斯基的诗学，不如说是巴赫金的诗学，巴赫金通过陀思妥耶夫斯基复调小说的分析来阐明自己的诗学观点"。这要真正了解巴赫金的思想后，才能达到这样的理解。

极有特色的部分是将巴赫金与我国著名学者钟敬文先生的比较。通过程正民教授的奇妙的"撮合"，我们看到，两位有着不同文化背景的学者，在文化观念，对民间文化、文化与文艺学关系方面的理解上，有着很多共同之处，但又各有特色，从而形成了一种真正的文化的对话关系。巴赫金说："文化的主要任务就是教会你尊重他人的思想，并且同时保留自己的思想。"这也正是两位学者的魅力与他们学说的动人之处。

《巴赫金的文化诗学》既是巴赫金思想在我国的进一步普及，也是我国研究巴赫金的深化。

（原载《中华读书报》2002 年 7 月 17 日）

大学文艺学教学和现代文学观念的建构*

陶东风

中国现代文学理论教科书是一种体系化的现代社会科学知识形态，它的出现和构成方式折射出文学观念和文艺学学科体制的历史变革。21 世纪以来，文艺学教科书的编写进入了新一轮的范型转换，以新的文学或文化观念为指导的各种教材相继出现，关于文学理论的研究与教学的讨论也层出不穷，现代文论知识体系的建构逐渐进入一个新的带有反思性的历史阶段。《中国现代文学理论知识体系的建构——文学理论教材与教学的历史沿革》（以下简称《建构》，下引此书，只注页码）正是在这样的文化语境中应运而生。

该著围绕 21 世纪文学理论教材中文学基本理论的发展、演变和文学理论教学方面的相关重大历史事件，以学科社会学的方法和视野，深入探讨了百年中国现代文论教材和教学的三次转型。这种分期

---

* 本文是就程正民、程凯著《中国现代文学理论知识体系的建构——文学理论教材与教学的历史沿革》（北京大学出版社 2005 年版）撰写的书评。

的形成既是依照一定的时间线索展开，但更为深层的划分依据则在于文学观念的更迭以及"文学"在知识领域和社会生活中的结构地位的变动。考察各个时期不同版本的文论教科书对于"文学"的理解，成为该著审视现代文学理论教材知识体系建构的重要视角之一。

对作为现代知识体系的中国文学理论来说，"文学"观念的自觉与现代学科意识的强化密切相关。这种自觉的主要标志就是文学的自主性观念的确立。因此，在考察传统文论的现代转化以及新文学观念的形成及其知识化、学科化的过程中，该书致力于发掘各种或隐或显的文学自主性因素，它也成为勘测文学理论教材之现代内涵的一个重要标准，以及作为现代学科门类的文艺学的主体自觉的表征。从桐城派嫡传姚永朴《文学研究法》把文学家与性理学家、考据家、政治家相区分，到选学派的马宗霍《文学概论》通过词曲、小说对"文学"外延的拓展及其批评新体诗时采用的具有世界眼光的普遍性原则，再到刘永济《文学论》以"世界"、"人类"等现代理想及科学的研究方法整理传统文论，直至程会昌《文论要诠》以古文论资源阐释现代文学概论，这些教科书尽管或多或少仍受制于传统文学观念的影响，但《建构》仔细寻绎了其中初见端倪的现代"文学"观念，并通过这样的谱系梳理不断暗示其中愈发强烈的现代学科意识，"自从自觉、不自觉地被纳入现代的历史进程之后，这种现代型思维方式就逐渐发挥它辐射式的影响。只不过不是所有人都对此有自觉的意识"（第17页）。中国现代文学理论知识体系的建构可以说正是掩映于这个传统资源与现代观念相互纠缠的嬗变过程之中。在王国维、胡适、鲁迅等人对西方现代文论及教材的借鉴过程中，文学的独立价值已开始成为一种自觉的文学追求。作者既发现他们所倡导的文学独立价值对于构建现代人文学科话语的重要影响，也意识到这种"文学独立性的获得是使它发挥更大历史使命的必要前提"。在20世纪20年代至30年代新文学作家编撰文学理论教材的实践中，渗透着大量关于文学的独立精神的思考，即便在郁达夫、田汉等曾以作家身份介入大革命并对革命理论抱有同情的作家那里，仍然为创作者的个性、自由及文学的独立价值保留一席之地；老舍、夏丏尊等人针对革命文学提出"文艺"一说，则强化了文论教材的编写对于文学自身规律和特性的认识。然而，随着20世纪50年代以来知识界的改造和文学为政治服务口号的正式提出，文学自觉的观念及文学理论教学中独立的学科意识却彻底退出了历史舞台。作者虽然意识到当时仍有个别学者在为学科的独立性进行抗争，但就文学理论教学和教材编写的整体趋势而言，对于文学的自身规律和独立的学科意识的充分关注直到新时期以来文学观念走向开放与多元化的语境中才重新出现。

值得称道的是，尽管《建构》一书尤为重视文学自主性观念与现代文论的学科意识之间的内在关联，并明确指出它们在建构中国现代文论知识体系时举足轻重的作用，但并没有就此把这种文学观念本质化，也没有把它当作文学先验具有的"本质"。作者对文学的独立价值及其意义的理解始终立足于知识生产和传播的总体视野，一方面，以敏锐的眼光洞悉那些曾被淹没在"传统"、"政治"等话语中的文学性因素，另一方面，在理解和把握"纯文学"、"文学自律"等问题时又始终将这些范畴的形成置于特定的历史语境，从建构主义的角度加以知识社会学的考辨。其中知识体系化的压力是一个作者十分关注的因素。诚如作者指出的，"现代知识体系的建立过程是循着科学—社会科学—人文科学的脉络展开的，对于文学等人文科学来说，是外在的体制压迫促进了内部的自律，并发展出一套自律的话语。能否将这套话语运用自如一时成为衡量理论现代性的标志"（第21页）。这里对文学自主性观念的理解部分受益于现代性社会理论视野中关于现代知识体系建构的阐释：现代学科知识体系的确立带来了知识领域的分化，在科学知识和理性思维得以合法化的同时，人文知识和感性思维也在（自然）科学与道德之外获得了独立发展的空间；同时，文学能够成为一门独立的学科，离不开知识分化过程中大学体制的变迁，而不计实利追求学问的"自由民教育"成为人文学科获得自我意识的关键。因此，文学独立性思想正是随着社会分化与人文学科的专门化的历史进程而衍生的。"社会功能的分化"及相应的"知识领域的分化"

为《建构》审视文学自主性观念与现代文论的学科意识提供了有效的参照，当以这种视角观照中国现代文论知识体系的建构时，不难看出20世纪初以来中国现代教育体制的酝酿与发展为现代文论建构所必须的学科自觉和现代意识提供了充分的滋养，同时，纯文学和审美等范畴的意识形态内涵逐渐显现。这样，该书凸显文学自主性之建构性的过程，同时也是解构本质主义的自主性神话的过程。这是该书最精彩之处。

有意思的是，新文学观的倡导者通过对非功利性的强调而剥离了负载于"文章"观念之上的特定价值观，但与此同时，也将自身重塑国民精神的价值理想诉诸"文学"，这或许也是一种"无功利的功利性"（布尔迪厄语）。建构现代文学理论的知识论冲动从来不是纯粹的，而是夹杂着新的"功利性"。诚如作者所说，"'文学革命'的终极意图并非建立一种新的知识论式的文学观，而是通过诉诸作为言论与道统基础的'文'的根本改造达到思想、道德改造和价值重估的目的"（第46页），通过辨析无功利之说在中西文化语境中的特定内涵，不仅文学的独立价值在中国现代文论知识体系建构过程中的特殊意义昭然若揭，而且其对于新的民族国家建构的价值也被揭示出来。比如王国维等人对于美育的提倡在著者看来就熔铸了现代民族—国家的意识，"学科本身合法性的获得已有赖于政治的介入……只不过现代学科的特质就是它能将这种外在要求转化为内部的学科规范和理论资源，在表面上仍保持其中立"（第32页）。作者并没有孤立地理解文学自主性的观念，而是通过把它充分地历史化和语境化，使其成为现代文论知识体系建构中重要的话语资源。

另外，《建构》一书对不同时期文学理论教材中文学的基本观念和原理的考察是在中西文论的交流与融合的背景中展开的。20世纪中国文论教材和教学中对于"文学"的自觉意识可以说就是一种现代西方文学观念和文论教材影响下的话语建构，其中文论的现代化和西方化呈现出复杂的胶着状态。书中提到了温彻斯特《文学评论之原理》和韩德的《文学概论》等教科书在20世纪前半叶中国现代文论知识体系建构中的广泛影响，它们对于情感、想象等文学要素的重视及其科学的研究体系，应当说都不同程度地启发了中国现代文论家看待文学的新眼光和结构文学理论教材的新方法。

此外，在苏联社会主义现实主义文论及相关教材的影响下，"科学的文艺论"、"唯物史观的文艺论"的出现丰富了 20 世纪中国文论教材与教学关于"文学"的理解，而马克思主义思想和苏联文论教材的中心化更加推动了文论界以"科学"的眼光认识文学的本质规律和建构完整合理的教材体系，从而为中国现代文论知识体系建构提供了另一种重要资源。因此，文论教学的转型和现代文学观念的建构是在广泛吸收和引进各种外来文论资源的过程中逐渐形成的，后者所提供的"先进"的文学观念和现代思想为中国现代文论知识体系的建构打开了一扇通向世界的窗口，从而推动了中国文学理论自身现代品格的形成。

但是西方化的压力也使得中国的文论现代性建构呈现出民族性的焦虑，或者说现代性与民族性的紧张。西方化的过程始终伴随民族化的冲动，这个冲动在 20 世纪末以后显得尤其强烈。难能可贵的是，《建构》一书在中外文化交流的整体视域中观照百年中国文学理论教材和教学的现代转型过程时，始终重视现代文论知识体系的建构在吸收、消化外来理论资源的过程中，如何以本土的文化视野对其加以创造性的转化或改造，从而形成中国文论自身的现代知识形态。例如，王国维的《人间词话》等文论著作在借鉴西方现代观念的同时，也立足于中国文化的理论资源和文化视野而提出有别于前者的理论命题；同样，致力于本土的文学和文化经验的努力，在中国半个多世纪以来的马克思主义文论建构和新时期以来文论体系的重建中也从未停息，尤其是在论述百年中国文学理论教学的第二次转型过程中，《建构》一书独具慧眼地从学科意识普遍淡化的趋势中，发现了黄药眠先生对于中国特色的马克思主义文论知识体系的探索，以及周扬在 20 世纪 60 年代拟定《文学概论》大纲时"为中国化的文论的建设指出了方向"。可以说，关注百年文学理论教材和教学的"中国化的道路"，始终是该著在考察中国现代文论知识体系建构和中国文论现代转型时的一个主要方向，由于充分关注中国知识界在接受外来的文论观念时的创造性探索，它所展现的中国现代文论知识体系的建构过程远远不是西方化等单一维度所能完全涵盖的。

因此，回顾百年中国文论教学与教材的发展，《建构》一书其实已经暗中回应了中国古代文论的现代转换和中国特色的文学理论等问题的理论争鸣。相对于近年来有些学者提出的中国文论的"失语"或者以传统文论范畴比附西方文论的做法，该著在审视文论体系的现代转型问题时不是把传统与现代、中国与西方等因素简单对立，而是关注它们在这种现代性追求中的互动和交融，进而通过对个案的梳理为我们呈现了近百年来文论大师融合中西文论的实践及其对建构中国特色的现代文论体系的卓越贡献，"从某种意义上讲，如果没有马克思主义文论和西方文论的引入，就没有现代中国文论。问题不在于引入而在于如何对待，如何同中国古代文化传统和文论传统相结合，如何面向中国文学创作和文学批评"（第139页）。著者并没有否认西方文论资源在中国现代文论教学和研究中的重要地位，而是主张以积极的态度面对外来资源在中国语境中的引进、吸收和转化，在中外文化交流日益频繁的今天，这种思考无疑为当下的文论教学和相关的知识生产提供了诸多有益的启示。

值得一提的是，《建构》一书在考察百年中国文论教材和教学的历史沿革和现代文学观念的建构等问题时，除了选择那些具有典型意义和明晰特征的文学理论教科书作为研究对象之外，也尤为注重对不少性质和特征混杂、暧昧的文论教材加以细致分析，着眼于文本构成形态的复杂性。这种混杂的性质通常产生于现代文学观念和知识体系建构的转型或过渡时期，正如书中充分展示了姚永朴《文学研究法》、马宗霍《文学概论》等"传统文论资源的近代转化"的著作中交织着传统与现代的因素，而潘梓年的《文学概论》作为从"文学革命"向"革命文学"转化的过渡形态，该教材在先后6次再版的过程中经历了从情感的表现向主义的宣传的转变，然而，著者在论述这一问题时所关注的并不仅仅在于这种转变本身，而是它的形成过程和详细经过，侧重于从教材再版后的杂糅形态中不断发现"情感"、"主体"、"时代"、"环境"等各种文学要素在配置方式上的渐变。因此，对于这些过渡形态的教材文本及其构成方式的复杂性的重视，充分体现了两位作者在考察中国现代文论体系建构时的"嬗变"意识，他们不是把各个历史阶段之间形态各异的文论观当作截然的断裂，而是透过过渡时期的暧昧叙述去捕捉存在于这些文论观的构成方式背后的复杂关联。

正如布迪厄把文学场的构成视为一个永恒的斗争过程，场的性质的改观将取决于场中构成力量的结构性变化一样，在《建构》一书对于百年文论教材和教学的嬗变过程的分析中，现代文论知识体系的建构也被呈现为不同文学观念竞相争夺的舞台，这种角逐所引发的文学要素的重构最终导致新的文论观的出现，在这种意义上，该著为把握现代文论话语的形成和发展脉络引入了一种复杂的、多维的观察视角。总体而言，《建构》倾向于把"文学"理解为一处开放的文化空间，"文学在现代中国一直不是固定的、封闭的，而是开放的、与政治互动的"，现代文论知识体系的建构过程交织着各种不同的文学观念和意识，而透过不同时期文论教材基本观念的发展和演变，文学观念、政治意识、学科体制等众多要素在知识生产和传播过程中的相互关联得以充分展示。

（原载《中国图书评论》2007 年第 12 期）

理想主义者的悖论[*]

王宇英

近一个世纪以来，在被介绍到中国的马克思主义文论大家中，卢那察尔斯基（1875—1933）是影响重大而深远的一位。卢那察尔斯基的贡献是多方面的。一方面，他对马克思主义美学和文艺学在社会主义国家的传播居功至伟。在俄国早期的三大马克思主义文艺批评家中，普列汉诺夫晚节不保，在十月革命前就离开了无产阶级阵营；沃罗夫斯基的全盛时期在1912年之前，十月革命后几乎完全搁

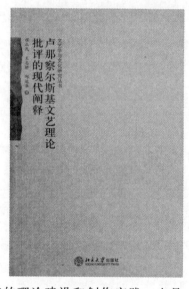

笔；只有卢氏一人亲身参与了苏联文艺的理论建设和创作实践，也是他最早系统地阐发了列宁的美学和文艺思想，成为苏联文艺政策权威的传播者。^①另一方面，卢氏知识渊博，才华横溢，"天赋异常丰富"

---

* 本文是就程正民、王志耕、邱运华著《卢那察尔斯基文艺理论批评的现代阐释》（北京大学出版社 2006 年版）撰写的书评。

① 参见卢那察尔斯基《论文学·译后记》，蒋路译，人民文学出版社 1978 年版，第618页。

（列宁语），曾被法国报纸称为是"欧洲最文明、最有教养的教育部长"①。他精通多国外语，才思敏捷，出口成章，倚马可待。作为"艺术家的评论家"，卢氏有着极高的艺术修养，一生写过 28 个剧本。《卢那察尔斯基文集》由皇皇 8 卷组成，卢氏著作索引有 4300 多个题目，被译成了 72 种文字。② 如果把他研究过的俄罗斯作家的名字连接起来，那就是一部完整的俄罗斯文学史。尤其引人注目的是，兼任意识形态掌控人和文论家的卢那察尔斯基，其思想并非循规蹈矩、冬烘死板，而是摇曳多姿、丰富多彩的。

令人遗憾的是，由于种种原因，中国的卢氏文艺思想研究还不是很充分。从"中国期刊网"上检索的情况来看，1981 年到 2007 年间，国内学者关于卢氏文论的研究论文仅仅 17 篇；2006 年以前，国内只有少数几本俄苏文论著作提及卢氏，还缺少有分量的研究专著。这种研究现状和卢那察尔斯基的巨大影响相比无疑是极不相称的。

正是在这里，程正民、王志耕、邱运华三位先生合著的《卢那察尔斯基文艺理论批评的现代阐释》（以下简称为《阐释》）显示出了特殊的学术意义。《阐释》填补了中国缺乏卢氏文艺思想的研究专著这一学术空白，首次对卢氏的文艺思想、文艺批评、文艺批评实践进行了系统而全面的研究。可贵的是，《阐释》既没有由于卢氏的杰出成就而回避他的过失，也没有对此提出过激的批判，而是尽可能还原到具体的历史语境中，对其进行辩证而全面的深入分析，从而揭示出了卢氏文论的历史价值和深刻的当下意义。

卢那察尔斯基被称作"布尔什维克中的知识分子"，"知识分子中的布尔什维克"，共产主义者当中的"自由主义者、人道主义者"（罗曼·罗兰语），被认为是布尔什维克早期领导层中"理想主义色彩最浓的一位"。卢氏对许多非马克思主义者的文学家持以同情和宽容的

---

① 程正民、王志耕、邱运华：《卢那察尔斯基文艺理论批评的现代阐释》，北京大学出版社 2006 年版，第 20 页。以下引文不再加注，仅在引文后的括号内标注页码。

② 参见 O. A. 帕夫洛夫斯基《卢那察尔斯基》，陈日山、李钟铭译，黑龙江人民出版社 1984 年版，第 1 页。

态度，许多人都得到过他的庇护。列宁对他虽然非常器重，偏爱有加，但也不止一次因为他的"唯美主义"、"自由主义"和"温情主义"而加以严厉批评。

　　然而在以往，针对卢那察尔斯基文论的某些特点，有些学者对卢氏坚持列宁主义、"阶级分析"和"文学的党性原则"所带来的后果往往只是严厉批评。应该说，这些批评不无道理，它们揭示出作为意识形态领导人的卢氏的某些理论缺陷，但问题是，许多批评和苛责对卢氏文论的丰富性估计不足；更为重要的是，这种批评忽略了卢氏所处的具体语境，某种程度上是站在后人的角度上"腰斩"了卢那察尔斯基的文论。《阐释》的作者没有纠缠于卢那察尔斯基文学批评实践的对与错，而是以冷静、客观的立场来探讨超越于对错之上的更为本质的问题，在尽可能地还原历史语境的条件下对卢氏文论进行辩证的分析和现代阐释，在不回避卢氏的矛盾性的基础上，把作为一个"理想主义者"的卢氏所处的困境与悖论充分揭示了出来。《阐释》在总结卢氏的文艺思想时，并不回避卢氏文艺批评理论与实践的内在矛盾。如指出卢氏对文艺批评社会功能的理解有时过于简单和狭隘，要求作家担负起政治影响，把文学看成党的教育武器，评论作家时总要把政治放在突出的地位等。

　　在分析卢氏的内在矛盾时，《阐释》没有停留于对其失误的一味指责，而是注意联系当时的社会历史语境：严酷的阶级斗争依然存在，庸俗社会学理论喧嚣尘上，形式主义文论盛行一时，无产阶级未来派来势凶猛，俄罗斯文化因素根深蒂固。作者认为卢氏文论出现各种矛盾因素，与这些语境有着直接的关系，"必然受制于那个需要文学来维护新生政权的语境。所以，从我们今天的角度看来，在他的批评中，不可避免地存在着一个'非文学的'批评标准。这或许也正是他批评的特色之一"（第 195 页）。"卢那察尔斯基所处的时代是一个特殊的时代，那是十月革命胜利后政权尚待巩固的时期，文学艺术作为一种具有强大感染力的特殊形式，它的意识形态性将被给予格外的关注，而作为政权领导人之一的卢那察尔斯基也不能不对艺术提出政治上的要求。尤其是对待西方的资本主义文学，如何在有接受、有借鉴的前提下，告诉群众自觉站在无产阶级革命的立场上来辨别它们，就成为卢那察尔斯基的主要责任。"（第 212 页）

这样，在尽可能还原历史语境的基础上，《阐释》对卢氏的概括就显得更为全面和辩证："卢那察尔斯基过高地估计了政治对艺术的制约作用，在这里他似乎忘掉了马克思关于'艺术生产与社会发展的不平衡'理论。我们说，特定的政治身份使得卢那察尔斯基不得不做出这样的结论，但是，这并不妨碍我们对他在整个艺术批评过程中所表现出的精辟和深刻表示敬意。"（第 189 页）

《阐释》在占有和解析了大量文献的基础上，为我们展示了一个常常"陷入矛盾和困惑"、更为丰富的卢那察尔斯基，揭示了卢氏一些和当时的意识形态相距甚远，从而被其他的马克思主义批评家所不能接受的思想：卢氏一方面主张文艺批评的阶级分析，但另一方面又强调"不要忘记艺术家是特殊类型的人，我们决不能要求艺术家的多数同时成为政治家"；十月革命后，当列宁坚决批评"无产阶级文化派"的"否定人类文化遗产"，斥责"未来派"的"诗歌形式太古怪"时，卢氏却对"无产阶级文化派"持一种"委婉和折中的口气"，对"未来派"的艺术创新给予支持和宽容。（第 21—22 页）当列宁等社会民主党人对"不以暴力抗恶"的托尔斯泰主义给予激烈抨击时，卢那察尔斯基在这一问题上的立场是复杂的。如在评述罗曼·罗兰的历史剧《爱与死的搏斗》时，卢那察尔斯基一方面对这位法国作家的泛人道主义立场持否定态度，但另一方面，又对宣传非暴力的"傻气"的堂吉诃德持同情态度甚至不乏自况意味（第 219 页），荷尔德林的诗化小说《许佩里翁》宣扬了对自然、和谐和自由的渴望，被自己的时代视为"疯癫"，也和宣传革命暴力的苏联意识形态格格不入，但卢那察尔斯基却热衷于为荷尔德林这一疯癫者正名，对他时常流露出发自内心的叹赏。（第 223 页）

卢氏的一生都充满悖论、矛盾和争议。为什么会呈现出这样的矛盾性？应该说，这和卢氏的个性有关，也和俄罗斯文化的理想主义气质有关。《阐释》着重分析了卢氏的个性特征。作者把卢氏的个性概括为：充满热情、不知疲倦、天赋异常、知识渊博、充满矛盾而非常真诚。这一思路和程先生长期从事文艺学心理学的研究路径是一脉相承的。① 这种研究让卢氏变得鲜活而有血有肉起来，为我们进一步理解卢氏丰富而矛盾的文论特征奠定了坚实的基础。《阐释》还引导我们从俄罗斯的历史文化根源对卢氏的理想主义进行探究：卢那察尔斯基不仅是一个革命批评家，还是一个"俄罗斯的"批评家，"即在他的批评话语中，天然地会隐含着民族文化的因素。尽管卢那察尔斯基总是站在革命理性的立场上，但如果我们仔细辨认，就会发现俄罗斯民族文化中的那种道德立场是无时不在的"（第 195 页）。作者这里说的"俄罗斯民族文化"以一种道德立场为根基，体现为"对人的精神本质的肯定，对暴力与理性的否定，对爱与自由的推崇等"，而这一隐含的道德立场在某种意义上又形成了对其官方意识形态立场的颠覆。归根到底，作为一名俄罗斯文化语境中的文艺理论家，出于道德立场，他对革命斗争的鼓吹是受特定条件制约的，他的最高理想乃是永恒人性中的非暴力原则。《阐释》的结论是在深入研究俄罗斯文化的道德语境的基础之上得出的，深刻揭示出卢氏文论的复杂性的根本原因，更为令人信服。

卢那察尔斯基领导了第一个社会主义国家的文化建设，捍卫、发展了马克思主义文艺理论，发展了马克思主义文艺批评。卢氏文论的丰富性、辩证性甚至矛盾性，卢氏在政治观点、哲学观点和美学观点上经历的曲折演变，对我们探索和研究有中国特色的马克思主义文艺理论与批评有着直接的启示。对我们探讨如何坚持文化领导权和保持文艺自由度之间的张力，有着深刻的指导意义。

---

① 程正民先生多年来在文艺心理学方面著述甚勤，著有：《俄国作家创作心理研究》，百花文艺出版社 1990 年版；《现代心理美学》（副主编），中国社会科学出版社 1991 年版；《文学艺术与社会心理》（合著）高等教育出版社 1997 年版；《创作心理与文化诗学》，辽宁人民出版社、辽海出版社 2001 年版；《文艺心理学教程》（主编之一），高等教育出版社 2001 年版。

　　70 多年前，在谈论社会主义的现实时，卢那察尔斯基曾说过这样一段意味深长的话："不了解发展过程的人永远看不到真实，因为真实并不像它的本身，它不是停在原地不动的，真实在飞跃，真实就是发展，真实就是冲突，真实就是斗争，真实就是明天，我们正是要这样看真实……"① 我们也应该如卢氏所说，在永不静止的冲突和斗争的"发展过程"中理解、认识和发展"真实的"马克思主义，这才有助于建设具有中国特色的马克思主义文艺学。从这个意义上说，更准确地阐释卢那察尔斯基，无疑显得及时而重要。

（原载《中国图书评论》2009 年第 8 期）

---

①　卢那察尔斯基：《论文学·社会主义现实主义》，蒋路译，人民文学出版社 1978 年版，第 55—56 页。

国别史与当前马克思主义文论的中国贡献*

钱中文

程正民、童庆炳合作主编的《20 世纪马克思主义文艺理论国别研究》（后面简称《研究》）丛书的出版，一下就推出了 7 卷，详细地展现了中、俄、英、美、法、德、日诸国的马克思主义文艺理论研究方面的新形态、新问题。这套丛书，应该说是对 20 世纪世界范围的马克思主义文艺理论成就、问题的一个总体性的详尽描述、一个综合性的理论总结，堪称一部 20 世纪全景式的马克思主义文艺理论发展史。这

样全面性的介绍、大规模的综合研究，在中国自然是第一次，在世界范围内也更属首创，这真使我们大开眼界。

在很长时间的实践里，我们形成了一种夜郎自大的心态，以为只有我们中国才是遵循正统的马克思主义文艺理论的，其他国家都不

---

　　* 本文是就程正民、童庆炳总主编《20 世纪马克思主义文艺理论国别研究》（7 卷，北京大学出版社 2012 年版）撰写的书评。

行。到了改革开放之后，认为外国即使有马克思主义文艺理论研究，那也是西马非马，想方设法贬低它们。现在看来，这真是一隅之见，这是我们没有在世界范围内把马克思主义文艺理论当作一个整体去了解的缘故。外国的马克思主义文艺理论，都是外国学者在马克思主义理论原则自觉或不自觉的指导下，结合本国文化发展中所出现的新思潮、新问题，进行探讨、研究的结果。一百多年来，我们看到各国的马克思主义文艺理论提出了许多新问题，它们因国别、地域与文化传统而各自不同，英国的马克思主义文艺理论不同于法国的马克思主义文艺理论，德国的又迥异于美国的，什么缘故？一方面在于马克思主义文艺理论都要与该国的文化实际中出现的问题相结合，需要回答时代的要求；而另一方面，则在于马克思主义文艺理论必然是本土化的，必须进行本土化，如果不与实际相结合，不能使自己成为本土化的研究与本土化的理论，那它本身哪会有什么实际意义呢？哪会有什么生命力呢？所以马克思主义文艺理论如此繁复与多样，显得生机勃勃，也在于它的多样性的本土化。在中国，一些人以为只有我们才是正确的，奉行的是正统的马克思主义。自然，马克思主义的原则是正确的，但是我们的实践怎么样？在一个时期里，被歪曲了的、庸俗化的马克思主义不是流行一时，产生了极大的消极影响了吗？这种被歪曲了的、庸俗化了的马克思主义难道不是真正的非马？外国的马克思主义是世界马克思主义整体的组成部分，文艺理论也是如此。当然，我们不能将外国的马克思主义文艺理论搬过来就用，它们毕竟不是我们自己研究、实践的产物，因而面对它们，我们应该有所鉴别，融合其中有用的东西，使之本土化，进行创新，所以唯我独马的思想实在是很可笑的。

多样性也表现于一个国家的马克思主义文艺理论之中，出现不同观点、不同派别，而且正因为这种多样性，才能显现出其丰富性和生命力。各个国家的马克思主义文艺理论在其发展的各个阶段都有一些代表人物，各个时段又有不同的人物，根据自己的具体语境而提出不同的问题，而使马克思主义文艺理论整体显得精彩纷呈。在这 7 卷本中，我们看到，哪个国家的马克思主义文艺理论研究，只是一个人的观点，只是一派的观点？或是哪个国家的文艺理论是什么单流论？

我的第二个印象，是丛书的总主编在《总序》中谈到他们的编写原则，即"历史优先、现实品格与文化阐释"，我也十分赞同这点，这一原则保证了这套丛书叙述的历史性、科学性与理论性。人文科学思想总是历史性的，一个学科的发展总是前后联系、左右交织的。一个学科的百年总结，十分需要贯穿历史性线索。评价一个新的理论观点，总要在特定的历史语境中进行，将它和先前的观点、思想相比较，看它在理论上提供了什么新东西，产生了什么影响，评判其得失，再来确定其历史价值，而不是追究它没有探讨的东西，不是从一种与它毫不相干的知识体系，进行批判与否定。评判者要有充分的历史感，深入地研究新的对象和它们出现的历史语境，对于这种语境，不能因为自己未曾亲身参与而对它视而不见，不能因为在这种历史语境中你不在场而否定这些历史现象。需要在具体的历史语境中理出问题的线索，给以恰当的历史评价。历史性是使总结性的叙述获得科学性与理论性的依据。有意使历史性缺失，难以达到科学性和理论性，必然会夹带与引进不少文化泡沫，进而导致模糊历史的过程。在这种斑驳、热闹的喧哗声中，甚至还要把并无什么影响的境外学者掺和进来，当作自己的思想导师，来启迪我们如何建立文学理论的原则，在不阐明问题的各种各样的你说我说的论争中，建立起自己的形象。失去历史性、理论性，一部文艺学史即使写得很厚，但很多部分好像就是现成的文学年鉴资料的收集和汇编，何能称为著作？掩盖历史事件的真相，捏造史实，隐去历史发展的动因与真实面貌，是我们社会的弊病所在。历史在一些人那里真的成了一块面团，随意捏弄，以致书写历史者最后道德沦丧，诚信丧尽，而且竟要把"诚信"当作一个"国家性的课题"来研究了？这种浮躁、极端的功利手法，如果应用于文艺学史的写作，也是很难获得深度的历史性与理论性的。

我读这部发展史，觉得它恪守了作者自己的"历史优先"的原则，并且贯穿于各部著作。这个历史优先，大体包括某一现象发生的历史的、社会的根源，形成的过程，继承与发展，影响与作用，得失与评估，而最后又渗透于作者的总体性评价之中。评论者既是历史的人，因他的研究来往于历史之中，同时又是当代人，他要确切地理解所评述的现象和观点，对于当代可能发生的影响与作用。这就使这套丛书的理论叙事、分析评价具有了深刻的历史感和理论性。

这部发展史所提供的理论史料极为丰富，它为我们提供了马克思主义文艺理论在当代主要国家中的发展脉络，同时也使我们有关外国马克思主义文艺理论的零星知识系统化了，使我们在理解上深入得多了，比如，我们对于日本的马克思主义文论，20世纪20年代，引进、谈论的人很多，后来特别是在新中国成立之后，了解的人就不多了。由于这套丛书各卷的撰写人大都为各个国别文学史、思想史的研究专家，所以提供的外国马克思主义文艺理论知识具有很高的可信性，从而显示了世界马克思主义文艺理论景观的整体性与全景性。

在我国当代文学理论新形态的建设中，外国文学理论是不可或缺的参考系。理论繁复、派别众多的外国马克思主义文艺理论，结合自身社会的文化发展的现状，提出了众多新命题，有广大而至宏放的叙事，也有单个现象独到的精微剖析，而其中特别是英、美、德、法等国提出的不少新问题，也正是我们今天遇到的新现象，有很大的启迪意义，可供我们研究与借鉴，并促进其转化，为我国文论的新建设所用。

就《20世纪马克思主义文艺理论国别研究》丛书，我还想提出一些意见，不尽妥当。茅盾在我国文学理论、批评发展方面成就极大，也是引领我国文艺理论潮流的中坚人物之一，一般研究少有深入分析。《研究》对他各方面的卓越建树展开了详细的论述，引用了党组织对他进行的两次评价，相当全面而又精彩。但《研究》对他后期的《夜读偶记》一书，似乎注意不够。就茅盾的这本著作来说，一方面它表现了作者极为深厚的学养，另一方面又让人觉得，对于世界文艺思潮，他似乎不应得出一些简单化的结论，看来他也进入了当时对西方文论的政治化的阴影之中。又如周扬，这是一个争议很大的人物，作者对他进行了分期处理，这样眉目清楚，既符合历史过程，也反映了他在各个时期的理论特点，其功过评价相当客观、公允。再如发展史对王朝闻的前后两个时期文艺思想的特征、独到见解及其深化与发展，分别进行了深入的研究，丰富了我国的文艺学，写得很有新意。有些遗憾的是，《研究》没有提及何其芳，何其芳作为文艺界的一个领导，在政治化的文艺批判中，他的批判文论无疑是"左"的，而他作为一个学者所做的学术研究却是反"左"的、反公式化和教条化的，他提出的典型共名说，是有很高的理论意义的。

近几年来，我国外国马克思主义文艺理论研究取得了重大的成果，这套丛书就是其实绩之一。此外还有冯宪光教授主编的研究外国马克思主义文艺理论专题性的丛书，有朱立元教授主编的实践存在论美学丛书。这几套丛书的出版，一改 20 世纪八九十年代那种死气沉沉的注释派和唯我独马派的文风，提出了新的思想、新的思路，展现了新的面貌，使得我国马克思主义文艺理论研究真正活跃了起来。它们促进了我国马克思主义文论思想的进一步中国化，从而也显示了中国马克思主义文艺理论研究的独创性、中国气派和强大的生命力。

（原载《中国图书评论》2012 年第 10 期）

马克思主义文艺理论研究的
一项重大成果

——七卷本《20世纪马克思主义文艺理论国别研究》*述评

嘉 禾

2012年，北京师范大学文艺学研究中心推出以程正民、童庆炳为总主编的《20世纪马克思主义文艺理论国别研究》丛书（北京大学出版社出版），包括中国、俄国、日本、德国、法国、英国、美国七大卷，近200万字。这套丛书时间上涵盖一个世纪，空间上包括东西方七个国家，是一次从国别角度展现20世纪马克思主义文艺理论发展历史的重要尝试，实际上也就是20世纪马克思主义文艺理论发展史。据了解，目前国内外尚无如此规模、如此视野的20世纪马克思主义文艺理论发展史。著名的文艺理论家钱中文指出："这套丛书应该说是对20世纪世界范围的马克思主义文艺理论成就、问题的一个总体性的详尽描述、一个综合性的理论总结，堪称一部20世纪全景式的马克思主义文艺理论发展史。这样全面性的介绍、大规模的综合研究，在中国自然是第一次，在世界范围内也更属首创。"①

---

* 程正民、童庆炳总主编：《20世纪马克思主义文艺理论国别研究》（7卷），北京大学出版社2012年版。

① 钱中文：《国别史与当前马克思主义文论的中国贡献》，《中国图书评论》2012年第10期。

应当指出的是，编著《20世纪马克思主义文艺理论国别研究》丛书是有很强的历史针对性和现实意义的。

　　在刚刚过去的20世纪，具有世界影响的马克思主义文艺理论并不像有些人所认为的那样变得僵化了，变得停滞不前了，相反，它在世界各国都获得各自不同的发展，仍然充满强劲的生命力。西方当代一些重要的美学和文艺学流派和著名的文艺理论大家，谁也无法绕过马克思主义文艺理论，他们或者与其展开对话，或者从中吸收理论营养，都把它放在无可替代的重要地位。同时，随着20世纪世界社会政治经济文化翻天覆地的变化，20世纪马克思主义文艺理论也经历了十分曲折复杂的历史过程，产生了历史性的变化，提出了许多新的理论命题，出现了多样性、当代性、开放性等一系列重要特征。今天，站在新世纪的开端，回头对20世纪马克思主义文艺理论在各国的发展，对20世纪马克思主义文艺理论的新形态、新特征、新命题做出有历史深度和有理论价值的总结，对于马克思主义文艺理论的发展，对于建设具有中国特色的马克思主义文艺理论，有重要的理论意义和现实意义，这也是我国文艺理论界的一次理论选择和一份历史责任。

　　纵观全套丛书，我们发现这套丛书在其基本内容、重要观点和研究方法各方面都有许多创新之处，整体水平达到一个新高度，可以说是我国马克思主义文艺理论研究的一项重大成果。

　　首先是内容的创新，国别研究丛书是对20世纪马克思主义文艺理论一次综合性的、整体性的研究，它不仅为我们展现了马克思主义文艺理论在20世纪主要国家的发展脉络，填补了不少过去研究的空白，使我们过去的一些零星认识系统化了；同时，随着对理论资料的掌握更丰富、更全面，也使我们的认识比以往更深刻了。

　　以往我们的马克思主义文艺理论研究往往只重视西方不关心东方，因此我们的认识和理解是不全面的，也难以达到深刻。马克思主义文艺理论在东方的传播与发展，是20世纪马克思主义文艺理论发展的重大事件，我们这方面的研究十分欠缺，特别是对日本马克思主义文艺理论的研究。国别研究设置了《20世纪日本马克思主义文艺理论研究》这一卷，这完全是首创的，也填补了这方面的空白，它使我们对 20 世纪日本马克思主义文艺理论的发展以及它同中国马克思主义文艺理论之间的关系有了新的认识。

就我们以往相对比较熟悉的国别而言，编者也力求更全面地展现其整体面貌，更深入地揭示其发展的规律，七卷国别研究每卷都包括以下重要内容：该国 20 世纪马克思主义文论发展的历史进程，主要的理论家和理论思潮流派，以及该国马克思主义文论发展中带规律性的问题。以俄国卷为例，该卷展示了俄国 20 世纪马克思主义文论崛起（19 世纪末 20 世纪初）、确立（20 世纪 20—30 年代）、转折（20 世纪 50—60 年代）、更新（20 世纪 70—80 年代）的历史进程，研究了一些具有代表性的理论家，如传统的列宁、普列汉诺夫，还有新开拓的卢那察尔斯基、托洛茨基、布哈林、巴赫金、洛特曼、赫拉普钦科等，并且探讨了 20 世纪俄国马克思主义文论中带规律性的重要问题，如俄国马克思主义文论特色和俄国文化的关系，俄国马克思主义文论同其他文论为何从对立走向对话等。

其次，国别研究丛书的创新性除了表现在各个国别卷内容的创新之外，更重要的还表现在力求阐明 20 世纪马克思主义所产生的历史性变化和概括其呈现出的多样性、当代性、开放性等一系列重要时代特征。

多样性。

20 世纪马克思主义文论并没有像有些人认为的那样变得僵化和停滞不前，相反，它在世界各国都获得了不同的发展，依然充满强劲的生命力。同时，当代马克思主义文论的发展也出现了前所未有的多样而复杂的局面，出现了历史性的变化，它已经不是只此一家别无分店了。具体来说，20 世纪马克思主义文论事实上存在三种不同的形态，即苏联形态的马克思主义文论、中国形态的马克思主义文论和西方形态的马克思主义文论。这三种形态并不是彼此孤立的，而是存在种种联系的，它们之间的共同性、差异性和对话性共同促进了马克思主义文论的发展。而多种形态的形成，除了社会、经济、政治因素，还需要从文化多样性的角度加以探讨。一个国家的先进人物在接受马克思主义文论时，总是以本民族的文化作为桥梁，总是要同本民族的文化相结合的。从文化多样的视角考察 20 世纪马克思主义文论在各国的发展，是一个具有理论价值和创新意义的研究思路，能给我们不少有益的启示，马克思主义同各国文化的结合必然促进了马克思主义文论的新发展；多种形态的对话也必将为马克思主义文论的发展带来新的活力。

当代性。

与时俱进是马克思主义基本的理论品格，如果说多样性是 20 世纪马克思主义文论新的理论形态，那么有别于传统的当代性便是 20 世纪马克思主义文论新的理论特征。如果把马克思、恩格斯在 19 世纪所创立的马克思主义文论称为马克思主义文论的原创形态，那么 20 世纪马克思主义文论就是在新的历史条件下，面对新的社会现实和新的文艺实践，对原创形态的现代阐释和新的理论创新。这方面的内容包括：（1）寻找文艺理论的人学出发点和人学基础。不满足于从经济基础决定上层建筑、社会存在决定社会意识的角度思考文艺问题，把人当成马克思主义文论的出发点和归宿点。（2）阐明文学的审美意识形态本质。不满足于从历史唯物主义角度阐明文艺的社会意识形态本质，从不同方面思考作为社会意识形态的文艺的审美本质。"文学是审美意识形态论"的提出是对 20 世纪马克思主义文论的重要贡献。（3）形成艺术生产理论。强调从艺术生产的角度去看待艺术的本体，把艺术看作一种生产性质的东西，不仅是精神意义的生产，而且是物质意义的生产。（4）出现从文化角度分析文艺现象的趋势。面对当代科技引起文艺制作和传播方式的变化和现代文艺形态，出现从文化角度把握社会整体和分析文艺现象的重要转变。将文化因素和社会因素结合起来进行文艺学术研究，为马克思主义文论开拓新的理论空间。

开放性。

从根本上讲，马克思主义是革命的、批判的，同时也是开放的体系。20 世纪马克思主义文论的研究要取得新的发展，在坚守马克思主义文论的基本原理的同时，仍然要面对 20 世纪文论出现的种种新流派、新理论，并向它们开放，同它们展开对话。在苏联、中国和西方三种形态中，我们都可以清晰地看到 20 世纪马克思主义文论如何从封闭走向开放，从对立走向对话的曲折发展过程，以苏联形态为例，开始在"左"的思潮影响下，对本民族文化遗产采取褊狭态度，排斥其他文化流派，拒绝国外文论，结果把自己封闭起来，走向停滞和僵化。随着社会生活的变化，苏联马克思主义文论在坚守基本原理的同时，向国外其他文论开放，同他们积极地展开对话。这就为马克思主义文论的发展找到新的出路，开拓了新的理论空间。中国马克思主义文论同苏联一样，也走过从封闭到开放，从对立到对话的道路。而开放性则是西方马克思主义文论固有的重要特征。

20 世纪马克思主义文论走过的历史道路，说明马克思主义文论的发展，要正确处理好坚守和发展、破和立、固本和开放、自立和对话等一系列重要关系。如果只讲批判和斗争，把自己封闭起来，拒绝对话，其结果必然堵塞自己的发展道路，使自己变得越来越贫乏，越来越单调，只有坚持开放，坚持对话，才能不断开拓，使自己充满生机和活力。

第三，国别史研究的创新还表现在研究方法的创新。编者在编写过程中，提出并坚持了"历史优先、现实品格与文化阐释"的主要编写原则。所谓"历史优先"，就是"不能撇开历史"。编者力求把各国马克思主义文论置放于各国原有的历史语境中加以把握，寻找其产生的社会历史文化根据，揭示其本来的历史面貌，并给予正确的历史评价，看它和先前的理论观点相比较提供了什么新的东西，产生了什么新的影响。"历史优先"原则的坚持增强了这套丛书论述的历史感科学性。当然，要做到还原历史语境，编者还在掌握第一手材料方面下了比较大的功夫。所谓"现实品格"，就是通过历史的研究，不仅要还原历史的真实面貌，更重要的是要揭示其现实意义。编者在写史的过程中虽然没有直接写出 20 世纪各国马克思主义文艺理论的哪些观点对解决哪些现实文艺问题仍有意义，但在选择重点理论家、重点观点等问题的时候，却暗含现实关怀，努力做到古为今用、以史为鉴，使丛书"接地气"，具有现实品格。所谓"文化阐释"，就是编者十分重视研究马克思主义文论同各国文化传统的血肉联系，把传统文化影响看作马克思主义文艺理论的文化内涵。同时，也用文化多样性的视角来研究 20 世纪马克思主义文艺理论新的发展趋势，显示 20 世纪马克思主义文艺理论的整体性和全景性。

　　《20 世纪马克思主义文艺理论国别研究》丛书是一项集体的学术工程，由于研究对象复杂和参编人员众多，各卷之间和各卷各部分之间的质量并不完全平衡，也留下不少值得进一步改进的问题和进一步探讨的空间。尽管如此，丛书出版后还是获得学术界的好评。2012 年 5 月，由北京师范大学文艺学研究中心和北京大学出版社联合召开出版座谈会，来自中国社会科学院、北京大学、中国人民大学、南开大学和首都师范大学的专家学者参加了座谈。会上大家充分肯定这套国别研究丛书的创新性和开拓意义，认为是对 20 世纪世界范围的马克思主义文艺理论成就、问题的一个总体性描述和综合性的理论总结，无论就其规模或者质量而言均是对之前研究成果的超越。与会学者也指出丛书的出版将使我国马克思主义文艺理论研究一改死气沉沉的注释派和"唯我独马"派的文风，使得我国马克思主义文艺理论真正活跃起来，促进我国马克思主义文论思想的进一步中国化，从而显示中国马克思主义文艺理论研究的独创性、中国气派和极强的生命力。

　　（原载《中国中外文艺理论研究·2013》，中国社会科学出版社 2014 年版）

走向纵深的文艺心理学研究

——评程正民先生的《艺术家个性心理和发展》*

陈太胜

众所周知，文艺心理学的研究在中国 20 世纪 80 年代中后期，在所谓的"方法论"热中作为一种"方法"而兴起，迎来了相当一段时间的兴盛期。但至 90 年代以后，由于"全球化"、"后现代主义"、"后殖民主义"、"女权主义"等与"文化研究"有关的话语迅速成了理论研究的主角，文艺心理学的研究似乎在还没有完全展开的时候，便又很快走向了相对"沉寂"的局面。尤其是进入新千年以后，从事相关专题研究的学者似乎越来越少。正是在这种情形下，程正民先生出版了他在文艺心理学方面的研究专著《艺术家个性心理与发展》，推动了这一领域的研究工作。就像程先生在书的导论中指出的那样，这本书"把文艺心理学的重要组成部分——艺术家心理学，把艺术家的心理和发展作为研究对象"[①]。显然，在研究对象的选择上，程先生走的是文艺心理学研究最为传统的一条路子，即

---

　*　程正民：《艺术家个性心理和发展》，北京大学出版社 2012 年版。
　①　程正民：《艺术家个性心理和发展》，北京大学出版社 2012 年版，第 2 页。下引该书只标明页码。

研究艺术家的心理，但在看完全书后，我觉得这是一本有自己特定的意图，试图对文艺心理学与艺术家心理有关的问题进行深入研究和总结的书。这是将文艺心理学的研究引向深入的一种有益尝试。

精神分析学说创始人弗洛伊德在其自传中曾这样总结说："精神分析学所能做的工作，就是找出艺术家的生活印记及意外的经历与其作品间的内在联系，并根据这种联系来解释他的精神素质，以及活动于其中的本能冲动。"[①] 亦即是说，以精神分析学为代表的文艺心理学在其最初的设计里，其主要工作集中于两个方面，即艺术家的心理分析和作品人物的心理分析。弗洛伊德本人对达·芬奇和陀思妥耶夫斯基的研究即属于前一类，而对哈姆雷特、俄狄浦斯王的分析则属于后一类。当然，随着理论的发展，由于拉康等人的努力，以精神分析学为代表的文艺心理学早就扩展到了作品本身乃至于接受心理的研究。因此，正像程先生所指出来的那样，文艺心理学的研究一般可分为艺术心理、创作心理、作品心理分析和接受心理四大部分。而程先生的独到之处在于，明确指出"文艺心理学四个组成部分既不是互不相关，也不是平起平坐的，其中艺术家心理学是最重要的组成部分，它是文艺心理学之本，艺术家心理学归根到底制约着创作心理、艺术作品的内容和接受心理"（第2—3页）。按我的理解，这种判断既不是盲目拔高自己研究课题的重要性，也没有故意无视拉康、克里斯蒂娃这样的新派理论家在精神分析方面的杰出贡献，而是道出了理论研究一个值得重视的基本事实。事实上，在拉康这样的理论家的写作中，其关注点已经超越了一般的精神分析学说范围，他所谓的"回到弗洛伊德"的口号，主张把文本视作文学和心理的基本事实的做法，实际上已经取消了文艺心理学这样的学科本身的特质。而程先生在这方面显然有自己"老派"的考虑，如将文艺心理学作为研究文艺的一种方法或学科，它之能够与文艺社会学或文艺符号学相区分的东西，正是自己独特的研究方法和研究对象。自然，就这一点来说，把"艺术家心

---

① 《弗洛伊德自传》，顾闻译，上海人民出版社1987年版，第97页。

理"的研究看作文艺心理学研究中最为重要的方面，就有其很大的合理性了。

围绕着"艺术家心理"这一核心课题，这本书分为相互关联的四个部分。第一部分"艺术家个性心理和发展"，从理论上阐明艺术家个性心理结构中包括道德情感、心理气质、文化性格、创造能力、自我意识等在内的各组成因素；个性心理的复杂性和内在矛盾；影响个性心理发展包括生物学因素、人生体验、文化氛围等在内的种种因素；及艺术家个性心理发展的各个重要阶段。第二部分"俄国作家个性心理"以普希金、果戈理、屠格涅夫、陀思妥耶夫斯基、托尔斯泰、契诃夫等俄罗斯作家为个案，对作家的个性心理及其作品进行了研究。第三部分"俄国作家个性心理和社会心理"也从个案的角度，对艺术家个性心理和社会心理的关系进行研究。第四部分"心理美学和文艺心理学"则从宏观角度考察文艺心理学，体现了作者对文艺心理学，尤其是苏联文艺心理学的研究对象、研究历史和研究方法的基本看法。该书这四个部分的安排，充分地体现了程先生"文本研究"和"心理研究"相结合的方法，既重视与艺术家心理有关的一般理论研究，又重视将这种理论研究放到具体的作家、文本和文学史中进行观照。

概括地讲，该书基本的研究方法有两个：一是将作家的个性心理研究和"文本"研究结合起来；二是将个别的艺术家的独特心理研究与特定国家特定时期的作品研究结合起来。这两个方法正是程先生的文艺心理学研究的独特之处。在强调艺术家个性心理研究的重要性的同时，也强调将相关理论落实到具体的作家和作品，而且是落实到俄罗斯这一丰富的文学传统中的作家和作品中来考察。而俄罗斯的文学与文论，正是程先生近半个世纪研究的落脚点，是他从事学术研究的根本所在。

新时期以来的中国文学理论研究，要论方法与概念，其实多之又多，不管它是直接来自西方，或是经过"本土化"的改造挪用，还是所谓的完全"独创"。但在我看来，其中大部分注定是不能长久的。因为这些理论和方法，并不像西方所有有影响的理论和方法一样，都来源于特定的作家、作品和文学史研究，像俄国形式主义之于俄国现代诗歌，英美新批评之于英美现代诗歌（在艾略特那儿，则是挖掘出了英国 17 世纪的玄学派诗人），巴赫金之于陀思妥耶夫斯基，新历史主义之于英国的文艺复兴研究。程先生的文艺心理学研究，正是在这儿显现出了独特之处：既有对作家个性心理的理论研究，又努力要将这种理论研究与特定的作家作品结合起来。这方面的一个典型例子，是有关于普希金诗歌研究的。为了说明"思想、情感和形象的和谐统一是普希金艺术思维的特点，也是诗人的艺术理想"（第 178 页），程先生以普希金的名作《叶甫盖尼·奥涅金》为例，将这首诗一些段落的散文提纲和最后诗作进行对比，在经过详细的论证后，程先生指出："拿这最后的诗文同前面的散文提纲作对照，我们便会发现，干巴巴的合乎逻辑的理性提纲，在诗中化为充满浪漫激情的、心灵纯洁的达吉雅娜的生动形象。"（第 182 页）再如，在程先生看来，任何作家的个性心理，在某种意义上又肯定是社会性的，即是一定历史阶段的产物，这样作家在作品中创造的主人公便不得不也是社会演变的某种"征象"。为了说明这一点，程先生以俄国文学史上一系列的知识分子形象为例，阐释俄国作家如何运用不同的个性创造出了具有特定历史面貌的知识分子形象。这些形象包括格里鲍耶多夫的喜剧《智慧的痛苦》中的恰茨基、普希金诗体小说《叶甫盖尼·奥涅金》中的奥涅金、莱蒙托夫长篇小说《当代英雄》中的皮却林、冈察洛夫长篇小说《奥勃洛莫夫》中的奥勃洛莫夫、屠格涅夫长篇小说《父与子》中的巴扎罗夫。这些主人公的人物形象经历了由智慧的觉醒和智慧的痛苦的形象，到 19 世纪 20 年代社会意识的觉醒形象，19 世纪 30 年代的"多余人"，19 世纪 40 年代俄国民族心理的扭曲形象，再到 19 世纪 60 年代的"新人"的历史演变。这种将理论与个案相结合的论述方式，令人信服地展示了社会心理与作家个性心理的复杂关系，以及这种社会心理如何通过作家的个性心理影响到了这些主人公形象的创造。在我看来，这正是该书最大的特色。在某种意义上，这不仅体现了程先生多年从事的文艺心理学研究的基本方法，也体现了程先生近半个世纪的文学研究的基本方法，即，总是将理论与具体的作家、作品、文学史研究结合起来。

如果能像程先生在《艺术家个性心理和发展》中展现的那样，将文艺心理学放在更为综合的文学研究的空间当中来研究，那么，文艺心理学的研究将表明，它永不会过时，因为作家、作品和文学史总在要求新的阐释，而文艺心理学也必将是当中不可或缺的一部分。

中俄比较文艺学与比较民间
文艺学研究六十年

——兼论程正民教授与钟敬文先生的学术交谊

董晓萍

程正民教授在北京师范大学治学执教长达半个多世纪，在中俄比较文艺学和中俄比较民间文艺学两个领域都有明显的成就，都出版了有相当学术分量的代表作，还都得到两门学问的宗师黄药眠和钟敬文先生的认可，这是不多见的。不过目前讨论他的学术思想的文章比较集中于文艺学方面，对他的民间文艺观研究较少，另外也缺乏从中俄比较研究的角度综合研究他的贡献，而这种研究其实是必要的。
我跟随钟老学习和工作多年，也见过黄老，在此尝试谈谈我向程老师学习多年的体会，应该会对这项研究有所补充。

本文的讨论范围，为新中国初期至今的 60 年。这是程老师进入中俄比较研究界和后来长期从事该领域研究的时段。这是一个焦点时段，近年在提倡文化多样性的国际思潮中，原东欧社会主义阵营国家高校已开始对这个时段内文科建设的得失进行讨论，并在这个理论框架内反思苏联理论的影响，我国也应该在这种新的国际氛围中，关注国际同行在后苏联时期提出的问题，同时从新的角度总结历史经验，促进对当今高等教育"国际化"与多元文化教育的关系的思考。在研究方法上，我选择经历过苏联理论教育的高校教授、学生和政府文化职能部门的党内理论工作者为对象，采用教学科研与社会变迁相结合的视角，开展相对完整的个案研究。我的专业是民间文艺学，故本文的研究主要从本专业切入，但由于民间文艺学与文艺学是相邻学科，并且此点已反映在程老师的著作中，所以我也会采用跨学科的方法去处理这类资料。本文的个案选择，是从研究目标出发确定的。当然，在我国的俄苏文论研究界，通过翻译、评述和研究俄苏文论与文学的途径，涉足民间文艺者，还有其他一些学者，不止程老师一人，但能自觉运用民间文艺学理论和方法对此加以观察，并对文艺学和民间文艺学两个学科展开交叉考察和中俄比较者，便屈指可数。在我国民间文艺学界，翻译与研究俄苏民间文艺作品和民间文艺理论者，不乏人才，但能兼擅文艺学者不多，能在高校长期从事这方面的教学科研者也寥寥无几。程老师正是这种双跨型的学者。程老师还拥有一个得天独厚的条件，就是这两门学科的宗师都在北师大治学执教，而且都是他的业师。近三十余年来，他对俄苏文论的反思研究，特别是对普罗普和巴赫金的深入研究，还对钟老建立中国民俗学派的学说起到推动作用，这是本文要相对集中讨论的问题之一。本文的结构分四部分：一是我所知道的钟老与程老师的学术联系，二是苏联理论与中国民间文艺学的关系，三是巴赫金的理论对理解钟老文化三层观的价值，四是程老师在钟老晚年建设民俗学科中的贡献。而探寻过往以利当下，这同样是一种理论前行的过程。

一　我所知道的钟老与程老师的学术联系

钟老研究的是民俗学，程老师研究的是文艺理论，他们一老一少是理论互补型，两人的思想联系很紧密，但理论在学者手中有两种命运：一种变成书本教条，一种成为思想运行的产品。他们是能在思想运行中创造观点产品，从而彼此谈得来的人。学者之间的这种交往，先通过思想运行产生观点，再以学术交流的方式在不同的范围内获得响应，这种思想运行在人际关系上的体现是平等的，可以突破年龄、代际、性别、社会分层和文化区隔，营造心与心的学术联盟，为此钟老夸奖程老师的话很多，而且都很实。

思想运行的动力有两个：一是历史，二是现实。所谓历史，有各种做法，有文献史，也有理论史。但无论搞哪一种史，到了一定的深度，都能出思想。不做史就没有史识，没有史识就没有思想，没有思想就没有创见。程老师的中俄比较文艺学和民间文艺学著述就是从史而来的①，这样他的研究框架就十分理性，问题思路就十分完整。这种研究不出思想才怪。所谓现实，也有两个意思：一是学者所处时代产生了引领性的理论问题，二是某种理论问题成为中外学术史上的焦点问题。程老师研究中俄比较文艺学和比较民间文艺学正是触及这种"现实"。他曾被这种"现实"所教育，拥有信仰，又产生了反观思想力，这些都使他能与钟老走到一起。

不是别人就不能书写这种"传奇"，但要达到这样的程度，需要足够的内外部条件，包括时代、环境和学术机缘等因素，也包括学者个人的理论品质和创造力。程老师具备这些内外部条件，故而能够获得成功。

（一）时代、环境与学术机缘

从时代上说，新中国初期学苏联是当时世界上社会主义阵营国家之间的"国际化"产物。各国高校处于在这个阵营之内，包括我国高校，在苏联理论和高教体制的影响下，纷纷构建了以社会主义意识形态的文艺学为主导的文科建设格局。在党的领导下，政府与高校合作，建设社会主义新文化，改造传统民间文艺，提炼优秀民间文艺，再将之

---

① 参见程正民《20 世纪俄罗斯马克思主义文论的发展》，《从普希金到巴赫金——俄罗斯文论和文学研究》，福建人民出版社 2015 年版，第 3—21 页。

纳入社会主义新文化的"民族形式"体系进行利用，同时也创办民间文艺学的高等教育，民间文艺学对于文艺学的建设有重要辅助作用。

新中国初期高校文科"国际化"进程的大体步骤是：苏联专家进入高校，与我国学者合作，引进苏联教材、培养师资，建设社会主义意识形态人文社会科学理论体系与文科结构布局。这场发生在我国国土上的苏联理论和教育方法的传播活动，对我国本土学问产生了强大的冲击力，当然其他东欧社会主义国家高校也有同步进程。在这种背景下，我国培养了几届大学生。他们中的少数人被选派到苏联留学，多数人留在国内学习，上苏联专家的课，使用苏联专家提供的教材。无论出国还是在国内受教育，他们都是这个特定的"国际化"历史时期的产物。他们的整体特点是在马克思主义的主流意识中塑形，信仰坚定，满怀理想，对国际化学术信息有放眼能力，同时受到本土学问著名并向往新社会蓝图的饱学之士的直接教育，中俄知识体系结合，号称"又红又专"。在北师大与苏联专家共事的著名学者中，就有我国"五四"以来的大学者黄药眠先生和钟敬文先生。钟老当时还兼任校副教务长和科学研究部主任[1]，日常工作的顶头上司就是苏联专家。程老师正是几届大学生中的高材生，以成绩优异留校。黄老在我国现代文学史上赫赫有名，还曾供职于苏联共青国际，要比一般在国内的学者更了解苏联的文论和文学，他再把这套学问传给程老师和其他学生。

从环境上说，截至 20 世纪 90 年代东欧苏联社会主义阵营全面解体前，各国高校将俄语普及、俄苏文论教育与本土教学研究整体推进，直至西方学术思潮在全球化后大举涌入之前，俄苏人才始终居于理论前沿。程老师在这一时期，先后担任了北师大苏联文学研究所副所长和《俄罗斯文艺》常务副主编，后来又到中文系当系主任。当然，凭他的低调本色、宽仁作风和淡泊名利的处事态度，无论他在位与否，都广有口碑。

---

[1] 参见北京师范大学校长办公室《北京师范大学校务委员会名单》，档案号 1952—1，第 1—2 页，1952 年；北京师范大学北京师范大学教务处：《北京师范大学教务处、研究部工作人员名单及各系主任、副主任、秘书名单》，档案号 1955—23，第 7 页，1955 年 2 月。

（二）前辈模式与后学道路

从学术机缘上说，程老师被黄老和钟老两位学术前辈赏识，可遇而不可求。不过他的理性和诚实也是出名的。程老师曾多次跟我说过，他在学问上的老师有两个，一个是黄药眠先生，一个是钟敬文先生。他的这种认同不是随便得出的，是从他的思想深处来的。

在此多说几句两老的交谊。黄药眠先生是我国文艺学的大师，钟敬文先生是我国民间文艺学的泰斗，两老在新中国成立前夕同乘一艘苏联轮船从香港回到北京，后来又都留在北师大执教，双方在学问上彼此切磋，这对各方的学科理论都有渗透。他们还都曾在新中国成立初期参与中央政府和教育部的学科规划工作，这也对北师大乃至全国高校的文科布局产生长远的影响。

我见到黄老是在 20 世纪 80 年代跟钟老念书之后，那时钟老多次带我去黄老府上小坐。两老谈起改革开放后的祖国，有诗人般火热浓烈的挚爱，也有对恢复高校人文学科建设的强烈使命感和责任感。执手相谈之间，不免提到后继人才，黄老认为程老师是"很有希望"的一个。当然这是老友之间的对谈，完全是内部交心，没有任何当事弟子在场，但我个人对这种情形是比较熟悉的，我在家族前辈的谈话中见过，前辈学者喜欢用他们的理想模式复制理想的弟子，不必食人间烟火，所言皆为经验与苦心所致，至于弟子能不能按照他们的预期去发展，还要看个人的造化。

我真正见到程老师时，黄老已经辞世七八年了，钟老还在工作。程老师调任中文系主任后，钟老经常派我去找他，请他帮忙解决民俗学的学科建设问题。他对钟老的事总是有求必应的，不过什么事能办，办到什么程度；什么事暂时不能办，问题出在哪里，他也都会向钟老如实说明，所以钟老对他特别信任。他也抽空来找钟老，就吸收西方学说加强俄苏文论研究的问题趋前请教。从此我所面对的，不再是钟老与生活中的黄老，而是钟老、程老师及两人背后的理论上的黄老。钟老很爱才，他更欣喜他与黄老的学术事业能开花结果，有诗为

证："老去信怀念友生，渐看星隐未凋零。风涛共济危时梦，肝胆相
投少日情。各有遗编传日下，偶披纪传尚神兴。"①

我敢肯定地说，程老师与钟老之间没有任何合作项目，也从未就
某个问题提前约定研究框架，两人的个人往来也绝不比别人多，但他
们似乎有超常的默契，往往会在某个历史间隔点上惊喜地相遇，对此
古人称作"君子淡交"。

总之，我听说程老师在前，认识程老师在后，这种"先入为主"
的印象又得自两老，故显得比较特别，加上后面的印证，记忆的烙印
就很深。由于这种种历史原因，我无形中跟程老师在思想上很"亲"。
这些年又读了他的很多书，在学问上与他更"近"。他的中俄比较文
艺学和民间文艺学成果已成为我教学科研的理论来源的组成部分。

二　从中俄比较文艺学看民间文艺学②

从民间文艺学的角度看，程老师的中俄比较文艺学与比较民间文
艺学的研究，根植于他对俄国马克思主义理论史的研究。这段历史是
与中国现代民俗学史和民间文艺学史有交叉的。这里再次提到他的
"史"观，正是要强调这是他得益于苏联理论之处。新中国初期，苏
联专家从苏联带来了科学的历史编纂学，曾让中国学者眼前一亮。在
苏联专家中，钟老除了青睐契切罗夫，还比较关注古雪夫。古雪夫认
为："科学的历史不仅仅是实际发明和发现的历史，而且也是思想的
历史和方法论的探求的历史。因此，对于史料的研究不仅用科学发展
的全部历程中所积累起来的全部实际知识丰富我们，而且特别重要的

① 钟敬文：《怀念黄药眠同志诗二首》，北京师范大学中文系编《纪念黄药眠》，群言
出版社1992年版，第10页。
② 本文关于苏联理论与民间文艺的讨论，部分引自作者近期在《西北民族研究》、《民
俗典籍文字研究》等杂志陆续发表的"苏联理论与党性民间文艺"系列研究论文。

是，对史料的研究促使人们探索正确的科学的方法论。"① 对于从经史子集国学中走出的中国学者来说，这是一套新学。传统国学使用内部连续文化编年法，在新社会遇到了无法解决的新问题，需要以这些新知识做补充。当时前辈学者将新学与自己熟悉的国学方法结合，用以处理中国资料，提出了很多新问题，也解决了很多问题。有些学者还拿出了具有历史突破性的成果。他们还把自己的治学经验教给程老师这些年轻的大学生，让后学领会科学方法的重要性，这些都是学苏联的好处。等我三十年后入学时，钟老送给我的第一本书还是苏联学者的历史编纂学著作，书名叫《外国民族学》，作者是莫斯科大学的历史学教授托卡列夫（С. А. Токарев）②。"史"的功夫之重要，也关系到钟老等前辈学者后来的理论反思，同时也涉及程老师近三十年的研究。这些研究能让我们理性地对待 20 世纪 50 年代学苏联与我国文艺学和民间文艺学建设的关系。这是后话，在这篇不可能写得太长的文章，我不会做更多的讨论，但将在后面的要点分析中简约地提到。

整体反思苏联理论的输入对我国构建社会主义新文化和高等教育体制中的文科理论系统所形成的焦点问题是，这种苏式的"国际化"社会主义意识形态科学来到我国，如何根据我国的国情建设党性民间文艺理论？它与我国传统民间文艺如何匹配？

苏联的党性民间文艺理论以党指导民间文艺为最高原则，在这方面需要提出的具体问题是，党性民间文艺理论的核心概念是什么？从苏联理论家的著作看，他们从科学社会主义运动学说的角度阐述党性民间文艺，所使用的核心概念是阶级性、人民性、集体性和民族性，而我国民间文艺学的建设要走民族的、自主的道路，也要从对这些概念的讨论做起，所以苏联的输入与我方的接受是供需关系。但全面考察苏联理论对我国的影响，还会发现当时有很多思想争论，我国政府

---

① ［苏］В. 古雪夫：《论俄罗斯民间文艺学史的研究》，刘锡诚译，中国民间文艺研究会编《苏联民间文学论文集》，作家出版社 1958 年版，第 320 页。

② ［苏］С. А. 托卡列夫：《外国民族史》，汤正方译，中国社会科学出版社 1983 年版。

和学者的探索还遇到过重大挫折，这也要求我们提出一些新的思考问题。现在我们知道，苏联理论输入其他社会主义国家的"国际化"步骤，在其他国家也发生了类似的困境，今天我们从"国际化"的角度讨论这些问题，会帮助我们比较完整地反思这些困惑，并且能够比较自觉地关注当时本土学者所采取的解决措施，所进行的独立思考，以及对于一时难以解决的问题的态度。这有助于将这段历史变为财富，而不是简单化地处理为包袱。

在引入苏联理论方面，苏联文艺理论家季莫菲也夫的观点在我国的影响很大，周扬在延安时期已引用过他的文章。新中国成立后，他的文艺理论教材《文学原理》被介绍到我国高校，又让他成为仅次于马克思列宁主义革命领袖和普列汉诺夫、高尔基等人的权威人物。季莫菲也夫的弟子毕达可夫和柯尔尊都曾是20世纪50年代来华的苏联专家，分别在北京大学和北师大执教，讲授过季莫菲也夫的教材。黄老和钟老都是使用过他的教材的历史人物。钟老还曾与柯尔尊共事，并将季莫菲也夫书中有关苏联民间文艺理论的部分摘出，编入自己主讲的"人民口头创作"课的理论参考资料，刻成油印本，发给听讲的大学生和研究生阅读。我们发现，程老师在国内学者中几乎最早对季莫菲也夫的教材和教学活动开展研究①。本文以下将从钟老运用季莫菲也夫的观点切入，适当征引延安时期党内文艺理论工作者周扬和周巍峙等人的文章，参考程老师的研究，讨论我国党性民间文艺理论建设的核心概念、思想争论、困惑与反思。

（一）党性民间文艺理论的核心概念

苏联党性民间文艺理论家所强调的核心概念是阶级性、人民性、集体性和民族性，并将这方面的基础研究作为科学社会主义运动学说的组成部分。季莫菲也夫对"阶级性"的概念有过深刻的分析。他认为，在苏联民间文艺理论中，关于这一概念的经典论述，见于列宁的

---

① 参见程正民、程凯《中国现代文学理论知识体系的建构——文学理论教材与教学的历史沿革》，北京大学出版社 2005 年版，第 117—119 页。

"两层文化"学说，他说：

> 列宁关于在阶级社会中的"两种文化"的学说，给予我们评价一切文化现象——其中包括有人民创作的产品——的唯一正确的准则。①

但季莫菲也夫也认为，列宁的"两层文化"学说是从政治学的角度提出的，不是从文化角度提出的，列宁的重点是强调科学社会主义运动，而不是文化科学，这正是"两层文化"说的实质。学者即便要将"两层文化"说用到文化上，也要用到"文化革命"上。周扬编辑的《马克思主义与文艺》收入了季莫菲也夫的文章，正是在此文中，季莫菲也夫说到他的看法：

> 按照列宁的观点，如果要将"两层文化"说用在文化上，也要用到文化革命上，因为"胜利了的工人阶级最重要的任务就是实现文化革命——用民族语言实行普及教育，一往直前地发展中等和高等教育，人民的共产主义教养和教育"。"艺术必须从文化革命任务的观点上为人民服务。"列宁在跟克拉洛依·蔡特金的谈话中说过："真的，我们的工人和农民们应该得到比马戏更多的东西。他们有权利得到真正伟大的艺术。因此，我们首先要推行最广泛的人民教育和训练。它创造出文化的基础，——当然，这是在粮食问题解决了的条件之下才有可能，在这种基础上，必须生长出真正新的、伟大的共产主义艺术，这种艺术将创造出适合于自己内容的形式。"②

除了周扬，还有周巍峙，两人都是延安时期的党内文艺理论工作

---

① ［苏］季莫菲也夫：《论人民性的概念》，于同陨译，原载《语文学习》1956 年 7 月号。另见周扬编《马克思主义与文艺》，1944 年初版，作家出版社 1984 年再版，第 155 页。

② 周扬编：《马克思主义与文艺》，1944 年初版，作家出版社 1984 年再版，第 155—156 页。

者，也都与钟老相熟。在钟老的晚年，由于文化部主持开展全国范围内的民族民间文艺搜集编纂工程，身为代部长的周巍峙与钟老的接触还要更多一些。周巍峙怎样看待"两层文化"说？现在已无从了解，我也没有找到他讨论季莫菲也夫的观点的文章，但这不等于他对"阶级性"等概念没有自己的看法。

周巍峙有从实际出发的作风，他能够通过调研，指出我国社会主义新文化建设中遇到的具体问题，并撰写文章，发表看法。他有一篇题为《方向正确　方法对头　成绩巨大　前途无量》的文章正是这样完成的。[①] 我们看到，周巍峙在调研之后，在谈到社会主义文艺现象时，并不受"两层文化"框框的限制。他的调研时间是 1960 年，那个时期的思想禁锢仍然沉重，他却提出，对不同层次、不同体裁的基层职工民间文艺的发展，都要给予鼓励，要创造"万紫千红"、"繁荣美丽的景象"。

> 现在职工的音乐活动真正做到百花齐放了，不仅题材方面既有配合厂矿中心任务歌颂大跃进的，也有回忆革命史，进行阶级斗争教育的；既有现代题材，也有历史题材，优秀的民歌也是职工们所爱听的。在形式方面：唱的有群众歌曲，有民歌，有进行曲，也有"圆舞曲"；有几个人的小演唱，也有几百人的大合唱；有独唱，有重唱；有的连歌带舞，有的连弹带唱；有诗歌联唱，有快板表演唱；不仅有曲艺、戏曲演唱，还有了曲艺合唱，戏曲合唱。演奏方面，有独奏，有重奏，有领奏，有合奏：有轻快的舞曲，也有强烈的打击乐；有民乐，也有西洋乐器（是演奏中国作品）。[②]

---

① 参见周巍峙《方向正确　方法对头　成绩巨大　前途无量》的文末附注："周巍峙同志在山西参加农村文化工作会议时，曾邀请正在太原参加山西省职工文艺会演的一些职工业余音乐活动积极分子和工人作曲家举行了一次座谈，在这个座谈会上讲了一次话，最近，在全国职工业余文艺会演中，他又向参加会演的代表们讲了一次话，这两次讲话的精神是共通的。这里发表的虽然是根据山西座谈会上的讲话改写而成的文章，相信对各地的职工业余音乐活动也有同样的意义。"原载《人民音乐》1960 年第 6 期，第 15 页。

② 周巍峙：《方向正确　方法对头　成绩巨大　前途无量》，《人民音乐》1960 年第 6 期，第 15 页。

我们现在都能毫无顾忌地畅谈这种看法了，现在提倡维护文化多样性，还给我们增添了十倍的勇气。但在 50 年前，这种勇气就会被打压，因为用现代人的设想比附当年并没有发生的历史条件。周巍峙即使未谈书生大道理，讲的都是现象，但也触及了问题的核心，因为理论的核心还是现象，而不是理论。

　　截至 20 世纪 50 年代初，苏联理论界支持列宁的"两层文化"说的，并非季莫菲也夫自己。在我国民间文艺学界，直至在改革开放前，钟敬文也没有对"两层文化"说提出反对的说法，不过他还是持有一定的观望态度。他在"五四"时期形成的新文化观和在日本留学时接受的现代文化学，始终都在对他发生影响。他在读列宁著作的札记中，关注列宁对于"阶级性"和"革命性"等概念的解释，他说，列宁指出："每个民族文化里面，都有哪怕是不大发展的民主主义的和社会主义的文化成分，因为每个民族里面都有劳动的和被剥削的群众，他们的生活条件必然地要产生民主主义和社会主义的思想体系。"① 这是列宁对历史上的进步文学（首先是民间文艺）的阶级性的深刻发掘。钟老的这番话是从劳动人民的角度谈的，但不是讲阶级论的。不过他找不到列宁的"两层文化"说对中国的历史积淀深厚的、多民族多地区社会主义新文化建设和民间文艺学理论建设的直接作用。偌大的中国，因多种不平衡构成，带来了社会与文化的活力，仅凭一条"阶级性"去造成平衡，是很难落实的。除了阶级性，钟敬文还在哪里观望呢？那就是他把民间文艺当作民间文化事象来对待。这种文化观，能让他从学术性的方向解释复杂的民间文艺，而不是将之变成单一的"阶级性"的工具。1983 年，他明确提出了"文学三层说"②，三年之后又提出"文化三层说"，这时他不再观望。他在这篇文章中引用了高尔基的《论现实》中的一段话作

---

　　①　列宁：《德国工人合唱团的发展》，1913 年 1 月。钟敬文这段话引自静君辑《马、恩、列论民间文学》，油印本，北京师范大学中文系民间文学教研室印，内部资料，1955 年。

　　②　钟敬文：《民间文学的价值和作用——1982 年 1 月在杭州大学中文系的讲话》，钟敬文《新的驿程》，中国民间文艺出版社 1987 年版，第 43—53 页。

为引论，颇有对话之意。

> 过去所创造的东西，对社会可贵的东西，都和今天保持着有机的联系。[①]

他从观望转为表态，是认为中国的历史传统、本土国情和民俗民风不可能断裂，不会被"革命"掉，而是"有机"地传承和创新。凡了解钟老的人都知道他始终有这种看法。今天的"国际化"学术趋势已经全球化，现在的中外同行已经大体取得共识，即认识到外来理论输入的正确途径，不是同化别人，而是交流、互见和互动。外来理论能帮助人们从外部的角度观察内部文化的复杂问题，有时还会比内部成员把复杂问题讲得清楚和更简捷。内外部文化成员通过这种"输入"与"输出"，能明白什么是祖先留下来的"对社会可贵的东西"，这些东西怎样"和今天保持着有机的联系"，从而提升文化自觉、增加文化自信。我国有"当局者迷、旁观者清"的古训，用在这里，就能看出祖先的历史智慧。

程老师对钟老的"文化三层说"十分敏感，很早就放到中俄比较民间文艺学的范畴内，进行了专门的论证。他还将初稿拿给钟老看，征求钟老的意见，得到了钟老的鼓励，当然这并不妨碍他个人的独立研究[②]。他的这种治学方法，在我所了解的周围师辈学者和同代学者中都是少见的。在国际学者中有这种情况，比如英国牛津大学龙彼得和杜德桥门下的汉学家贺大卫（David Holm）、美国哈佛大学费正清门下的汉学家欧达伟（R. David Arkush）和洪长泰（Chang-tai Hung），他们都曾采用这种访问历史当事人的研究方法，将书面文献与口述史研究相比较。这种方法是从人类学和民俗学借鉴来的，对减少学者的书斋研究的主观性很有用。我完全不知道程老师是否掌握其他学问领域的西方国际信息，但这对于本文的讨论并不重要，重要的

---

① 钟敬文：《话说民间文化》，人民日报出版社 1990 年版，第 1 页。
② 程正民：《巴赫金的文化诗学》，北京师范大学出版社 2001 年版，第 238—239 页。

是他的方法论从他的研究对象中一步步得出，是他的诚实的科学品性的产物，他的这种研究成果必然与不同领域的相关成果殊途同归。何况他毕生从事的俄苏文论本身就是横跨东西的世界之窗，他从窗中能看到我们用英语工具所看到的，也可能会看到我们用英语工具所看不到的。

从程老师所研究的钟老，与钟老本人的研究看，双方都认为，中国学者建设社会主义新文化，"是跟新经济、新政治等相适应、相提携的新文化"。"要创建这种新文化，首先必须根据我国现实和历史的真实情况。其次，要认真地观察和参考世界文化的发展状况。除二者之外，就是一定要它带有民族长期生活中形成的文化素质和色彩。"① 钟老这篇文章写于1986年，这时国内理论界批苏联已经"一边倒"，但他认为，对苏联理论既不全部肯定，也不是全部否定。他始终不赞成把文化建设当作革命运动。他希望"从事文化、理论工作的人们，全面地考察我国的历史的、现存的整个文化（包括上层文化和下层文化），然后对它做出抉择、去取的态度"②。程老师所重点讨论的钟老文章也正是这一篇。

党内理论工作者周巍峙是什么态度呢？他的党性民间文艺观与钟先生的民间文艺观是一致的。同样在20世纪80年代，他也在强调从本民族的文化传统和社会主义文化建设的现实出发，综合地评价民间文艺。他指出："我国是一个多民族的国家。各族人民在长期的生活劳动和斗争中，都产生了自己民族的文化艺术，这些文化艺术在历史发展的长河中逐步形成自己特有的民族风格。这些文化艺术源远流长，它们是民族历史的见证，是各族人民智慧的结晶，是我国百花园中具有特异色调的鲜花，是各族人民之间友谊交往的媒介。"③ 在改革开放之初，这种党内外理论工作者与党外知识分子不

---

① 钟敬文：《谈谈民族的下层文化》，钟敬文《话说民间文化》，人民日报出版社1990年版，第6页。

② 同上。

③ 周巍峙：《加强民族团结　繁荣民族文化》，《中国民族》1980年第9期，第3页。

谋而合的现象还很少。

关于"人民性"概念，季莫菲也夫也有很多研究，他在《论人民性的概念》一文中提出，"党性"是"人民性的最高形式"。另一位苏联理论工作者开也夫（А. А. Кайев）引用 А. 日丹诺夫的话说，列宁的党性原则"是我们党和苏联政府在思想领域，特别是在艺术、文学和人民创作方面的政策的主要基础"①。季莫菲也夫谈道："人民性"的代名词就是党性、政治性和思想性。

> 在社会主义的艺术中，在我们前面的是共产主义的党性，就是说艺术家要达到共产党所号召的目标。列宁说，共产党的力量在于表现人民的觉悟，而党的任务是"带同全部人民进入社会主义"②，所以社会主义艺术的党性是艺术家自己所意识到的人民利益的最深刻、最全面的表现。③

他的弟子柯尔尊与他一脉相承，在北京师范大学开设的"文艺学概论"课程中，末节设"共产党在社会主义现实主义文学发展中的领导作用"专章，强调"人民性"和"党性"的联系。④

其实"人民性"与"阶级性"的概念有所不同。苏联理论家认为，谈"阶级性"是强调国家机器的作用；谈"人民性"与历史动力相关。人民是科学社会主义运动的主力，如果要完整地界定"人民性"的概念，还需要同时界定"人民"的性质、人民的"历史创造力"和"人民的解放斗争"等其他系列概念，完成了这些工作，才能

---

① ［苏］A. A. 开也夫：《马克思主义经典著作家论人民创作与苏联口头文艺学的任务》，连树声译，油印本，北京师范大学中文系民间文学教研室印，内部资料，1955 年。

② 《В. И. 列宁全集》第 25 卷，第 376 页（油印本，北京师范大学中文系民间文学教研室印，内部资料，1955）。文中的重点号为钟老所加。

③ ［苏］季莫菲也夫：《论人民性的概念》，于同隤译，原载《语文学习》1956 年 7 月号，油印本，北京师范大学中文系民间文学教研室印，内部资料，1955 年。中译本原著没有提供苏联学者季莫菲也夫的俄文名字写法，本文从原著而未注，全文同。

④ ［苏］维·波·柯尔尊：《文艺学概论》，北京师范大学中文系外国文学教研组译，高等教育出版社 1959 年版，第 249—262 页。

对"人民性"做出全面的阐释，从而揭示民间文艺研究的社会政治目标。在这个问题上，开也夫提到了列宁思想的贡献：

> 列宁深信人民有决定的历史上的作用，并热烈地相信劳动群众的创造力。……列宁生活并活动在工人阶级在俄国形成的时代，这个工人阶级由于历史的发展而提升到人民的先进的、主导的力量的地位。无论是别林斯基，也无论是车尔尼舍夫斯基和杜布洛留波夫，都不可能按照他们同时代的俄国社会发展的水平，充分地评价这种力量的意义。列宁和斯大林站在革命的马克思主义的立场，并始终不渝地运用非常精确的历史的和阶级的观点来研究关于人民解放斗争的问题。①

还有一些苏联理论家认为，在界定"人民性"的概念上，还要增加界定"人民主体性"的概念，这样就把"人民性"与"全民性"联系起来，形成更为普世的问题。季莫菲也夫说：

> 人民性的第一个条件是作品中提出有全民意义的问题……第二个条件艺术家要从人民的利益出发来说明提出的问题……艺术必须为群众所了解。这里是人民性的另一个主要特征。②

谭得伶从莫斯科大学留学回国后曾协助柯尔尊教学。她对苏联党性文艺的特点有双向观察的视角，这在研究结果上，会比仅从中、苏某一方探讨问题，保持必要的距离。从她的分析看，20 世纪 50 年代中期柯尔尊来华教学时，苏联文艺界已开始反对个人崇拜，党内的民主生活氛围有所改善，苏联作家在文学创作中"对当代社会的矛盾和斗争反映得比过去深刻，敢于提出重大的社会问题，深入挖掘人的精

---

① ［苏］A. A. 开也夫：《马克思主义经典著作家论人民创作与苏联口头文艺学的任务》，连树声译，油印本，北京师范大学中文系民间文学教研室印，内部资料，1955 年。

② ［苏］季莫菲也夫：《论人民性的概念》，于同隗译，原载《语文学习》1956 年 7 月号，油印本，北京师范大学中文系民间文学教研室印，内部资料，1955 年。

神世界，文学与现实联系的更加密切了"。苏联作家还大力搜集和利用民歌民谣，如鲍科夫于"1950 年出版了《俄罗斯民歌民谣集》"。同时期西方反社会主义势力加强了对苏联文学的干扰，党性文艺系统出现了"尖锐的思想斗争和紧张的创作探索"，在理论建设上进入了"巨大的变化时期"。①

与苏联不同的是，苏联理论进入我国，要面对我国的问题；苏联专家在中国执教，要适应中国的教学需求。柯尔尊在北师大给苏联文学进修班和研究班（简称"苏研班"）开课，学校也安排中国著名学者参与讲课。黄老和钟老就都给苏研班上过课②，两老还合作开设过专题讲座。苏研班的同学回忆说，当时听到中国的一级教授讲课很激动。③ 程老师也承认，他当年报考北师大，是对两老等大教授慕名而来。他折服黄老"深谙英、俄两门外语"的本事，还能讲《卖油郎独占花魁》等古典文学名篇。④

在我国党性民间文艺理论建设方面，有一个比较突出的问题是，如何既要加强党的领导，又要避免伤害"人民性"很强的传统民间文艺。周巍峙认为，要始终贯彻毛泽东《在延安文艺座谈会上的讲话》精神，坚持文艺为革命服务和为人民群众服务的"二为方针"⑤。黄老和钟老也都是认真学习毛泽东的《讲话》精神的。钟老说：

抗日战争时期，延安不但一时成为新的政治中心了，也成

---

① 谭得伶：《五十年代苏联文学概述》，马家骏、冉国选、谭绍凯主编《当代苏联文学》（上），河南大学出版社 1989 年版，第 15—57 页，重点是第 27、45、57 页。

② 钟敬文先生自 1956 年至 1958 年多次为苏联文学进修班和研究班授课，参见谭绍凯《我这几十年》（外一篇），收入陈惇、刘洪涛主编《窗砚华年——北京师范大学苏联文学进修班、研究班纪念文集》，中国社会科学出版社 2012 年版，第 194 页。

③ 关于钟敬文为苏联文学进修班和研究班开设讲座的具体情况，参见诸燮清《华鬓弦歌忆京师》，收入陈惇、刘洪涛主编《窗砚华年——北京师范大学苏联文学进修班、研究班纪念文集》，中国社会科学出版社 2012 年版，第 289 页。

④ 程正民：《迟到的怀念》，北京师范大学中文系编《纪念黄药眠》，群言出版社 1992 年版，第 189、190、192 页。

⑤ 《在延安文艺座谈会上的讲话》，人民出版社 1975 年版，第 12 页。

为新的文化中心。《在延安文艺座谈会上的讲话》发表后，中国民间文艺学也进入了一个新的时期。《讲话》的主旨虽然在于革命文艺的服务方向问题，但其中也对民众固有的文化（包括文学、艺术上）作了正确的评价，并号召革命作家重视她，向她学习。①

钟老还认为，知识分子不应该自以为学问高于人民，要尊重人民的创造才能。他希望政府和高校在培养民间艺术家方面下功夫，而不是由党性工作去代替民间文艺自身的发展。他在一段札记中引用了列宁的观点：

> 艺术是属于人民的。它必须在广大劳动群众的底层有其最深厚的根基。它必须为这些群众所了解和爱好。它必须结合这些群众的情感、思想和意志，并提高他们。它必须在群众中间唤起艺术家，并使他们得到发展。②

钟老直率地指出，延安文艺知识分子对民间文艺的了解不够，"应该加强学习，加强发掘、整理和研究工作!"③ 黄老在这个问题上也有类似的看法。程老师通过学术史的研究，发现了这个问题，他说："在1951年的思想改造中，《文艺报》对高校中文系的文艺学教学展开批判……最后连'左'派教授黄药眠也不得不做检讨，当时主要批评文艺学教学不以《讲话》为纲。"④ 然而两老都为讲真话付出了代价。现在我们已经都敢说，没有这种赤胆净言，就没有党性民间文

---

① 钟敬文主编：《民间文艺学文丛》，北京师范大学出版社1982年版，第4页。

② ［苏］蔡特金《列宁印象记》中所引列宁语，引自静君辑《马、恩、列论民间文学》，油印本，北京师范大学中文系民间文学教研室印，内部资料，1955年。

③ 钟敬文：《学习苏联先进的口头文学理论》，原为钟先生为连树声同志译《苏联口头文学概论》所写的序言的一部分。原载《新建设》1954年2月号。参见钟敬文于1948年末所发表的分析延安诗人李季创作《王贵与李香香》的论文，见钟敬文《钟敬文民间文学论集》（下），上海文艺出版社1985年版，第415—423页。

④ 程正民、程凯：《中国现代文学理论知识体系的建构——文学理论教材与教学的历史沿革》，北京大学出版社2005年版，第119页。

艺理论从各个方面获得的磨练与成熟。

观察知识分子接近党性民间文艺理论的倾向，究竟要达到什么目的呢？钟老认为，在这个问题上，旨在了解知识分子的世界观，而知识分子的世界观对他们从事民间文艺研究或从事文艺创作都有重要作用。前面提到，钟老不赞成将民间文艺单纯当作社会主义的工具，也不认为搜集民间文艺作品的运动就能代替学科建设，但在发生这类偏差时，知识分子也要从自身的世界观上找原因，而不能都把问题推给外部干扰。知识分子要认识到，民间文艺的性质是民间文化的本质决定的，不是政治的、经济的、社会运动的或学术研究就能改变的。一个教训是，在 20 世纪 50 年代学苏联成风时，民间文艺的政治能量被无限夸大，结果妨碍了党性民间文艺理论和民间文艺学的健康发展，这种不懂民间文化规律的瞎指挥是有害无益的。程老师通过自己的研究也发现，形成民间文艺学与文艺学的互补关系的也是文化科学。他还指出："这正是钟敬文与巴赫金共同关注的问题。"他做的最有创造性的一项工作是将钟敬文与巴赫金的文化学思想做比较，同时对文艺学与民间文艺学加以总体考察，认为知识分子要战胜"偏狭"的心态，从不同学科中汲取营养，欣赏别人，壮大自己。他有一段特别精彩的讨论，兹录人于下：

> 文艺学要克服自己的偏狭，要让自己充满生机和活力，就必须重视反映和概括源于民间文化的民间文艺现象，要把文艺学同文化史的研究紧密结合起来。巴赫金在《陀思妥耶夫斯基诗学问题》中，对陀思妥耶夫斯基复调小说同民间狂欢化文化内在联系的阐明，在《拉伯雷的创作与中世纪和文艺复兴时期的民间文化》中，对拉伯雷的怪诞现实主义同民间诙谐文化内在联系的揭示，都是实践他的理论主张的范例。
>
> 钟敬文对巴赫金关于文学与文化、文艺学与文化史关系的见解，关于要在民间文化语境中进行文学研究的看法，关于对传统文艺学固有偏狭性的批评，是非常赞同的。在钟敬文看来，巴赫

金没有把文学研究封闭在文学的狭窄圈子里，而是从文化的角度，特别是从民间文化的角度，从民俗学和人类学的角度切入文学研究，是把文艺学和文化史的研究结合起来的，这样也就大大拓展了文学研究的领域，给文学研究提供了新的角度，给文艺学带来新的活力。①

　　程老师在这段陈述中多次强调的"文化史"、"民间文化"和"文学与文化"等概念，不仅对文艺学者，而且对民间文艺学者和民俗学者也有很多启示，对此我将在后面继续讨论。这里要指出的一点是，钟老在1979年主编《民间文艺概论》中，保留了知识分子要正确对待民众文艺的表述框架。② 程老师的研究告诉我们，在研究这类问题上，在20世纪60年代以后，中俄学者的理论能力都有了重大进步。巴赫金是纠正苏联党性民间文艺理论的失误，并将之向前推进的俄国学者之一；钟敬文是在我国国内的党性民间文艺理论建设与民间文艺学的学科建设的多年交流中，在历尽挫折之后坚持追求真理，又经过深思熟虑，提出了与巴赫金不谋而合的文化学观点的中国学者。从我国所经历的一个世纪的历程看，我国的党性民间文艺理论建设，不能完全依靠苏联，却要真心依靠这批爱国知识分子。钟老历史地、辩证地运用马克思主义社会史观和文艺观，不断提高中国民间文艺学和民俗学的建设水平，得到了周扬和周巍峙等的赞同。周扬坦诚地表示："像钟敬文同志这样搞民间文艺的，在中国是'稀有金属'"，"像他这样的人，中国能有几个？在这一点上，我们确实应该向钟老学习"。③ 这体现了党内外理论工作者的共同努力。

　　在被苏联理论家界定的概念中，"集体性"和"民族性"也是基

---

　　① 程正民：《巴赫金的文化诗学》，北京师范大学出版社2001年版，第237—238页。
　　② 参见钟敬文主编《民间文学概论》（第2版），高等教育出版社2010年版，第123—124页。该书于1980年由上海文艺出版社出版第1版。
　　③ 周扬：《继续发展民间文学事业》，《民间文学论坛》1983年第3期。

本概念。我国"五四"已有对"集体性"的讨论，但在当时受到德国格林兄弟和英国文化人类学派的影响，所讨论的"集体性"与"历史性"概念混淆，导致对本国国学传统的过度改造，还吸引了一大批文学精英和历史学精英前来应战，包括胡适和顾颉刚。这种趋势也有一定的积极作用，就是使很多"五四"知识分子投身到对民间文艺的搜集和研究中。后来在中山大学民俗学会期间，还出现了早期的民族调查工作，包括调查少数民族民间文艺。但是，由于政治动荡和军阀战争对学术活动的干扰，这种工作还没有达到将"集体性"与"民族性"的概念有机结合的程度。当时所搜集和发表的少数民族民间文艺作品，一部分进入了民间文艺学和民俗学，也有不少进入了"社会学"、"人类学"、"少数民族语言学"和"民族学"，理论布局混乱、资料分散。这些都要等到新中国成立后再解决。

新中国初期学苏联，党内理论工作者和民间文艺学者在学习的过程中，根据社会主义统一国家新文化建设的方针政策，出现了将"集体性"与"民族性"的概念加以综合理解的倾向，但所形成的产物仍是中国式的"集体性"概念，其特点是将"民族性"纳入"集体性"中统一思考，这种做法又是与我国党性文艺建设的历程相符合的。在20世纪以来共产党人为维护人民利益进行的不懈奋斗中，将民间文艺与多民族地区解放运动相结合，已成为我党实现新社会建设目标的一部分。在一篇论及人民音乐的文章中，周巍峙分析了这个过程，他的表述框架尤其值得我们关注。

"五四"以后，中国工人阶级登上历史政治舞台，中国共产党宣告成立，我国人民音乐文化的发展便进入了一个崭新的时代。可以说，有了党的领导，才有了真正自觉的群众歌咏运动，树立了新的革命传统；有了毛主席的方针和路线，群众歌咏运动才能向着日益深入、日益壮大、日益提高的方向迅速地发展。中国共产党从成立的时候起，就十分重视革命的群众歌曲在人民革命斗争中的强大鼓舞作用和组织力量。毛泽东同志在他亲自起草的"古田会议"的决议中，最早地为发展革命歌曲提出了明确的任务，当时许多同志曾经在用民歌填词，创作革命歌曲，译介外国革命歌曲等方面做了很多工作。初期的工农革命歌曲，就是紧密地配合着工农革命斗争的需要，成为人民革命斗争的有力武器，在广大群众中普遍流传。这种在党的领导下发展起来的群众音乐活动，是人民革命运动的一个组成部分；这个运动和以前群众音乐活动的根本区别，就在于它带有高度的革命自觉性和鲜明的政治倾向性。①

在此文中，周巍峙除了引用高尔基，很少直接使用苏联理论著作，但苏联党性民间文艺理论与科学社会主义运动学说互为一体的主张，以及这种主张对我国党内知识分子产生的影响，还是能从他的观点中看出来的。一种外来理论要与引进国的社会制度、历史传统、思想范式和文学审美习惯相结合，要有引进国的合适时机，新中国成立初期正是这个时机。周扬、周巍峙、黄药眠、钟敬文等正是处于这一时机的重要历史人物。作为一种外来理论，当它的思想运行方向与文化内部的最高社会政治建设、社会建设和文化建设的中心任务相契合的时候，其适用程度便不再受到质疑。党内外知识分子都会在社会实践上接受它们，在实际需求中靠近它们。它们对我国党性民间文艺理论的塑造起到了不可忽视的作用。但到底怎样从理论上将民间文艺的"集体性"、"历史性"与"民族性"的概念共同建设？这一时期并未解决。而不解决这个问题，就会影响我国党性民间文艺理论构成的完整性。

（二）党性民间文艺理论与实践的历史反思

党性民间文艺理论建设，由执政党的政府和学者合作进行，

---

① 周巍峙：《坚持群众歌咏运动的革命传统　更好地为社会主义革命和建设服务》，《人民音乐》1960年第1期，第35页。

吸收古今中外先进文化学说，创新利用和发展本土传统民间文艺思想，经历各种探索模式和阶段逐步形成。对此钟老写过非常认真的反思文章，周巍峙也写过。今天重读他们的文章，再对照程老师的俄苏民间文艺理论研究，对我们理解这一段学术史是不可或缺的补充。

1. 党性民间文艺话语权不能脱离民族文化传统

民间文艺是从民族传统文化中发展而来的，中国人接触它，首先要经过原生文化，但中国人要认识它，却要等到自己的现代文化意识的成熟。一个政党要领导它，要具备完善的社会意识形态、物质文化、历史传统、社会运行和文化科学的知识系统。周巍峙总结说：

> 就我这代讲，是和民间文化一同成长的。甚至在战争年代到新中国成立以后，我都离不开民间文化。我从小时候、不懂事的时候，就看到街上卖唱的唱的是民歌，有些民歌到现在还记得。在少年时代，我受到祖父的影响。他是一个业余的昆曲人才。他就喜欢听书，听苏北评话，带我去看。我看的第一本书就是《水浒》，一看就迷了，老想看武松怎么把老虎打死。这里充满了智慧，充满了民间民俗各种各样的情节、语言。这对我后来的生活很有影响。再就是看戏、参与婚丧提亲。它们没有一个不是文化活动。……我们从小就喜欢参加这样的活动，以及迎会城隍菩萨出来出巡，迎会前都有民间艺术表演。那个时代，从上海到抗日战场，我们常常用民间的东西。

> 中国960万平方公里，有些很重要的民间文化就在最偏僻的地方。解放初，我们去佤寨，部落之间还有仇杀，要找摆人头的架子，提着人头的是英雄，这应该扬弃，但作为历史的发展，它在佤族的发展中是很重要的东西。这跟历史怎么协调？佤族的头发在舞台上常表现甩发，佤族的妇女长发披肩戴个箍，像皇后一样，光脚。这样的民俗、历史都值得

我们好好研究。

我们的真东西要经得起时间和历史的考验，应是真的、是可靠的材料。总之，一方面要大张旗鼓地取得社会各界的支持，另一方面做很踏实的工作。①

周扬曾在新中国初期与钟老共事，他从党内文化工作领导者的角度，评价钟老热爱党，又能对民族文化传统进行坚持不懈的研究，并将两者结合在一起，这是很了不起的。

钟敬文同志从事民间文艺工作几十年如一日，这种精神，是值得我们学习的。郭沫若同志在世时，是民间文艺研究会的主席，我是副主席。卅年来，郭老做了不少工作，钟敬文同志因为是专家，他的工作特别有价值。

中国是个大国，是个有几千年文明的古国，这个历史和地理的条件，就赋予了民间文艺事业所具有的重要性和社会价值。当然，卅多年来，我们做了许多工作，但从社会主义的需要来说，做的还是不够的；与人民，以及国际朋友们对我们的希望比较起来也是远远不够的。

在这一点上，我们确实应该向钟老学习。我希望将来我们的民间文艺事业能够继续发展，能够开创新局面，写出新的著作，做出新的研究成果。现在，搜集的成果是比较全面的，有的研究的著作也是具有一定科学水平的。过去没有这样全面，没有这样科学，这是不容易的。②

周巍峙还以我国音乐为例，对党性民间文艺理论建设脱离群众工作的历史偏差进行了分析和批评。

---

① 周巍峙：《一项需要埋头苦干的大工程》，《中国民族》2003 年第 5 期。
② 周扬：《继续发展民间文学事业》，《民间文学论坛》1983 年第 3 期。

　　音乐界在 17 年中的"左"的思想，首先来自政治上的"左"的思想影响，也与长期形成的某些传统观念有关。……由此，鼓吹"大跃进"时期浮夸风歌曲的出现，也就成了必然现象；歌颂毛泽东同志的歌曲也免不了宣扬个人崇拜，出现了把毛泽东思想庸俗化简单化的倾向。……在抒情歌曲问题上，强调必须是抒群众之情、集体之情，而把个人情感与资产阶级个人主义之情、小资产阶级消极低沉之情等同起来，以至某些描写中国人民志愿军战士在抗美援朝前线通过来自祖国的风想念祖国的优秀歌曲，为了把美丽的祖国山河看个够而让马儿慢些走的独唱曲，竟因为那种十分可笑的"理由"，受到粗暴的批评，有些健康的爱情歌曲和爱情内容的民歌更被看成是低级庸俗的东西；有些描写祖国山河的交响乐也被认为抒发的是所谓小资产阶级个人之情而得不到重视；戏曲唱腔或作曲，则往往被斥为简单粗暴，破坏遗产，等等。相当一个时期，对中国作品有"洋味"很有反感，认为学外国音乐外国美术就是搞"洋"东西，不搞中国东西，要不得，甚至有的音乐理论家在谈民族风格时谈提到"移花接木"这一不同民族文化之间互相借鉴自然交融的问题，也被说成是"崇洋"；其实，在本民族之"木"（基础）上移植外来的花（艺术品种），使其民族化，为本民族人民所接受，所喜爱，不仅无可非议，而且应当受到鼓励，这是外来艺术民族化的必经之路。①

　　周扬承认民间文艺工作"过去没有这样全面，没有这样科学"，周巍峙承认以往工作的失误"首先来自政治上的'左'的思想影响，也与长期形成的某些传统观念有关"。他们都是一定范围内的决策者，他们的反思引起的社会反响是什么呢？我们看到，他们是在自己主管的工作范围内查找不足和清理历史的。他们本着实事求是的党性精

---

① 周巍峙：《音苑史卷寓风云——〈中国新文艺大系·音乐卷〉序》，《新文化史料》1994 年第 6 期，第 23 页。

神，对受到极"左"思潮的影响，使正确的工作方向受到干扰的部分，毫不留情地开展自我批评；对从前的正确做法加以肯定；对为我国民间文艺理论建设做出贡献的学者，他们坦诚地请教，包括钟老。钟老曾对我说，他钦佩共产党领导干部的这种自我批评精神，他对这种党内领导非常尊敬。

程老师通过对列宁和卢那察尔斯基的研究指出："有人认为马克思恩格斯的文艺思想不成体系，有人认为马克思主义文论的权威是普列汉诺夫而不是列宁。到了 20 世纪 30 年代，情况才产生了根本变化……十月革命后，面对如何建设社会主义文化的崭新课题，文艺界展开尖锐的思想斗争，以波格丹诺夫为首的无产阶级文化派否定文学传统……以列宁为代表的马克思主义文论家同他们展开坚决斗争，列宁提出了继承传统、面向生活、扎根人民的社会主义文化建设纲领，保护社会主义文化艺术沿着正确的方向发展。"[1] 他还谈到普希金的长处："艺术思维是作家的思维方式，它有明显的历史制约性。"[2] 我们在这些地方都能看到，他同样注意到在马克思主义领袖、党内理论家、无产阶级文化领导人、作家和学者之间，要展开整体研究，观察他们对于历史传统的共同态度，也考察他们的思想与行动的差异。我认为，进行这种整体研究，与研究马克思主义文学思想是否成体系相比，整体研究的意义更重要，绝不亚于对整体系统中的某一部分的研究意义。反思性的研究需要整体而不是片面。

程老师说过，最令他心驰神往的俄国理论是巴赫金的"诗学理论"[3]，这无异于他对整体研究重要性的表态。我们知道，在西方学术传统中，诗学是三大经典之一，程老师是走到了问题中心的人。然而他在发现了别人的奥秘后，仍会牢牢抓住自己的研究目标，回到本土

---

① 程正民：《从普希金到巴赫金——俄罗斯文论和文学研究》，福建人民出版社 2015 年版，第 5 页。

② 同上书，第 143 页。

③ 同上书，序，第 3 页。

理论的原点上做比较，这是他的过人之处。

> 人们普遍关注的是他（巴赫金——作者注）的"对话""复调""狂欢"理论，在此之外，我更关心他的诗学理论。……当年我的巴赫金诗学研究是从巴赫金文化诗学研究起步的，是在我的老师、中国民俗学泰斗钟敬文先生的关心和指导下进行的。他在《巴赫金全集》首发式上谈巴赫金的狂欢化思想和中国狂欢文化的关系，给了我很大的启发。①

程老师不是钟老和黄老，也不是周扬和周巍峙等政府体制内的党内文艺理论家，但他通过自己的研究，得出了与他们同类的结论。

2. 民间文艺学学科建设应该坚持民族的、自主的态度

钟老从新中国初期以来我国民间文艺学的学科建设指导者的角度，对学苏联进行了总结，他所指出的主要问题有：从原始文学概念切入，研究民间文艺与人类社会直线进化的关系的得失；学苏联的方法及其方法的问题；以及坚持由研究对象出发确定理论与方法的必要性等。因为钟老本人对这些问题已有十分明确的阐述，故在此不另复述，直接摘录他的主要观点如下。②

（1）民间文艺与原始文学。

> 我曾经不止一次提到过，我年轻时在踏上民俗学园地不久，所接触到的这门学科的理论，就是英国的人类学派，如安德留·朗的神话学，哈特兰德的民间故事学等。不仅一般的接触而已，所受影响也是比较深的。……后来在东京时期，自己大量阅读了有关原始文化社会史的著作（有考古学的、民族学的、文化史的

---

① 程正民：《从普希金到巴赫金——俄罗斯文论和文学研究·序》，福建人民出版社2015年版，第4页。
② 钟敬文教授对学苏联理论的反思的原文较长，本文限于字数的原因，在传达原意的前提下，对原文的描述文字做了摘要引用，对原文的题号也予以省略，以免给读者造成本文与引文的题号混淆误读的麻烦。

等），这就使我的学术兴趣和知识积累，逐渐偏向了远古文化领域。正因为这种缘故，从那时起，我对于活着的民间文艺与古老的原始文学（扩大一点说，对现代民俗文化中远古的原始文化）的界限的认识，终不免有些模糊。记得解放初期，我偶然披读了英国某现代艺术学者的一部关于人类艺术的通论著作，在那书的第二部分里，开始一节的标题是"原始艺术"，过了几节，又有"农民艺术"的标题。我当时没有深加思索，只仿佛觉得这种区分是不必要的。这点颇能说明我当时对两者的界限的认识，很不清楚。其实，民间文学艺术与原始文学艺术，两者虽然有相似乃至于相同的方面或部分，但是，它们到底是不同时代、不同社会生活的产物。两者基本上是能够分开，也是应该分开的。我过去对它们在概念上未能自觉加以区分，虽然多少有些客观现象在起作用，但主要的问题，还在自己的认识能力上。……对这个问题反思的结果，我觉得有两点经验教训是值得注意的：①对学术问题，一定要从对象的实际出发，尽力摆脱过去的成见；②对某些事物的认识，要注意到它们的两面，即相同的方面与不同的方面——特别是后者；因为它往往是具有质的规定意义的。

（2）学习苏联理论的方法。

我接触马克思主义的时间是比较早的。……但我的学术观点彻底向马克思主义靠拢，时间上却要迟些。这是我的社会观、世界观与学术观还不能和谐一致的地方。是伟大的民族抗日斗争改变了民族的命运，也解决了我的人生观和学术思想的矛盾！……一九四九年五月，正当天朗气和的时节，我来到了刚解放不久的北京，马上兴奋地投入革命的文教工作阵营。……我当然积极地参与了。苏联进入社会主义社会比我国早，在运用马列主义方面是我们的"老大哥"，在民间文艺理论上也是如此。我不满足于当时学界这方面的介绍成果，就组织同志，加强译述工作。又在我所指导的民间文艺研究生班中，请人专门讲授苏联民间文艺理论。我自己当然全心学习这种新理论，并在教学和著作中加以应用，当时所写的文章，像《民间故事中的阶级斗争》《歌谣中的反美帝意识》等，从题目上看，就可想见它们的政治化、苏联式的理论化了……近十多年来，我跟学界一些同志一样，对过去走过的道路，不断做过反省。现在，我认为，马克思主义的一些主要理论，如历史唯物论、唯物辩证法等，是不可动摇的真理。但是，我们也要看到，多年来，整个人类社会都在迅速发展变化，自然科学、社会科学和人文科学，在不断开拓发展。马克思和恩格斯的理论也需要丰富和发展。这是人类学术进步的公理，是贤明的马克思主义本身应具有的精神和性质。它也是今天我们学界一般共有的认识。至于十七年间我们奉为圣经贤传的苏联理论，像我在上面说过的，当时起过一定的启蒙、涤荡的作用，这不能一笔勾销。但是，它那种唯我独尊的精神和态度，以及我们自己在学习上缺少灵活的、比较的态度，也应该反省。

（3）由研究对象出发确定理论与方法的必要性。

无论从事哪一种学术，首先都要有一定的研究对象。……理论是什么呢？理论是学者从对一定对象的观察和思考中抽象出来的研究成果。这种成果的深浅、正误，要取决于学者应具备的种种相关的条件。而其中极重要的一个条件，就是对研究对象的把握和熟知程度。……如果我们自己始终不深入到所研究的学术对象之中去（前人有"寝馈其中"的话，是很有意思的），那么，就不但不能自己得出有创造性的理论；甚至对别人的理论，也缺乏一般评估和判断的真正能力。因为，他只是个手头缺乏资本和货色的买空卖空的商贩而已。①

----

① 钟敬文：《我与中国民俗学》，原载张世林编《学林春秋——著名学者自序集》，中华书局1998年版，第48—52页。

程老师所从事的普罗普研究和巴赫金研究，对上述问题都有所涉及。普罗普说过，民间文艺的深处是民俗，民俗的深处是宗教。① 巴赫金说过，民间文艺的体裁存在于社会文化整体之中，而不是仅仅存在于学者所设定的主位与客位之中。② 这些精辟之见，非深思熟虑者不可言说。程老师要发现它们，也非要熟悉中俄比较文艺学和比较民间文艺学的基本问题不可，然后才能信手拈来。

在普罗普与巴赫金两人中，普罗普的民间文艺学研究信息早在 20 世纪 50 年代已经由李福清带到中国。李福清当时从莫斯科来中国留学，到北师大找过钟老，两人谈到了普罗普，但由于历史的原因，当时还不能开展这项研究。20 世纪 90 年代后期，程老师推荐自己在苏文所当副所长时指导过的一位年轻人到钟老门下读博士生，这位年轻人的博士学位论文题目就是普罗普研究。程老师本人又是怎样在钟老的思考中提供援手的呢？首先，他要对俄苏文论中的普罗普的基本概念与概念的学术史位置予以语源学上的确认；其次，他要阐述研究普罗普的个人观点。现在我们再将钟老与程老师的关注点做对照，就能发现，在钟老所关注的"民间文艺与原始文学"的关系上，程老师的研究与之互补。

普罗普对故事研究方法新的思路和重大转折不是凭空产生的，它首先来自实证的研究。

普罗普的故事形态结构研究，在国内受到民间文艺学家、民俗学家和文艺学者肯定和欢迎的同时，也有人一直指责它是形式主义，国际上列维-斯特劳斯在肯定其成就的同时，也认为他的形态研究是形式主义的，是随意的抽象概念的，是不考虑历史的。这些指责其实是不公正的，普罗普的故事形态学结构恰恰是

---

① Vladimir Propp, *Theory and History of Folklore*, trans. by Ariadnay Matin and Richard P. Matin, Minneapolis: University of Minnesota Press, 1984, pp. 9-11.
② 程正民：《巴赫金的文化诗学》，《文学评论》2000 年第 1 期，第 120—122 页。

同形式主义划清界限的。[①]

程老师通过个人研究也认为，普罗普的民间文艺研究的要点是"功能"，这个功能在神奇故事中被大量承载。但他认为，"功能"不是外部作用，也不是一个个孤立的"功能项"在起作用，它是在故事的情节单元运行中的，能体现出故事要素与功能之间的内在联系的那种规则。程老师的这个看法是很重要的，国内民间文艺学家很少说。从民间文艺学的角度看，什么是神奇故事呢？它们或者是印度《五卷书》中的动物故事，或者是中国、日本和蒙古等东方国家广泛流传的史诗片段、神话、传说、魔法故事或动物故事。但这些都不是普罗普学说的要害，要害就是程老师所指出的从形式到内容兼具的"功能"。现在我们对比钟老晚年对故事情节单元的看法，就能看出他们两人在思路上的接近，只是使用的材料不同不已。

> 民间故事的研究有各种观点和方法。像我们前面所提到的人类学派的故事学（哈特兰德等），就是一种。又如苏联学者普罗普教授的形态学的研究（它被推为法国结构主义这方面理论的始祖），也是一种。
> 我们所理解和要求的故事学，主要是对故事这类特殊意识形态的一种研究。它首先把故事作为一定社会形态中的人们的精神产物看待。研究者联系着它产生和流传的社会生活、文化传承，对它的内容、表现技术，以及演唱的人和情景等进行分析、论证，以达到阐明这种民众文艺的性质、特点、形态变化及社会功用等的目的。[②]

在民间文艺与原始文学之间，在学者的研究上，要打破教条，要

---

① 程正民：《从普希金到巴赫金——俄罗斯文论和文学研究》，福建人民出版社2015年版，第5154页。
② ［美］丁乃通：《中国民间故事类型索引》，郑建成、李琼、尚孟可、白丁译，中国民间文艺出版社1986年版，钟敬文序第4、5页。

看到故事叙事的千变万化的规则，就要去找功能。功能之网络就是文化，文化中有民俗，也有宗教。文化是多元的，某种功能在这种文化中起作用，在那种文化中就不见得起作用，有的功能在有些文化中还可能失灵。谁来选择功能？由社会现实选择。社会现实选择了某种功能，也就选择了某种体裁。没有任何体裁不是存在于其所赖以生存的历史传统和这种动态的社会现实中的。

程老师在对普罗普的研究中，还指出了普罗普谈到的故事背后的民俗，以及民俗背后的文化的观点，他对这个问题抓得也是很准的。

> 他认为它包括生活现实和观念现实两层面，前者包括社会法规、宗教法规、仪式习俗和神话，后者包括原始初民的思维方式。他指出："仪式、神话、原始思维形式及某些社会制度都是前故事，我认为通过它们来解释故事是可能的。"①

> 普罗普在强调形态结构研究重要性的同时，也十分重视历史研究。他深知故事是一种精神文化现象，它不是封闭自足的体系，不是永远僵固不变的，它的发生和变化是同一定的历史文化土壤相联系的，是受历史制约的。如果故事的研究止步于结构研究，忽视和否定历史研究，不与历史研究相结合，那它将失去价值。②

新中国初期引进的苏联理论的失误，在于在把握历史传统和社会现实上失去了平衡，表现为夸大"原始文学"的地位。苏联学者试图描画一种愿景，即假设各国民间文艺都有从原始文学到社会主义文学的直线进化路线图，等他们找到了这张路线图后，再对各国民间文艺的发展统一步伐，帮助各国共建苏联党性民间文艺模式，实现社会主、

---

① 程正民原著引〔俄〕普罗普《神奇故事的历史根源》，贾放译，中华书局 2006 年版，第 24 页。

② 程正民：《从普希金到巴赫金——俄罗斯文论和文学研究》，福建人民出版社 2015 年版，第 56、63 页。

义意识形态新文化的"国际化"。事实证明，这个假设是行不通的，因为它抹杀各国民间文艺的本土特色，无视各国的历史传统。钟老反思说，在各国民间文艺学者的"认识能力"不足的时候，它会有一定的效应，一旦各国民间文艺学者的学术能力提高了，理论丰富了，它就会被阳光溶化和晒干。怎样才能纠错？程老师认为，要抓住继承"先辈理论和方法"与"实证的研究"这两条，他说："普罗普对故事研究方法的新的思路和重大转折不是凭空产生的，它首先来自实证的研究。"① 此点与钟老的观点是一致的，钟老也说，要检讨"学习苏联理论的方法"，还要学会"由理论对象出发确定理论与方法"，后者即实证。钟老对吸取这段历史教训的态度是相当严谨和诚恳的，值得我们再次回味："多年来，整个人类社会都在迅速发展变化，自然科学、社会科学和人文科学，在不断开拓发展。马克思和恩格斯的理论也需要丰富和发展。这是人类学术进步的公理，是贤明的马克思主义本身应具有的精神和性质。它也是今天我们学界一般共有的认识。至于十七年间我们奉为圣经贤传的苏联理论，像我在上面说过的，当时起过一定的启蒙、涤荡的作用，这不能一笔勾销。但是，它那种唯我独尊的精神和态度，以及我们自己在学习上缺少灵活的、比较的态度，也应该反省。"至于程老师与钟老在这个问题上的默契，来自两人在选择问题上都能直面"现实"，在观点与方法上又能符合学术规律所致。

三　从中俄比较民间文艺学看钟老的三层文化观

　　程老师发现巴赫金的学说对于钟老的文化三层观有整体阐释性。这一理论倾向所导致的研究分支有两个：一是对文学作品研究的重视，二

---

① 程正民：《从普希金到巴赫金——俄罗斯文论和文学研究》，福建人民出版社 2015年版，第 50 页。

是对西方诗学理论框架中国化的重视。程老师正是走了这条路。

（一）民间文艺作品的创作本质和条件

关于理解巴赫金对理解钟老的作用，要进行解释，首先要考虑钟老研究民间文艺作品留下的未尽问题。钟老研究民间文艺创作有两个取向：一是民间文艺作品的创作，一是民间文艺作品创作的本质和条件。钟老研究民间文艺学作品创作的本质和条件，包括民间文艺创作的本质、民间文艺创作的可能性和民间文艺创作的文学性。

前面提到，钟老在新中国初期学苏联时，曾借鉴苏联民间文艺学者的马克思主义社会史观和文艺观，其中契切罗夫的观点对钟老有较大影响。

从前俄国的唯心主义学者把民间文艺创作说成是"历来存在并只具有民族形式的神秘的人民精神的表现"。契切罗夫的观点正好相反。他是唯物主义者，他认为："民间文艺是在特定的社会生活条件下创作的人民群众的艺术。这个问题，在阶级斗争激化的时期，有力地提出来了。"[①] 他还肯定说，民间文艺作品的创作本质可以在以民众为主体创造的物质生活中挖掘到，所以他反对"外借论"，认为这就好像把民众看成无力创作似的，只好跑到统治阶级那里去借文学作品。苏联学者对德国民俗学者诺曼在第一次世界大战后出版的著作《德国民俗学纲要》大为不满，这本书称民间文艺作品是"下降文化"，苏联学者指出，这种看法与"外借论"如出一辙，应该受到批评。

具体到我国高校的民间文艺教学科研上说，在这个问题上，钟老所受的苏联影响在哪里呢？举个例子说，在魔法故事，这是一个重点。说它是重点，指对它的性质的界定，曾是钟老在很长时间中的困惑。在普罗普那里，魔法故事大都地被称为"神奇故事"；在巴赫金那里，魔法故事部分地被称作"怪诞故事"，这是在世界各地广为流

---

① ［俄］契切罗夫：《俄罗斯人民创作》，连树生译，手稿第 15、16 页。契切罗夫，也译成"齐切罗夫"。原译著未注俄文原名，故在此从原著不注。

传的大宗故事类型。自 19 世纪末至 20 世纪初，芬兰学派在这个体裁上屡试牛刀，屡试不爽，一时间焕发神韵。按照契切罗夫的理论，魔法故事中的文学现象都是社会现象，这是他的得意之笔，但可惜这是说不通的，因为民间文艺作品中的文学现象，有的是社会现象，有的是文化现象。文化现象与社会现象的关系，有的重叠，有的滞后，也有的是平行线。很多文化现象不等于现行的社会现象，但两者在传承中是并存的，你讲你的，我讲我的；你得到发展，不等于我被消灭。普罗普的"神奇故事"大都不是社会现象，而是文化现象。契切罗夫的研究可以针对社会现象，却没有覆盖文化现象，这是他的不足。可是在 20 世纪 50 年代我国学苏联时，契切罗夫是被肯定的，普罗普是挨批的。当时苏联学者的一般认识是，如果说魔法故事是现实的，那么人兽变形和动物开口说话之类就是明显的唯心现象，没有现实依据；如果说魔法故事不是现实的，故事中的弱者获胜，强者失败的逻辑，又符合唯物主义精神，对建设社会主义新文化有利用价值。对存在于魔法故事中的这对矛盾，苏联学者怎样处理呢？他们的办法是宁"左"毋右，还要求所有学者一律向"左"转、齐步走，用唯物论解释魔法故事，为社会主义服务。在这种高压下，普罗普就成了"代表统治阶级观点和利益"的牺牲品。

他们在研究魔法故事时都不顾社会政治问题，都是与现实生活密切有关的问题脱节的。……

魔法故事的思想本质所以会受到唯心主义的解释，它所以跟现实的日常生活和社会基础脱节，完全是由于那些代表统治阶级观点和利益的学者们的社会观点和学术观点作祟所致，因为那些学者否定民间文艺（尤其是魔法故事）是当时人民世界观的反映，所以他们只是去寻找神话的祖先，把它当作是韵文创作的起源。①

---

① ［苏］普什卡辽夫：《劳动是传统魔法故事中的社会理想的基础》，蔡时济、沈笠译，中国民间文艺研究会编《苏联民间文学论文集》，作家出版社 1958 年版，第 341 页。

但扣帽子不等于解决问题，不等于对魔法故事中的英雄救美、动物说话或英雄与动物助手一起去地下世界旅行的大量情节，可以做阶级划分或社会分层。被营救的美丽公主、英俊王子、小天鹅和大白马的阶级属性始终是模糊的。苏联学者并没有很好地解释这个问题，他们手中的唯物主义和阶级论不是万能的手术刀。他们坦言："这种历代民间故事传统和新人生观、新生活、新概念的冲突，以及由此而产生的旧故事的改变，在苏维埃时代的初年表现得特别显著。"[1] 他们实际的做法是对这种情节"做了一些修正"。这是什么性质的悲剧呢？是列宁早年说过的共产主义左派幼稚病，后来被批评为"庸俗社会学"。

钟老怎么办？他在自己 20 世纪 50 年代讲授的《民间文艺》和《人民口头创作》的教材中，将"魔法故事"改为"幻想故事"暂存。[2] 他还有另外一种不同的看法，在 20 世纪 90 年代他主编的《民俗学概论》时做了表述。他认为，中国民间文艺学者要注意一个事实，即对"魔法"一词，东西方有不同的理解。西方的"魔法"多指"法术"，由外部施法带来情节变形；中国的"魔法"指内部原因造成的变形，大多与"巫术"等民俗信仰有关。[3] 中国学者使用"魔法故事"的概念要慎重，要从中国实际出发。钟老对中国民间文艺作品中的这类社会现象与文化现象不匹配的问题，以及由此对苏联理论的存疑，其实是长期存在的，他生前不止一次地跟我谈起这个问题。记得钟老还曾就"文化现象的性质"出过考题。他总是提醒门下弟子说，治学要讲真话，要对研究对象说老实话，不可违心附庸。2000 年，钟老应邀到程老师所在北师大文艺学中心做学术演讲，在与程老师共处一席的场合中，他再次指出这个问题，并认为文艺学与民间文艺学的

---

① ［苏］普什卡辽夫：《劳动是传统魔法故事中的社会理想的基础》，蔡时济、沈笠译，中国民间文艺研究会编《苏联民间文学论文集》，作家出版社 1958 年版，第 341 页。

② 参见钟敬文主编《民间文学概论》（第二版），高等教育出版社 2010 年版，第150 页。

③ 同上书，第 158—159 页。

学者对此都要予以关注。

> 文艺，不仅是社会现象；还是一种文化现象，一种多方面的文化现象，而任何文化现象都不会只是一个层面。比如讲理性，人都有理性，但也有许多人的一些行为不是理性的，而是情感化的。人是多方面的存在，把他简单化，就不行。在此基础上产生的文学，可以、也应该从社会学的角度来研究，但也应该从民俗学、民族学、心理学、人类学、地理学等多角度来进行研究，这样才能把文学的内涵的东西都挖掘出来，否则每个作品都是反帝反封建的了，没有什么特点，也就谈不上研究了。所以，在这一点上，文学的多学科多角度的研究就显得非常重要。只用一种方法，就想解释文学的整体，一定会很不完整。①

在上文中，他讲道："每个作品都是反帝反封建的了，没有什么特点，也就谈不上研究了。"这段话之所指，现在读者可以一目了然。

捧红普罗普的列维-斯特劳斯在解决这类问题的方法论上发动了革命，他提出了结构主义的方法。这种方法既能用于社会现象研究，也能用于文化现象研究，他的名言是"神话思想中的逻辑同现代科学中的逻辑一样严密，它们之间的区别不在于思维过程的性质，而在于思维对象的本质"②。他把自己的学说扎根在"物质第一性"的基石之上，不过摒弃了物质与精神之间的直线反映论。他所发现民间文艺创作的本质，远比此前人们所设想的直线进化论、阶级论和心理透射论等各种单一的说法要复杂而有趣。

程老师所介绍的巴赫金学说掀起了另一场头脑风暴。一般认为，民间文艺创作的可能性存在于作品所描述的直接对象之中，至于这种对象的文化内容是什么？一个对象代表了多少声音？对这类进一步的

---

① 钟敬文：《民俗学对文艺学的作用》，《文艺研究》2001年第1期，第88页。
② ［法］列维-斯特劳斯：《结构人类学》，陆晓禾等译，文化艺术出版社1989年版，第69页。

问题应该怎样研究，他们走过了曲折和漫长的道路。巴赫金的意义在于，在解释社会现象与文化现象的矛盾上，他给出了迄今为止最为深刻的回答。程老师从巴赫金学说中提炼出了一些主要问题，例如，在社会现象与文化现象的交叉运行方面，他讨论了巴赫金的"社会学诗学研究"、"历史诗学研究"和"文化诗学研究"①；在文化现象超历史传承和超社会存在的方面，他讨论了巴赫金的"复调"理论、"怪诞"理论、"广场"理论和"狂欢"理论②；在提倡文化多样性方面，他讨论了巴赫金的"人文精神"、"多元、互动的整体文化观"和"整体诗学研究"方法论③；在跨文化研究方面，他讨论了巴赫金的"对话的启示"④。

我反复说过，程老师主要是文学学者，不是民间文艺学者，但他所讨论的这些问题，无论对我国的文艺学还是民间文艺学来说都是重要的，而且还谈得相当透彻。他的工作再次证明，文艺学与民间文艺学是密切联系的两门学科，中俄比较文艺学的研究能带动中俄比较民间文艺学的研究。

一个学者的理论能力能为个人创造学术成就，也能为多学科带来新问题。程老师所研究的问题还涉及以下具体观点。

1. 从民间文艺到整体文学

中国国学有文学传统，但主要是上层学问。钟敬文一生的工作，是把上层国学中的民间部分加以发展、扩大，使之变成民间文艺，实现从国粹到国风的转变，同时又要回到整体文学中去评价民间文艺的位置。钟老试图找到一种方法，这种方法既能遵循历史学的思维逻辑，又能纳入社会学的变迁运行论，以求得到对民间文艺本质的解释。1950 年开国纪念日前夕，他发表了论文《口头文学：一宗重大的民族文化财产》，反映了他的这种学术倾向。他说：

---

① 程正民：《巴赫金的文化诗学》，北京师范大学出版社 2001 年版，第 14—24 页。
② 同上书，第 44—156 页。
③ 同上书，第 223—231 页。
④ 同上书，第 253—256 页。

口头文学的作者，是生息在广大的民间的，是熟悉各种社会现象、关心各种实际生活的。因此在他们的故事中、歌唱中，甚至三言两语的俗谚中，大都能够反映出比较有普遍性的世态人情。

（口头文学）不但在于广泛地并且正确地反映了社会的、生活的真相，尤其在于忠实地表现出人民健康的进步的种种思想、见解。①

在钟老那时的研究方法中，马克思主义已占主导地位，不过他此前追随的法国社会学和英、日的民俗学方法论也还是他的学科理论的潜在构成因素，两者在一个独立思考者的头脑里都呈现着。到了晚年，钟老发展了自己的学说，主要是将民间文艺解释为文化文本，程老师正是在文化这一点上，指出他与巴赫金"十分相似"②。钟老本人总结20世纪50年代以来我国研究民间文艺学的教训说：

民间文艺是一种民众（主要是物质生产者）所创作的文艺，对它的探索、研究，自然必须是文艺学的（严格地说，是"特殊文艺学"的）。但是，民众的文艺创作，跟他们所产生并生活其中的别的许多人文现象（如物质生产、原始科学技术、总结活动、生活习惯、社会仪礼及各种艺术活动），是直接或间接联系着的。它们具有一定的整体性。③

我们把这段话倒过来看，就是说，有了社会文化的整体环境，就有了作为有机部分的民间文艺创作的可能性。张紫晨在《民间文艺学原理》中，把这个问题与民间文艺起源混为一谈，就走过头了，因为强调民间文艺源头论，不免产生两种误解：一是将原始作品等同于民

---

① 钟敬文：《口头文学：一宗重大的民族文化财产》，《钟敬文民间文学论集》（上），上海文艺出版社1982年版，第4—6页。

② 程正民：《巴赫金的文化诗学》，北京师范大学出版社2001年版，第236页。

③ 钟敬文：《钟敬文民间文学论集》（上），上海文艺出版社1982年版，第9页。

间文艺；二是将民间文艺起源研究等同于民间文艺学科的开端研究。①
两者都势必带来研究的风险。程老师的解释是：

> 由于受到各种思潮的影响，人民对文化的理解往往从一个
> 极端走到另一个极端。一个时期。人们把一个时代一个民族的
> 文化背景看成毫无区分的统一体，忽视不同文化成分的存在以
> 及它们之间的差异和对抗。在列宁提出两种文化学说，强调对
> 民族文化进行阶级分析之后，人们又往往只看到一个时代、一
> 个民族的各种文化之间的差异和对抗，而忽视了它们之间的相
> 互渗透和相互作用。以上两种文化观都是片面的，在实践上也
> 不利于认识复杂的文化现象，不利于当代文化建设。正是在这
> 个问题上，钟敬文和巴赫金都表现出理论上的成熟和清醒，他
> 们都倡导多元互动的整体价值观，又特别强调下层文化对上层
> 文化的激活作用。他们的种种见解对于文化理论的建设和当代
> 文化建设，都有重要的理论价值和实践意义，很值得我们认真
> 加以梳理和研究。②

程老师所讨论的巴赫金理论与钟老文化分层观的关系，不搞"起
源论"，而是讨论社会历史运行过程中的"多元互动的整体价值观"，
这就有特殊的理论意义。他进一步说：

> 关于文艺学建设的思考，钟敬文可以说从巴赫金那里找到了
> 知音，但钟敬文的这种思考并不是在见到巴赫金的论著之后才有
> 的，他的思考早在 30 年代就开始了。1935 年，在《民间文艺学
> 的建设》一文中，钟敬文针对民间文艺的特殊性（制作过程的集
> 团性、表现媒介的口传性、形式和内容的素朴性和类同性），明

---

① 钟敬文：《钟敬文民间文学论集》（上），上海文艺出版社 1982 年版，，第 175—
187 页。

② 程正民：《巴赫金的文化诗学》，北京师范大学出版社 2001 年版，第 241 页。

确提出要建设民间文艺学，认为它是文化科学中一门独立、系统的学科。他认为，一般的文艺学无法反映和概括民间文艺的特殊内容。几十年后，钟敬文在一系列文章中，特别是在《建立民间文艺学的一些设想》中，又重新强调建立独立民间文艺学科体系的重要性。他说，文学大概应分为三大干流，一是专业作家的文学（书本文学），其次是俗文学（唐宋以来的都市文学），再次是民间口头文学（主要是劳动人民的文学），"我们现在学界流行的文艺学，实际上只是第一种，古今专业作家创作的文艺学，而且是往往依照某些外国这方面的著作的框架（甚至有的例证也袭用了）而编纂出来的，它很少从广大人民各种口头文学概括出来的东西，除了关于文学的起源等问题，偶尔采集人民集体创作（原始文学）的例证"。根据三种文学的实际，钟敬文认为应有正确反映这实际的三种不同的文艺学，即古今作家文学的文艺学、通俗创作的文艺学及人民口头创作的文艺学。在这三者之上，才能有一种概括的文艺学，所谓一般的文艺学。①

要解决文化分层观与整体文化研究的问题，还要解释以下几个问题，包括从社会本质论到精神特质论的过程、地方文化特征、文化空间的概念和功能等。

（1）从社会史观到再创作文化观。

在我国，早在 20 世纪 20 年代末，英国人类学者班恩（Charlortte Sophia Burne）的著作就被何思敬、钟敬文和杨成志诸前辈介绍到中国，成为我国学者认识民间文艺创作本质的起点。何思敬是社会学者，他当时是在寻找中国社会改革的文本。同时代的中国民间文艺学者则是从文学的角度接受了社会学史观。经历了 20 世纪三四十年代的战争和社会变动，中国民间文艺学者转向实证性的和经

---

① 程正民：《文化诗学：钟敬文和巴赫金的对话》，《文学评论》2002 年第 2 期，第 5—6 页。

验性的研究。迄至 90 年代，这种学术路数已培养了一批后继学者。他们把社会学史观当作基础，同时又针对民间文艺创作的对象，强调在特定社会背景下的精神特质论。但是，从现代民间文艺学看，按这种路数培养的学者，对建构适合民间文艺创作本身的研究方法还很陌生。

传统民间文艺学与现代民间文艺学的界限，对创作文本和再创作文化有不同的关注。传统民间文艺学注重对创作文本的研究，现代民间文艺学注重对再创作文化的研究。所谓再创作文化的研究，指学者不仅研究民间文艺创作的文本含义和个体经验，而且研究民间文艺创作的文化含义和群体经验，这就增加了对地方文化、多元声音和文化空间的关注。现代学者从这些新的角度，研究民间文艺文本，有了不少新的发现。程老师在巴赫金研究中，关注民间文艺再创作的多元小群体之间实际沟通的文化内容，这样我们就能看到，他揭示了巴赫金所找到的与格林兄弟和芬兰学派不同的另一些文艺要素，如笑话、狂欢和脏话等。这些一向被认为是最有魅力却最没思想深度的和最浅俗的东西，现在获得了公认的研究成果。我认为，正因为有了这种变化，现代民间文艺学者才能那么兴致勃勃[1]，为此我愿意再次引用程老师的一个观点，当人们普遍关注巴赫金的"对话"、"复调"和"狂欢"理论时，"我更关心他的诗学理论"[2]，对此我能心领神会。

（2）地方文化特征。

作家书面文学按照社会公共领域教育标准进行创作和出版，是

---

① 对民间文艺再创作多元化小群体之间实际沟通的文化内容的研究，参见［俄］巴赫金《巴赫金全集》第 4 卷，晓河译，河北教育出版社 1988 年版；［美］吉尔兹《巴厘岛的斗鸡》（Deep Play：Notes on the Balinese Cockfight），《文化的阐释》（The Interpretation of Cultures），美国基本图书公司 1973 年版；［法］列维-斯特劳斯《对神话作结构的研究》，《结构人类学》，谢维扬等译，上海译文出版社 1995 年版；［英］杜德桥《唐代文献中的宗教文化研究：问题与历程》，原载《法国远东学院学报》2002 年第 8 期，董晓萍译，《文史知识》2003 年第 3、4 期。

② 程正民：《从普希金到巴赫金——俄罗斯文论和文学研究·序》，福建人民出版社 2015 年版，第 4 页。

一种国家管理产品。国家管理的另一形式是按照地方文化标准进行管理和搜集，它成为对国家管理标准的补充，例如，中国古代的"采风"制和对《诗经》素材的搜集、解读，成为历代文学革命的补充标准；晚明湖北"公安三袁"对地方小曲的赞颂，成为晚清黄遵宪推举的广东客家民歌的补充标准；现代学者顾颉刚搜集的江苏吴歌，成为朱自清评价中国民歌的补充标准等。但从理论上说，以往我国学者对文学的地方文化标准研究不够，周作人提出"地方文学"的概念，但没有对地方文化管理标准的研究，这些不足造成了文学与文化研究的脱节。

从程老师对巴赫金的研究看，在地方管理与文学和文化的关系上，要考虑三点：一是杂乱的文学叙述与地方多元阶层思想的关系，二是杂存的文学体裁与地方多样产品需求的关系，三是杂就的文学版本与地方多种体裁作品改编的关系。① 王一川也谈到过民间文艺的文学性是一种杂语狂欢现象②，从前指责民间文艺创作庸俗浅滥，是上层社会使用国家标准的结果，用它评价民间文艺作品是不灵的。民间文艺作品丰富度的价值，存在于地方文化管理标准的系统中，而不存在于作家文学脱离这种地方文化现实的超越性上。

（3）文化空间。

研究民间文艺创作的地方文化标准，不单是研究一种文本的阅读问题，而且是要对一个文化空间进行研究。从程老师的研究看，巴赫金已发现文化空间是一个实体空间，但它不是依靠行政法规建立的，而是依靠顺应历史传统的自由选择建立的。在文化空间中，有神圣性的公共广场、不规则审美的信息联络和不标准形象的游戏行为。

民俗圣地与邻近政府的公共广场产生广场文化。广场文化具有官方与民众交流的二元性。在我国的历史文献中对公共广场的描述

---

① 程正民：《巴赫金的文化诗学》，北京师范大学出版社 2001 年版，第 207—220 页。
② 参见王一川《杂语沟通》，湖北教育出版社 2000 年版。

很多，但往往漏掉二元性。从田野调查中能够找回它的二元性，但理论研究很少。程老师分析的作家文学创作二元文化结构是一种补充。

在公共广场中，体现结构的是动态行为语言和基层单元语言，使用这种语言，政府和民众都竞赛，都发议论，也都忘乎所以。狂欢正好在这里发生，程老师指出巴赫金的观点，狂欢创造体裁，也是某些体裁的基础。从民间文艺学的角度看，它使民间文艺获得新的文化意义，并变成社会行动。

文化空间观揭示民间文艺再创造文化的特征有三：一是生活方式与思维方式的结合，二是文化表演与人文精神的结合，三是地方文化管理与国家管理的结合。

2. 民间文艺再创作文化的本质研究

研究民间文艺的文化再创造，要研究民间文艺的审美规则。从程老师对巴赫金的学说提炼中能看到，他已发现，民间文艺的审美是不规则的审美。民间文艺中的历史时间、历史地点、历史人物与现实联系都是不规则的，书面文学反对这种不规则，但正是这点造就了民间文艺的文化个性和社会生命力。

我们可以重点观察程老师解释的巴赫金的复调系列创作，它能告诉我们，复调创造的文化功能，是让人们在忽略时间的确定性和不规则中，照样获得历史传统。与这种历史传统相匹配却被作家文学视为不规范的文学形象，从前被说成民间文艺既有魅力又浮浅庸俗的地方，现在已被巴赫金指出是民众精神世界的一种地方管理方式，获得了高度评价。程正民也认为，正是民间文艺这种独有的文化品质，创造了不规范的笑料艺术，体现出艺术的本质是人性中最可贵的自由现实主义。程老师的研究还提示我们，为此要注意民间文艺作品中的三组形象：讽刺性的谐谑形象与全民性的怪诞形象、装饰性的节日形象与隐秘性的肉体形象、神赐性的独特形象与开放性的模糊形象。这些形象给神性系统预留了位置，同时允许不经过口语而利用其他媒体进行再创作，如梦境或冥想的传递，这些都是文化。它们只要取得文化安全、政治安全和民主意识，就能转换为公共产品。

（二）民间文艺体裁研究

体裁是民间文艺的文化载体。体裁以民间文艺的形式，以社会现实的内容，在多元化的文化空间中，传承历史传统。体裁的生命力在于是否被民间社区和社会运动所选择，凡活跃生存的体裁，都是历史传统、现实文化功能和社会重要性的综合产物。对体裁的研究，不是单纯的民间文艺分类研究，而是整体研究。

体裁问题，在西方文论中，从柏拉图至今，都是经典问题，不过在后来的西方浪漫主义运动、文艺复兴运动和国家民族解放运动中，它分别被从哲学、文艺学、民俗学、人类学和政治学等角度，加以学科划分，变成了高头讲章和金科玉律。巴赫金恢复了体裁的文化根谱，于是在学者的讨论中，体裁与多元文化的联系密切起来。程正民喜爱巴赫金，也自然会喜爱巴赫金的体裁学思想，他说：

> 巴赫金认为体裁具有特别重要的意义，诗学研究应当把体裁作为出发点，强调体裁是诗学和文学史的交汇点，体裁的发展问题是文学史的根本问题。他指出体裁是有含义的形式，体裁有其社会性，艺术家必须学会用体裁的眼光看现实。他认为体裁是历史的记忆，体裁的发展有规律可循，传统与创新、稳定与变异、集体创造和个人创造的辩证统一，是体裁发展的活力所在。这些看法非常独特，也有很高的理论价值和很强的理论冲击力。巴赫金关于体裁诗学的研究内容很丰富，既有一般的体裁理论研究，也有具体的小说体裁和复调体裁的研究。在巴赫金看来，体裁的历史发展和文学的历史发展，有其客观的和内在的发展规律。他从日常生活语言现象出发，认为日常生活中就广泛存在着言语体裁，而文学体裁是一种特殊的、典型的、更为复杂的言语体裁。

他认为小说体裁有三个基本来源：史诗、雄辩和狂欢体。在他看来，陀思妥耶夫斯基对话型的复调小说正属于狂欢体这条线索，是狂欢体体裁的变体，而对这种体裁的形成起决定作用的是古代希腊罗马的庄谐体体裁。这种狂欢体体裁的深刻根源是民间狂欢文化，深刻的狂欢式的世界感受，它体现为一种平等对话的精神，交替和变更的精神。这种狂欢式文化不仅决定作品的内容，而且还决定作品体裁的基础，具有构成新的体裁的力量。换句话说，欧洲文学传统中的狂欢体裁是同千百年来人民大众的狂欢式的世界感受紧密相连的。①

从巴赫金看钟老，钟老正是经由歌谣、神话和故事的体裁进入中国民间文艺研究的大家。他的体裁研究旨在探索文化，从不停留于体裁本身。他的学说因此与巴赫金暗合，并被程老师赞叹。

文化和文学的关系，文化和文艺学的关系，特别是民间文化和文艺学的关系，这是钟敬文和巴赫金共同关注的问题。

巴赫金对文学与文化、文艺学与文化史关系的思考不是从一种理论框架出发，而是来自他的作家研究的实践。

巴赫金认为文艺学研究没有什么灵丹妙药，只能采取不同的方法切入研究对象的不同侧面。从文学和文化的有机联系出发，他特别强调研究一个时代的文学不能脱离开一个时代完整的文化语境，特别不能脱离开一个时代强大而深刻的民间文化潮流。②

钟老在晚年的集大成著作《建立中国民俗学派》中，专门谈到巴赫金和文艺学。他说："巴赫金的学问，涉及了人文科学的许多重要领域，包括哲学、社会学、语言学和文艺学。对于这一点，已有人讨论过，我就不多说了，我只从与我的专业有关系的方面，就他的文学

---

①　程正民：《巴赫金的体裁诗学》，《清华大学学报》2009 年第 2 期，第 68、70 页。

②　程正民：《巴赫金的文化诗学》，北京师范大学出版社 2001 年版，第 236—237 页。

狂欢化的观点，简要地谈谈自己的看法。"① 需要注意的是，钟老虽然从民间文艺学和民俗学的视角分析巴赫金，但他也同样强调中俄比较文艺学和比较民间文艺学的观点与方法。

狂欢是人类生活中具有一定世界性的特殊的文化现象。从历史上看，不同民族、不同国家都存在着不同形式的狂欢活动。它们通过社会成员的群体聚会和传统的表演场面体现出来，洋溢着心灵的欢乐和生命的激情。对这些活动加以关注和研究，本来是人类学、民俗学和社会学的课题，而巴赫金主要是一个文学批评家，并不是完全意义的民俗学家或人类学家，那么，他能够通过研究文学作品中的狂欢描写，揭示出那种隐藏在文字背后的巨大的人类的狂欢热情，从而得出他的文学狂欢化的结论，这就体现了他所具有的一种人类学或民俗学的切入视角，反映了他的研究方法的独特性。他的研究，因此也不是一般文艺学的研究，而是特殊文艺学的研究。他由此开拓了以往的文艺学领域。他的著作，还引起了其他各种人文学者对各自文化的狂欢传统的回顾，这也体现了他的学术思想的魅力。②

自从巴赫金的书来到中国后，钟老与程老师的谈话便离不开这个话题，两人之间也不能不互相影响。

程老师研究的问题不一定都是热门，至少他着手开工的时候外界并不一定关注，但被他选中的研究对象都是学术史上的一些基本问题，你要搞这项研究，你就滑不过去，它就实实在在地摆在那里，暂时绕过去了，将来也得回头补，比如本文反复谈的苏联理论问题，如同俗话所说"请神容易送神难"，请神的时候有双向需求，送神的时候也不等于这些需求就放空了，一切问题只有找到了解决的办法才不是问题，而不在乎拜不拜神仙。此外，既然解决某些问题曾经借助外

① 钟敬文：《建立中国民俗学派》，黑龙江教育出版社1999年版，第152—153页。
② 同上书，第153—154页。

力，就不是花平常功夫可以办得到的，敢于触及这类问题者也肯定不
是普通的学者。你看程老师的书就知道，他敢啃骨头，他的眼光和功
力也都达到了这个高度。他拾起前辈留下的难题，有条不紊地埋头研
究，扎扎实实地撰文出书。

我有程老师的很多书，在钟老生前和身后，他几乎出一本送我
一本，现在这些书已摆成专架，在我的书房中形成"特色"。我喜
欢看他选择问题的方式，看他的论证过程和他的表述风格。他看问
题很深，又能讲得很实，表述逻辑特别清楚，看他的书就是一种享
受，所以我看他的书的场合可谓随时随地，像《卢那察尔斯基文艺
理论批评的现代阐释》就是在飞机上看完的。在我看来，中俄比较
文艺学和中俄比较民间文艺学都是深海，深不见底，广不知岸，但
他总能把自己要研究的问题吃透，又给予清晰的分析和发挥。你就
跟着他的文字走，如登轻舟，如临巨舰，无论驶向哪里，总能在惊
涛骇浪之后来到碧波粼粼的宁静港湾，最后将苦涩的理论变成了开
心的乐趣。

四　在钟老晚年建设民俗学学科中无私奉献

我崇敬程老师，除了叹服他的学问，还因为他在钟老晚年建设民
俗学学科的进程中无私地协助与奉献，做了很多关键性的、确有成效
的工作。他是一个有情怀的人。他品性真诚，心灵的展现与理论的表
述一样干干净净。他对人对事都光明磊落，高尚的科学文化追求与宽
仁的处世原则完全一致。他的学问的格局与做人方式是相互映衬的。
他以自己的方式，自觉而坚定地履行承上启下的庄严使命，为后学树
立了榜样。

（一）协助钟老推进学科建设

程老师支持钟老学科建设的工作尚需细说。我保存了他当中文系

主任时的一份会议资料，是 1998 年中文系向上申请"211 工程"项目的报告，报告中有以中国民间文学为主开展中文系建设的明确方针。这份报告还有一份《致校领导关于加强民俗学（原中国民间文学）重点学科建设的报告》，是在钟老的主持下撰写的，两报告配套提交。从这些工作中就能看出程老师的战略部署和领导艺术。他指挥的中文系是一盘棋，各个学科都有符合其历史传统与现实需求的开拓空间，但对钟老以近百岁高龄率领的民俗学国家重点学科，他在主持工作时制定了外扶内生的优势发展定位。经过十几年的建设，中文系有了四个重点学科，后又改名文学院。按照教育部有两个重点学科的单位即可升为全院重点学科的条件，文学院升级为院级重点学科，这时民俗学就不再是唯一的扶植对象了。有一次我跟某领导半开玩笑地说，我们与文学院的关系，原来是百分之百，现在有百分之二十五。这位领导高屋建瓴地帮我分析文学院发展的整体形势，指出这有利于各相邻二级学科之间互补共进，这种思维方式无疑给我新的触动，但我还是忘不了程老师，他是最早的栽树人。民俗学专业继承传统而不断创新，由老牌国家重点学科进入"211 工程"、"985 工程"，都是在他的任上开始实现的。虽说这也与当年钟老这棵大树遮天蔽日有关，但当时高校科研管理体制已经改革，我们这个老学科在标准化的梯队数据和成果数据填报时开始告急，露出大树之下、小草难植的端倪。程老师几次带我去参加学校的论证会和教育部的检查会，让我了解学校层面和国家层面对学科评估的要求。我给钟老当助手，这才发现自己身在福中不知福。钟老为创建两门学科付出了毕生的努力，皆因后学跟不上才有生存危机，而程老师在这些事上从不多说，他只是帮我们从根本上想办法，这些往事对我的教育是非常深刻的。

钟老还有一桩心愿，也仰赖程老师得以实现，那就是 1996 年成功地举办"中国民间文化高级研讨班"。在钟老看来，将民俗学向民间文化学发展，既是学理上的强化，也能将高校民俗学建设成果投入社会应用，还能为中央和地方院校培养文化人才，此事势在必行。从这年的年初起，他便不顾年高，以一己之力，向港澳友好投书，诚恳

陈词，争取必要的工作经费。一位早年在香港就认识钟老的著名香港
企业家拜见了他，送给他一大笔钱。这位大佬特别敬重钟老，乐于为
钟老捐善款，不止这一笔，后面还有。但这些钱不能用于办班，只供
钟老个人使用。他不明白为什么钟老这样的大名人历尽坎坷还要为国
家培养人才，他劝钟老抓紧有生之年为自己修书立传，不要再为他人
作嫁衣裳。钟老认为大佬不理解他，把钱退了回去；大佬也不理解钟
老为什么会拒绝如此"亲近"的私人馈赠。最后还是程老师把事情给
办成了。5月份，由他签字，中文系盖章，钟老向教育部申请到了经
费。当年秋季开班，70 余位各地学员来到北师大学习，14 位中外学
者前来讲学，钟老还与北京大学的季羡林先生携手登上杏坛，办班大
获成功。程老师在开幕式上有一段讲话，钟老十分欣赏，我抄在
下面：

　　我系的民间文艺专业，在中国民间文艺学科奠基人之一钟敬
文教授的率领下，从民间文艺到民俗学，再到民间文化方向，不
断拓展学科领域，使本学科始终保持着强劲的学术势头，充满了
学术生机与活力。

　　本次高级研讨班举办的意义……旨在提高中国民俗学队伍的
理论素质，培养本专业的高级人才。在这一点上，钟老给我们做
出了好的表率。他老人家不写自己的回忆录，而是一本本地出版
各种文集，正如他所言，是要"收获一片庄稼"，现已 94 岁高龄
的他，仍按每年的惯例招收多名博士。80 年代初在钟老的倡导
下，举办了民间文艺暑期讲习班和为时半年的进修班，那两个班
的开办，标志着民间文艺与民俗学在十年浩劫之后恢复了自己的
研究队伍；而此次高级研讨班是在国内外民俗学发展迅猛的形势
下开办的，我们相信该班的举办，将把我国民间文艺、民俗学队
伍的培养工作推进到前所未有的新阶段。

　　办班反映了主办者的一个深刻而富于长远意义的文化忧思，
即把什么样的研究队伍带入 21 世纪。主办者和学员将研讨如下

几个问题：首先，如何完善人才的"知识结构"，即不仅具有本学科的理论与知识素养，而且还要有相关学科的理论和知识底蕴；好的知识结构对跨世纪人才来说具有决定性的意义；其次，本学科研究如何对待外国的理论、学说和方法，如何注意消化和应用它们，这是本次研究班的敏感话题；第三，要增强民族自尊心和主体意识；第四，民间文化研究要有利于我们的国家和社会的建设。上述问题的思考和研讨，都将成为本次研讨班的重要特色。①

他的语调是平静的，但他所讲的内容是既有历史也有现实的。自从这次办班之后，钟老开拓的民间文化学研究分支有了体制上的保障。

程老师想钟老之所想，急钟老之所急，在钟老生前如此，身后也如此。近五年来，我与民俗学专业同仁共同承担了搜集、编纂《钟敬文全集》的工作，其中有一卷是文艺学卷，谁来当编者最合适呢？我第一个想到了程老师。其实文艺学专业还有其他教授可以请教，但如果将文艺学、民间文艺学和中俄比较研究这几个因素加在一起，就没有比程老师更合适的人了。于是我给他拨通了电话，他毫不迟疑地答应了，没有任何托词。很快，他就交来了齐、清、定的书稿，还写好了带有研究性质的编后记，领跑第一位，这就是他的方式。他对钟老有不变的深情。我是始终受到他的这种高尚思想境界的感染的。

（二）提携后学不遗余力

程老师在提携后学上不遗余力，我也分享到了他的这种厚爱。1994年，我去了美国，这段留学经历对我后来的学术工作影响很大，它让我了解到中西学术的差异，加深了对钟老历尽坎坷建设中国特色民俗学的艰辛和伟大的认识，也对程老师的中俄比较研究的付出有了

---

① 此为程正民教授1996年9月9日在北京师范大学"中国民间文化高级研讨班"开幕式上的讲话，由作者根据录音带整理而成。

切身的体会。我还多少长了一点本事，带回来三本书稿作为学习汇报，同时我也做好了跟钟老刻苦修炼的心理准备，因为距离钟老告诫我"十年磨一剑"的要求，还差着几个来回呢。谁知那年也巧，大学对我们这批 77、78 年上大学的留校博士生教师采取了倾斜政策，从很多等待晋升高职的"文化大革命"前大学生中挤出"破格"的名额，在我们中间选拔正高。当年在程老师的主持下，我通过了答辩，晋升为教授。一年后的 1996 年，还是由于他的坚持，我成为博士生导师。在这次申报新博导之前，他左边给我打气，右边劝说钟老要给后学压担子，一片真心与诤言可鉴。多年后回首这次举措，确实对钟老等前辈大学者与跟进后学之间的"青黄不接"的危机，解决了大问题，但这也对后学提出了更高的要求。它告诉你，解决职称不是你自己的事，是国家、时代、大学和前辈几代学者给你的责任。后学需要好自振刷，才能挑得起这副担子。什么时候你把高职当成个人所得，你就永远是巨人脚下的矮子。多年来，程老师从不曾板起脸来教训我，而总是以他的方式给予提携，以此推动钟老门下的梯队建设，稳固民俗学的学术阵地。

前面提到的他给钟老推荐的做普罗普研究的博士生，的确有才，后来还去了俄国彼得堡大学进修，在普罗普当年工作的楼下的一间办公室里查俄文资料，准备论文，可惜等她毕业时，钟老已经辞世。考虑到当年有几位博士生都要答辩，我就拟了一封信，发给钟老生前嘱咐过的一些学者，信的大致内容是："先师钟敬文先生已于本年初永远地离开了我们。……现本年毕业的 6 位博士生都已结束了博士学位论文撰写工作……完成了申请答辩的各项工作。您在先师生前一贯支持民俗学教育事业，兹特根据他生前的遗嘱，邀请您参加他的毕业博士生的论文评审与答辩工作，扶持我们完成先师的未竟之业。"钟门此时遇到了极大的困难，我写信的心情极为难过，这时又是程老师不出所料地接受了请求，为该生评阅论文，担任她的博士学位论文答辩委员会委员。2002 年 5 月 28 日，该生的博士学位论文答辩会在科技楼举行，程老师与刘宁老师、谭得伶老师和刘魁立老师联袂出席，他们在总评语中写道："这是一篇具有创新价值的科学论文。俄国民间文艺学家普罗普的故事学研究在西方学界产生了巨大影响，对我国新时期的民间文艺学研究也有启示作用。但从前我国学者关注普罗普多为引进信息、文学评介或引述其部分观点做文章，缺少对普罗普的故事学著作本身进行研究。在钟敬文教授生前的指导下，该论文对普罗普的故事学学说做整体研究、还原研究和本体研究，视野宏阔、专业性强，所取得的成果具有重要的开辟意义和学术价值。"几位老师都是中俄理论界的名宿，他们的中肯评价，不仅给这位年轻学者以宽厚的鼓励，更是对天上的钟老的莫大告慰。该生顺利毕业后，程老师继续鼓励她拓宽普罗普的研究，夯实研究成果，走出自己的学术之路。后来，他又在自己主持的研究项目中，切出一个子课题，交她去负责。这位年轻学者几次对我说："程老师是那种让人无法忘记的好人。"我同意。

程老师是那种精神世界很博大的人，足以让人托付任何信任。这些年来，我们这批留校教师都跟程老师的关系很好，谁有什么学术上的问题、工作上的麻烦、心里头的烦恼，都愿意找他去说，他也都能提出他的看法，让你冷静，供你参考。他把他的智慧和善良都给你，绝不求回报。

我国古代贤达有一种很豁达的思想，认为书生应不计一日之短长，而要为万世苍生立功、立德、立言，于恒定修持之中得其仁寿，我认为，程老师的绵长人生也会因此而不期而至。

第二编

程正民忆师友

贺卡往哪里寄

——记恩师张有樑

双十中学是厦门乃至福建鼎
鼎有名的中学。在双十中学度过
的 6 年，给我的一生打下了深深
的烙印。名校的关键在于名师，
无论是理科还是文科，20 世纪 50
年代，双十中学的老师个个都是
响当当的。其中给我帮助最大、
对我影响最深的是班主任张有樑
老师。

与恩师张有樑在长城上

张老师个子不高，爱吃辣
椒，长相并不出众，可一见面，你就会牢牢记住他。他的一边脸上
有一片黑褐色的斑痕，同学们私下叫他"乌一平"（闽南话）。这么
叫只是觉得好玩儿，没有丝毫恶意，相反每个同学都很敬重他，因
为他是厦门大学中文系毕业的，是郑朝宗的学生，语文课教得很
棒。我们中学六年换了不少语文老师，能让同学们终生难忘的只有
张有樑老师。

张老师的语文课非常重视基础和能力培养，字、词、句抠得很
细，批改作文也十分下功夫。他对学生要求很严格，不少同学都很怕
他，但又不得不服。他用自己的学识和才华把大家镇住了。课外的张

老师更是充分展现出了他的才华。抗美援朝双十中学排练的大型话剧在全市演出，为前线购买飞机大炮募捐。当年街头挂着演出的大海报，上面"导演张有樑"五个大字赫然在目。我们当学生的看了很提气，到街头叫卖门票也格外卖力。

张老师真心关怀和疼爱自己的学生，鼓励每个人充分发挥自己的才能，不管你喜爱理科还是文科，体育或者美术，他都大力支持。班上有个女生在全市运动会上打破全国女子跳远纪录，他特别高兴，尽管当年有人瞧不上体育专业，他还是鼓励这名同学和另外一名女生报考中央体育学院。后来她俩分别成为教授和优秀的教练。张老师还希望我们班能冒出个把艺术人才，报考艺术院校，可惜我们班同学好像都缺乏艺术细胞，他也始终未能如愿，最后只能寄希望于自己的一双儿女身上。

有时，张老师对自己特别喜爱的学生不惜用"夸大其词"的方法加以赞扬和鼓励。班上有位同学在作文里写了一首不错的诗，老师看了很欣赏，于是率性批道："年青某某某，可作大诗人。"并在课堂上大加褒扬。老师喜爱学生之情溢于言表。这方面我也深有体会。有一天，张老师语文课上讲《愚公移山》，其中有个环节是让大家划分段落并用一句话概括段落大意。前面几段都很顺利地通过了，最后一段讲的是愚公在困难面前每天挖山不止，毫不动摇，最后终于感动天帝，派两个神仙下凡，把两座山背走了。老师让大家用四个字概括这一段。课堂上叫起一个又一个，但始终没能让他满意。课堂气氛顿时显得有点紧张，大家都屏住呼吸。最后，张老师把我叫起来，经过刚才的思索，我脱口而出"神助移山"。老师刚一听有点惊讶，随后慢慢露出了笑容。他止不住兴奋，马上打开手中的教案说："你们看看，你们看看，我教案上写的就是'神助移山'，一字不差！"这时全班同学才松了口气，课堂气氛由阴转晴。

1955年，我们中学毕业后不久，张有樑老师由于教学成绩优异很快被调往福建教育学院工作，离开厦门。我们这些学生也分散到全国各地上大学，随后又各自走上酸甜苦辣的人生路。几十年来，师生见面的机会少了，我们想念着张老师，老师也时时记挂着我们。他说最喜欢我们这个班，上了岁数还能叫出许多学生的名字。我每年雷打不动地给他寄贺年卡，给他拜年，祝他长寿！他在电话里非常感慨，说难得你还记得每年给我寄贺卡。

老师晚年疾病缠身，行动艰难，80 大寿那年，厦门的老同学十几个人开了专车到福州为他祝寿，我们也托在福建师大工作的学生送去花篮。据老同学说，那天张老师老泪纵横，非常激动。我想，一个当老师的，活到 80 岁，能有这么多学生还记挂自己，这就足矣。前几年，张老师在电话里告诉我，他已搬到西湖边上风景优美的新居，我真为他高兴。没想到几天前，师母李老师突然给我来电话，说张老师日前因病医治无效逝世。接到电话，我不敢责怪师母为什么不早点告诉我，只能为我们做学生的不能送老师最后一程而抱憾。

张老师走了，我真不知道来年我的贺卡往哪里寄！

（原载《中国教育报》2009 年 9 月 14 日"难忘师恩"专栏）

迟到的怀念

——忆黄药眠师

黄药眠先生

黄药眠先生告别仪式举行之后不久，我在深秋的校园里见到蔡澈先生，她邀我到家里坐坐。当我走进那熟悉的书房时，第一个感觉就是：这平日十分拥挤的房间怎么突然变得如此空旷。蔡先生拿出一叠告别仪式的照片，抽出其中一张给我，说是我平日关心黄先生，黄先生也时常记挂我，要我留下做个纪念。临走时，蔡先生说她很快要到南方住一个时期，嘱我有空也为黄先生写点东西。当时我只觉得也应该为黄先生做点什么，于是就不假思索地答应下来。事后一想到自己对黄先生的了解很有限，我一直没敢动笔。两年过去了，每当我在报刊上看到纪念黄先生的文字时，心里总有一种负债感，也觉得自己还有一些别人没有说过的话要说，终于下决心写下一个学生心目中的黄先生。

一　黄先生的脾气

20世纪50年代的北师大中文系真是群星灿烂，1955年我考北师大中文系，完全是冲着黎锦熙、钟敬文、黄药眠、李长之、启功、刘盼遂、王汝弼、李何林、陆宗达、穆木天……这些名字而来的；也许因为我喜爱文艺理论，其中最让我倾倒的是黄药眠先生。且不说黄先生深谙英、俄两门外语，熟悉马列主义，人称"黄大师"，光是作家、诗人、文艺理论家的头衔就足够一个中学生心醉神迷的了。遗憾的是入学后黄先生并不给我们讲课，"文学概论"是由他的弟子讲授的。说实在的，那种照本宣科的授课引不起我多大兴趣。直到有一次听黄先生的讲座，我才真正领略了他的风采和理论课的魅力。他一不背概念，二不讲条条，而是联系日常生活现象和文艺创作实践娓娓道来，内容似乎并不深奥，细细品味却意蕴无穷。他的课我是折服了，但他上课让助教拎皮包我却看不惯，后来又听系里的人说黄先生脾气大，很厉害，更是对他敬而远之了。

说实在的，要看透一个人真不容易，特别是要看透一个中国人就更不容易，我们常常用各种罩子把自己罩起来，别人也常常用各种框框把我们框起来。对黄先生的脾气，我是经过很长时间才有深一层认识的。毋庸讳言，50年代的黄先生确实脾气不小，也很神气，但细细想来，他的神气往往透着自信，他的厉害常常含着严格。他最瞧不起业务上稀里逛荡的教师和学生，常常嘴不饶人，让人下不了台。可是他对于刻苦勤奋、勇于独立思考的教师和学生却十分喜爱，倍加关心。当时我是先生的学生的学生，还没有资格直接尝过他的厉害，但听到我的老师钟子翱先生讲起黄先生的厉害，也确实叫我倒抽了一口冷气。

黄先生50年代住什刹海，不住学校，平日要求两个弟子要经常翻阅文艺报刊，注意理论界的动态，他只要来一个电话，两个弟子就得赶紧前去汇报，得讲出报刊上发表了什么文章，主要论点是什么，自己有什么看法，如果讲不出来或者讲不清楚，就得挨批，弄得十分狼狈。两位弟子开头一到黄先生家总是战战兢兢，不知他要提出什么问题。后来为了避免出现难堪的场面，他们只好下苦功做好准备。时间长了，由于准备得比较充分，也就不那么紧张和害怕。当他们慢慢领悟到这是黄先生在进行一项严格的科研基本功训练时，真是从心里感激黄先生的一番苦心和严格要求。今天我们有些老师对学生确实十分和气，甚至对考试作弊也睁一只眼闭一只眼，这种老师是一点也不厉害，但是学生又能从他身上学到什么好品德和真本事呢？

二 "黄昏思想"的深处

我同黄先生的直接接触是在1959年留校在文艺理论教研室工作之后，那时他还没有摘掉"右派"帽子，整天不是在地下室管劳动工具，就是在教研室抄资料卡片。60年代初中央统战部指示师大给黄先生摘"右派"帽子，这下就不能再让他管工具和抄卡片了，系里和教研室加紧研究如何发挥黄先生的作用。当时我是教研室秘书，常到他家通知个事，我发现黄先生对这一切变化并没有什么强烈的反应，仍然显得很平静。特别让我惊讶的是他还时常检查自己有"黄昏思想"，这点当时我确实很难理解。也许我去的次数多了，也许他觉得我年岁不大，黄先生慢慢愿意同我聊聊。有一天，在他那个北面的小书房，他向我袒露了心迹。他告诉我，前几天夜里，已经躺下准备睡觉，突然觉得心脏十分难受，想喊蔡澈也喊不出来，只好硬撑着下床，扶着墙壁到隔壁房间找蔡澈。当时心里很害怕，很怕就这样完了。他在讲这件事情时情绪十分低沉，又讲起自己有"黄昏思想"。我对黄先生此时的心境虽然没有深切的了解，但望着他那满头的白发，心里有说不出的难受。多少年后，我在《托尔斯泰和自然》一文中看到普列汉诺夫关于托尔斯泰"对死的恐怖"的分析，我才懂得黄先生当时的心情。托尔斯泰热爱生活，他"惋惜过去，希望将来"，"想长久长久地活着"，于是产生了"对死的念头的恐怖"。黄先生当时萦绕心头的"黄昏思想"也是他"对死的念头的恐怖"。在"黄昏思想"的深处，是一种强烈的生的渴望，他想干一番事业，可是政治上还不能彻底解放，身体已开始衰老了，于是他陷入深深的悲哀之中。黄先生是一位诗人，"黄昏思想"这个词表达了他对死的恐怖的一种富有诗意的感受：黄昏是富有诗意的，但已蒙上淡淡的哀愁。

尽管再三检查"黄昏思想"，黄先生对教研室交给他的工作还是尽心尽责的，教研室请他考虑研究西方文论或中国古代文论，他就开始搜罗古典文论的书，有时书买重了就送给我；教研室请他搞科研，他就写了十论普列汉诺夫美学思想（"文化大革命"后发表的只是其中一部分）；教研室请他搞点翻译，他就译了苏联波米朗采夫的《论文学的真诚》。当时什么事都请他干，就是不让上课，这是上面的指示，怕他给学生放毒。作为一名教师而不能给自己的学生上课，这真是莫大的悲哀！如果说，他对系里的党员干部还保持一定的距离，但无论处于什么境地，他对自己的学生总是充满一片真诚。当教研室请他承担培养青年教师的工作时，他显得很高兴。他每次听青年教师的课都认真提出意见和建议。为了加强青年教师分析文学作品的基本功，他亲自为教研室的几位青年教师讲作品分析，先从短篇讲起，准备再讲中篇和长篇。当时在强调文学与政治关系的气氛中，我们对文学本身的特性和规律知之甚少，黄先生能为我们讲课，自然十分高兴。我记得第一讲是分析宋人话本《卖油郎独占花魁》。讲完之后，让每人自选一篇当时报刊新发表的短篇小说，进行独立分析。我选的是高缨的《大河涨水》。黄先生对每个人的作业都认真批改，写下评语。他给我的评语中有一句"颇有见地",我看了十分得意。然而好景不长,系总支突然要收看我们的听课笔记和作业,从此这门课也就夭折了。当时我很不理解,也不敢乱问。直到"文化大革命",我才从大字报得知有人认为黄先生给青年教师讲《卖油郎独占花魁》是放毒,可是当时我们师生全蒙在鼓里。"文化大革命"后黄先生又给文艺理论教研室的进修教师讲《卖油郎独占花魁》。我见面开玩笑说:"黄先生,你又放毒了!"他听了笑了笑,什么话也没说。多少年来,每当我在教学和科研中感到分析作品的基本功不足的时候,我总想到黄先生的课,当年他如果能把课全部讲完该多好啊!然而这只能是终生的遗憾了,细想想,几十年来时代给我们这一代人又留下多少"遗憾"。我们这一代人也只能不断承受各种各样的"遗憾"了!

三　最愉快的日子

除了50年代上半期,"右派"问题得到改正之后,可说是黄先生最愉快的一段日子。有一天,我和同事潘桂珍在校园里见到黄先生,他显得特别精神。潘桂珍是黄先生的梅县老乡,一见面就向他开玩笑:"黄先生,这回你可得请客。"我在一边觉得这不过是说说而已,可是黄先生却十分认真。他说:"你会做菜,我出钱,你到我家里露一手。"说完哈哈笑起来。多少年来,我很少见到他这么愉快。

那些日子他好像对什么都有兴趣。有一次问我,苏联文艺理论有什么新进展,我说:提出了社会主义现实主义"开放体系"。他立即脱口而出:"是不是открытие?"我顿时惊住了,他30年代在苏联学的俄语至今还记得这么牢固!

当时我已离开中文系到了苏联文学研究所,并负责《苏联文学》编辑部的工作。1980年,刊物创刊时,很想找些老作家写"我和苏联文学"的文章。记得我们先找到丁玲,不巧当时她正要动手术,实在写不了,她说你们师大有个黄药眠,曾到我们文学讲习所上过课。于是我们又回来求助于黄先生，我说丁玲问候你，还忘不了你为讲习所上课，他听了很高兴，随后说到写稿的事，他也满口答应，当晚就向我谈起他同苏联文学的关系。他说，1934年苏联作协一大召开时，他还是个小青年，跟人要了一张票旁听了开幕式，从远处看见了高尔基。还说他认得《一周间》的作者李别进斯基，在黑海边休养时结识了共青团诗人乌特金，同他交了朋友……说着说着，他的思绪好像又回到了冬日的俄罗斯，回到了美丽的黑海。为了写好文章，他嘱我帮他借李别进斯基的小说《一周间》；查查乌特金的下落（后来他在回忆录中写道："以后我曾经托一位搞苏联文学的人查一查，这个人告诉我，苏联文学作者中有这么个人，但在卫国战争中牺牲了。"）那天晚上谈得很高兴，临走时黄先生送我一本香港出版的《文丛》，上面有他的散文《祖国山河颂》。他让蔡先生把排错的字一一改正过来，自己又认真写上"程正民同志教正。药眠"。看来黄先生对自己这篇东西十分珍爱，他说："这篇东西香港刊物排得好，段与段之间都有空行，在国内《散文》发表时中间都不空行，成了山连山，水连水了。"说完哈哈一笑。这时我才发现，除了严肃、神气的黄先生，还有一个幽默、愉快的黄先生。

四　病中想着未来

很可惜，黄先生没能为《苏联文学》写成稿子，1980年4月就因心脏病住了医院。我到医院探望，见他精神很好。那天钟敬文先生和陈秋凡先生也去探望他，大家都劝他好好休息，他却惦着出院后还要写东西。《新观察》记者到医院采访他，他对记者说："我还准备写五篇文论，写诗，写我和我的同时代的人们。"记者是为报道当年被打成"右派"的六教授来采访他的，发表时黄先生这节的标题是"黄药眠病中想着未来"。黄先生的精神十分感人，他的计划也令人神往。写诗，写回忆录，都将给人们留下珍贵的精神财富，不过其中我最感兴趣的还是五篇文论：创作论、风格论、作品论、鉴赏论、批评论。作为著名的文艺理论家和美学家，我始终认为黄先生晚年最重要的工作应当是写出一部较为系统的独具特色的文艺理论著作，这也是他的夙愿。遗憾的是，等了几年始终不见五篇文论发表。有一次，我实在忍不住，就唐突问他："黄先生，你的五论什么时候写出来？"他的回答是："不写五论了，写回忆录。人家说你黄药眠不写五论也会有人写，而你的回忆录是别人无法写的。"他说话的声音小到我勉强可以听见，我听了却感到十分沉重。最后几年，黄先生确实拼力写出记述"我和我的同时代的人们"的回忆录，出版时书名为《动荡：我所经历的半个世纪》。可惜这本 45 万字的回忆录出版时，他已不在人世了。当我捧读蔡先生题字的这本遗作时，我心中真是感慨万千。黄先生 1928 年入党，20 年代末 30 年代初在苏联青年共产国际工作，曾任团中央宣传部长，共产国际关于建立抗日民族统一战线的指示就是由他牢记在心，回国后向党中央口头传达的。这部回忆录不仅有文学价值，而且有史料价值。我高度评价黄先生写回忆录的劳作，但我始终为黄先生没能写出五论感到惋惜。而这又能说什么呢？一个体弱多病的老人，一个心脏病随时可能发作的老人，要写出一本理论专著谈何容易？论条件，黄先生有很高的马列主义修养，有丰富的创作经验，又精通两门外语，他完全有可能写出一本很有特色的文艺理论专著。然而他一生最宝贵的年华都被耽误了。最叫人伤心的是，当他刚刚能够安静坐下来从事自己心爱的专业，写出自己心爱的著作时，身体条件已经不允许了，他只能带着终生的遗憾走了。

五　人格的闪光

黄先生晚年越发珍惜生命的价值，他拖着病体奋力向命运抗争，他说："一天不写，这一天就等于不存在"，"我决心要同死亡竞赛速度"。短短几年，他指导进修教师，带博士生，写了文论集《迎新春》、散文诗《面向着生活的海洋》、长诗《悼念》、回忆录《动荡：我所经历的半个世纪》，编了《黄药眠自选集》、《黄药眠文艺论文选集》、《黄药眠美学论集》、《黄药眠抒情诗集》……他为我们留下一笔丰厚的精神文化财富，但我更看重他晚年人格的闪光。

晚年的黄先生好像变了一个人，他不再那么"厉害"了，那么"神气"了，他显得那么宽厚，那么和善，也很关心体贴人。有一次我去探望他，还没有来得及坐下，他劈头就问："小程，生活能过吗？"当时我感到莫名其妙，脱口就答道："能过呀。"心里想三中全会后知识分子生活有很大改善，怎么不能过呢。谈着谈着，我才渐渐悟到他是在关心中青年知识分子的生活待遇。他说自己体弱多病又怕冷，冬天特别想到南方，前几年有稿费、有人请，现在如果自己掏钱到南方度寒是根本不可能的。是啊，黄先生 50 年代就是一级教授的工资，可是三十几年一贯制，眼下物价飞涨而工资不提，他的生活水平显然是大大下降了。他由己及人，想到了我们一代人的生活。当时为了安慰他，我说，可以联系福建作协和厦门大学中文系，请他去讲学和休养，作为厦门人我自荐陪同，蔡先生也在一边鼓劲。黄先生听了心向往之，他只担心鼓浪屿不行车，自己走不动。这时，他的心好像又飞到了美丽的黑海，耳旁仿佛听到了鼓浪屿的波涛……

1986 年正是学校评职称热火朝天的时候，黄先生又病倒在友谊医院，我同中文系外国文学教研室的陈惇同志去探视。一进病房，黄先生也是劈头就是一句："陈惇，对不起你噢！"我听了摸不着头脑，这时陈惇连忙说："哪能这样说，我还得好好谢谢您呢。"原来陈惇评教授时是请黄先生写学术鉴定，黄先生和系里都认为他完全够条件，但因为名额有限最后被卡住了。这本来同黄先生无关，但黄先生一直觉得心中不安，也很有感慨。后来当黄先生和陆宗达先生相继去世，系里才有了名额，陈惇同志这才评上教授。黄先生如果在九泉有知，不知作何感想？

黄先生变得宽厚了，变得关心人了，但他的原则性一点也没变，他的批判锋芒不减当年。他带博士生时，正好韦勒克、沃伦的《文学理论》中译本出版。他看了一遍，不同意书中的一些观点，让博士生也看完这本书，并且准备自己写文章展开评论。后来他因心脏病再次发作，终于没有写成，我开玩笑说："黄先生，你没把韦勒克批倒，自己就先倒了。"

六 他平静地走了

1987年夏，我听说黄先生又一次病重住院，一直想去看望他，但又怕打扰他休息。直到听说黄先生病危，我才忍不住邀我的朋友童庆炳去探望他。那天好热，蔡先生照例要去医院换小阿姨回来休息。我们三人要了车就直奔友谊医院，蔡先生还带了一本《自选集》，准备请黄先生为我题字。一路上我们谈到在美国留学的黄丹，谈到天天在医院值班的大地。到了病房，我看见黄先生躺在床上，已经无法坐立，说话一点力气也没有，身体非常虚弱。我们走近床前俯身问他好，他说自己这次不行了，我们只好说他命大，哪次都能挺过去。他反复说自己不行，并且平静地告诉我们，他要到"另外一个世界"去了，让我们不要给他开追悼会，只要为他开个欢送会。他说这番话时没有一点伤感，没有一点留恋，从容得让我吃惊，我多次同病危的友人诀别，很少见过如此从容、如此平静对待死亡的人。天地间只有彻底的唯物主义者，只有拥有巨大精神力量的人，才能如此平静地对待死亡。他的一生经历了世间的一切苦难，经受了身体和精神的一切磨难，他把世间的一切看得清清楚楚，因此他才能从容地告别人生。

后来黄先生又同我们谈到要办好中文系，中文系的人要搞创作，中文系也要办作家班。当童庆炳告诉黄先生说他有一部长篇小说《淡紫色的霞光》将由上海文艺出版社出版时，先生露出了微笑。这就是我听到的先生最后的嘱言，看到的先生最后的微笑。

那天回校路上，天突然下起瓢泼大雨。望着前窗道道雨流，听着车外哗哗雨声，我们心里很难平静，只能在心里默默祝愿先生又一次挺过去。可是谁能想到这就是最后的诀别，不久，先生就离开我们到"另外一个世界"去了。

（原载《花城》1990 年第 1 期；后载《纪念黄药眠》，群言出版社1992 年版）

他视民俗学为生命

——忆念钟敬文师

与钟敬文师

2002年1月10日凌晨，有位博士生来电话说钟老走了，我一时说不出话来。学校为他举行的百岁华诞祝寿会还来不及召开，我怎么也没有想到先生就这样走了。元旦过后，听说先生病情有变化，6日下午顶着北京冬日少有的大风，我同他的一位博士生赶到医院。先生醒来，看见我在床旁，用十分微弱的声音深情地说："我想你啊！"我听了一阵心酸，连忙说："我也想你啊，大家都想你啊！"随后一个多小时断断续续的谈话，同往常一样，先生关心的是民俗学的学科建设，博士生论文答辩的安排，还回答了一位学生向他提出的有关孟姜女故事的问题。这就是我见到的先生的最后一面，他依然是诲人不倦的学者，他挂念的是一生心爱的民俗学。

先生是中国民俗学和民间文艺学的奠基人，学界称他为"中国民俗学之父"、"百岁学术泰斗"，而在我心中他永远是一位不知疲倦的劳动者。生前他带着12位博士生和访问学者，每周都要从家里走到教研室给学生上课，同时主持民俗学概论和民俗学史的科研项目，参加各种学术讨论会。作为一个年近百岁的老人，先生平日所做的这一切是常人难以想象的。通常大家称他钟老，我还是习惯称他先生，因为我觉得钟老不老。他很少生病，即使是感冒发烧，头天晚上住进医院，第二天一早烧退了就要回家。更难得的是他在学术上时有创见，论著不断，永远充满学术的青春和活力。先生的活力从何而来呢？我认为是源于他对民俗学事业的挚爱和忠诚。"五四"一代民俗学学者，如胡适、周作人、顾颉刚、江绍原、董作宾，后来有的转行了，有的故去了，唯有先生几十年来一直支持下来。他是"五四"著名的散文家、诗人，本来尽可以在散文和诗歌领域充分发展，但他几十年如一日，耐得住寂寞，毫不懈怠，毫不动摇，毫不旁骛地钻到民间文学、民俗学的研究中去，特别是到了晚年，他感到时间紧迫，可以说是拼了老命来搞学科建设，令大家深为感动。

先生把学科当成自己的生命，时时关心学科的建设和未来。他常说，自己再好也是一只麦穗，要把麦粒撒到田野里去，好长出一片苗壮的麦田。

1995年国家搞高校"211工程"建设，把民间文学、民俗学列为国家重点学科，钟先生十分兴奋，很想借这个机会来发展学科，他提出了经费和用房等问题。根据学校安排，"211工程"给了民间文学、民俗学专业250万元，钟先生觉得不够。有一天，刚同毕业研究生在小红楼照完相，顶着中午火热的太阳，他非要我陪着找校长，要求增加经费。一路上他不顾年迈体弱，拄着拐杖从小红楼走到主楼。校长见了非常感动，决定给增加50万元经费，我开玩笑说："您这一趟值50万元。"他想建民间文学、民俗学资料库，学校用房十分紧张，后勤部门推来推去，迟迟不给解决，他也是找上找下，锲而不舍，最后在多方努力下解决了用房问题。

1997年，教育部搞学科调整，提出在中国语言文学一级学科中不设中国民间文学二级学科，把这学科或归入中国古代文学，或归入中国现代文学，甚至有人说"不要因人设庙"，言下之意就是不能因为有钟敬文就保留中国民间文学作为二级学科。事关学科存亡，钟先生听了真是急了，为了保住学科，他大胆站出来，据理力争，在教育部来人参加的座谈会上做了两个小时的发言，同时又在学报发表长文，反复阐明自己的观点。经先生努力，最后总算说服了有关部门，保住了民俗学的二级学科。

先生在学科建设方面抓两件事：教材编写和人才培养。

90年代初，为了发展民俗学学科，先生就开始邀集校内外专家编写《民俗学概论》，其间由于种种原因，几经周折，亟待收梢的稿子一直被搁置下来，出版社编辑也屡屡来电催问，先生"心里急得像手上提着一块大火炭"。1998年暑假，他下决心利用到八大处北京工人疗养院疗养的时间，请武汉的李惠芳教授再度来同他继续做改稿工作。由于李惠芳家中有事，不能在京久留，先生就同她每天坚持八小时工作。毕竟是年近百岁的老人，干了十几天，先生就晕倒了。闻讯后我急忙赶到，看着他躺在床上，浑身上下插满管子，我难过得流下眼泪，先生这哪是在疗养，简直是在拼命！尽管如此，经过"八年抗战"，书稿总算完成，先生感到莫大欣慰。在编写教材的同时，先生还关心民间文学、民俗学专著的出版。生前有出版社要为他出文集、全集，他总是提出先不要给自己出文集、全集，还是先支持年轻教师出专著。在他的支持下，才有了一套《中国民间文学探索丛书》的出版。

除了编教材、出专著，钟先生最关心的就是学科人才的培养和梯队建设。"文化大革命"后他在全国最早培养了一批民间文学、民俗学博士生，在教研组内部，他最关心弟子们的职称问题。有一天一大早，他往我家里打电话，说今年系里评职称有什么方针；是考虑大局还是考虑局部，我一听就明白他要求今年得给民间文学、民俗学专业解决正高和副高职称的问题。在评定过程中，我们优先考虑了他们这个国家重点学科的要求，评上一个教授一个副教授，当然也就得罪了其他专业。我给他汇报评定结果，他很高兴，但我说够条件可没评上的教师的工作很不好做，您得帮助我。他笑了笑说，你们会有办法的。

在关心本校民间文学和民俗学人才培养的同时，他还放眼全国民间文学和民俗学人才的培养，1995年他向教育部申请主办全国民俗学高级研讨班，为办好研讨班，那年暑假他提前一周从疗养院回来，在图书馆前的藤萝架下，召集专业的教师和研究生开动员会，亲自安排各项工作。办班过程中，他每天到场听取国内外专家的报告，让学员十分感动，谁也不敢缺席，学习气氛极浓。研讨班虽说高级，当时还是安排到学生食堂吃大锅饭，这同时下各种研讨会、研讨班完全不同，于是有的学员有意见。先生得知后说伙食还是要搞好，但我们研讨班更要重学术。先生说话了，学员也就没话了。结果研讨班办得非常成功。

令我惊讶和感动的是，作为系主任当年同钟先生的接触中，他从来不谈个人私事，从来不提个人要求，谈的都是学科建设和发展所需要的条件和要求。从编教材、出丛书、办研讨班，到研究生培养、教师提职称、资料库建设，先生真是称得上事必躬亲。学校的老师常把教学和科研看成是一种生活状态，而先生是把教学和科研看成是一种生命状态。他把自己的生命完全融入心爱的民俗学中，他也将永远活在自己心爱的事业中。

多少年来，先生每天总要提着而不是挂着手杖在北师大的花园散步，启功先生把这称为"师大校园一道美丽的风景"。如今先生已经离去，但我总觉得他还在校园行走，他也将融入这所百年老校新的辉煌之中。

对先辈的温情和敬意

——读《文学史家谭丕模评传》

谭丕模先生

我是中文系最后一届听谭丕模先生讲中国文学史的学生，1958年10月7日，谭先生不幸遇难的消息传来时，我们正在首钢炼焦炉旁干活。全班同学感到无比痛惜。

当年中文系老先生中党员不多，谭先生不仅是位教授、学者，而且是位老党员、老革命，人称"红色教授"。但在我眼里，谭先生更是一位忠厚长者，一位慈祥的老师。我虽然听过谭先生的课，但对他的一生了解不多。谭先生的老学生、老同事和亲属积数年之功而成的《文学史家谭丕模评传》（简称《评传》），以翔实的材料和深入的分析向我们展示了谭先生一生的教学活动、学术活动和革命活动，使我们从中获得许多教育和启迪。郭预衡先生在《评传》的序言中指出："身兼教师、学者和革命者，学兼文、史、哲，这样的人物，在中国历史上虽然并非绝无仅有，但是也不多。而丕模先生的一生，同时恰是这一典型的体现者。"我以为，郭先生这段话准确地概括了谭先生的一生。在他身上教学活动和学术活动是互动的、相互促进的。他首先是向学生负责的教师，绝不会因为要搞科研而敷衍教学，而他的专著往往又都是教材的升华。同时，他的教学和学术又都服从于革命，是同社会的进步和人民的命运紧紧相连的。"五四"以来许多大师级的人物都是中西贯通，文史哲贯通，这点在谭先生身上也很突出。他不仅治文学史，也治思想史，认为只有在思想史下功夫才能写好文学史。谭先生为人为学这些特点，对于我们这些后辈都有深刻的启示。

谭先生一生的著述十分丰富，有文学史、思想史，还有研究新文学和欧洲文学的著作。由于专业的关系，我对 1932 年出版的《新兴文学概论》格外关注。这是一本文学概论教材，《评传》对它已经做了很好的评析。我这里要补充的是，对它的评价要十分注意历史语境，要把它放在百年来中国文学理论教材的历史沿革中来确定它的历史地位。20 世纪初的文学概论教材最早还是以古文论为结构核心，20年代开始引进西方和日本的文学概论教材，带来新的文学观念和现代学科规范，强调人类的普遍情感和作家的个性和才能。30 年代，在马克思主义思想影响下，出现了尝试以唯物史观为指导的教材。在当年这是文学概论教材的重要变革，作者是需要有学术胆识和学术勇气的。谭先生的《新兴文学概论》就属于这类教材，它的开拓作用和不足都属于历史，都要历史地看待。这里附带还要订正《评传》这部分两处不够准确的说法：一是说"1932 年《新兴文学概论》之前，中国的书市上可见多部《文学概论》"，其实不是多部，自 1914 年至 1932年中国已出版了 40 多部《文学概论》；二是说新中国成立初期"既无统一的教材，亦无统一的教学大纲"，其实中央人民政府教育部于1950 年 8 月就颁发了《大学教学大纲草案》，其中对文艺学教学提出的要求是："应用新观点、新方法，有系统地研究文艺上的基本问题，建立正确的批评，并进一步指明文艺学及文艺活动的方向和道路。"（存教育部档案室）

文学院的领导多年来十分重视弘扬中文系的历史文化传统，这次召开的""《文学史家谭丕模评传》座谈会"既表示了对谭丕模先生的温情和敬意，也表示了对中文系先辈和传统的温情和敬意。传统是一种无形的力量，也是一种强大的力量。有的地方院校花几十万搞攻关争博士点，但传统是用钱买不来的。某个地方院校如果拥有个把名师就非常自豪，大加宣扬，而我们文学院的名师不是一个两个，而是群星灿烂。我们要十分珍惜这笔财富，采取多种形式弘扬他们的学术传统和教学传统，让传统代代相传。现在我们纪念先辈的大会或座谈会，大都是由老人讲给老人听，青年教师和学生参加的很少，以后是不是可以请他们参加。此外，是不是可以把文学院历史上的大师和名师的事迹编辑成书，发给青年教师和新入学的本科生和研究生阅读，让他们了解文学院的历史传统，学习先辈的为人和为学，从中获得启迪和教益。

（原载北京师范大学《文学院通讯》2006 年第 9 期）

爱学术、爱学科、爱学生

——我所接触的启功先生

启先生走了，四千学子秉烛吟别先生，万人到八宝山为他送行，他的学问和人品感动中国，感动师大，感动文学院的每一个师生。面对他的遗像，作为在他身边学习和工作过的学生，想起他的教诲和关爱，我不禁流下眼泪。

与启功先生

我是从1995年担任中文系系主任后才同启先生有更多的接触。当年我身体很差，校长找到家里，我正从医院回来，上任完全是被迫的。我先找钟敬文先生诉苦，他说系主任的工作总要有人去做，中文系就是一个火坑，你也得往下跳，鼓励我勇敢挑起重担。接着，我又去拜访启先生，他非常幽默地对我说："老钟让你跳火坑，你就跳吧，我看你身体不好，可别给自己加柴火。"几句熨帖的话充满长辈的关爱，令我十分感动。

同先生多年的接触，给我留下最深刻的印象是他身上有一种真挚的博大的爱，他挚爱学术、挚爱自己的专业，视学术为自己的生命；

他关爱学生，关爱自己的老学生，关爱年轻的学生，视他们为自己的儿女。

一 视学术研究为生命

一个名人对自己专长的评价同别人对自己专长的评价往往是有差别的。齐白石自我鉴定："诗第一，治印第二，绘画第三。"而世人的评定则是倒过来的。一个时期，校内外不少人更多地把启先生看成书法家、文物鉴定家，对他在学术研究方面所取得的成就重视不够。在我看来，启先生更愿意人家把他看作是学者和教育家。启先生的学问博大精深，对中国古典文学、中国古典文献学，乃至文字学、音韵学、训诂学，都有广泛的涉猎和深入的研究。20 世纪 90 年代初，先生重要的学术专著《汉语现象论丛》由香港商务印书馆出版，专著文化学术内涵极为丰富，加之观点新颖，旨意宏远，一时引起了文学界和语言学界热烈的反响。抓住这个契机，中文系在古代汉语教研室和古代文学教研室的支持下，同启先生商量，建议召开"启功先生《汉语现象论丛》学术研讨会"，他非常高兴。这是有史以来第一个启功先生学术思想研讨会，自然引起各方学者的高度重视。研讨会上，来自中国社会科学院、北京各高校和中华书局等单位的专家和北京师范大学中文系的专家对专著给予高度评价，认为启功先生善于从汉语现象的实际出发，从中国诗文的实际出发，不拘泥于西方语言学理论和语法分析方法，对汉语固有的特点，对汉语声律、骈偶等修辞现象的内在规律进行深入的研究和独到的阐述，极富独创性，给人耳目一新的感觉。钟敬文先生着重指出，研究中国语文应有自己的民族主体性，应自重，不能总是跟着人家走。论著在这一点上为中国语文的研究指出了正确的方向。会上学校领导指出启先生和钟先生都是国宝，学校要关心他们的学术研究。刘乃和先生更是直率地向校长建议，不仅要把启先生和钟先生当国宝看待，而要把他们真正放在国宝的位置上。

研讨会的成功，专家们对他学术研究成就的高度评价，使一贯视学术研究为生命的启先生非常兴奋。之后，他请自己的学生秦永龙给我送了一函台湾出版、装帧和印刷都十分考究的《启功论书绝句百首》（非卖品），对我组织这次研讨会表示感谢，在中文系工作期间，我谨守规则，从来没有利用工作之便向先生开口要过墨宝，但这函书连同先生的情谊我将永远珍藏。

二　为学科建设倾注心血

作为学者和博士生导师，启功先生深知学科建设的重要性，十分关心中文系博士点的建设和研究生的培养。

古典文学教研室有位教授协助启先生带了五届硕士和三届博士，只因年龄超过数月，没能取得博士生导师资格。先生为此事深感焦虑和不安，多次向上级有关领导反映，但一直没有办成。我了解到这一情况后，便同先生商量，建议再向上级有关领导反映。1995年年底，有一天下午上班时间，启先生顶着烈日来到主楼，我以为他到学校开会，他却说："主任，我找你。"我说："先生你有事打个电话，我到你家去，何必跑这么远。"他说："这是公事，得到办公室谈。"我们一起上了六楼中文系办公室，这时启先生拿出两封信，一封给国务院有关领导，一封给国家教委有关领导，再次提出助手的博导资格问题。他请我过目，征求我的意见。我当时建议信中要特别提出此事应作为特例办理。启先生后来在信中加上了："敢望赐予特例批办，敬求俯允。"不久，两位领导有了批复，加上陆善镇校长的支持，问题终于得到解决，启先生心中的一块石头也落了地。之后，在中断招生数年之后，启先生又开始招收博士研究生。

　　1997 年，国家教委调整学科点，提出把中国古典文献学学科归入中国古代文学学科，把民间文学学科归入中国古代文学学科或中国现代文学学科。学位办有关人士甚至放话，这次要下大决心调整，绝不"因人设庙"，言下之意就是你再大的专家我也不让步。对此，高校许多教师很有意见，纷纷向国家教委反映，但效果不大。这时，启先生、钟先生站出来了，钟先生在征求意见会上发表长篇讲话，据理以争，要求保留民间文学博士点；启先生在家里向学位办领导详细地陈述了自己的意见，要求保留中国古典文献学博士点。由于先生和高校教师的努力争取，学位办终于改变了主意，保住了这两个博士点。平日里，启先生确实为人十分谦和，但事关学科建设这一重大问题，他是敢于发表不同看法、勇于坚持原则的。

　　除了他主持的中国古典文献学科点，启先生对中文系其他学科点的建设同样关心。2000 年，教育部设立国家人文社会科学重点研究基地，中文系评上两个基地，一个是"民俗、典籍、文字研究中心"，一个是"文艺学研究中心"。当时规定中心必须设学术顾问，童庆炳提出请启先生当文艺学研究中心的学术顾问，我非常赞成。可是那时先生正患带状疱疹，俗称缠腰龙，躺在床上，非常痛苦。因为时间紧迫，我们两人还是到了启先生家，童庆炳说明来意，先生躺在床上只说了一句"抬举我了"，就很痛快答应了，这让我们十分感动。稍后，他又为文艺学研究中心题了匾额。我发现启先生对担任这个学术顾问是十分认真的，他在不同场合都提到这件事。在庆祝北师大百年校庆文章中，他曾写了这样一段话："文艺学基地评议时，曾得到多数的支持，也是本学科中究竟有出类拔萃的成绩，才能在众中取胜。通过后，童、程二位到我舍下谈天，他们即说叫鄙人做一名顾问，以志同喜。回想如在 30 年前'四人帮'手下，我们就都成了'白专'代表了。"

三　把学生当作自己的儿女

　　启先生 93 岁了，依然有一颗童心，他喜欢玩具，喜欢小孩，也喜欢年轻的学生。也许是年幼时就饱受生活的艰辛和求学的艰难，他特别关心贫困生的生活和学习。他曾在香港义卖自己的书画作品，筹得百余万巨款设立励耘奖学金，这已传为美谈。1997 年，中文系新生中贫困生的数量增多，老师们纷纷捐款为莘莘学子献爱心。启功先生得知这一情况后十分关心，有一天到校外开会后坐车返校，他在车上对我说，准备陆续创作一批书法作品交荣宝斋义卖，所得款项资助中文系贫困学生。这是公益活动可以免税，他希望我找个时间同去办这件事。我当然满心欢喜，马上代表学生谢谢启功先生。这件事由于先生身体不好，又得了眼底黄斑，后来无法实现，但先生对学生的爱心实在令人感动，我们将永远铭记。

　　在我印象里，启先生对学生有一种天然的感情，只要学生提出的要求是合理的，他再忙再累也从不拒绝。中文系的学生请他到五百座教室讲书法，把教室围得水泄不通。讲完课学生送他许多礼品，他最喜欢的是一枝纸糊的大毛笔。他在学生簇拥下抱着大毛笔往家走，边走还边解答学生的问题，我想这是先生最惬意的时刻。1996 年夏天，中文系的硕士生和博士生毕业了，以往老先生是不参加毕业生合影的，可是这一届毕业生提出要同钟先生、启先生合影。我向两位先生提出，那些天烈日当空，他们还是愉快答应了。在师大小红楼照完合影后，学生们得寸进尺，又要求同先生照个人照，启先生和钟先生端坐在椅子上，后面不断更换学生，启先生乐呵呵地说："我们给你们当道具了！"细细想来，先生这一生不都是在为学生默默地操劳吗？

　　我最后一次带学生去烦扰启先生是 2003 年 8 月，当时北京大学艺术系有位美术史论的硕士生要写一篇《变革中的传统——民国早期北京画坛传统派的历史考察》的硕士论文，其中涉及北京中国画学研究会，这方面材料很少，而启先生正是这个研究会的重要成员，这位学生很想拜访启先生。我同先生联系，他认为这个选题很好，就答应了。八月的北京天气还很热，那天原来准备只谈半小时到一小时，最后是从三点多钟谈到六点多钟，将近三个小时。启先生的谈话提供了许多珍贵的第一手材料，生动地再现了传统画派当年生存的历史情境，令学生十分感动。这份材料已整理出来交《口述历史》杂志发表。这位学生毕业后在北大继续攻读博士学位，当她得知先生逝世，专门从北大来到师大灵堂给启先生深深三鞠躬。

　　启先生走了，他用自己的一生向自己的学生阐释什么叫"学为人师，行为世范"，他将永远活在他疼爱的学生的心中。

　　（原载《启功先生追思录》，北京师范大学出版社 2005 年版；后载《想念启功》，新世界出版社 2006 年版）

我心中的怀念和敬意

——记郭预衡先生

郭预衡先生走的时候，我不在北京，未能为老师送行，心里一直感到非常遗憾。这些天来先生清瘦、亲切的形象一直在我眼前浮现，我只能用这篇小文表达自己的怀念和敬意。

与郭预衡先生（中）

我是郭先生的老学生。50年代他曾给我们上过古典文学课，也做过报告。当年号召师生走又红又专的道路，狠批白专道路。郭先生是古典文学家，又是中共党员，人称党内专家，自然就是又红又专，是我们学生心目中的榜样，大家也确实对他十分敬重，十分仰慕，但我觉得他向来很低调，很平和，从不张扬，从不以党内专家自居。随着时间的流逝，很少再提又红又专，但郭先生的学问和为人依然很有分量，依然在我的心中留下不可磨灭的印象，他可以称得上是中文系历史上为广大师生敬重的德才双馨的大专家和好老师。

郭先生的学问是有口皆碑的，有皇皇三卷的《中国散文史》在，有《中国文学史长编》在，他的学问在学校和学界获得很高的评价和赞誉。50—60年代，有位学校领导，好像是胡乔木的妹妹方铭曾称郭先生是中文系的梅兰芳。"文化大革命"前，《红旗》杂志专门用整期的篇幅发表过刘少奇重新修改的《论共产党员的修养》，而那期唯一的文章就是登在封三的郭先生的《言而无文，行之不远》。90年代中期，加拿大多伦多大学的叶嘉莹教授来中文系做学术报告，我请她吃饭，也邀请郭先生等人参加，在座的还有加拿大驻华使馆教育文化科技参赞王仁强博士。交谈中我才知道叶嘉莹是郭先生辅仁大学的同班同学。当时叶嘉莹名声已经很大，但她对郭先生非常敬佩，赞誉有加，她说郭预衡学问扎实，功底很深，在班上学习是最好的，自己不如他。我当时觉得她说这些话时非常真诚，绝非虚言。

论人品，郭先生真诚、谦和、淡泊名利，一直给我留下深刻的印象。由于党员专家的身份，先生有时也不免被任为系领导，被当党代表，被动员参加批判，但我觉得骨子里他还是一个搞学问的专家，他的心思全在学习，而不在学问之外。他不喜欢开会，系班子开会时，常脑子里开小差构思自己的文章。当年没有空调，天热时他提了个小马扎到地铁通道凉快的地方看书、写文章。先生视学术为自己的生命，一切名利地位确实看得很淡。当今有些人热衷名利，自己实力又不够，只能通过种种公关手段，想方设法去争项目、争奖项。先生对这一切从来不放在心上，从不主动伸手。90年代中期，全国首次社科评奖，学校的领导找到我，说中文系的专家多、实力强，要想办法动员钟敬文、启功、俞敏、郭预衡四位先生参评，说他们只要参评就有可能得一等奖，多得一等奖好给学校争光。根据学校指示，我就挨个动员，我找钟敬文先生、俞先生，他们都同意，果然钟先生的论文《洪水后兄妹再殖人类神话》和俞先生的论文《汉藏同源字谱稿》后来都被评为一等奖。我找启先生，他笑了笑说："我已经多吃多占了，这次评奖就免了吧。"我只好依了他。我和王向远去找郭先生，先生说："我评过别人，也被人评过，评奖是怎么回事，我比谁都清楚。我现在正忙于写《中国散文史》，确实没有时间，将来写完散文史，如果有时间，我可不要报酬给本科生上课，评奖你们就不要再找我了。"先生的一番话说得真诚、恳切，我们再也无法说下去了。

这些年来，特别是在郭先生去世之后，不少人一再提到先生当年评博导的事，为他抱屈，我也一直有同感，也曾经同其他老师一起向学校领导反映过意见，但是先生本人对这件事向来很大度，很豁达。我的老乡、老同学、曾在古典文学研究室任教的廖振源，2002年从菲律宾返校参加百年校庆，他在探望郭先生时有一段对话：

"前些天，我读了何乃英的文章，得知先生竟然没有评上博导，为什么？"

郭先生微笑着说："学问不够嘛！"

我说："先生造诣之深，众所公认嘛！"

郭先生又笑着说："以前人家都说我是又红又专。其实，说到底，还是学问不够。如果我有鲁迅先生那样的学问，不就评上了吗？"

我仍然感到困惑，又追问道："先生的许多学生都评上了博导，先生却没有评上，不公平吧！"

郭先生平静地说："那是80年代的事了。那时候可能有些人对我有些看法，这是很自然的。我从不放在心上。评上评不上，我都不在乎。当时有些人对我说，很不公平啊！其实，大可以不必这样说。这件事有什么了不起呢？我并不追求那些东西，重要的是做些正经事。没有评上，反而有更多的时间读书，你说是不是？所以，我从来不把这当回事，总想多看点书，多写点文章，现在年岁大了，余生有限，趁身体还行，该整理的多整理，该写的多写，这才是最重要的。"①

---

①　见北京师范大学中文系1959届同学诗文集《昨日今日》，群众出版社2003年版，第32页。

　　拿郭先生对待评奖和评博导这两件事相对照，可以看出先生的态度是一贯的，是坚定的。我并不认为先生对评这评那没有自己的看法，但他对评这评那是怎么回事比谁都清楚。最让我感动和敬重的是先生的坚守，他始终将学术当作自己的生命，始终将做学问和教书育人放在第一位。这样，他才有可能对评这评那"不放在心上"，"不在乎"，"不追求"。这样，他才有可能把主要精力放在"做正经事上"。这样，他才有可能在那样的处境中用十几年的时间坚持写完《中国散文史》，才有可能还想今后要无报酬地给本科生上课。

　　郭先生走了，他头上没有博导、资深教授的头衔，没有特别耀眼的光环，但他的学问和人品为自己树起了一座不是人为打造的丰碑，他永远活在自己钟爱的事业中，永远活在钟爱他的学生的心中。

（原载北京师范大学《文学院通讯》2010 年第 4 期）

"劳动模范"钟子翱先生

　　我到教研室工作时，有两位比我大十几岁的先生，一位是钟子翱先生，一位是龚兆吉先生，他们都是黄药眠先生的弟子。钟先生是单身，住我们青年教师的集体宿舍，龚先生同师母闹矛盾，也挤到集体宿舍来。两位先生同我有更多联系的是钟先生，按教研室分工，他负责指导我的教学和科研。

　　钟先生是安徽人，个子不高，一口徽音，年轻时候还当过教师团支部书记，我留校时他是教研室副主任。在系里教师的眼里，钟先生是黄药眠先生的大弟子，留校后很快提了讲师，同时又在《中国青年》杂志发表文章《在

钟子翱先生（前排左二）

导师的教导下》，一时间成了中文系青年教师的标兵，在"助教不如狗"的年代，大家都很羡慕他。

　　钟先生讲课时脸朝窗外，不往学生方向看，虽然概念明确，逻辑清楚，但不够生动，很难吸引学生。在教研室，钟先生可是个大忙人，用今天的话说，是个"劳动模范"。黄药眠先生被划为"右派"

后，教研室没有主任，他是副主任，实际上干的是主任的活，什么事都由他张罗。住集体宿舍，每天早起眼睛都是红红的，这是常年熬夜的缘故。教研室里，黄药眠先生靠边站，年岁大的龚先生同家里闹矛盾情绪不高，其他年轻教师大都刚刚毕业，于是重担全落在他身上，只有后来从外国文学教研室调来党员刘宁担任教研室主任，情况才稍微有点好转。我数了数，钟先生当年承担的任务有好几项：本科教学和本科教材编写；函授教学和函授教材编写；指导三位越南文艺理论研究生；指导好几位来自全国各地的文艺理论进修教师；指导教研室青年教师的教学和科研。此外，自己还有科研任务，还得写论文。尽管重任在身，整天忙得不可开交，他当年毕竟还年轻，也就 30 多岁，还是能扛得住。

钟先生的指导和帮助，我终生难忘。他是大忙人，仍然很关心青年教师的教学和科研。当年每个青年教师都要订红专规划，我的"专"的部分就由他负责，我写的讲义由他修改、定稿；我讲的课，他要去听课，提出相当详细的意见，为了提高写作能力，他要我多写文章，并交他批改，上面有眉批，有总评，改得十分仔细、认真，让我十分感动。

钟先生在业务上很拼命，在政治思想方面也很"积极"，但我感觉他很谨慎，很难坦白自己的真实思想。教研室政治学习他总是头一个发言，但也总是"发言如报"，难得听见他有什么自己的看法。20世纪 60 年代初，随着"反修"，学校也搞教学大检查，找教材中的错误观点，展开批判。因为教材大都是他写的，这次就首当其冲，需要不断检查。当年党内犯错误就扣"右倾机会主义"的帽子，党外虽然不扣什么帽子，也算是犯了错误，很难像以前那样神气，教研室工作全交给党员去干，他也不像以前那么积极。后来搞甄别、平反，学校给他分了房，他也结了婚，我到北校他的新房去看他，他很高兴，难得看见笑容的钟先生也有了笑容。

"文化大革命"期间我不在中文系，钟先生的情况我不十分清楚，只听说"清理阶级队伍"时出了点问题，说他只交待参加国民党不交代参加三青团，态度不好，个别老师情急之下还给了他一个耳光。从此，他情绪一落千丈，全然不像五六十年代那位意气风发的钟先生，提职称的时候，又是因为"历史问题"没解决，不给他提教授。他来我家，情绪十分消沉，他爱人是山东烟台人，他说要调烟台师专，我劝他坚决不能走。职称后来解决了，他也提不起劲来，不久便得了癌症。就是在这种情况下，他还念念不忘自己的恩师黄药眠先生。有一次，他的病情稍有好转，我在教工食堂附近看到他，他说是去看望黄先生，黄先生年老怕冷，总觉得暖气不足，每年都架烟囱安炉子，这个任务都由钟先生完成。想到钟先生自己重病在身，还要去帮黄先生安炉子，我又心酸又感动。只过了一年，黄药眠先生的大弟子钟子翱先生竟然先他而去。

同刘宁相处的日子

刘宁离开我们已有好几年了，我时时想念他，1959年留校以后，我同刘宁相处的时间最长，从20世纪60年代初他调到文艺理论教研室当主任，后来一起到苏联文学研究室、外国问题研究所、苏联文学研究所工作，直到1992年苏联文学研究所解散，我们各奔东西，他上外语系，我回中文系，几乎长达30年，我一直在他的领导下工作，得到他的关心和帮助。

1980年，与刘宁（中）、陈惇（右一）在成都

刘宁是我的老师和同事，我第一次见到他是在课堂上，1957年他刚从苏联留学归来，给中文系学生讲外国文学课的俄苏部分。他站在讲台上高高瘦瘦的，比较严肃，不苟言笑。记得他主要讲别、车、杜，观点明确、条理清晰、逻辑性强，看来对这几位理论家很有研究，代表了当年国内这方面研究的最高水平，学生对他印象不错。他的毛病是教学经验不足，准备的内容太多，有满肚子的东西要讲，一堂课老讲不完，于是每讲必拖堂，而学生最烦老师拖堂，对他也许就这点意见。

刘宁是党员，又刚从苏联留学归来，当年算得上又红又专，很受领导器重，把他当党内专家来培养。记不得是学校主管文科的领导方铭（胡乔木妹妹），还是中文系总支书记，说中文系有两个梅兰芳，中外各一个，一个是搞古典文学的党内专家郭预衡，一个是搞外国文学的党内专家刘宁，这两人在领导眼里都是又红又专的榜样。1957年刘宁回国后，赶上外国文学研究室的领导穆木天和彭慧一齐被打成"右派"，他就当上外国文学教研室主任。不久，文艺理论教研室又告急，黄药眠先生被打成"右派"以后，由他的弟子钟子翱先生当教研室副主任，他不是党员，很难当主任，主任长期空缺。在领导看来，文艺理论教研室在中文系十分重要，理论要先行，是一个挂帅的教研室。室里的年轻教师业务一时上不去，主任又不能长期空缺，于是就调刘宁当文艺理论教研室主任，加强对教研室的领导。刘宁来文艺理论教研室后，主要抓文学理论教材编写，当时认为苏联教材过时了，现有的教材也不适用，准备编出以毛泽东文艺思想为主导的教材，也就是"毛泽东文艺思想概论"。当年在市委和校党委的领导下，调集几个兄弟院校的老师和系里其他教研室的老师，展开编写工作，结果只编出几章初稿，如文艺与政治、文艺与生活、文艺与传统，就不了了之。

　　60年代初，中央为了纠正1958年的问题，提高高校教学质量，由周扬主持编写全国文科教材，从全国集中一批专家参加。文艺理论方面除了《文学概论》，周扬还指名由王朝闻主编《美学概论》。当时的中文系领导为了培养刘宁，也希望他能开美学课程，推荐他去参加《美学概论》的编写工作。1962—1964年，在编写组他除了参加研讨大纲和起草初稿，还发挥自己的特长，整理和介绍苏联美学的现状，写出了长达十几万字的《50年代以来苏联美学界的讨论情况》专题资料，受到主编和大家的好评。刘宁的理论水平和工作态度受到主编王朝闻的赏识，80年代《美学概论》初稿要修改出版时，特地请他参加最后的集中修改、定稿。在编写美学教材的同时，刘宁的俄国美学研究也引起朱光潜先生的关注，他把自己这方面的研究成果提交朱先生评阅，获得了好评。朱先生的《西方美学史》中涉及赫尔岑美学观的部分干脆就不写了，请读者直接参看刘宁的《赫尔岑的美学观和艺术观》。刘宁在《美学概论》编写组还结识了当年国内的美学青年才俊，如李泽厚、刘纲纪、周来祥、叶秀山、杨辛、马奇等人。在中央党校编写美学教材，是刘宁从苏联回国后最愉快的一段日子，这时可以远离阶级斗争，摆脱一切干扰，静下心来读书、思考、写作。在休息日，他也邀我们去玩。有一次他邀我和外国文学教研室的陈惇找他玩，我们一起到颐和园划船。刘宁让我们两人慢慢划船，自己换了泳衣，从知春亭游到龙王庙。这次让我见识了他的游泳本领，想想后来他得了心脏病，心情郁闷的时候，简直判若两人，那时他身体多棒，心情多么愉快！

1964 年，根据周总理访问各国回来提出的建议，中央做出"在高校加强外国问题研究，从战略上配合国际斗争需要"的指示。这时师大文科各系开始成立外国问题研究室，中文系也决定成立苏联文学研究室，这个室从文艺理论室抽出刘宁和我，从外国文学室抽出唐其慈和潘桂珍，由四人组成，刘宁任主任，随后为了便于加强领导，学校又把各系外国问题研究室（外国教育、美国经济、苏联文学、苏联哲学）集中起来，成立了外国问题研究所。有一天晚上，我在刘宁家里校对一个材料，这时他的夫人陆桂荣下去搞"四清"了，刘宁独自在家照看儿子，那晚孩子好像在生病。突然来了一个电话让刘宁去校党委办，他让我帮着照看孩子就走了。回来告诉我党委让他和顾明远当外研所副所长，所长由校领导兼任。那些年我们跟着刘宁编肖洛霍夫研究资料，编苏联文学大事记，做些基础研究工作。"文化大革命"期间，研究工作中断。1973 年研究所重新恢复业务工作，刘宁领导我们室编辑出版了不定期的内部刊物《苏联文学研究资料》，到 1979 年共出了 16 期，总计几百万字。刊物主要介绍苏联文学创作和文学理论批评动态，介绍像《这里的黎明静悄悄》和《莫斯科不相信眼泪》这类优秀作品，很受欢迎。那些年苏联报刊资料短缺，为了编《1966—1972 年苏联文学大事记》，有一段时间刘宁和我们几个人天天泡在新华社国际部资料室抄《大参考》中有关苏联文学的资料，每天上下午连着干，中午只能在附近凑合吃点小吃。

在搞科研和领导我们搞科研方面，刘宁是行家里手，很有一套，也做出受到业内专家肯定和赞赏的成绩。可是面对复杂的阶级斗争，他的表现就逊色得多。1958年的"大跃进"、大批判，作为青年党员，他都响应党的号召，积极投入斗争，领导教研室批判《日瓦戈医生》，参与学生批巴金创作。1959年，党内反"右倾机会主义"，他冲杀在前，给受批判的对象无限上纲。"文化大革命"反击右倾翻案风时，他的一些做法也引起争议。说实话，我自己和不少人在历次政治运动中也有同刘宁类似的经历和表现，"文化大革命"中我也喊"打倒刘宁"，也组织批判肖洛霍夫的长篇文章在《人民日报》发表。新中国成立后十多年，几代知识分子历经磨难，要经得起历次政治运动的考验，的确很不容易。造成每个人在政治运动中的不同表现，有客观因素，更有主观因素，一个人很有政治水平，很有分析能力，不一定在复杂的斗争中就能应付裕如，这是不容回避的。所幸的是，"文化大革命"后大家终于慢慢醒悟过来，明白过来，刘宁也是如此。80年代他两次到苏联考察，也许是受戈尔巴乔夫"新思维"的影响，他的思想有很大变化，对形势有自己独立的判断，对问题有自己的独立思考，不再盲目紧跟。80年代末90年代初，国家教委社科研究中心要在高校批自由化，展开反修斗争，这个中心的领导原是北大搞俄苏文学的同行，跟刘宁很熟。刘宁让我去听他们组织的报告，分别讲述各学科领域自由化的表现，记得文学领域是董学文讲的，活动结束，那位领导让我回校转告刘宁，要好好组织队伍，参加反自由化的斗争，但刘宁没有积极响应。"六四"之后，所里有个研究生因为参加了一些活动，被勒令开学提前返校参加保卫处的学习班。所里的书记传达了上面的指示，我觉得问题没那么严重，如果真送去学习班问题就大了，建议由所里自行解决，刘宁完全支持我的意见。这件事就被压下来了。

打倒"四人帮"以后，国家进入新的历史时期，刘宁的聪明才智得到充分发挥。当年他以自己的远见和魄力，做了一系列让俄苏文学同行欣赏和振奋的事：在高校第一家成立国别文学研究所——苏联文学研究所；在高校第一家创办国别文学刊物——《苏联文学》；在高校最早建立俄苏文学的硕士点和博士点；在高校最早承担有关俄苏文学的国家社会科学重点研究项目"俄苏文学批评史"。这四件大事在外人看来干得很出色，很成功，但其中刘宁所付出的辛劳，所体验的酸甜苦辣，是一般人难以真切体会到的。建立研究所和创办刊物，开始学校只有个别领导支持，后来干出成绩了，才得到学校多数领导的承认和支持。创建苏联文学研究所，他从校内外调集研究人员，费了很大劲。对于来自各单位的人员他都很尊重，善于根据每个人的特点充分发挥其作用，对待研究人员始终一视同仁，绝不偏向哪个人。在他的领导下，研究所成了一个团结和谐的集体。作为《苏联文学》的主编，他从申请正式刊号、调集编辑人员，到每期刊物的选题确定、组稿审稿，包括保证译文质量，他都事必躬亲，绝不是一个挂号的主编，由于他的努力，保证了刊物的方向和质量。在完成国家社科规划重点项目"俄国文学批评史"方面，刘宁也付出极大心力，他组织国内这方面的专家参加，反复讨论写作提纲。其中特别是在掌握第一手资料方面下了很大功夫，除了组织有关人员在国内图书馆查阅、收集、复印有关图书和期刊，编出《俄国文学批评史研究资料索引》，他还亲自到苏联考察一年，遍访苏联这方面的专家，购买、复印这方面的资料。回国前，他又将搜集的图书和复印资料自己装成一袋袋邮包，请驻苏使馆有关人员运回国。当我们的研究生到机场去拉回这些邮包时，为刘宁付出的辛劳深深感动。《俄国文学批评史》最后由上海译文出版社出版，这本专著由于它的开创性和坚实的学术质量，获得北京社科优秀成果一等奖。

90年代初，由于苏联解体和市场大潮的冲击，师大的校长说"苏联都解体了，还要苏联文学研究所干什么"，勒令解散苏联文学研究所，这对刘宁晚年的身心是极大的伤害。他想方设法极力想保持这块阵地，想把它整体搬到中文系，可是中文系只同意接受其中的几个人。无奈之下，只能是少数人回到中文系，多数人回到外语系。为了保留刊物和博士点，刘宁也只好回到外语系。他也很希望我跟他到外语系，但我毕竟是中文系出身，到外语系很难适应，最后他也不再坚持。回到外语系后，刘宁虽然心情不好，但仍然以极大的努力和韧性，坚持俄苏文学这块研究阵地，在晚年做好三件大事：一是在由于经济困难而面临停刊的情况下，与编辑部人员共同努力，坚持出版《俄罗斯文艺》杂志；二是与同事合作先后培养出一批俄苏文学博士生，其中有不少人今天已成为教授、博导、学术带头人，使俄苏文学研究事业后继有人；三是自己仍然坚持科学研究，完成国家社科项目"维谢洛夫斯基的历史诗学研究"，写出了好几篇高质量的研究论文，并且独自翻译了难度很大的维氏的名著《历史诗学》，出版后获得业界的好评。

苏文所解散后我们各奔东西，我同刘宁的业务来往少了，但还是常常去看望他。每当我送去自己的新作请他指正时，他常感慨自己的学术成果没人出版。听了他的话，我既感慨又惭愧，赶紧找有关单位反映。后来，由他的学生夏忠宪张罗，在外文学院和出版社的支持下，刘宁近50万字的论集《俄苏文学、文艺学与美学》终于由北京师范大学出版社出版了，这对晚年多病的刘宁是极大的安慰。他虽然疾病缠身，深知来日不多，但仍然对俄苏文学研究满怀深情，俄苏文学和俄苏文学研究对他这代人来说，就是青春，就是生命。他把希望寄托于新的一代，深情地说："我衷心祝愿新一代中青年俄语语言文学工作者充分利用前辈所未有的良好时机和条件，审时度势，与时俱进，继承和发扬前辈的优良学术传统，汲取他们的经验教训，承前启后，团结合作，把俄苏文学和文化的教学、研究工作推向全面繁荣的新水平、新阶段。"

刘宁晚年居住在师大的"小红楼"，这是一片专家教授居住的住宅，一幢幢两层小楼，掩映在绿树之中，是工作和休息的好地方。刘宁喜爱花草树木，屋里有鱼缸和盆花，屋外的小院栽满树木、花草，绿色盎然。可惜他走了后，房子的新住户把庭园里的花草和树木全拔光了，铺上一块块水泥地板，看似整齐干净，但全无生气。在我的想象中，刘宁还应当是每天坐在自己的小书房，望着窗外青翠的树木和五颜六色的花草，永远与绿色同在。

他用整个生命投入自己心爱的事业

——怀念六十年相识相知的老朋友童庆炳

2009年，与童庆炳在贵阳

老童走了，走得那么突然。作为六十年相识相知的老朋友，我无论如何也无法相信这是真的，无论如何也无法接受这一事实。6月14日深夜，在二炮医院参加了简短的告别仪式之后，我依然精神恍惚，如不是陈太胜老师陪我回家，我真找不到回家的路。

这些年来他的身体确实不如以前，先后做了胃切除手术，心脏搭了支架，又有糖尿病。去年身体一度特别不好，甚至提出要立个遗嘱，要我和另外两个老师做证人。当时我还开玩笑说，咱俩还不知道谁先走，谁给谁当证人？今年以来，他身体明显好转，精神好多了，我还说他又活过来了。于是他又开始"拼命"了。在短短的一个多月，仅仅是我所知道的，他就参加了一系列活动：

参加在北大召开的中国大百科全书第三版修订工作会议，作为文学部分副主编，担任文学理论部分的主编。

参加了"百年学案南北交流论坛"，在会上做了长篇的主题发言，提出文学研究应重视历史语境的重要问题。

参加文艺学研究中心的会议，在会上做了很长的发言，对中心如何迎接教育部的评估提出了详细的意见。

参加他的两个博士生的论文答辩，会后还将装裱好的自己的书法作品赠给学生。

他先后两次为研究生和本科生讲课。给研究生讲的是"重视文学研究的历史语境"，给本科生讲的是"如何做一个好老师"。这是他给学生讲的最后一课。

他关心文学院的建设，6月初先后两次找文学院院长过常宝谈建文学院大楼的想法，并约好6月16日同校基金会主任商谈筹款的事。

他找文学院语文教育研究所的任翔谈中学语文教学和教材问题，原定谈一个小时，结果谈了整个下午。

他也关心文艺学研究中心的建设。4月底5月初我到中欧，没等我回来，他就急切地问中心的老师："程老师什么时候回来？"我一回来，他马上就找我征求中心建设的意见。

短短一个多月时间，学校内外、学院内外、中心内外的事，他样样关心，奔波操劳。常人看来，这是一位年近80岁的病人难于承受的。难得的是，在繁忙的工作之余，他依然不忘山水，不忘自然，依然有一种很浪漫的情怀。趁着北京难得一见的好天气，他去游雁栖湖、去爬金山岭长城。他难道不知道自己不能爬长城吗？但他还是爬上去了，最后终于倒在长城上。

在某种意义上说，老童是有幸的。他最后不是在碌碌无为中打发日子，而是在繁忙工作的日子里走过的，他与自己心爱的事业同存；他无法如愿倒在讲台，倒在学生的怀里，但他不是倒在病床，他倒在长城，他与祖国的山河同在。

我同老童有六十年的交情，是老乡、老同学、老同事，是六十年相识相知的老朋友。我同他是有缘的，1955年，我的家乡厦门因常遭台湾飞机空袭，无法正常进行高考，我们只好在龙岩高考，考场正是老童读书的龙岩师范。我们同在一个考场，但互不相识。几个月后，他从闽西连城的山里，我从闽南厦门的海上，不约而同来到北京，来到北京师范大学中文系。他是一班，我是四班。他提前一年毕业，分到文艺理论室，我毕业时他又把我推荐到文艺理论教研室，我们从同乡、同学变成同事。其间他一度调到学校教务处和文科学报，我也去了外国问题研究所和后来的苏联文学研究所。90 年代初，苏联文学研究所解散，他极力支持我回文艺理论教研室，说是叶落归根，先是把他的教研室主任让我当，后来又支持我当中文系主任。我退休后，恰好文艺学研究中心成立，他说，你愿意在中心待多久就待多久，继续搞国家课题，培养博士研究生。这些年，老朋友为我所做的一切，我永远难以忘怀。

世上的朋友是多种多样的，真正的朋友应当是能够同甘苦、患难与共的。我同老童不是在他得意、神气的时候站在一起的，而是在他不顺和倒霉的时候站在一起的。20 世纪八九十年代之交，在共和国最困难的时刻，我们在大操场走了一圈又一圈，为国家的命运担忧。黄药眠先生去世后，为了止住文艺学学科走下坡路的颓势，他发动了四大战役，这时我们又站在一起，他邀我带领"十三太保"搞文艺心理学研究的国家项目。其中政治、经济的种种困难是今天难于想象的。《文艺心理学丛书》十三本商定好在天津百花文艺出版社出版，我们经常赶火车，跑天津，陶东风在车站发烧，黄卓越为赶火车跑掉鞋后跟，这些情景至今仍然历历在目。老童带领大家克服种种困难，终于顺利完成这个国家项目并结集出版。新时期文艺学学科的复兴就是从那个时候开始的。

老童走的时候，各种报刊、网络给他戴了很多帽子："文坛教父"、"文艺理论泰斗"、"教育家"……在我心目中，最贴切的称谓只有三个：农民的儿子、最本色的教师、真正的学者。

他是农民的儿子，他来自农村，来自贫苦的农民家庭，是沿着闽西那弯弯曲曲的山路，光着脚来到首都读大学的。他身上有普通农民最美好的品质。他纯朴、勤劳，像一个老农一样一年到头辛苦耕耘，从不懈怠，从不停步，把工作当作自己的生活方式。他曾说如果让我什么也不干，或者每天遛狗，还不如让我去死。身体不好的时候，他还是天天坐在电脑前，有时竟然睡去，他坚忍不拔，有一种愚公移山的劲头。这是一种很大气的精神个性。90年代初，博导还是由教委来评。他在蒋孔阳主持的文艺学学科评议组是第一名，可是教委的某个头头硬要用行政手段把他拉下来，但又没有桌面上可以拿得出来的理由，不敢说不合格，于是来一个阴招，让师大自己撤销申请。我同他一起经历了这个过程。可以想象他在这件事上承受了多么大的委屈和压力。他心中的不平不仅是为个人，而是为文艺学这个学科，因为黄先生去世后，文艺学一直没有博导，无法招生。即使在这种常人难于承受的压力和挫折面前，老童硬是顶住了，不消极，不气馁，而是更加发奋，更加坚韧，不搞好学科誓不罢休，最后终于把文艺学带到了全国的前列。成大事者往往不是一帆风顺的人，而是能在艰难挫折中勇敢站起来的人。

他是最本色的教师。在所有的头衔中，我知道老童最看重教师这个头衔。他终身以当教师感到自豪。他是"学为人师、行为世范"最杰出的实践者。他一生为讲台而生，为学生而生，把上课当作"人生的节日"，他说过最后不愿倒在病床，而愿意倒在讲台上，倒在学生怀里。有人说这是矫情，但我信。老童身上最根本的一条是对学生的爱，对教学极端负责。有些学生很怕他，女生就更突出，在论文写作过程中常常被批得泪水涟涟。我同他联合培养的一位女博士生，论文的一稿交来很不理想，老童后来在为她出书写的序言中说："我直率地严肃地指出她论文存在的问题，有时还会忍不住说出一些严厉和尖刻的话。她坐在我客厅的沙发上，认真地听着，眨动她那长长的睫毛，似乎眼里滚动着泪水。"厉害归厉害，老童还是非常认真地替她重新构架论文，使论文达到博士论文水平。对于学生的厉害，他后来也意识到了，并做了检讨。他说："那些像凉水般的话，无疑伤害了她。我现在是'后悔'了。我真想对她说一声'对不起'。但我的'顽固'性格使我面对每一个学生时，又会出现她坐在我客厅里的那一幕。有时甚至比对她的态度还要生硬。所以我要对许多学生真诚地说一声'对不起'。"这段话讲得十分真诚、动人，他对学生的厉害的背后是对学生的爱，"爱之深，责之切"。有意思的是那些被老童骂得最厉害的学生，后来都是对他最有感情的学生。千余学生为他送行，就是证明。

他是真正的学者。如今的社会上教授、专家、学者满街跑，但真正的教授、专家、学者并不多，我自己也不够格。但我说老童是真正的学者。他有独立的人格，敢于发表他独立的见解，他批评美国学者米勒的"文学终结论"，就表现出一个学者的学术勇气。他反对照搬西方的理论，即使被说成保守，他也敢说真话。但他又不保守，他善于吸收新事物、新观点，学术上能够与时俱进，永葆学术青春。新时期，从心理诗学、审美诗学、文体诗学、比较诗学到文化诗学，一路走来，他一直站在国内文艺学的潮头，成为国内文艺学界的领军人物之一。作为一个学者，我还认为最为可贵的、最难得的是，他不仅视学术、视专业为自己的生命，同时特别善于把大家团结在一起，去完成共同的事业。人们常常探索北师大的文艺学学科为什么能从困境中崛起，为什么能有一个优秀的学术团队。其中除了大家的勤劳、团结，最主要的是有一个好的学术带头人。作为一个出色的学术带头人，他有许多优秀的品格：他全心投入中心的工作，操心科研项目，操心梯队建设，为中心的建设、发展殚精竭虑，直到生命的最后一息；他大公无私，襟怀坦白，绝不以权谋私，见好处自己先上；他关心团队的每个成员比关心自己还重，二三十年来，团队不论老少，每个人的职称问题他都放在心上，都没少操心，并且负责到底。他倡导"和而不同"的团队精神，他平等对待团队的每个成员，绝不厚此薄彼，他强调团队的集体力量，但又尊重每个成员的学术方向和学术个性。作为一个学者，一个学术带头人，对于团队存在的问题他绝不姑息，不客气地提出批评，但他又把中心看成学术大家庭，十分珍惜这个学术大家庭的团结和友情，非常讨厌文人相轻、制造矛盾、互相排斥等习气。他在《现代心理美学》的"后记"中曾经谈到，当年参加文艺心理学研究项目的是一个由十几个师生组成的和谐的学术集体，这个集体不是不争吵，每个人都想用自己似乎是独一无二的发现去征服别人，每个人都认为自己的观点最正确，但大家的心是相通的，探索真理这一至高无上的目标把大家紧紧连在一起，在这个集体中，师生间，学生间，朋友间充满真诚的友情，这种友情使团队变得极有力量。最后他动情地写道："这些成果是我们这个集体友谊的见证，一个人的一生要经历许多事情，会有许多体验，而在学术原野上这么多志同道合的朋友一起手牵着手，心连着心邀游，这难道不值得珍惜吗?"二十几年过去了，许多曾参加过那项研究的学生现在都已成为教授和博导，自己也成了学术带头人，我们很难忘记那段珍贵的日子。

老童的一生是用整个生命投入文艺学科研和教学的一生，他虽然离开了我们，但他的生命已经融入了文艺学学科，已经融入学生的生命，也必将在学科和学生的生命中发扬光大。

记得我们的老师黄药眠先生病危的时候，老童曾和我到友谊医院见老师最后一面。这时先生已经非常虚弱，说话一点力气也没有。我们说他命大，哪次都能挺过去。他反复说自己不行了，并且平静地告诉我们，他要到"另一个世界"去了，让我们不要给他开追悼会，只要给他开个欢送会。今天老童也确实累了，他要到"另一个世界"去见老师了，去那儿继续讨论"人物的出场"，讨论"美是评价"，继续在学术世界邀游。当年老童在黄先生走了之后实现了自己的诺言，用拼老命的精神，经过几十年的拼搏，将北师大文艺学学科带到全国前列。今天他们相继走了，不要过太多时间，我也将要到"另一个世界"去和他们相聚。等到那个时候，但愿我能向他们说，北师大文艺学中心的老师和你的弟子们并没有辜负你们的期望，他们依然拼搏，依然站在全国的前列。

别了，我六十年相识相知的老朋友!

从审美诗学到文化诗学

——童庆炳新时期文学理论研究之旅

　　我国著名的文学理论家和教育家童庆炳教授离开我们了，作为相识相知六十年的老朋友，我无比悲痛。在追悼他的日子里，人们自然想到他在文学理论领域的杰出贡献。报刊和网络称他为"文学理论泰斗"、"文坛教父"，在我心目中他更像一个劳动者，几十年如一日在文学理论这块园地上辛勤耕耘，从不懈怠，从不停滞，勇敢前行，把全部生命都投入文学理论的研究和教学，为我国文学理论研究和教材建设费尽心力，为我国文学理论学科培养了大批优秀人才。

　　俄罗斯著名文学理论家巴赫金曾经指出："文学是一种极其复杂和多面的现象，而文艺学又过于年轻，所以还很难说，文艺学有什么类似'灵丹妙药'的方法。因此，采取各种不同的方法就是理所当然的，甚至是完全必要的，只要这些方法是严肃认真的，并且能揭示出新研究的文学现象的某种新东西，有助于对它的更深刻的理解。"新时期以来，童庆炳和国内文学理论界的研究，就是围绕文学是什么、用什么方法研究文学，围绕如何运用多种方法更深刻地阐明各种文学新现象来进行的。从审美诗学、心理诗学、文体诗学、比较诗学到文化诗学，几十年一路走来，童庆炳始终站在新时期中国文学理论发展的潮头，成为文学理论界的领军人物之一。

　　新时期伊始，童庆炳痛切地感到文学理论僵硬的政治化和大而化之的哲学化，严重阻碍中国文学理论的发展，于是他同文学理论界的同行一起，突破"反映论"的单一视角，寻找文学的自身特征，开始建构自己的"审美诗学"。在一系列探讨文学特征的论文中，他向传统的"文学形象特征论"提出挑战，提出"文学审美特征论"，认为文学的特征不仅在于独特的审美形式，还在于有独特的审美内容（整体的、审美的、个性化的生活）、独特的思维方式（以形象思维为主，以逻辑思维为辅）和独特的审美功能（以情动人的艺术感染力）。"文学审美特征"摆脱文学理论依附政治、简单套用哲学理论的模式，推动了中国现代文论的发展，受到学界的肯定和支持。他还把"文学审美特征论"融入他主编的各种文学理论教材中，产生了广泛的影响。

20世纪80年代中期文学理论界提出文学主体性问题。童庆炳认识到这是文学理论的重要问题，同时感到，不能囿于哲学的范畴，必须转到"文艺心理学"领域加以深入研究，于是有了他的"心理诗学"的研究。从1985年至1992年的7年时光，让我协助他带领他的"十三太保"（蒋原纶、陶东风、李春青、黄卓越等13个研究生），从事国家"七五"社科重点项目——"文艺心理学（心理美学）"的研究。这项研究最终出版了专著《现代心理美学》和《心理美学丛书》13种。在心理诗学的研究中，童庆炳反对以普通心理学的概念生硬地宰割文学艺术的事实，主张从文学艺术的事实出发，来寻求文学艺术现象的心理学阐释。他主编的《现代心理美学》试图以审美体验为中心建立文学心理学的体系，把文学艺术家看成审美体验的阐释者，把创作过程看成审美体验的外化过程，把文学艺术作品看成审美体验的形式化，把艺术接受看成二度体验。在他个人专著《艺术创作与审美心理》（1990）中，"把矛盾上升为原理"，力图揭示艺术创作机制的复杂性和辩证矛盾性。这些心理诗学的研究成果受到钟敬文、季羡林等老一辈学者的肯定，并获得教育部人文社科著作奖。

90年代初，童庆炳关于文学审美特征的研究又进一步深入，他清楚意识到当作家苦苦探索的不仅是"写什么"而是"怎么写"的问题的时候，文学理论研究应当面向语言、面向文体。这个问题不解决，文学审美特征的问题还是无法解决。他经过三年努力，编了一套《文体学丛书》（1994），自己也撰写了专著《文体和文体的创造》（1994）。他认为不能把"文体"单纯理解为过去人们所说的"文类"或"文学体裁"，在融合中西文体理论的基础上提出了文体的新见解："文体是指一定的话语秩序所形成的文本体式，它折射出作家、批评家独特的精神结构、体验方式、思维方式和其他社会历史、文化精神。"同时，他把文体看成是一个"系统"，认为文体是体裁、语体和风格的结合体。在文体的创造方面，他在评述了"美在内容"、"美在形式"、"美在内容和形式的统一"的观点的局限后，提出了"美在内容和形式的交涉部"和"内容和形式相互征服"的新观点。他的文体诗学研究产生了很大影响。王蒙说其文体研究让作家找到知音，"让人感到温暖"。季羡林先生认为，《文体学丛书》是一套"质量高、选题新、创见多，富有开拓性、前沿性的好书"。

作为文学理论的学科建设，童庆炳一直认为要有开阔的学术视野，在中、西、古、今四个主体之间展开平等对话，既借鉴西方有益的观点又不失民族的传统。从这个角度出发，他在"比较诗学"研究方面下了很大的功夫。他和黄药眠先生主编了《中西诗学比较体系》（1992），自己著有《中国古代诗学和美学》（1992）、《中国古代文论的现代意义》（2001）、《现代学术视野中的中华古代文论》（2002）和《〈文心雕龙〉三十说》（2016）。20世纪90年代初，他提出古代文论研究的三大策略：（1）历史原则，把古代文论放在历史语境中考察，尽可能恢复其本来面貌；（2）对话原则，展开古今中外的平等对话，相互补充、发明和贯通；（3）自治原则，中外古今是交融不是机械相加，要在对话中寻找新质，创造中国现代文论的新形态。他的比较诗学研究受到学界高度评价，古文论研究专家陈良运教授特别称赞他把李贽的"童心说"与马斯洛的"第二次天真说"所做的比较研究，说："感到十分新鲜且心胸豁然开朗，一缕古代文论现代阐释的新曙光，启开了笔者比较狭窄的视野。"

童庆炳近些年一直关注文学理论的现状、存在的问题和如何发展。90年代末，他在各种学术讨论会上和一系列论文中，大力倡导

"文化诗学"。他提出这一主张是基于文论研究和社会发展存在的问题：一是文论界过去将"内部研究"和"外部研究"加以割裂，后来又片面和过分强调"内部研究"。他主张两者应当结合起来。二是90年代引进西方文化研究的方法后，不重视文学的审美品格，不看重文学文本的诗情画意，其结果将脱离文学本身。三是中国社会快速发展，问题丛生，文学理论不能置身局外，文学理论和批评要有文化质素和视野，要发出自己的声音。他用"一个中心，两个基本点"来说明"文化诗学"的结构。一个中心是以审美为中心；两个基本点是既要伸向微观的文学文本的细部，又要伸向宏观的历史文化观照。为了实现他的主张，他先后编了两套丛书：《文化与诗学丛书》（10 本，2001）、《文化诗学丛书》（5 本，2015），自己还著有《文化诗学的理论和实践》（2015）。

童庆炳一直到生命的最后一息，还在思考我国文学理论的问题和出路。2015 年 5 月 16 日，他最后一次出席学术讨论会"百年学案 2015 南北高级论坛"，在会上抱病作了《文学研究如何深入历史语境——对当下文艺理论困局的反思》的长篇发言，指出摆脱当下文学理论困境的出路有两条：一是要与现实的文学创作、文学现象和文学思潮保持密切的生动的联系；二是要与历史语境保持关联，追求浓厚的历史感。

童庆炳经过近五十年的艰苦跋涉，经历了时代的风风雨雨，终于走完了文学理论研究之旅，给我们留下了丰厚的文学理论遗产。他实在太累了，该好好休息了。这些年在生病的日子里，他深感来日不多，在拼着老命工作的同时，寄希望于未来，寄希望于自己的学生。在 2014 年出版的一本专著中他深情地说："回顾所走过的路，总觉得所做的太少，留下的遗憾太多……但生命的火焰即将黯淡，我可能再做不了什么来补救了。遗憾将陪伴上天留给我的日子。我只能告诫我的学生：努力吧，勤奋不倦地在文学理论这块园地里耕耘……我从来不嫉妒学生。我希望你们成家立派。当你们像我这样走的时候，回首往事，觉得自己的生命没有虚度，你们已经成功，达到你们老师没有达到的境界。那对我来说，就是最好的安慰了。"

第三编

学生忆述程正民

寓大义高境于平淡中
——关于程正民先生的几件事

王一川

在我眼中，八秩老人程正民先生一直以来为人行事总是讲求平淡二字，平淡得可能会让一些人忽略掉它下面隐伏的奇崛。人们迄今为止谈论较多的是他在过去二十多年里如何力助童庆炳先生领导北京师

王一川（右）

范大学文艺学学科点实现再度辉煌。这可能是熟悉北师大文艺学学科点的人都知道的，特别是在童先生突然去世之后，他们之间的知己之交已盛传为文艺学界佳话之时。

但其实，同样不应忽略的是，程先生自己本身就是一位出色的俄苏文论专家、文艺心理学专家和巴赫金研究专家，并且还曾担任中国高校中国语言文学学科重镇之一的北京师范大学中文系系主任，其学术建树和学科管理贡献都应受到重视。

一 苏联解体后的归来者

我能认识程先生并与他成为同事，是同苏联解体有某种微妙的关系的。20世纪90年代初，一件看来与我（们）的生活根本沾不上边的重大历史事件，却生生与我（们）有了实际的关联：一度是全球巨无霸国度的苏联，在1991年轰然解体了。仿佛是它解体后飞溅的碎片，竟一举"砸碎"了北京师范大学的苏联文学研究所。于是，1993年中的一天，童庆炳先生告诉我，经他力邀，从这个解体机构里将调回来一位人品和学问俱佳的俄苏文学专家，他的老同学程正民副教授。他本来早在20世纪50年代末毕业留校时就在中文系文艺理论教研室工作，后来服从需要调到北京师范大学外国问题研究所和苏联文学研究所工作，主要研究苏联文学理论批评和苏联当代文学，为研究生讲授俄苏文学批评史课程等，做过苏联文学研究所副所长、《苏联文学》杂志常务副主编，现在则是属于回归，回来加强我们学科点的力量。我当然很高兴和期待。

记得那天教研室开会，我眼中的归来者程正民先生，个子不高，身材纤瘦，话语不多，一位和蔼可亲的长者。相处多年后，他给我的印象总是而且想必永远是，为人善良、诚实，生性和蔼、沉静，总是浸润于个人喜好的学术领域，从不轻易争强好胜、张扬自我，实实在在的学者本色！或许，这位生长于厦门、毕业于名校双十中学的城里人，从来就不需要证明自己，而只需要听从自己心性的驱动即可。当然，有时，他也会一说起话来就滔滔不绝，不容你插入或阻断他的话语逻辑链条，直到他一举表述完整和完毕为止。这时的他，才会静下来认真听取你的意见，哪怕是不同的意见。

这使我想到，他内心深处该有一种不容置疑的超强自信、雄辩和说服力。由此看，他该是一个内心完整、拥有主见、淡泊宁静而不需借外力维系的独立学者吧！

二 临危受命出任中文系主任

程先生由于此前积攒了丰厚的学问和人品，回来的第二年即 1994年 6 月就顺利升任教授。由于我自己破格提教授也在同一年，而且我的教授任职通知单还是他趁便复印一份递给我的，因此记忆清晰。

有意思的是，当年年底赶上中文系行政领导班子换届，一时找不到合适的教授做系主任。这时，有校领导慧眼相中刚刚调回来并升任教授的程先生。他虽属调回来不久，但毕竟是中文系的老人，性格和蔼，学问扎实，协调能力强，有人缘，当时的很多老教师都熟悉他。当即就得到认可和支持。就这样，程先生在调回中文系工作仅仅一年半后和升任正教授半年后，即 1995 年至 1998 年的三年多时间承担起了中文系系主任的重担。在我的印象中，程老这一届系领导班子干得有声有色。他带领年轻的副系主任李国英、刘谦等，做了几件颇有起色的事情。

首先就是全系的学科建设取得新发展。以钟敬文老人领衔的教育部重点学科中国民间文艺学为龙头，中国语言文学学科下的各个二级学科都动了起来，力图顺应 90 年代中期中国高等教育及学术发展的新趋势，实现加快发展的目标。大家反映，程老的班子抓得实，做得细，实绩突出，瞄准当时的学科前沿赶了上来。

其次，特别突出的是为中文系"二老"——钟敬文老先生和启功老先生的学术成就所做的总结和概括工作。一是借为钟先生的《兰窗诗论集》的出版召开学术研讨会之机，大力宣传钟老在民间文艺学和文艺学领域的贡献，令钟老满意。二是特别是于 1995 年空前地为启先生召开"启功先生《汉语现象论丛》学术研讨会"，于 1996 年整理出版《汉语现象问题讨论论文集》，令世人得知启先生不仅大字写得好，而且学问做得好。从而也赢得启先生和社会各界交口赞誉。

再有一点至今印象特别深刻：这就是从这一届班子开始，老师们的收入明显增加了。

我的书柜里至今还保存着一幅照片，那是在香山饭店，钟先生和启先生都微笑着坐在前排中央，童庆炳先生、王宁先生和程正民先生站在后排中央，董晓萍教授和我分别站在后排两侧。那可能是在 21 世纪初年，北师大中文系的两所研究机构民俗典籍文字研究中心和文艺学研究中心刚刚获准成为教育部百所人文社会科学研究基地不久，两个基地的师生到香山饭店联欢时，留下来的珍贵合影。能够让钟先生和启先生联手合力支持这两个基地的建设，这是与程先生当年的工作分不开的。

程先生自己是这样记录他与钟先生和启先生二老的交往经历的："我在 1995—1998 年担任中文系的系主任。这个'新官上任'不完全是自愿的。我有很多年不在中文系，对情况颇不熟悉。而且，那时我身体不大好，校长来找我谈话的时候，我刚刚从医院回来。校领导希望我顾全大局。因为拿不定主意，我就去找老先生去谈。先找的是钟敬文先生，他鼓励我：'火坑总得有人跳！'我又去找启先生，他幽默地说：'钟先生让你跳你就跳吧，但是别给自己加柴禾了。'幸运地得到了两位大师的支持，我的顾虑和畏难情绪就消除了，从此走上了一个陌生而重要的岗位。"他一开始就对二老如此尊重，而二老待他又是如此信赖和宽厚，可想而知随后他们之间的默契程度。他还特别这样提到启功先生："这些年来，无论是在中文系的工作上，还是在个人的成长中，我都领受了启先生的无私帮助和大力支持。登门拜访先生，已经记不清有多少次了，近距离地、深切地感受了先生的人格魅力。"我想这话所言，其实也是适用于他与钟先生的关系的。

我在这里甚至可以用"过来人"或见证者的身份直截了当地说，我所曾经服务长达 27 载的北京师范大学中文系/文学院，能有今天的兴旺，程先生当年在系主任任期上的贡献是应当被历史铭记的。

三　《文学理论教程》的幕后推手

多年以来，当外界给予童庆炳先生主编（而我也是副主编之一）的高校文学概论课程教材《文学理论教程》（高等教育出版社出版）以教研创新和同类教材销量第一的盛誉时，其实我知道，特别不应忘记的是程先生曾经做过的一次教材评奖工作。那是 1995 年，该教材初版在国内教材界还没有多大名气，销量也一般，这是由于人们对它的认识需要一个过程，更需要一些认知的契机。但就在这一年，正在中文系主任任上的程先生，作为评委前往当时的国家教委参加评审高校教材奖时，就力推《文学理论教程》获得了"国家教委级一等奖"。

这次获奖的意义不同寻常。在我记忆中，这是这部教材获得的来自政府教育主管部门的第一项荣誉，并且也是该教材生涯中最具转折性意义的一个奖励。因为，正是从那次获奖后，这部教材就陆续被列为教育部面向 21 世纪教材，并且以它为标志性成果而获得国家级教学成果奖等荣誉，从此顺风顺水发行下来，直到现在的持续畅销。因此，当我们谈起这部教材今天的声名时，不应当忘记程先生（及其他评委）当年的幕后助推之功。

四　在独特的学术园地长期耕耘，建树丰厚

说起程先生自己的独特学术园地，惭愧的是，我由于学养所限和用功不够，确实了解不多。但感觉中，俄苏文论研究、文艺心理学研究及巴赫金研究应是他的三块相互交集与融汇的学术园地。他凭借自

己的俄语专长，长期做俄苏文论研究工作，曾同该领域领军人物刘宁教授等一道撰写《俄苏文学批评史》，引领国内该领域的建设脚步。

调回中文系文艺理论教研室后，他又依托自己对俄苏文论中维戈茨基的《艺术心理学》等的研究素养，根据当时国内文艺心理学研究新需要，开始了二次创业：建构中国自己的文艺心理学教学体系。这一做就是多年。

后来，面对国内外的巴赫金热，他又及时向中国读者介绍巴赫金的思想并探索其在当代中国的借鉴意义。

简要梳理起来，他可谓著述等身：

(1) 科瓦廖夫《文学创作心理学》（译著，1982）

(2)《俄国作家创作心理研究》（1990，1999）

(3)《现代心理美学》（副主编，1991，1999）

(4)《俄苏文学批评史》（合著，1992）

(5)《文艺社会学：传统与现代》（主编之一，1994）

(6)《马克思主义文艺理论发展简史》（合著，1995）

(7)《列宁文艺思想与当代》（1997）

(8)《文学艺术与社会心理》（合著，1997）

(9)《文艺心理学教程》（主编之一，2001）

(10)《创作心理与文化诗学》（2001）

(11)《巴赫金的文化诗学》（2001）

(12)《马克思和现代美学》（合著，2001）

(13)《中国现代文学理论知识体系的建构》（合著，2005）

(14) 《卢那察尔斯基文艺理论批评的现代阐释》（合著，2006）

(15)《文艺心理学新编》（主编，2011）

(16)《艺术家个性心理和发展》（2012）

(17)《20 世纪俄国马克思主义文艺理论研究》（合著，2012）

(18)《20 世纪马克思主义文艺理论国别研究》（总主编之一，

丛书共 7 种，2012）

（19）《从普希金到巴赫金——俄苏文论和文学研究》（2015）

他的这些著作给人一点突出印象：多是个人默默耕耘的成果，不跟风、不赶时髦，注重长期积累后的厚积薄发，集中彰显出他独一无二的学术个性。

五　一言千钧，夫子自道

记得在悼念童先生的文章里，程先生开门见山地说："我国著名的文学理论家和教育家童庆炳教授离开我们了，作为相识相知六十年的老朋友，我无比悲痛。在追悼他的日子里，人们自然想到他在文学理论领域的杰出贡献。报刊和网络称他为'文学理论泰斗'、'文坛教父'，在我心目中他更像一个劳动者，几十年如一日在文学理论这块园地上辛勤耕耘，从不懈怠，从不停滞，勇敢前行，把全部生命都投入文学理论的研究和教学，为我国文学理论研究和教材建设费尽心力，为我国文学理论学科培养了大批优秀人才。"这是一段满含深情而又睿智的评论。当众多媒体纷纷以"泰斗"和"教父"等光环加诸童先生头顶时，唯有程先生说"报刊和网络称他为'文学理论泰斗'、'文坛教父'，在我心目中他更像一个劳动者……"可谓一言千钧！

细想，这其实恐怕也属程先生夫子自道，是他自己一生的自我信念的写照：人生及学术都应是平淡的，不必修饰或夸张，平平淡淡才是真。

写到这里，我不禁自惭，自己为人向来疏于走动，在北师大工作时就连长辈程先生家也少去登门请安求教，失去很多学习机会。致电希望登门拜访时，老先生也总是客气地说通话即可，不必跑路。但这些不会影响程先生在过去二十多年里给我留下的总印象。

他对自己要求严格，而对周围又总宽容以待，儒雅、和蔼、善解人意，特别是令晚辈如沐春风，我想这当是一种平淡中渗透着大义之举。每当北师大文艺学学科点遭遇挫折或难题时，他总是应自己老友童先生之邀前往助阵，共同研讨良策，形成了远近闻名的童程合作模式；而每当学科点取得成绩或顺当前行时，他又总是主动隐身，从不轻易干预，从不居功。

他凭借长期的扎实治学之功，早已攀登上一个专属于他自己的独特高度，却低调得仿佛这一切都非他所为似的。

此时，程先生给我的总印象不能不凝聚成这么一句话：寓大义高境于平淡中。这等平淡中蕴藉奇崛之举，实为我辈楷模。谨以此小文，敬祝程正民先生健康、长寿！

（王一川，北京大学艺术学院，2015 年 7 月 31 日于北京林萃西里）

我的"副导师"程正民先生

李春青

三十年前我考取北师大文艺学专业研究生，师从童庆炳先生。当时我们一同考取的共有十三位同学，本来分属三位导师，由于偶然的原因，后来都归于童先生门下。入学不久，童先生和他的老师黄药眠先生联名申请到一项国家

李春青（右一）

社科基金重点项目，名为"文艺心理学研究"，于是我们十三位同学都被纳入项目课题组，开始了三年的关于文艺心理学的学习与探讨。为了更有效地进行指导，翌年，童先生请来他的老同学、老朋友程正民先生为我们授课，并参与课题组的各项活动。从那时起，在我们十三位同学心中，程先生就成了实实在在的"副导师"。三十年来，我们这童门"十三太保"每年元旦前后都会和老师相聚一堂，把酒言欢，每次也必定请程先生到场。在我们师门的活动中倘若少了程先生，对每个人来说都会是一种缺憾。

程先生当时在北师大苏联文学研究所做研究工作，任研究所副所

长、《苏联文学》常务副主编。20世纪80年代初国内学界开始出现"文艺心理学"研究热，程先生翻译的苏联学者科瓦廖夫的《文学创作心理学》于1983年出版，在学界影响很大，对中国文艺心理学研究的发展有很大的促进作用。程先生给我们开设关于俄苏文艺学研究的课，讲授清晰明了，不疾不徐，娓娓道来，那神情与声调，至今依然清晰可感，宛如昨日。

我们视程先生为导师，程先生对我们也像对自己的研究生一样关怀备至，只要有事情求到他，他都会全心全意帮助你。记得那时我正在苦学俄语，找来不少俄文书籍杂志硬着头皮啃。阅读速度很慢，而且半懂不懂。有时遇到好文章，一边阅读，就一边译成中文。其中有两篇关于文艺学心理学的译文觉得还大体完整，有一篇难度较大的还请我的同窗好友王志耕润色修改一遍，而后就送给程先生，请他指教。过了一段时间，程先生把我叫去，拿出他审阅过的稿子，我一看，密密麻麻，满篇都是修改过的句子。程先生嘱我拿回去对照原文再细细修改，并要求誊清后再给他看。译文改毕，又送到程老师手中，经他再次加工后，分别推荐到《国外社会科学》和《苏联文学》发表了。只此一事，程先生奖掖后学的热心与不辞辛苦就令做学生的终生难忘了。

后来我留校任教，程先生也于90年代初苏联文学研究所解散之后回到中文系文艺理论教研室，我们成了同事。在此后的二十多年中，我一直在童先生和程先生的身边工作，受两位先生的教诲、帮助、提携者不胜枚举。我们"十三太保"只有我一人有此幸运，令其他同学艳羡不已。如果说我在教学、科研上也取得了一点点成绩，那毫无疑问都与两位老师的悉心栽培密不可分。

程先生为人谦和而睿智、进取而达观，堪为后学效法者良多。在对人对事的评价上，程先生从来都是冷静而客观，很少为个人感情所左右。我从未听到他吹捧任何人，也从未听过他贬损任何人。这当然不同于阮籍的"不臧否人物"，吾等不是魏晋时人，无须如此小心。他对人的评价可以做到是其是处，非其非处，真正是一分为二。例如谈起学界成名的人物，他会说其人在某某方面、某某问题上或某本著作、某篇文章有创见，而不会笼统地说此人如何如何了不起；谈起某位令众人厌恶之人，他也不会说这是一个坏人，而会指出此人哪些方面、哪件事上有问题。看人看事，既不随声附和，更不趋炎附势，有所评价，均出于自家本心，在这人云亦云、吠影吠声的俗世之中，殊为难得！程先生是个很有原则的人，对任何人和事都有自己独到的看法，但这并不妨碍他以一片热诚之心对待每一个人。我常常想，与人为善、善待他人或许是程先生心中默默恪守的信条吧！无论是学生还是同事，也不分远近亲疏，只要你有求于他，在力所能及的范围里，他总会为你出主意、想办法，施以援手。他是位智者，更是位仁者。

在对名利的态度方面，程先生也颇有令人由衷钦佩之处。对一个知识分子来说，物欲或许不难克制，但名却往往是跳不过去的一道坎儿。读书人一生孜孜矻矻，埋首典坟，探赜索隐，所为何来？难道不是希望得到生前身后名吗？即使将著述藏诸名山，传诸后世，那也是为了更久远的名声。我不说程先生于名利无动于衷，也不说他超然于世人之上，我所钦佩的是他不刻意追逐名利的那份平静与泰然。这全然不是那种所谓看透一切的虚无，我向来鄙视那种饱食终日、无所用心却自诩为高远超迈者。程先生已年近八旬，却依然在探索钻研、笔耕不辍，对学术之兴趣毫不衰减，真令吾等常常以老自居的后辈汗颜！我知道，程先生早已把学问融进自己的生命之中了，读书、思考、写作是他生活的一部分，这本身就是目的而非手段。以出世之心做入世之事，存无为而行有为乃是古人孜孜以求的人生境界，当今无能焉者久矣，而程先生庶几近之。

古代儒者历来奉行"和而不同"、"群而不党"为人处世信条，这也正是程先生接人待物之写照。他曾做过北师大中文系系主任。这是一个很难做的差事。我没有到北师大读书的时候就听人说过，这个中文系派系林立、盘根错节，你属甲派则乙派反对你，你属乙派则甲派反对你，你既不属甲亦不属乙则甲乙两派都反对你，总之是一个很难处的环境。然而在程先生主持工作的三年里，中文系可谓空前和谐，大家相安无事。这都得益于作为系主任的他待人以诚,凡事出于公心,从不生事,不挑事,遇到矛盾尽力妥善化解。在我们文艺学研究中心,无论是童先生主持工作的十年里,还是我主持工作的五年以来,程先生都是核心人物之一,中心的重要决定都会听取程先生的意见,中心取得的主要成绩也都包含程先生的辛劳。

除了为人处世、接人待物之外,更值得我们效法的则是程先生的学问。程先生的文章逻辑性强,简明扼要,于平实的文字中显示真知灼见。最难能可贵的是,程先生的每一个学术见解都是"自家体贴出来"的,是他的阅读、思考与人生经验相结合的产物。记得多年来程先生一直提倡文艺学研究中的"历史主义"方法,既强调历史文化因素对文学现象的重要影响,又强调学术史、学科史对具体的文艺学研究的重要性。这是一种"双重历史化"的研究路径。同时,程先生又很重视以结构主义为代表的"共时性"的或"文本中心主义"、"形式主义"的研究的独特意义,主张"历史主义"与"结构主义"相结合的研究方法。这一见解就是他长期研究俄罗斯文论归纳体贴出来的真知灼见,对文艺学研究的发展具有重要启发意义。另外如对巴赫金文化诗学的研究、对卢那察尔斯基诗学的研究、对作家创作个性的研究等一系列重要成果中,都显示出这种历史主义与结构主义相结合的、融个人体验于其中的研究路径。

我的两位老师,导师童先生、"副导师"程先生,不仅是福建同乡、本科同学、多年同事、老朋友,而且是一对极佳的搭档。如果说童先生激情澎湃、富于想象力、勇于探索,是开宗立派的领袖式人物,程先生则沉着冷静、思维缜密,是运筹帷幄的智囊。在大大小小的事情上他们都做到了互补。从某种意义上说,北师大文艺学学科的发展壮大,就是这两位先生携手并肩、共同努力的结果。

(李春青,北京师范大学文艺学研究中心)

善施恩德为人师

——贺程正民老师八十喜寿

李正荣

　　恩师程正民和师母徐玉琴都是有大爱的人，更为特别的是，两位恩师又都善于布施德爱，所以，两位恩师虽然都瘦弱，但其恩德却丰厚，广布师友学生之间。如今，即便两位恩师已临八十高寿，依然常常关怀他们的师辈友辈，更时时关爱我们这些学生辈。

　　程老师和徐老师都是新中国北京师范大学"太平庄时代"最初一批师大人，如果按北京师范大学的老建制来说，程老师、徐老师的工作经历主要涉及北京师范大学的中文系、外语系和苏联文学研究所，如今，这些机

李正荣（左）

构的老先生们的家里要是有了什么大事小情，同样高龄且瘦弱的程老师、徐老师依然跑前跑后竭力帮忙，而这些机构的学生辈们要是家里、学术上遇到问题，碰到困难，也还是要请程老师、徐老师帮忙，而程老师、徐老师依然像当年那样倾力帮助。

　　博爱之心，或许人人都有，但是，肯于施爱，能于施恩，善于施

德的人恐怕少而又少，人能如此为德者，大焉！

据我所知，程老师是福建人，徐老师是河北人，而我是黑龙江人，我之能受恩两位老师，都源于"北师大"三字所指称的时空。

程正民老师 1955 年考入北师大中文系，徐玉琴老师 1956 年考入北师大俄语系。程老师 1959 年毕业留中文系，徐老师 1960 年毕业留俄语系。于是，两位老师成为一直工作生活在北京师范大学校内的"师大人"。而我是 1978 年成为"师大人"的，是晚辈，中间隔了二十多年。

都说"衙门"或曰机构是铁打的，其实未必，人生流转，其所涉行政时空，也常常改革，程老师和我所经历的中文系，如今在北师大是名不存而实未亡。

2002 年，北京师范大学百年校庆，其前其后，这所百年师范大学搞了一场轰轰烈烈的"建设有特色的综合性研究型大学"的改造运动，据说，其目标是法国的"巴黎高师"（école normale supérieure）——虽然名曰"师范"，实际上却是"综合性研究型大学"。而发生于 20 世纪与 21 世纪之交的大学改造运动中，北京师范大学略为独特，没有走当时时兴的，如北京大学、清华大学以及最典型的吉林大学那样的"并校"模式，虽然也曾动议北京师范大学与邮电大学合并，但是，终于因为"名称之累"而作罢，北京师范大学只好走了一条"内扩式"发展道路，大学内部生长出一批学院。按新建制，百年中文系如今叫作"文学院"，取消了"中文系"（"中国语言文学系"的简称）的"系"一级建制，将原来的教研室建设成"古代汉语研究所"、"现代汉语研究所"、"文艺学研究所"等 10 个研究所。而百年外语系（"外国语言文学系"的简称），20 世纪 50 年代，也就是徐老师上学的年代，改为俄语系。后来又改为"外语系"，如今叫作"外国语言文学学院"，提升"俄罗斯语言文学教研室"为"俄文系"与"英文系"、"日文系"并列。

除此之外，程老师和我还经历了"北京师范大学苏联文学研究所"的建制和解体。

最近几年，国家又掀起一个争建"智囊"的动作。国家希望在国家设立的专门为国家的政策提供参考的部门之外，在大学建立一些"智囊"，以学者的态度，为国家的各项政策，特别是外交政策提供参考。殊不知，这个举动早在 60 年代就有过轰轰烈烈的成果。当时各高校，纷纷成立了"外国问题研究所"，名称一样，研究方向各异，主要依据研究所所在学校的国别研究专长。北京师范大学也成立了"外国问题研究所"，下设：苏联哲学研究室、苏联教育研究室、苏联文学研究室及美国经济研究室。最初，北师大"外国问题研究所"的研究人员散在各个系之内，很快"外国问题研究所"独立建制，核心成员也完全脱离原单位，调入研究所。程老师是第一批从中文系进入"外国问题研究所苏联文学研究室"的专职研究人员。1976 年粉碎"四人帮"，1977 年高校恢复正常高考招生，随后，北师大"外国问题研究所"中两个较强的学科：外国教育和苏联文学开始各自筹备独立成立研究所。1980 年，苏联文学研究所被批准成立，于是在全世界范围内，出现了唯一具有此名称的研究机构。但是，大约在 1992 年，苏联文学研究所被解散了，理由是"苏联已经解体了"，这真是莫名其妙。机构被撤销，"苏文所"的研究人员也分别回归中文系、外语系，或另外择地而居了。程正民老师回中文系。

我是 1978 年考入北师大中文系读本科，1984 年考入苏联文学研究所读硕士，1991 年再度考入苏联文学研究所攻读博士，1992 年，随导师刘宁到外语系，1994 年从外语系毕业，然后又毕业分配到中文系，现在则在文学院"服役"。在这几近四十年的求学求生存之中，我的行政时空几经变换，但是我却时时刻刻领受着程老师、徐老师的恩泽。

说起来，首先惠我恩泽的是徐玉琴老师。

我受中学启蒙恩师于水老师影响，很早就喜欢俄罗斯文学，考入北师大，便有意向这个方向发展，所以公共外语选择学俄语。这一选择，成了我终生的一个又高又大的门槛，到现在也没有完全跨过去。

学俄语的同时，我到外语系俄语专业"偷艺"，跟 78 级俄语系学生一起听外语系老师给本专业学生开设的俄罗斯文学史课程。徐玉琴老师是这门课主讲老师之一，另外两位老师，一个是后来成为我的硕士导师的李兆林先生，一个是胡斌先生。

那时候，我是一个只知读书、不谙世事的小青年。记得俄罗斯文学史课总排在上午的后两节，下了课，我常常还要向徐老师提问，有时候，一边谈话，一边从北师大的教四楼（那时候我们习惯称之"外语楼"）走出来，然后折向北继续请教。为什么"折向北"？因为那是通向北师大老师家属区的方向。徐老师向这个方向走是回家，而我的纠缠是在妨碍徐老师回家。那时候，根本没有意识到老师们中午回家意味着什么？现在推想，徐老师心里一定很着急：当时他们的大儿子程关大概是中学，小儿子程凯刚上小学，这是多么需要回家的时刻，而我却用幼稚的提问阻碍这一人生中最需要准时进行的"程序"！

徐老师的课程和课后的答疑，给当时的我一个特别的印象，她对苏联文学的讲解，在作品的平面分析之下，还有一个深层的"倾向性"的归纳。如此，徐玉琴老师的理论性极强的苏联文学史、李兆林老师的纯正苏联学派的俄国文学史、胡斌老师的马雅可夫斯基激情，以及谭得伶老师为中文系开设的"高尔基研究专题"课，构成了我最初的俄罗斯文学专业基础。几年之后，我投考苏联文学研究所的研究生，俄语是极差的了，但是，据说我的文学史答卷、我的文学理论答卷还算可以，这其中定有徐玉琴老师的栽培之德。作为学生，我当时根本不知道老师们的"背景"，对老师背后的渊源关系，完全不知。

在中国，一个机构要是很大，其山必有仙，其水必有龙，像大学这样的城市型大机构更是渊源极深的。

许多年之后，应该是 1987 年，我当时的家人成为程正民老师门下的硕士，我陪同她到老师家里串门，才知道徐玉琴老师和程正民老师是"一家的"。记得当时徐老师还说起我偷听课程的往事。

而我大学读书的时候，对此自然毫无所知，但是，老师们也并不以此生烦，而是百烦不烦。他们知道我像一只贪吃的蜜蜂，老师们像是百果园里的果树，自然有纠缠，但是学生采蜜，只顾汲取，混沌不知百果园里的各种生态。大树们则不以为意，而是笑意开放千枝万朵，任学生们自由采撷。

也就是从 1987 年开始，我越来越多地受惠于程正民老师。

我和那时候的家人都是中文出身，俄语不好，我的导师李兆林，她的导师程老师能宽容召我们入其门下，这对我们是人生的大恩，是改变命运的"得遇"之恩，其中遭遇许多故事，程老师、徐老师对我们更有救命之恩。而我毕业之后，"回归"中文系，更是不断地在程老师的惠顾下改善命运。

敲打着这些文字，往事历历在目，泪水也在目中，时间既不算远，印象更加鲜明。

我的硕士是委托培养类型的，1987 年夏，我硕士毕业，按委托培养的合同，我必须回原籍黑龙江的原单位工作。那年 9 月，我那时的家人离开人大附中，成为程正民老师的硕士研究生。因此，人大附中那一间狭小的宿舍也自然没有了。1988 年夏，我向原单位请了假，开始在北京漂泊。我常常说我是"北漂"这个词还远远没有出现的时候的"北漂"，是的，我当时没有北京户口，没有正式的北京职业，没有驻留之处，但是，认真地讲，因为我们有我们常常出入的老师的家，所以，我们就不算是真正的"北漂"。

不久，北京风波骤起，北京的学生有谁能逍遥！而我们在风波中没有受伤害，风波后也没有受牵连，这中间又有多少老师关爱学生保护学生的故事呀，久经政治运动风尘的程老师、徐老师以及其他老师们，在最艰难的时刻，展开抚爱的羽翼，帮助学生度过风波后第一届毕业生所遭遇的一道道难关、险关。这种恩德真是刻骨铭心！

随后，我的生活也风波骤起。本来，这些事不会牵扯外人，不该惊动导师的，但是，程老师、徐老师把我们当作自己的孩子，遇到危机，总能觉察，随后就全心相助。我们不懂事，没有把自己的事情处理好，反而把正常的事情推到悬崖的边上。问题是：人是一个很奇怪的动物，明明知道在悬崖上，明明知道退一步海空天空，但是，有时还是意气用事。假如程老师、徐老师不能及时帮助，我真不知道怎样才能从意气用事的狭窄胡同里退出来？同样，我也不知道程老师、徐老师又怎么会恰恰在这样怪异的时刻远远地从师大校园赶来帮助我们？只有一个解释：两位老师把我们的事情放在心上，关心我们，不放心我们，因此才从北师大的住所赶过来看望我们，这不是巧合，而是至亲之爱。这种爱意更是刻骨铭心。

1994 年，我博士研究生毕业，进入中文系外国文学教研室工作，1995 年完成毕业论文《列夫·托尔斯泰的体悟与小说》，导师是刘宁，但是，其中的诗学理论方面，多受程正民老师的指点和鼓励。我的论文，有一个妄想，也想像巴赫金那样，在研究一个作家的时候，努力找到一个可以"贯穿"研究对象，同时又可以普遍适用的"上位"概念。几经反复，我找到了一个中文词"体悟"，我的论文试图用这个概念贯穿式研究托尔斯泰小说。说实在的，在我的论文操作中，这样的研究思路是很难的，也很"玄"。我能在这样的路径坚持下去，是和程老师的鼓励分不开的。为了避免被质疑，我在论文中，没有把这样的思路和"方法"直接说出来，而是暗暗地遵行，但是，程老师一眼就看出我的研究动机，及时地给予鼓励，这种学术上的"知遇"，岂不刻骨铭心！

1995 年某一天，我们教研室主任何乃英老师告诉我中文系的领导班子换人了，程正民老师出任中文系主任。通报了这个情况之后，何老师又加了一句：这对你有利。何老师这句话在中国的人际关系中，含义是十分丰富，十分清楚的。何老师不仅知道程老师和我都是苏文所来的，而且还知道程老师和我个人的"私下的关系"。何老师也是一个敦厚长者，我生命最寒冷的时候，他和陈惇老师冒雨相慰，这是我和北师大老师的另一个得遇恩德的故事。所以，何老师是在欢喜地告诉我一个喜讯。

是的，我从不隐讳程老师对我的嫡系之怙。但是，我更想说：程老师做中文系系主任，其所带来的"有利"，首先不是对我一个人的，而是对所有中文系的教职员工的。

我这里只说我所知道的。

高校这样的机构，"文化大革命"之后很长一段时间，要改革行政的约束是相当困难的，"行政人员"是一个特别的群体，襟三江而带五湖，很难管理，特别是各院系的行政人员，基本没有"服务"的观念，老师们要是到系里办事，上午九点以前，下午四点半以后，基本上是办不成了。程老师这届班子，在程老师和全班子成员，特别是副主任刘谦老师的共同努力下，硬是转变了这个"习惯"。当时我很敬佩程老师竟有如此行政管理才能。

第二件印象深刻的事情是程老师积极支持当时的工会主席朱晓健老师一起给中文系的老师集体过生日，每月一次，全体中文系老师聚在一起，给当月的老少寿星们庆贺生日。这样温馨的节目，其效果是不必言说的，看一看集体过生日时，大家喜气洋洋的样子，的确用得上"溢于言表"这个成语了。此节目轮转到第二年三月的时候，94周岁的钟敬文先生过生日。他的生日具体日期，据弟子们讲，并不十分精确，因为公历农历在那一辈人是混用的。但按"法定"文件，钟先生的生日是3月20日，所以，那一次3月份的集体生日就靠在钟老的喜寿日子上。而我的生日也恰好是这一天，所以，那一次集体生日我最沾光。跟钟老先生在同一天庆生，而且是接受全体中文系老师的祝寿，这是多大的荣幸呀！

第三件值得集体回忆的是中文系的"经济翻身仗"。没想到程老师和班子成员（主管是杨润陆老师）又很有经济头脑。首先，响应学校"继续教育"培训业务，开展各种成人教育，夜校、函授、成人高考补习班等，每天晚上，每个假期，我们的老师都"满工作量"地开动马力工作，虽然辛苦，但有回报。其次，程老师的班子更有创造思维，借当时中央贯彻"经济发展是硬道理"的大形势，巧妙地申请成立了一个具有独立法人资格的经济实体——"教育培训中心"，这样，中文系可以独立开展教育培训活动。有了这个中心，中文系可以大比例赢得培训经费。当时，有几大项目：一是对外办学，二是"自学高考"，三是"同等学力硕士"。其中，对外办学、"自学高考"辅导两项，效益极好，并且延续到程老师这一届班子退任之后的下两届班子。这里所谓对外办学的"外"，是指境外。本来这是北师大汉教学院独家经营的。程老师找到学校，找到时任校长陆善镇，据理力争，最后学校把假期短期汉语培训的任务交给中文系。记得当时最大规模的是香港班、日本班，还有一个澳大利亚班。中文系曾一次招收了300多人的日本短期留学班，其经济效益，其社会效益自不必说了。

当时北师大各部门都在争取这样的"中心"，有的开展得好，有的开展得不好，即使开展好的，也并非使所有部门的员工获得均衡的利益。"外挂经济实体"开展不好的部门，在职教职员工们自然不感冒，撇嘴之外，常有讽刺，另加怀疑；"外挂经济实体"开展得好，但是并非全体教职员工受益的院系，大家更不感冒，撇嘴之外，常有怒目，尤加怀疑。但是，中文系对这个经济实体的欢迎是很"齐心"的，因为，培训工作是"全民战争"，"大锅分配"，老少教师，大小行政人员都有利益，所以，那一段中文系全体教职、全体行政的积极性都调动起来了，大家"斗志昂扬"，"人人开怀"，当时，全校盛传中文系"发了"。这话说得并不错，但是，我总是对发此论者说，计算机系、经济系、外语系"发"的人远远火过中文系，但是，常常是"个人行为"，个人腰包鼓起来，院系却很贫寒，而中文系是大家集体致富。程老师这届班子之所以能成功，一是敢于创造，二是处以公心。

第四件要特别记录的政绩，是程老师为中文系大面积解决职称问题而做出的努力。

记得后来，大概是2000年，袁贵仁已经做了北师大校长，在那一年职称改革动员大会上，他把高校的工作分成三类，他说：高校有些工作意义重大，但是不难处理；有些工作，意义不大，但是很难处理；而有些工作，意义重大，同时又很难处理。第一种，比如像教学改革呀，像防火防盗呀，等等。第二种，比如编制多一个少一个。第三种，比如像评职称、分房子。这种事务，意义重大，又极其难处理。袁校长的话让大家发笑，对照去想，这话说得很实在：全国高校、全国各职称系列的机构，每一次评职称岂不都像是经历一场战争。

程老师这一届班子也必定要经历这样的战争。每年一次，每次极其有限的名额，无论人事部门如何制定刁难的标准，每个名额也总有数个达到标准的教工去争夺。某些地方高校没有评定职称的自主权，该高校图省事的人事部门会把所有够标准的教工上报给该地省级职称评委会。如此，这些高校的老师就常常四处游说，没有窝里斗，拼的是外部的关系和人脉。教育部职称评定改革之后，教育部直属高校的职称评定权下放到高校，除校外的"通讯评议"这一关，这样高校的职称评定，总会是一场"窝里斗"。全校每年定一个总盘子，然后分给各院系，盘子一旦确定，名额一旦瓜分，接下来就是院系内部的残酷"内斗"了。大多数参评的"个人"只关心（或者说只能关心）瓜分之后自己所遭遇的"各单位"的名额，因为，全校总盘子的大小，完全不是参评人能预测，能左右，能操作，能决定的。有没有可能因为参评者个人的原因，而使某一个单位的名额增加？也有。某一年，中文系名额在"瓜分"确定的名额之外，又"＋1"。这是因为中文系有一个老教师，多年达到了学校规定的教授职称标准，但是，就因为名额太少，连年评不上，而这位老师又不想"内斗"，所以给邓小平办公室写信，陈述当前不合理的职称评定现象。结果邓办有信函返回师大，"过问"此事，于是，第二年评定职称，师大人事处给中文系一个外加的名额，而且直接投给这位老师。也听说有这样的单位，某参评人按资历排队，按成果排队，都不在前4，那么，因为特殊人物，瓜分名额的时候，就给了这个单位6个名额，这样，就保证了该人可以通过第一关。出现这种"透明"的"游戏"，其背景应该说中国高校基本上还是比较民主的。大部分高校，各单位的职称评定总要由一个委员会评定，要走民主程序，大多数院系领导不愿意独揽这个瓷器活（当然有例外，比如有学霸的高校）。所以大多数院系领导都采取顺水推舟的方式：一是本单位的评委会组成方式按惯例，二是本单位的评审程序按惯例，三是本单位的评审争议按惯例。总之一句话：按惯例。越是老系越按惯例，因为，老院系，各教研室、各团队各抱地势，各师承、各帮派钩心斗角，惯例已经构成了格局，不改格局，参评者只能怪历史，怪不得当届院系领导。即使是学霸控制的高校院系，惯例也常常是一个合理的程序。霸主常常像一个大家长，能在此大家庭中的人，便是此家人了，为了家庭和睦，也总是要让家庭内部各项利益"摆平"的。我后来认识一个小朋友，在长江某校任职，够资格评副教授了，便要"上"，其导师一笑，说：你今年可以试试，但是，你的师姐也该"上"了。小朋友立刻明白今年没戏了，但是也不气馁，因为导师心里是有数的。第二年，小朋友高兴地告诉朋友们自己也成了副教授。

我叙述中国高校人人经历的程序，是要叙说程正民老师这一届班子在其"执政"期间的一个壮举。程老师不在"惯例"中操作，没有像一般人那样被动地等待学校瓜分总盘子，而是在全校评职称程序开始之前就展开工作，在"总盘子"还没有塑形陶铸之前，便开始为中文系争取"更大的空间"了。程老师先对中文系的职称状况做了普查，对中文系人员结构、职称结构、师生比、达标老师的年龄结构、达标老师的科研成果、达标老师在社会上的影响等，列了一张大大的表格；另外做了一个中文系和其他院系职称晋升情况对比调查表，比如同样年龄段的教师，在别的院系早已经提升教授、副教授，而在中文系，如果按资排队，将遥遥无期，由此造成中文系大量优秀人员流失。程老师拿着这样十分详细的、有说服力的数据，然后会同党总支的领导一同与人事处、主管副书记范国英，主管文科的副校长袁贵仁，以及校长、书记进行交流。当时校领导们很惊诧：离评职称还早着呢！程老师回答：对于中文系来说，这个问题早就迫在眉睫。那时的副校长袁贵仁对中文系积极、深入、主动的工作方针十分赞赏，会同相关部门专门研究中文系职称数量问题。这一番工作的效果是十分壮丽的，在随后制定学校职称晋升工作的总盘子的时候，中文系的教授指标出乎意料的多。教授6人，其中有"正常的"名额，"特批"

名额，还有"提退"名额，而中文系获得的副教授名额竟是 13 人。如此"海量"名额引起全校轰动，别的院系自然"很有意见"，袁校长"从善如流"，接受其他院系的反馈意见，把 13 个副教授名额减少为 12 名。我就是 1996 年晋升副教授的。

程老师在以上四个方面的政绩，虽然不必树碑，但是，对于中文系的集体利益来说，绝对是应该立传的。

无论从集体还是从个人的角度，以实利论恩德，滴水之恩，当以涌泉相报，都是必须的，但是，实利之恩之外，大德之人还有更为高尚的恩德，用一句最现成的话，那就是思想品德的影响和培养。

恰如北京师范大学校训："学为人师，行为世范"，程正民老师和徐玉琴老师本人的生活工作，一言一行，都在天然地践行古老的做人的准则，同时，他们也自觉地履行作为一个真正的共产党员的准则。

徐玉琴老师曾担任过外语系总支和工会的工作，但是，外语系的老师学生没有人留下"徐老师是领导"的印象，而是"大服务员"的形象，这与当今校院里的那些志满意得的"中层领导"形象，有多大的不同呀。像前文所述，徐老师退休之后，"大服务员"的工作依然继续，可见"为人民服务"已经成为徐老师这位党员的血液中的元素。在"共产主义理想"已经有些淡化的今天，我使用这些词汇，似乎太不识时务了，但是，程老师、徐老师那一代人，"共产党员的品质"绝不是一个虚词，历史不论进行到哪一天，都不该忘记那一个时代的真诚。

程老师做了三年的中文系主任，取得了巨大的效果和成绩，也显示出从政的能力，但是，三年任期结束，程老师一丝一毫的恋栈都没有。立刻离开中文系主任的职位。领导曾挽留说：干得很好，为何不做了！

为何不做了？

程老师的回答很简单，到届了！

但是私下里，程老师还有解释：

第一，中文系的领导虽说官不大，但是，做起来很难，很费心力。第二，中文系主任官不大，但是，还是可以有很多权力的，进人、留人、晋升、评奖，另外还有在这个平台上与同行、与社会的交往和影响等。所以，官不大，但是在这个位置坐长了，难免会滋生一点官气。明知如此，早一点卸下来，岂不很好（20世纪90年代后期，如同今日，恋栈的人都很赤裸裸）。第三，做一天中文系主任就要操一天中文系的心，自己的很多科研就没有时间了。程老师在任期间，相当辛苦，相当累，然而，"奖励"程老师的除了一场胆囊切除手术和患上高血压外，再没有别的了。只是卸任之后，程老师才有时间奋力科研，连续出版了几本俄苏文论专著，的确对学术盛满诚意。第四，程老师说：我毕竟不是那种人。

程老师私下说的话，都是朴实的，是大实话，假如转换成陶渊明的话，那就是归去来辞了。

要说恩德，程老师这样的正直品格对我恩惠最大。

可能程老师自己都忘了，是他推举我成了被下一届中文系班子"组阁"的成员。听到这个消息，心里想干又不想干，于是我去程老师家聊虚实。程老师说，他推举我，其实是"害了"我，因为他知道我也是"那样"的人，只知道认真工作。这样的人做了管理工作，就只会是牺牲。

程老师的话竟成为激励，我参与了后来的中文系管理工作，谨随程老师的人品，抱定为大家服务的宗旨。所以很累，所以"一到站"就下了。当然，我不如程老师那样两袖清风。我在下站之后，还是"沾光"，沾辛苦服务之光被优先派去了境外。

程正民老师并非是一个道德教条主义者，而是一个世理通达的宽厚长者，原则之内，对人情世故也是通达的，但是，原则之外，再硬的关系，程老师也会保持自己的原则。程老师与童庆炳老师的合作，被传为佳话，在童老师弟子们眼中，程老师是童老师的"亲密战友"。他们是真挚同乡，真心朋友，真正的知音，真诚的同学。同乡、朋友、知音、同学，这四重关系，按时间排列，同学应该在第一。1955

年，他们同时从福建考入北京师范大学中文系成为同学，但是，我这里把这层关系排在最后，是想说，童老师和程老师最深刻的关系是"同学"：他们有共同的学术兴趣，共同的学术目标，共同的学术真诚，他们兢兢业业挽手相偕探索真理。如果遇到学术研究之外的学术政治，程老师从不屈从，从不盲从。

程老师的"诚"、"正"、"直"人格给了我更多的行为力量。我因为沾了"中文系"的"老人"的光，有时候，也有一点投票权。往往在某次投票的前夜，会有人因为我和程老师的渊源而鼓动程老师给我"做工作"，我当然会听程老师的意见。但是，有时候"做工作"的内容并不全面，所以，我会向程老师汇报全面的内容，这种情况下，程老师会坚决支持我按全面的内容来发表意见。

中国特色的社会主义社会，已经走到了非常成熟的阶段，日常社会政治盘根错节如同所有成熟社会那样盘根错节，但是，在中国，毕竟还是有程老师这样正直的人，毕竟在盘根错节之上，不仅有藤藤蔓蔓，还有松，还有梅，还有竹，也说不清是坚守传统的旧道德，还是弘扬社会主义新道德，总之他们的人生维系了这个社会的正态。

2004年冬天，我有了新居，转年夏天，程老师和徐老师来我家看望，徐老师特意带了五种谷物：红豆、小米、红米、紫米、薏米。北京有民俗，搬家要在屋角放置一点杂粮，莫不是也是"老家神"的奉养？徐老师是河北人，想必知道这个老令。但是，徐老师不说这个，只说：以前讲究吃精米白面，现在这些五谷杂粮最好。见到这个可以带来家庭安康的吉祥物，我心里很暖，往事在心头涌动，也是一样的五谷杂粮。说话间，徐老师讲起大学毕业、结婚之后的生活。她说，那时候，她和程老师都是大学毕业的工资，十几年如一日，双方都要供养老家，每月工资寄给老家之外，留下一家三口的伙食费之后，每个月总是刚好差五六块钱，怎么精打细算也不行，就差那几块钱，月月如此。怎么办，只好到系里的"互助会"去借钱。

我不知那一天的话题怎么就转到忆苦思甜上了，也不知道为什么那天徐老师的话竟深深地留在我的意识深处。

其实，说往事，总是有苦有甜。这么多年，每当我看见程老师、徐老师，每当我想起他们，就会感受到他们给我的那些关怀，那些爱护的甜，也同时想起伴随这些甜的那些苦。

（李正荣，北京师范大学文学院。2015 年 7 月 11 日起草于西直门外，9 月 10 日草就于京师园）

师恩如水，长流不息

贾　放

最近听到一句感叹，觉得很精辟：指缝太宽，时光太瘦。不经意间，岁月就流过去了这么多。

初次见到程老师，他还是风华正茂的中年人，今年已经要庆祝他的八十寿诞了，作为程老师的老学生，心中有很多感念和感慨。

1998 年，同贾放（右一）一起看望病中的钟敬文先生（中）

1982 年秋，我来北师大苏联文学研究所读硕士研究生。那时候，程老师给我们讲俄苏文艺理论课的现当代部分，我对卢那察尔斯基等人文学理论遗产的最早印象，就是从程老师的课上得到的。第二年进入论文写作时，导师刘宁老师去莫斯科访学一年，请程老师做副导师协助指导我，我的硕士学位论文主要是在程老师的指导下完成的。所以，我可以算程老师的半个开门弟子。

回想起来，那时候真是懵懂得很。选了个理论性强的题目，却常常不得要领，让程老师费了不少心思，着了不少急。记得有一次给程老师打电话请教一个问题，他让我去他家里谈。我进门第一眼就看见书桌上已经摊开几本书，程老师一一指出第几页第几行的论述与我的问题相关，然后条分缕析，让我很快理清了思路。这件事程老师也许已经不记得了，但对我的影响至深——不仅是对那个具体问题的理解，更多的是让我看到了一个学者严谨治学的榜样。论文最终顺利通过，放在现在应该办谢师宴，而当时，却是程老师举办家宴为我庆祝的。

毕业留校工作后，参与了研究所里的一些研究项目，程老师承担的部分总是最先完成，论文论著一部部地问世，高质高产，过上一段时间就会收到程老师赠文赠书。这方面我最觉得惭愧：没有学到老师治学的勤奋和高效率，拖拉成性，以至于常因为没有及时完成任务而不好意思前去拜望。

1994年因为学校结构调整，苏联文学研究所解散，我转行去做别的事，原来的专业成了业余爱好。后来做博士论文，关涉俄苏民间故事研究理论，算是回归了一段时间，程老师参加了我的博士论文答辩，勉励我把这个题目继续做下去，后来又邀我参加20世纪俄罗斯诗学流派研究项目。我目前依然与俄罗斯文学研究"藕断丝连"，其中有程老师不断提携的因素。

尽管如此，从我的本职工作来说，还算是另一个行当的从业者，所以没有多少资格谈论老师的专业建树。好在老师门下弟子众多，贤人济济，相信会做出很好的总结。

师生之谊久了，便不完全限于专业。尽管我后来转行，但几十年来，程老师的关心和支持始终如一。尤其是在一些关口遇到困难时，我总会去找程老师"抱佛脚"，而老师也不在意我平时"不烧香"，总是及时援之以手。回首往事，真是很庆幸此生遇到这样一位老师，能够得到一路的点拨、扶持。

2015年5月初去拜访，程老师和夫人徐老师当天刚从欧洲旅游回来，两位老师经过长途飞行，但不见疲劳之态，兴致勃勃地给我看布拉格查理大桥的照片，还谈了不少项目进行的情况。看到老师老而弥坚、精神健旺，心中非常快慰。

祝程老师生日快乐！

（贾放，北京师范大学汉语文化学院，2015年7月9日）

温玉之美

周志强

1997 年 9 月，我选了一门叫作"文艺心理学"的硕士学位必修课程。在课上，第一次见到程正民老师。他讲话声音不大，语速却不慢。每一节课总是讲一个核心问题，连带着讲述很多枝枝蔓蔓的话题。有

周志强（左）

的时候，会让我觉得找不到他的观点。因为他很少鲜明地否定或者肯定，只有在一个观点或者行为极端错误的时候，程老师才会很温和地说："这肯定是不对的。"

我发现，程老师最常用一些包含"但是"、"可是"、"也不能说"等带有转折含义的词。他总是先细致地分析一个问题的各个方面，然后很清楚地说明一下自己反对和支持的东西，紧接着，他就会用到这些转折的词："当然，也不能说这样就完全没有道理……"他似乎永远可以为人家找到合理存在的理由，哪怕是一些他极其不认同的人或事，他也会最终用这种方式来"原谅"一下。当我还是学生的时候，我觉得程老师肯定是久历江湖见多识广，心中没有他装不下容不得

的；可是，现在我觉得，程老师是从心底里温柔敦厚地对待这个世界的长者，是那种张爱玲说的"因为懂得所以慈悲"的人。

读博士的时候，程老师给我们讲述巴赫金。一个学期只读一本书《陀思妥耶夫斯基的诗学问题》。每个人一章，学生先讲，先生后讲。我印象中，他没有指责过任何学生，总是笑眯眯地点头听着，然后再用自己的思路讲一遍。对的和错的，听着听着我们自己就明白了。似乎没有人记得程老师曾经带给自己难堪，哪怕是被他婉转而细心地批评了，也不会觉得自己的错误多么了不起，反而会觉得改掉这个错误很简单，并立刻有勇气去改正。2014年10月，在密云开会回程，程老师招呼我坐在他身边。一路闲谈，他讲了诸多学者勤奋修炼的故事，言外之意其实乃是提醒我要会"修炼"——功夫练好一种才可以，不能十八般兵刃样样精通。程老师了解我的性格，知道我喜欢博杂，就特别用心地一路讲人家的成败得失，不过就是为了让我知道自爱，不要走了心神。

2003年，大约11月，我突然接到一个不太熟悉的师兄的电话，问我是不是可以去《国际商报》做兼职记者，月薪1500元。我那时正囊中羞涩，几乎山穷水尽，这个消息让我欣喜若狂。每周两次，坐300路汽车，绕三环半周到达方庄，约稿、编稿、画版，每次半天，工作清闲而简单。一次路过北京师大北门，恰逢程老师下班回家。我们站在他的楼下，突然就聊了很久。已经忘记了聊了一些什么，却不知道为什么，我总是记得那个下午，夕阳的光斜斜地照在程老师的脸颊，丝丝白发在风里面轻轻抖动。

大约一年半后，我才从那位师兄的嘴里知道，程老师不知从何得知我的经济窘况，专门托人给我找了《国际商报》的兼职。

2005年，我来到南开大学工作。那时新年还时兴寄送明信片。我每次元旦都寄送很多张明信片给我的师长，也总是在几天后就收到程老师的回信。程老师的字清俊挺拔，又带有浓郁的书生气息。每次我都会看好几遍先生的回信，然后收到办公室的抽屉里面。

2015年，王志耕老师告诉我要出版一个程老师教学育人的纪念文集，我突然觉得应该写点什么，觉得有很多很多关于程老师的话要说。谁知道这篇文章竟然写了将近一年。每次都是敲不了几个字就不知道如何行文——程老师是那么干干净净又丰富深沉，既让人觉得没有故事，又让人觉得说也说不完。

有一次在北师大讲座，不知道怎地，就提到了"温玉之美"。我说，温玉之美就是一个平平淡淡的奇诡：似乎冷冰冰，却温馨雅致；似乎没有线条，又坚定执着；似乎无可观者，却有无尽内涵。

说着说着就突然走神了，心头一下子就浮现出 2013 年夏天的情景：我参加童庆炳老师和程老师组织的新书发布会，饭后，我陪着程老师步行回家。一路上树影斑驳，清风拂面。程老师走在我的左边，一老一少，絮絮叨叨，慢慢地、一步步地，走……

（周志强，南开大学文学院，2016 年 3 月 21 日）

一年为师　半生为父

吕　颖

吕颖（右）

2000 年我评上了副教授。长期待在塞上江南的宁夏银川，生活比较安逸，但在那个网络信息不太发达的年代，我总有一种渴望，希望出去学习提高，打开眼界。因为在北方民族大学从事文学理论教学工作，所以到北师大去进修学习，成了我的目标之一。凑巧的是，我婆婆是徐玉琴老师的大学同学，于是通过徐老师认识了她的老伴程正民老师。2000 年 9 月我师从程正民老师，开始了一学年北师大访问学者的生活。幸运的是，与程老师交往的这一年，变成了影响我一生学术成长的新起点。

一　考博与导师

到北师大访学，我的目标并不高，只是希望听一些前沿课程，写出几篇像样的文章，提高自己的教学和科研水平。起初，我听了程正民、童庆炳、王一川、李春青等老师的课程，也在读书、写文章。但是，和我同去访学的很多高校教师，比我有着更高远的目标——考博。在这些访学同伴们的鼓励之下，我内心也跃跃欲试了。

本来，考博不是我访学的目标，我曾在华东师大助教进修班学习过硕士学位课程，但没有硕士学位，如果考博，只能以同等学力参加考试，加之我外语水平不够好，年龄已经 36 岁，虽有考博之心，却唯恐自己没有考博之力。我热爱教学工作，可如果要在高校工作，没有博士文凭，将来的前景很难预料。思量再三，我把自己访学目标和心态的变化，统统告诉了程正民老师。

程老师没有马上鼓励我，也没有马上否定我，而是对有文艺学博士点的一些高校进行了全面分析。他如数家珍地分析了中国人民大学、北师大、首都师大、山东师大等高校的文艺学发展情况和导师学术背景，对我的学术背景和水平也进行了分析，然后让我在充分思考的基础上，做出适合自己的判断和选择。那一刻，我真正意识到导师的重要性。导师不仅仅是指定书单，让你阅读学习的人，更是在你长途跋涉不知是进是退的时候，领你爬上山顶，看清远方的条条大路，让你自主选择前行道路的那个人。

由于对自己的外语水平信心不足，访学的当年我没有考博，但是程老师为我打开的大量考博信息库，让我已经暗下决心，开始了自己的考博征程。2003、2004 年我两上北京和山东，每次考前和考后我都一定去拜访程老师，因为面临考博这项艰巨的任务，没有程老师在学术上的鼓励和帮助，光凭我的一腔热情和鲁莽之勇是很难完成的。每一次，程老师不仅针对我考前考后的心理给予鼓励和疏导，而且对我考博过程中出现的各种问题予以帮助，2004 年我终于考取了山东师大文艺学博士，这一年我 40 岁了。

二 来往与回忆

第一次去程老师家是 2000 年,那时程老师家的家具和摆设还是 20 世纪五六十年代的风格,让我感到很亲切放松,因为这种风格是我所熟悉的父母家和婆婆家的风格,在这个简朴的家里,我第一次见到了程老师,一个精神矍铄、干净利索的南方小老头。后来,程老师家终于与时俱进地装修了,风格简洁明朗,印象中阳台上的花草总是欣欣向荣的样子。程老师的家一直住在北师大的老地方,十几年来去过多少次,我已记不清了,只是那个家是我到北京必须去的地方。

每一次到程老师家,我和程老师总是坐在固定不变的位置,我坐在面西的长沙发上,面前的茶几上总有徐玉琴老师泡好的清茶和准备的好吃的,程老师总是坐在沙发旁边的一个椅子上,我们谈家事,谈学术,谈所有可能成为话题的东西,程老师很健谈,我会时不时打断程老师,提一些自己想知道的问题,表达一些自己的看法,往往程老师说得畅快开心的时候,他的假牙就有跃跃欲试要掉出来的样子,这样的时刻有很多很多,经年累月叠印在一起,让我分不清是哪一年哪一月,只是觉得时光就这样缓缓地流逝了。每每这种时刻,我总是望着程老师,内心是望着老父亲的心境,既为他沉浸在学术问题里的专注而心生敬佩,也为岁月的流逝而无限感慨。

每次去程老师家,这样的谈话往往要持续两三个小时,之后程老师、徐老师和我一定要在一起吃顿饭,这顿饭有时候是徐玉琴老师做的家常便饭,有时候我们到北师大食堂或者小餐厅吃,徐老师总是点我喜欢吃的菜,而我总是点些南方口味的软和菜,然后我们就着饭菜,把前面未谈完的话题在餐桌上又零零散散地继续下去。

程老师是福建人,比较喜欢吃甜,去看程老师的时候,我都会带点宁夏特产,特别是要带点枸杞糖。程老师给我的礼物多半是书,有他自己的书，也有他认为对我很重要的书，我的学术成长既得益于程老师方方面面的帮助，也得益于程老师送给我的书。程老师的客厅里摆了一块山石，很雅致，我真是喜欢，程老师了解我的心思，执意要送给我，我没有要。智者乐山，山石摆在客厅里，程老师必定是很喜欢的。对我而言，只要每次到程老师家，走进那个简洁明朗的客厅，坐在那个面西的长沙发上，看到山石还雅致地摆在那里，就很满足了。

差不多每次去北京看程老师，我和程老师、徐老师都会在家里合影，我总是希望通过合影的方式，留住往昔真实清晰的样子，但每每看到一张张照片，《时间都去哪儿了？》那首歌的旋律就会慢慢地在我心底漾起……

在这个网络化的时代，手机、电子邮箱、微信、视频都与程老师无关，正因为如此，我们才保持着最传统、最亲切的联系方式——我给程老师家的座机打电话。程老师家的座机号是铭记在心、无需查阅的，春节、教师节我一定会打电话，每当这种时刻，程老师父亲般的言说方式，徐老师妈妈一样琐碎而温暖的聊天，会让我们的通话时间持续很久，我尽力地想象着他们慈祥的面容，长久地享受着通话的乐趣……在最传统的通话方式中，时间在我心底定格为永恒。

三　父亲与师父

我父亲是东北农家子弟，以优异成绩考上了中国人民大学，1960年大学毕业，放弃报考硕士的远大前程，怀揣年轻共产党员的一腔热情，奔赴大西北支边，1984年就长眠于此；我老公公出自江南教师之家，曾跨过鸭绿江抗美援朝，之后以优秀调干生身份，读了北师大本科，1959年大学毕业，也同样怀揣年轻共产党员的一腔热情，奔赴大西北支边，1989年也长眠在这块土地上。所以，在我整个成年时期，父亲这个位置是空缺的，我对学养深厚、宅心仁厚的老先生都有一种父亲般的敬爱，但往往隔着遥远的审美距离，很少有长久交往的机会和可能。

我上本科和硕士学位班的时候，都是大班授课，没有在小团体中近距离指导我的导师，到北师大去访学，程老师是我真正意义上的第一个导师。在北师大访学期间，与程老师的近距离接触，我开始真真切切地感受到父亲般的精神鼓励和在学术上的有力帮助。我读博期间，宁夏银川到山东济南没有直达的火车，北京是我旅途的中转站，寒暑假我多半会去程老师家，每次走进熟悉的楼道，按响熟悉的门铃，我内心都是放寒暑假回父母家的心情……我知道，接下来的几个小时，有程老师以父亲的语言缓缓拉开的学术画卷，有徐老师以母亲的方式准备的各种好吃的和许多细细碎碎的家常话，那种时候我内心总是充满暖暖的期待。

博士毕业那年暑假，我又去了程老师家，我谈了读博士三年终于完成学业的感慨，程老师慈祥而平和地说了一句话："把你培养成博士，也算为西北的教育事业做了点事情。"这句话让我想到了早年满怀豪情奔赴大西北、现在已经长眠在大西北的父亲和老公公，更想到程老师长久以来父亲般的鼓励与帮助，我心潮澎湃、泪流满面。面对程老师，我不想掩饰，也无需解释，我只用和程老师一样平和的语气说："程老师，您放心，我回去一定好好工作。"

由于中国文化对师德的尊敬，自古就有"一日为师，终身为父"之说，这样称呼导师，也是为了和父亲的称呼相区分，在北师大访学一年，我从未称呼程老师为师父，但多年以来与程老师的交往，程老师对我的言传身教，让他早已站在了我内心深处父亲的位置上了。

从 2000 年到现在，16 年间我一直和程正民、徐玉琴老师保持着联系，许许多多记忆模糊的琐碎小事，构成了我们绵长的师生情谊。有一个不为人知的情况是，我对文字的记忆比对图像的记忆要深刻，所以我能记住的多半是语言和文字，而不是声情并茂的图像。漫长的时间，细碎的交往，不是留存为如诗如画的影视画面，而是凝缩为关键词；要把关键词化为神采飞扬的诗歌或绵长的散文，对我而言是件不容易的事，如果让我再转换成如诗如画的影视画面，更是难上加难。但我想，真正深厚的师生情谊，不在凝缩至简的文字中，而在已经走过的漫漫岁月中，在未来走向我们的时光里……

（吕颖，北方民族大学文史学院）

师者如一杯不烫手的茶

苏文菁

苏文菁（右）

20世纪末的1995—1998年，有幸从南方的福建滨海到北京师范大学文艺学专业求学。在京城，见识了不少原来只是在教科书的封面才能看到名字的学术长辈；老天对我恩宠有加，居然让我有三位博士指导教授：童庆炳先生、程正民先生、孙绍振先生。毫无疑问，三位都是当今中国学术界的顶尖人物，但三位先生个人气质与为人风格又是那样的不同，此生能够跟随其中的任何一位都是三生之幸了！当年，我到北师大上学时，程正民师不仅是我的导师，还是北京师范大学中文系系主任。在我的人生印记中，程先生与童先生是合为一体的，有如那张色彩分明而又融为一体的八卦图：童先生刚而直，有如严父；程先生柔而和，恰似慈母。两位尊者的相互配合，将我们这批来自亚洲各地（不只是中国）的个性各异、诉求不同且年龄相差不小的一大帮学生凝聚在一起；学有所获，学有所成，成就了中国文艺理论界的佳话。如果要用一个比喻来表达北师大求学三载以及此后的岁月里程先生对我的影响，那就是一杯不烫手的茶！

常有"人生如茶"的感慨！年轻时都向往着滚烫的开水冲向干瘪的茶叶，在腾腾的雾气中舒展、盘旋、绽放；而接下来却是心急喝不了热茶的。搓手、等待或揭开杯盖瞧瞧。随着年岁的增长，更多的是习惯于要等到茶泡开了、茶味出来了，有温度但不烫手，这就是一杯好茶了。教育之百年树人的功效又何尝不是如此之如茶？如此，一杯不烫手的茶当是对师者最高的褒奖了。

从上幼儿园开始，这辈子就没有离开校园。让自己的生活如茶般平淡、平和，如茶般可供回味，应该是我们所追求的生存方式。最近，时常想起母校的校训：学为人师，行为世范，时常想念作为程先生学生的日子；慢慢体会"学"与"行"不同的存在方式。几时能够做到温而不烫呢？那实在是一种人生的境界了！

（苏文菁，福州大学闽商文化研究院，1995 级博士研究生，2016年 2 月于福州）

程正民先生的学术思想习得

——纪念先生八十寿辰

邱运华

邱运华（左）

我自 1996 年 9 月考入程正民先生门下，攻读外国文论博士研究生，是程先生独立招收的第一个博士生。在此之前，程先生曾经协助童庆炳先生带了苏文菁师姐，做"华兹华斯诗学研究"，我入门之后，王志耕、高建为、黄键等师兄弟先后入门，大家在先生的指导下研修学习。我 1983 年毕业于湘潭大学中文系本科，同年考上了内蒙古大学俄罗斯文学硕士研究生，师从陈寿朋先生。1986 年 7 月毕业后，回到母校湘潭大学中文系任教。自研究生毕业到考入程先生门下，已经在高校从事教学和科研工作十年，应该说，对于从事的专业有了比较系统的认识，也积累了一些研究成果，但是，对文艺学学术本质和规律、研究方法和哲学认识，还处在比较茫然的阶段，一则对自己所做的学术研究缺乏足够信心，无以规划未来的发展，二则对外地大学那种人际小格局已觉不耐，希望重新规划人生。出于这样一些比较复杂而且模糊的想法，那一年，拜托吴元迈老先生的推荐，我报考了程正民先生的博士生。那一年，是我的"大年"，我考上了。

程先生的 1996 年也是"大年"。先是从苏联文学所回到中文系，1994 年解决了教授职称，1995 年解决了博导资格，又"被担任"中文系主任，似乎还兼任党总支书记。我进校时，登门拜见程先生、师母，正是北京市街面上满街槐花盛开之际，师大校内也白杨树枝叶繁茂，满园绿荫，空气凉爽，气候宜人。坐在先生家里，听先生说话，已经不能详细记忆他说的内容，只是牢牢记得他讲话的从容、平易、和蔼、论事说大小，析理说层次，格局说境界。叙及师门渊源、俄苏文学和文艺学两个群体中的人和事，学问品评，人际渊源等，听先生说完，仿佛进入了队伍，找到了位置，心里很是安静。这种感觉一直留在心里。

一

最初接触程先生的学术工作，是学习他和刘宁先生合著的《俄苏文学批评史》（1992）。这是国内第一部系统性最强的、全面阐述俄苏文学批评的著作，参与写作的包括当时国内顶级的学者，当年在北京八大处空军招待所召开的俄苏文学会议上，刘宁老师专门介绍了这一著作，很遗憾，当时我没有机会与程先生交谈和请教。当年，在湖南省张家界召开的 70—80 年代苏联文学研讨会上，也曾经相聚。不过，这部《俄苏文学批评史》并非他最具有代表性的著述。以时间的先后来梳理，他的著作大约如下：《俄国作家创作心理研究》（1990）、《俄苏文学批评史》（合著）（1992）、《20 世纪俄苏文论》（1994）、《列宁文艺思想与当代》（1997）、《巴赫金的文化诗学》（2001）、《创作心理与文化诗学》（2001）、《中国现代文学理论知识体系的建构——文学理论教材与教学的历史沿革》（合著）（2005）、《卢那察尔斯基文艺理论批评的现代阐释》（合著）（2006）等；他参与编著的作品有：《现代心理美学》（1993）、《文艺社会学：传统与当代》（1994）、《文艺心理学教程》（2001）、《20世纪外国文论经典》（2004）等；程先生主编了《20世纪马克思主义文艺理论国别研究》，作为教育部人文社会科学重大项目，其中有俄、英、美、德、日和中国等国家的马克思主义文论发展研究专著。程先生至少还有两种选集：《程正民自选集》（2007）、《从普希金到巴赫金——俄苏文论和文学研究》（2015）。上述作品是改革开放以后写就的，可以说，程先生的学术生涯在新时期得到了很好的升发和绽放。

程先生的学术研究具有一个清晰的谱系，即在俄罗斯优秀文学传统的基础上，结合当代中国文学紧迫问题，展开文学创作经验、文学理论问题的研究。这个学术研究谱系与北京师范大学文学研究的传统具有相当关系，与20世纪50年代成长起来的一批文学理论学者的知识结构具有相当程度的一致性，应该说，这是延安鲁艺培养起来的知识分子所具有的基本知识结构。他们展开学术活动的基本知识结构包括马克思主义基本原理、俄罗斯文学优秀传统和对中国现实的深切关注，老一辈的学者例如周扬、黄药眠等先生，20世纪50年代培养出来的年轻一辈如吴元迈、刘宁、钱中文等先生，基本上都属于这个知识结构。当然，他们中间有的国学学问深厚一点，有的更偏向欧美学问的，各自不同。而在北京师范大学文学研究的体系里，老一辈学者如启功先生，是国学方面的大师，钟敬文先生倾向于新文化建设过程中的民间文学和民间文化的发掘和研究，黄药眠先生则在文学思想和理论建设。20世纪50年代成长起来的学者如刘宁先生专注于俄罗斯文学理论研究，童庆炳先生力求把西方文学理论研究成果与新中国文学理论建设结合起来，而程先生则专攻俄罗斯文学理论，兼及文学创作心理研究，具有鲜明的个性特色。

二

　　程先生的俄苏文学理论研究，有两个重点：一是 20 世纪俄苏文学理论研究，一是俄苏马克思主义文学理论家的研究。主要展现在《俄苏文学批评史》（合著）、《20 世纪俄苏文论》、《列宁文艺思想与当代》、《卢那察尔斯基文艺理论批评的现代阐释》（合著）等著作里。《俄苏文学批评史》（合著）被学术界认为是"我国首部系统论述俄苏文学批评史的专著……它的出版填补了国内这方面研究的空白"①，它着眼于整个俄罗斯文学批评史，提纲挈领，从整体上对俄国文论进行宏观把握和微观分析。全书编写采取了综合性概论和批评家专论相结合的体例，运用马克思主义的历史唯物主义原则，对俄苏文艺理论进行发掘、整理、研究，理清其形成和发展的基本脉络，对各批评流派及其代表人物做出实事求是的科学评价，总结其历史经验和教训，为建设有中国特色的马克思主义文艺理论批评提供了很好的借鉴。《20世纪俄苏文论》则对 20 世纪这个时间段里俄国文论的发展进行了细致绵密的分析和阐述，尤其对十月革命以后俄国文论在意识形态批评作为主线的大环境下的变化和发展进行了全景式的分析，还原了俄国文论在这一时期发展的原初图景；《列宁文艺思想与当代》和《卢那察尔斯基文艺理论批评的现代阐释》着眼于马列文论发展进程中的两个重要人物进行个案分析，集中阐释了二者的无产阶级文论和意识形态批评的内容和特点，以及在马列文论发展中的地位和意义。尤其值得称道的是程先生的"当下性"意识，前者突出"列宁文艺思想"与"当代"的关系，后者则对卢那察尔斯基的观点进行了"现代阐释"。

---

　　①　何茂正：《踏踏实实的开创性工作——评〈俄苏文学批评史〉》，《俄罗斯文艺》1993年第 5 期。

所有这些，均以历史的研究手法，关注过往文论对当下的意义和影响，突出强调"文论"对当代的意义。

《列宁文艺思想与当代》作为研究列宁文艺思想的专著"对列宁文艺思想中的一系列重大理论问题进行了深入的研究，可称新中国成立以来中国学者集中研究列宁文艺思想的突破性和总结性成果"。19世纪末20世纪初的俄国是一个多语境并存的时代。"19世纪90年代同民粹派唯心主义历史观——主观社会学的斗争、20世纪同马赫主义经验批判唯心主义哲学的斗争，对列宁的马克思主义哲学思想的形成和确立，对列宁的马克思主义文艺思想的形成和确立，具有重大的意义。"现实社会涌动的巨大暗流、丰富纷繁的文学创作为列宁文艺思想的成长提供了重要帮助。"从世纪末到革命前，现实斗争、思想争鸣、文学繁荣，为列宁文艺思想的形成提供了丰沃的土壤。"[①]程先生对这种多元语境进行了层次清楚、娴熟的叙述，认为"艺术反映论、文学党性原则和两种文化学说从三个重要方面涉及文艺理论三个最基本的问题，构成列宁文艺思想的基础，形成了列宁文艺思想完整的体系"。而"战斗的党性"、"哲学的深度"和"历史的具体性"，则成为列宁文艺思想的个性特征。

卢那察尔斯基是俄国20世纪最伟大的文艺学家之一，堪称百科全书式的人物。但因其曾经的苏联政府文化官员的身份而受学界冷落。程先生在协助刘宁先生做完俄苏文学批评史的系统研究后，自陈抓住了两个点：一是列宁文学思想，一是卢那察尔斯基文学思想，做了个案研究。《卢那察尔斯基文艺理论批评的现代阐释》一书即是其中一个重点研究成果。这是他带领我和王志耕师兄弟做的一项工作。卢那察尔斯基是俄苏文学批评里的一个大家，他的文学批评和文学理论思想非常丰富，是苏维埃时期文学理论的代表。程先生从现代文学思想发展的理路出发对卢那察尔斯基的艺术理论及批评实践进行了系统的重新阐释，肯定了卢那察尔斯基将美学批评与历史批评相结合的

---

① 邱运华：《列宁文艺思想与文艺学经典命题》，《文艺理论与批评》1998年第5期。

方法论在批评实践上的重大贡献。全书着眼于阐明卢那察尔斯基的理论来源以及意义，尤其突出了首次全面阐发列宁文艺思想的历史地位和作用，阐明按照文艺的特点领导文艺的原则，论述艺术的继承和革新对社会主义文化建设的重要意义，指出社会主义现实主义是一个广泛的纲领。这一切成就了卢那察尔斯基文艺思想的特征："坚持审美的立场"、"坚持开放的原则"、"坚持创新的精神。"①

　　程先生的文艺心理学研究领域具有系统性和开拓性。新中国成立以来，我国文艺学理论建构和文学批评思路走的是文艺社会学的路子，主要沿着马克思主义经典作家所建立的"上层建筑、经济基础、意识形态"学说确定文学的位置，再在这一思路下确定文学的性质、地位、一般规律和特殊性。改革开放以来，随着西方各种思想的涌入，文艺心理学领域的很多学人将文艺社会学研究转向文艺心理学研究，这突破了传统的社会存在决定社会意识的研究角度，开始将研究的视角触及"人"和"人"的内心世界，以及"人"的个性与周围世界的关联。程先生基于"自己的学术旨趣"和学术洞察，走出了文艺社会学研究的单一思维，打开了文艺心理学研究的窗户，将研究的触角伸向作家本身，关注作家的个性、创作过程不断变化的奥秘等，切入点是他最为熟悉的苏联文艺心理学。他先后翻译了苏联心理学家科瓦廖夫的《文学创作心理学》、苏联文艺学家梅拉赫的《创作过程与艺术接受》。随后在 1985 年参加了国家"七五"社科重点项目——"心理美学（文艺心理学研究）"，并产生了《现代心理美学》这一重要学术成果。此间，程先生结合文艺心理学的相关理论和知识，以自己熟悉的俄苏作家为切入点，完成专著《俄国作家创作心理研究》。此书将研究的重心锁定在作家的个性心理，将理论研究与个案研究相结合，分别选择普希金、果戈理、屠格涅夫、陀思妥耶夫斯基、托尔斯泰、契诃夫为研究对象，充分运用了心理美学的理论阐释创作个性

---

　　① 程正民：《卢那察尔斯基文艺理论批评的现代阐释》（合著），北京大学出版社 2006 年版。

与艺术思维的关系、创作个性与艺术家气质的关系、作家个体情感世界对创作的过程和内容的关系以及艺术思维类型等理论问题，从而试图揭示艺术创作的共同奥秘。在进行作家个体创作心理研究的同时，程先生将个性心理现象与社会心理现象联系起来，把文艺心理学与社会心理学结合起来，这一举措直接拓宽了文艺研究的宽度和厚度，结合丰富的创作实践，程先生的文艺心理学进一步丰富了文艺研究方法。在20世纪80年代初期和中期，我国学术界出现文学研究方法热，弗洛伊德和荣格的心理分析学说是其中的一个重点，说起文艺心理研究，即联想到他们两人的学说。但是，他们的学说产生在临床医学，并非建立在作家创作、文本研究和接受研究这一链条之中，因此把他们的理论运用到文学研究，多少具有"两张皮"的感觉。程先生通过翻译、介绍苏联文艺心理学理论，和对俄苏经典作家的创作心理研究，在中国学术界夯实了这一研究领域，我认为，在程先生学术工作中，这是很有特色和很有高度的一个领域。

程先生的另外一个重要贡献就是他在文化诗学领域的研究成果，这主要体现在《巴赫金的文化诗学》一书中。纵观程先生的学术生涯可以发现，从文艺社会学到文艺心理学再到文化诗学研究是先生文艺学研究的道路。这契合了改革开放以来我国文艺学研究方法转换的大气候。很久以来，我国的文艺学研究走向两个极端：一是完全忽略文本，不顾作品的形式和语言，仅仅关注文本背后的社会和历史；一是完全不顾文本背后的社会和历史等大环境，仅仅局限在文本本身。这两种现象也就是现在我们所说的文本"外部研究"和"内部研究"。这一进程与19世纪末20初的俄苏文论研究有很多相似的地方。不同的是，巴赫金的出现，改变了这一局面。巴赫金肯定形式主义的积极意义，并没有全盘否定形式主义，认为形式主义坚持的是"艺术结构本身的非社会性"，并把形式主义诗学称为"非社会学的诗学"。巴赫金认为文学是一种社会审美文化现象，他主张诗学研究应当从文学内部结构入手，从文学体裁和形式切入，但又不应脱离社会历史语境和文化语境。在他看来，既"不能把诗学同社会历史分析割裂开来，但又不可将诗学融化在这样的分析之中"。程先生在《巴赫金的文化诗学》中很好地分析和界定了诗学研究的主要内容，即社会学诗学研究、历史诗学研究、文化诗学研究，及其在实际个案研究时相互之间的关系，并高度评价了巴赫金诗学研究在俄国文论界乃至整个20世纪诗学发展中的地位。他厘清了巴赫金研究经历了三个阶段：一是关注"复调理论"；二是关注"狂欢化理论"；三是关注"对话理论"。这三个阶段是不断深化和发展的过程。直到"抓住了对话，我们总算从总体上掌握了巴赫金思想的核心"。此外，程先生还认为，"巴赫金的诗学研究是总体性的诗学研究，他不是孤立地研究单一的诗学，而是在各种诗学的相互联系和相互作用中对诗学进行一种综合的、整体的研究"。这对我们把握巴赫金诗学的特征，进行巴赫金研究乃至整个文学研究具有重要的指导意义。他提出，"文化诗学是巴赫金诗学研究的核心"，"在二十世纪世界文化研究中占有重要和独特的地位"，并且"反映了二十世纪诗学研究发展的重要趋势"，因此，《巴赫金的文化诗学》的论述和阐释重点集中在"文化诗学"① 上。此书以巴赫金的《陀思妥耶夫斯基诗学问题》和《拉伯雷的创作与中世纪和文艺复兴时期的民间文化》两本个案研究专著为切入点，深入、系统地分析和阐释了巴赫金的文化诗学理论，尤其突出了巴赫金对陀思妥耶夫斯基"复调小说"和"民间狂欢化文化"的分析和研究，梳理了巴赫金民间诙谐文化的形式、特征和深层本质以及民间诙谐文化在拉伯雷小说中的运用和表现。在理论层面，《巴赫金的文化诗学》从四个方面对巴赫金的文化诗学理论进行了展开：一是狂欢化的世界感受（哲学层面）；二是多元、互动和开放的整体文化观（文化层面）；三是狂欢式的思维和艺术思维（文艺学层面）；四是小说体裁和民间狂欢化文化（文艺学层面）。这涉及人的世界观与思想精神领域、生活与思维、小说体裁与民间文化等诸多方面，将文化诗学研究与体裁诗学研究、历史诗学研究融为一体，是对巴赫金诗学理论的一次全面深入的

---

① 程正民：《巴赫金的文化诗学》，《文学评论》2000 年第 1 期。

分析、梳理和界定。

国内学术界介绍巴赫金的小说研究理论很早，据说北京大学俄语系彭克巽教授在 20 世纪 80 年代初期的《俄苏小说史》课程教学中引用了他的研究成果，介绍了日本和中国台湾地区的学者的巴赫金研究观点；1982 年，夏仲翼先生在《世界文学》杂志上发表了巴赫金对陀思妥耶夫斯基小说的研究，即《陀思妥耶夫斯基诗学问题》中的部分章节；此后在 1987 年和 1988 年，《弗洛伊德主义批判》相继有三个中译本出版，1988 年《陀思妥耶夫斯基诗学问题》中译本出版，1989 年《文艺学中的形式主义方法》中译本出版，1996 年佟景韩翻译的《巴赫金文论选》出版，这期间，一些博士生先后选择研究对话理论、复调理论、狂欢化理论等论题做学位论文，特别是 1998 年河北教育出版社出版了《巴赫金全集》（六卷本），钱中文先生撰写了长篇序言，系统介绍巴赫金的学术思想，对其中的重要观点发表了自己的见解。在这一背景下，程先生出版《巴赫金的文化诗学》无疑具有重要的学术史意义，特别是他对"文化诗学"理论和实践的探讨，廓清了与新历史主义的文化诗学的修辞与政治的谋略，对于拓宽中国文学理论研究的视野，使文学研究走出多年沿袭的单一的意识形态批评圈子，建立结构与历史相结合的诗学理论，具有特殊的价值。北京师范大学文艺学研究中心也特别把"文化诗学"列入研究系列。

三

程先生的学术研究，对文学批评史从整体的把握到具体的个案分析，从文论本身的突破到方法论的创新和尝试，抓问题的思路具有两个特点：一是抓前沿性问题，二是结合中国文学理论建设的实际提出问题和解决问题。《俄苏文学批评史》（合著）"填补了国内的空白"，对俄苏文论有了一个全新的阐述视角，在此基础上，程先生先后选择了列宁和卢那察尔斯基两位马列文论大家进行了系统的研究和论述。这是一个由大到小，由整体到局部，由粗线条到细角度的渐进过程，这个过程也让我们进一步理解和廓清了俄苏文论在 20 世纪的发展状态和脉络。在进行理论研究的同时，程先生同样关注方法论的革新问题，即在文艺心理学领域的探索。他文艺心理学的研究最早得到黄药眠先生的支持，随后程先生从译介到创新，很快在文艺社会学研究这一主流研究方法的大背景下走出了一条文艺心理学的新路。在这个基础上，程先生又回过头来重新审视俄苏文论，得到新的启示产生新的著作便是很自然的事情了。可以说是对俄苏文论的研究促使他走进文艺心理学，而文艺心理学领域的研究成果又促进了他在文论领域的前进，二者相得益彰。

从文化的语境考虑问题，也是程先生自觉接续俄罗斯文学研究优良传统形成的学术特色。注重文化语境是视角问题，也是分析问题的出发点和落脚点。维谢洛夫斯基在《历史诗学》中提出："文学史……是一种社会思想史。"倡导用历史的眼光看待文学和文学史，提出总体文学观的概念，发掘了文艺学与文化史之间的联系。这一学说被后来的巴赫金发扬并推进。巴赫金在他的论著中说："维谢洛夫斯基的长处就在于此"，即发现了"文艺学与文化史的联系"，揭示了艺术形式、艺术语言的"符号学含义"，而他自己则提出文化诗学的研究方法。程先生秉承这一传统，将文学和文论放在文化的语境下审视和分析，把作家的创作实践、创作成果和文论家的理论成果与作家、理论家的个性、气质、心理和社会心理现象联系起来，产生了一系列的理论专著和个案研究作品，比如《创作心理与文化诗学》、《俄国作家创作心理研究》和《列宁文艺思想与当代》、《卢那察尔斯基文艺理论批评的现代阐释》（合著）。实事求是，重视对创作实践的总结，深入文学史的细部，运用各种文艺学研究方法，发掘和深化对文学现象的理解和阐释。研究中，程先生不拘泥于一种方法，而是充分运用各种文艺研究方法来深化对文学现象的理解。他说："文艺学研究方法的多元化给文艺学带来了生机和活力","它们之间没有高低贵贱之分",因此各种方法都可以采用。重视创作实践的一个重要表现就是程老要求学生"搞文艺学要以一个国别文学的研究或几个作家的研究作为根据地",这样才能在谈理论问题时"避免空对空","避免任意选取例子而忽视文学现象本身的全部复杂性","避免空空的泛论"。

我体会,程先生的学术研究,有三个"坚守",这三个"坚守"也代表程先生的学术品格。

一是坚守一块学术土壤,不离不弃,不断深掘,这块土壤就是俄罗斯文学。程先生50年来的学术耕耘,基本上坚守在俄罗斯文学土壤上,以俄罗斯文学作为文学创作的经验,作为理论研究的例证,也依据俄罗斯文学的先进经验来阐发理论观点。单纯从选题现象来看,做到这一点还是比较简单的,程先生的研究选题领域基本上没有脱离俄苏文学和俄苏文论,但是,从思想上自觉地坚持这一点,则很不容易。学术界常见的现象,一是守住几条所谓"普遍真理",放之四海,把世界各个民族、各个时期、各个种类的文学作为衡量的对象,任意臧否,作为对"普遍真理"的例证。这个恶习在"文化大革命"时期几成普遍意识,但在"文化大革命"结束后也并未绝迹。二是"学无禁区",仿佛是绝对权威,对世界上任何国家的文学都有发言权,都能够把它们纳入文学世界来做规律分析,实则起到了抹杀文学的民族特色、地区特色、文化特色和历史特色的作用。这个现象至今还比较普遍,特别是一些"做理论的",所谓做伪"比较文学"的。程先生非常自觉地意识到各民族文学发展的特殊性,意识到各民族文学的地域、文化、历史、社会结构和传统等的差异性,警觉到自己接受的知识体系和理论体系的局限性,使他非常理性地把研究的领域、把获得的结论限定在俄罗斯文学的领域,从不据此臧否世界上其他文学,我理解,这是程先生之坚守俄罗斯文学的理论研究的真意。他特别推重巴赫金晚年的一篇论文《答〈新世界〉编辑部问》(1965)里提出来的观点,认为,当代中国文学研究正是应该直面现实提出问题,把文学研究与具体民族的文化史联系起来，而不是简单地跨越文化连接社会。在这个意义上，文学的特殊性与文化特殊性是彼此紧密联系着的。这样的文学研究，才具有自身生存的理由。超越具体民族的文化做文学研究，无视文化特殊性做文学研究，都难免大而无当、空洞无物。

二是坚守理论研究与文学史实研究紧密结合的研究道路，彼此参悟，互相印证，不作妄言，不兴妄念，倡导为学以诚。程先生的学术研究，无论是俄罗斯作家创作心理研究，还是巴赫金文学思想研究，或者文艺心理学研究，都紧密抓住两个端点：一是从现实出发提出理论问题，一是俄罗斯文学优秀作家、优秀作品的创作经验，他绝不像有些理论家那样，引用自己不熟悉、没有吃透的案例来轻率说事，后者是当下文艺学家经常犯的错误。所以，你在他的著作里、论文里、讲话里，看到的都是他认真研究过的材料。程先生自己说："我一直在文学理论研究和俄罗斯文学研究两界穿行，我的文论研究以俄苏文论研究为中心，同时又同俄苏文学创作密切联系。文学理论研究的视角使得我的俄苏文学研究有了更多的理论色彩，而俄苏文学研究又使得我的文学理论研究有了创作实践的依据。"[①]这个客观形势造成的学术研究理路，成就了程先生研究的特色。我们读他的《普希金的创作个性和艺术思维的特征》、《果戈理：气质、生命力和创作》、《托尔斯泰的创作和俄国农民心理》等一系列作家专题研究论文，会感受到其中的理论思维力量；我们读《巴赫金的文化诗学》、《巴赫金的体裁诗学》、《普罗普的故事结构研究与历史研究》以及《维戈茨基论艺术结构和审美反应》等论文，又能够感受到其中洋溢着的坚实的文学史积淀。

三是坚守科学的文学研究应结构研究与历史研究相结合、共时研究与历时研究相结合、内容研究与形式研究相结合的基本信念，坚信

---

① 程正民：《从普希金到巴赫金（俄罗斯文论和文学研究）》（闽籍学者文丛），福建人民出版社 2015 年版，第 7 页。

文学研究终归是社会历史、作家艺术家创作个性和形式文化之间的合作，坚持以历史主义的观点来看待文学现象，探讨文学发展规律，无论是宏观的还是微观的问题，他都坚持放在具体的社会历史语境下来研究，不偏执，不轻信。作为一个受到系统而长期历史唯物主义理论教育的学者，历史主义的意识在程先生这一辈学者的思想里已经积淀为自觉反应，看待任何问题，历史主义观点都会成为第一反应。但是，无论是在苏联还是在中国，历史主义都或多或少程度不一受到曲解、机械使用，甚而歪曲和滥用，造成了许多不良后果。可贵的是，程先生作为 20 世纪 50 年代新中国培养起来的学者，敏锐地觉察到中国文学理论研究的"盲区"，在关注文学创作的一般规律的同时注意到创作心理的作用；在关注到历史社会的决定作用的同时，注意到民族文化史的特殊意义；在关注内容的同时关注形式，关注历史的同时关注结构，关注历时的同时关注共时。为此，他写下《普罗普的故事结构研究与历史研究》、《俄罗斯文艺学的历史主义传统与创新》这样的重要文章。特别是在关于普罗普的研究中，他多次列举《故事形态学》（1928）与《神奇故事的历史根源》（1946）两者结合的重大学术价值，他多次给我提出这样的观点，表述在《普罗普的故事结构研究与历史研究》一文里，则是"普罗普在故事研究中以结构研究为先导，为前提和条件，以历史研究为旨归，将结构研究和历史研究结合起来，不仅开辟了故事研究的新篇章，对文艺学研究也是有普遍意义的。因为作为文艺学研究对象的文学作品本身既是审美结构又是社会历史文化的产物，文艺学研究既可以从形式结构出发，也可以从社会历史文化出发，但是如果是科学的文艺学研究，它追求的必然是结构研究和历史研究的统一"[1]。同样的观点，还可以见诸程先生研究 20 世纪俄罗斯文艺学的发展的论文里，例如《20 世纪俄罗斯马克思主义文论的发展》、《俄罗斯文艺学的历史主义传统与创新》、《苏联当代文

---

[1] 程正民：《普罗普的故事结构研究与历史研究》，原载《中国政法大学学报》2012 年第 5 期，收入《从普希金到巴赫金（俄罗斯文论与文学研究）》，福建人民出版社 2015 年版，第 63 页。

学观念的变化和研究方法的革新》和《历史地看待俄国形式主义》
等，就以辩证发展的眼光审视自普列汉诺夫、列宁之后的俄罗斯文艺
学，包括庸俗社会学文艺学、无产阶级文化派、形式主义学派、巴赫
金、洛特曼、梅拉赫、维戈茨基、利哈乔夫等，对他们之间的接续关
系、偏与正相互补充调整的立场，强调在 20 世纪俄苏文学理论的整
体走向过程中历史地辩证地看待文艺学学派的变化，并做出科学解
释，为学术界正确认识 20 世纪俄罗斯文艺学实际，从而科学判断国
际文艺学的走向，起到了重要作用。

　　我个人最为看重的，是程先生发表的论文《文化诗学：钟敬文和
巴赫金的对话》①（2002）。这篇论文表现出程先生学术研究的两个重
要迹象，一是提升民间文学和民间文化在文艺学研究体系中的地位，
认为现今存在的文学理论仅仅从专业作家和上层社会的文化经验出
发，其理论的普遍性是有限定的；钟敬文先生和巴赫金几乎同一时期
在各自国家提出和践行民间文化和文学的理论意义，对于当下和未来
中国文艺学取得更高的成果，具有启示意义。二是提出在中外文化交
流对话中应强调文化主体性、"对话主体的'才、胆、识、力'"问
题。关于前者，程先生说："欧洲传统的文艺理论只反映和概括社会
稳定时期的官方化了的上层文艺现象，不反映和概括社会变动时期的
渗透了民间文化的民间文学现象。"②他认为，巴赫金文学思想的生命
力就在于，他引进了民间文化的元素，对欧洲文学理论长期被忽略的
小说做了深入研究。他所提出的复调小说、狂欢化概念，赋予文学研
究以新的视野。这种对传统文艺学理论"普遍性真理"神话的祛
魅，在当代中国文艺学建设中具有重大价值，而赋予民间文化和民
间文学以颠覆和重建的作用，则进一步体现了程先生的民主情怀。
后者更具有针对性，假如说强调民间文化和民间文学的建构意义，
多少属于从钟敬文先生和巴赫金的学术研究中的阐发，那么，强调

---

　　①　程正民：《文化诗学：钟敬文和巴赫金的对话》，《文学评论》2002 年第 2 期。
　　②　同上。

文化和文学对话中的主体性地位，强调对话主体的才、胆、识、力，显然既针对改革开放四十年来中国文学建设中存在的问题，又对未来中国文学进一步与世界各民族文学之间交流、对话，提出了殷切期望。

（邱运华，首都师范大学文学院，1996 级博士研究生）

我的导师程正民先生

高建为

20世纪90年代初，程先生从苏联文学研究所调到中文系来任系主任，与全系教职工见面，我才知道了先生。最初的印象是程先生很能讲也很会讲，讲话连珠炮似的不间断，总能说到点子上。程先生任系主任后一下子就抓住了工作重点，使中文系有了很大起色。当时中文系面临一个最大的问题是：大量"文化大革命"后上大学取得硕士或博士学位的教师工作七八年了还是讲师职称，这一现象大大影响了中青年教师的工作积极性。教师们希

高建为（左）

望解决职称，一方面是希望工作成绩得到肯定，另一方面也跟生活待遇、生活水平有直接关系，特别是跟住房的解决有直接关系，因为当时国内还是实行福利分房。那时房源少，得排队分房，排队就得算分，算分的一个重要标准就是职称。住房的问题乍一看是个人生活问题，其实它跟工作也有密切关系。当时大学条件差，办公室窄小，图书馆又挤着大量学生，因此许多文科教师主要在家里做研究工作。中

文系教师做研究需要书，没有房子怎么放书？程先生当了系主任以后积极与学校有关部门沟通，跑上跑下，磨破了嘴皮子，终于让中文系中青年教师职称方面积累的问题分阶段迅速地解决。老师们心里痛快了，脸上露出了喜色，工作干劲更足了。当时我虽然跟程先生尚未有直接来往，但对程先生解决问题的能力有了很深的印象。

1995 年夏秋之交，我在北京语言学院强化培训法语一年后准备赴法国巴黎第四大学进修，这对我而言是一个渴求多年的机会，因为我硕士学习的专业是世界文学，留校工作也是在中文系外国文学教研室，讲课内容是西方的东西，研究对象也是西方的东西，不到外国看一看，自己觉得工作起来也没有底气。有一天晚上我正在收拾行装，程正民先生突然造访我家。程先生的来访让我很狼狈，因为我当时住房很小，三口人住一个 26 平方米的一居室，加上正收拾东西，屋里乱成一团。程先生当时跟我谈了一席话，原话我现在记不清了，但大意我还记得。程先生总的意思是说，虽然现在青年教师条件差一些，但很快会改善的，对前途要有信心，职称早晚会解决云云。程先生作为系主任亲自到我这个小小的讲师家里造访，对我而言有重要的意义，我感觉系里对我们这些正在苦苦挣扎的青年教师还是重视的，并不打算放弃。

在法国进修一年，我见识到法国生活的自由和富庶，对比当时改革开放成果还不显著的中国，只觉得中国贫穷落后而且处处受拘束。举个例说，当时我在国内的工资一个月就是 400—500 元，工作几年存款也就两三千元，家用电器只有一个电视机，连冰箱也没一个。老实说就是有什么大东西也没地方放。记得先前我住四合院时因无冰箱，要放东西老往邻居郭英德老师家跑，借他的冰箱放一下。当时看到一些出国进修的同仁想方设法留下来，自己也萌生了留在法国继续学习的想法。在法国继续学习，虽然学费并不高，但首先得想法解决生活问题。一些朋友给我介绍地方去打工，我也就去试试。有个地方是个服装加工厂，让我给成衣剪线头，我做了一天就不再去了。我感觉干这种活儿是在浪费生命。我听说很多出国打工挣钱的人在国内是知识分子甚至高级知识分子，为了子女能够去外国上学，就去餐馆洗盘子。据了解，当时在法国或在美国，绝大多数刚去想留下来的中国人干的是最没文化的人干的活儿。虽然打工挣钱是为了学习，但我觉得这样的代价太高，一定程度是在糟蹋人生。在国内虽然生活苦点，但作为大学教师毕竟从事的是脑力劳动，是精神方面的工作，而且当教师是在培养年轻人，也就是为国家的未来工作，意义显然十分重要。要深造学习，在国内有的是机会，却没有这么高的代价。并非我害怕吃苦或不愿付出代价，最重要的原因是我已到不惑之年，"日暮而途远"，再不抓紧，做学术的最佳时机就会完全丧失。这时我想起了程先生，想起他的勉励和期望。最后我决定按原计划结束进修回国，于是在1996年底回到北师大中文系。

回国以后，我去见了程先生，提到两点想法：第一，我要攻读博士学位；第二，希望能尽快解决我的副高职称。对于第一条，程先生表示支持。对于第二条，程先生也表示会争取。

其实当时同事中许多当年与我一同读硕士的同龄人已经不愿意再当学生了。我之所以坚决要读博士，一方面是认识到自己做大学教师的本钱太少，急需再次充电；另一方面，我在法国也看到许多教师读博士时年龄都已不小，而他们并不考虑年龄的问题。当时考虑读博士要么脱产，要么在职，而我在北师大有很好的研究条件，读在职也不用跑远路，比脱产到另外学校读更有利。至于选取什么专业和方向，我考虑因一直从事外国文学研究，应顺着这个方向做下去。当时北师大中文系外国文学没有博士点，但文艺学专业在做外国文学理论的研究。于是我选择了报考北师大中文系文艺学学科的博士生。我在进入文艺学学科读博士时，最初的导师是童庆炳先生。一年后开始写论文，童先生将我交给程正民先生指导论文，这样我就拜在程先生门下做了他的学生，自然与程先生的接触就多了起来。

在跟着程先生写论文期间，我发现程先生不仅行政能力很强，实际更是一个孜孜不倦的学者。我选定的题目是法国的自然主义理论，程先生的主要研究方向是俄罗斯文学理论，但程先生给我的教诲却让我终身受益。我记得在写论文的过程中，程先生屡次讲：攻读博士学位是一个学习提高的过程，不要太急于获得学位。程先生知道，许多在高校工作的教师读博士学位首先考虑的是要一个资格，往往急着获得学位，相对论文的质量有时就有所放松。程先生让我首先阅读大量的相关著作，还要我读左拉的相关法文书。我记得程先生几次跟我讲，赵炎秋读博士学位时论文题目是狄更斯，他把狄更斯的所有小说英文原本通读了一遍。我猜，程先生是希望我能够把左拉小说的法文原本通读一遍的，但当时我确有苦衷。我是在职读博，当时中文系并未减少我的工作量，因此每学期有不少的讲课任务；此外还要写期刊论文，这也是博士论文答辩的要求。最后我在在职学习四年之后才完成博士论文答辩，比我同一届的师兄弟、师姐妹多花了一年时间。不过我觉得多这一年是值得的，因为这一年主要是修改论文，一年的修改让我论文质量提高不少，也让我自己感觉学术能力和水平上了一个台阶。然而让我一直感觉愧对正民师的是我未能通读左拉的全部法文原著，只是我自己给自己找了一个台阶：一方面法文原著难度大，另一方面左拉原著数量也大得多。

　　程先生对我论文的指导十分认真也非常中肯。我记得，我的论文稿改写过多次，每次程先生看了以后都有许多批语，而且是手写的。我知道程先生指导的博士生每年有好几个毕业，也就是同时要指导好几篇博士论文，此外还要为其他博士生导师的学生评审论文并参加答辩，因此每年一到四五月份忙得不可开交，但程先生却并没有因此而马虎敷衍。然而程先生当时毕竟是六十岁左右的人，身体并不强健。所以我感觉程先生在工作上完全够得上"兢兢业业"四个字。

　　虽然程先生主要的研究方向是俄国文学和俄国文学理论，实际上他对欧洲各国的文学理论都是了如指掌的，左拉的自然主义理论对他而言一点也不陌生。我记得我在写博士论文时受欧美一些学者的启发提出左拉自然主义诗学是"认知"和"混成"的诗学，程先生就与我推敲了许久，因为这个提法在国内尚属首次，国外也并没有这么明确的界定，在这种情况下，应该慎之又慎，否则会贻笑大方。另外也是受一些外国学者启发，我在论文里说浪漫主义思潮产生于某些作家和知识分子对现代文明及其引发的种种社会矛盾的不理解和抗议，也就是代表部分作家文人对社会现代化的一种不同见解。对这个论调程先生感觉不妥，因为在我们的研究中大都认为浪漫主义有两种倾向：一种是积极的，另一种是消极的。例如普遍认为华兹华斯是消极的，拜伦和雪莱则是积极的；法国的雨果是积极的，而夏多布里昂则有些消极。我这么一提，似乎浪漫主义都有些消极了。其实我对浪漫主义并没有什么深入的研究，只是研究自然主义必须对浪漫主义做出解释，而这个解释要符合我对自然主义思潮的界定。我当时很执拗，坚持不改这一表述，看得出来程先生不太满意，但最后程先生仍旧让我参加答辩，我顺利拿到了博士学位。据我所知，有的博士生不按导师的意见修改论文，导师就不让答辩，相比之下，程先生在学术上的开明和对独立思考的支持就不言而喻了。

我拿到博士学位以后不久，程先生申请到一个国家社科基金资助的重点研究项目"20世纪西方马克思主义文学理论国别研究"，由他和童庆炳先生共同主持。程先生和童先生将其中"20世纪法国马克思主义文学理论研究"这一子项目交给我负责，这是对我的器重，也是希望我得到锻炼提高。老实说，我本来一直研究左拉，对马克思主义理论未做过深入研究，另外我的理论功底也并不是很强，因此接到这个任务后很是诚惶诚恐。程先生帮我组织了一个团队，大部分是北师大中文系文艺学学科的青年教师，总体上力量是很强的，完成任务不存在大的问题，然而大家都在学校任教，教学科研任务不轻，结果项目的完成拖了又拖，让程先生和童先生着急。后来初步完成，但质量不尽人意。程先生和童先生要大家好好修改，做成"精品"。最后搞了大概七八年才算定型，由北京大学出版社出版了一套丛书。据了解，这套丛书反响还不错。至今我十分感谢程先生给我这个弟子这么一次绝好的提高学术水平的机会。我在参与这个项目的过程中拖拖拉拉，致使成果整体不能交付，在很大程度上要为成果晚于预定时间交付负责，这是我又一件感觉愧对程先生和童先生的往事。

　　大约就是在我完成博士论文那两年，程先生就退休了，以后我就很少在系里的办公室碰见程先生。后来我不断在刊物上和书店里看见程先生的研究成果问世，我明白程先生现在摆脱了各种俗务，终于能够专心从事学术研究了，只是希望先生能够注意保重身体，能够在做研究的同时颐养天年，让我们这些做弟子的能够不时聆听教诲。有一件事给我印象很深，那是大约三四年前，一次北师大主楼一层大厅举办书展售书，我看见广告后去选购了几本书，不期在那里看见程先生，他手里正拿着买到的一厚摞书，我要帮他拿他却不肯，我目送他瘦弱的身躯远去，心里十分感叹，敬佩之心油然而生。我知道文学院有不少老先生在他这个年龄把多年的藏书捐出或者卖掉，一方面是不打算再做过多的学问，另一方面是要为紧窄的住处腾出些空间休养，而程先生仍然在买书，可见他的学术研究还正在酣处。我多次去过程先生住处，看见他的房间里放满了书。这一下，他住处的空间又要更窄小了吧，我想。此外我想，等我到了程先生这个年龄，还会像程先生一样孜孜于做学问吗？我对自己没有信心。

　　我在 2005 年申请教授职称未果，2006 年继续申请，当时我已经做了九年副教授，按资历早该评上教授，学术成果也够了，但由于让人头疼的名额问题，那一年能否解决仍让人提心吊胆。后来程先生在此事上起了重要作用，让我铭感于心。那时每年文学院（即原先的中文系）只有少量几个晋升教授、副教授的名额，一到评选时便有多出名额几倍的"够格"候选人，于是文学院按学校要求先解决成果多的，就这样一些老教师一年一年不能解决。乍一看公布的科研成果列表，这些老教师确不如人。有的青年教师几年之间便出了十来部著作，五六十篇论文，让人刮目相看，我也感觉挺佩服，但后来得知，有些青年教师的成果并不实在，至于其中有什么隐情，恐怕难以说清，大体是八仙过海，各显神通。虽然要承认确有一些青年教师出类拔萃，能力超乎寻常，堪称当今天才，但却有不少人的成果经不起推敲。另外，教师的教学情况在评定职称时基本不起作用，这也是不合理的。今天学术界、教育界人们高呼"学术腐败"，就跟这些问题有关。

教授的评定实际与各学科的发展密切相关，文学院当时有的学科年年有新晋教授，而比较文学与世界文学则几年没晋升一个教授，这就造成了学科力量配置不平衡。我所在的比较文学与世界文学学科，改革开放以来分为东方文学与西方文学两个重要研究方向，总体上一直是西方文学的力量稍强一些，但到了 21 世纪初，由于老教授的退休，西方文学力量显出颓势，当时比较文学与世界文学两个学科合并，教授的数量却明显偏少，东方文学有两个教授，西方文学则只有一个教授，还是做俄罗斯文学研究的。此时如不倾斜扶持，文学院西方文学可能面临败落的结局。但我当时只是小小的副教授，一不是学科带头人，二不是研究所头儿，既有"肉食者谋"，我也不便"间"之，只希望能解决我个人的职称。

我记得当时找过北师大人事处的领导谈我的职称问题。我说现在提职称只讲成果数量，一点不看资历，也不看成果质量，这会造成大问题，而日本的高校首先讲的是资历，人家并未出什么问题，为什么不可以参考呢。人事处领导说是怕被人说"论资排辈"。只论资排辈是有缺陷，但讲资历的一大好处是资历难以做假，即使有人做假，很容易就查清，而搞什么"破格提拔"、"突击提拔"就问题多多了，最主要的问题是让青年教师学会弄虚作假，为学术腐败提供温床，而这种弄虚作假还不容易查清，另外这也让青年教师将教学工作撂在一边。高校教师和学术界人士都知道，就目前国内学术界的环境而言，学术成果的质量很难得到真正的评定，因为在评审学术成果时评审专家常常并不是真正内行，难以给出准确评价，于是评定学术成绩就基本只能看数量，只看数量却给造假留下了空间，再加上中国讲人情、讲关系的传统，最终吃亏的是老实人。那一年程先生早已退休，当他知道我在申请职称时遇到的问题后曾经多处呼吁。当然，程先生并不仅仅因为我是他弟子才呼吁，而主要是为我所在的比较文学和世界文学学科呼吁：如果对传统上力量相当强大的西方文学不给予一定扶持，眼看这个优势就会不复存在。后来我在职称评定讨论会上做述职讲话时谈到了学科问题，也谈到了教师的教学工作问题。我记得我说过一句话：我这二十多年虽然没做什么惊天动地的大事，但却一直在勤勤恳恳地工作。最终我的教授职称在 2006 年解决，后几年学院又继续解决比较文学与世界文学研究所的职称，西方文学研究的颓势逐渐挽回。对于此事，我心中十分感激导师。我不清楚程先生在此事中起了多大作用，但程先生的奔走呼吁已足以让我终生不忘。

我的生活道路走到今天，自思曾有多个贵人相助，才不至于最终一事无成。程先生便是我的贵人之一。程先生当过行政领导，对人从来不摆架子，自己不在背后对人说三道四，也不喜学生背后议论人。我先是在他的领导下任教，后来做他的学生，从未见他发过脾气。感觉跟先生相处，如沐春风，如浴朝阳，即使有什么事让他不满意，他也只是委婉相劝，更多的是自己率先垂范，或以好榜样激励。如果用中国古语来形容，程先生当之无愧的是"谦谦君子，温润如玉"。

（高建为，北京师范大学中文系，1997 级博士研究生）

我的精神空间中的正民师

王志耕

　　在我的生命中有几次重要的转折，现在想来，如果这几次转折不发生的话，不仅是我的生命轨迹会发生改变的问题，而是我的人格成长也会遇到障碍。在这几次转折中，结识正民师便是其中之一。说话这是 18 年前的事了。

　　那之前，我人生中一次重要的转折是到上海读研究生。直到现在当自己逐渐步入老年的时候，回过头去才发现，我生命中的几次转折却都是被动的，大概都源于我这个人的个性中的惯性（也可以说是惰性）

王志耕（右）

太强，缺少进取心。当年去读硕士研究生，是因为学校传达了一个精神，说是将来没有硕士以上的学位就不能在大学执教，那年正好结识了王智量先生，所以就去读了研究生。1988 年毕业，那时的就业本来有许多选择，北京、天津、上海都有大量的机会，但那时的我却没有择业的观念，更没有选择一个好的平台发展个人事业的概念，有人劝我在上海找个学校，但我不喜欢那里的气候，其他城市也没有什么印象，而我最熟悉的只有我心目中最温馨的城市——石家庄，因为我的家在那里，所以按照惯性，我在十里洋场转了一圈，又回到了天下第一庄。

本来，读了研究生，确定了个人的研究方向，并且我也获得了一次机会，到俄国进修了一年多的时间，应该好好做专业研究了，可1993年，学校安排我做了系里管教学科研的副主任，这其实是一个杂事差使，那时年轻，不知此为何物，糊里糊涂应承下来，就一下子陷了进去。尽管我这个人在任上无所作为，却也被要求每天坐班，俗务缠身，科研写作的事就中断下来，尽管那时有一个庞大的写作计划。时间一长，我便意识到，这不是我要的生活，于是向学校提出辞呈，而恰逢此时，石家庄的两所师范院校酝酿合并，而我在读研究生前后又分别在这两个学校任教，所以学校的意思是让我继续留任，以利两校合并后中文系教师间的相互熟悉、沟通、融合。就是在这种被迫的情况下，我决定用读博士的方式逃脱。在选择报考导师时，我立刻就想到了程正民先生，因为此前我已读过他写的《俄国作家创作心理研究》，觉得很有启发，而那时在中文系招收与俄国文学方向相关的博士生导师，并且让我心仪的也不想不出其他人。当我把这个想法与在北师大任教的老同学李春青、李国英二位谈起时，他们觉得这是不二之选，他们对先生的人品学问极为叹赏，极力促成。

于是在春青的带领下，我第一次拜访了先生。我这人始终不太懂人情世故，记得初次去见先生我就是两手空空，只带了一本已经出版的《俄国文学与中国》，里面收进了我的硕士论文的删节本。在我此前的想象中，程先生应是一位相对年轻的学者，起码不像我的硕士导师智量先生。智量先生那时70多岁，被称"鹤发童颜"，还是形容老人的形态。我想象中，程先生应是满头黑发、魁梧强壮的样子，大概是"正民"这两个字使我感觉像年轻人的名字吧。可一见之下，却是一位瘦弱的"老者"。其实那时的正民师也还不到60岁，如今18年过去了，在我的印象中，他的样子没有任何变化，似乎永远就是这个样子：花白的头发，略显稀疏，脸上戴一副看上去度数很大的眼镜，微微有些驼背，更显出一种谦和的学者神态。那次见面，先生关于考试的事并没有谈几句，只是提到因为我报考的专业毕竟是文艺学，不是俄国文学，所以要读些西方文论和中国古代文论，当时要考的就是这两门课。那次在先生家其余的时间，都是听他和春青谈他们教研室和中文系的一些事。当时先生刚从中文系主任的位子上退下来，听上去他对系里每个教师的情况都非常熟悉。具体谈到哪些内容我记不清了，但感觉是他完全没有拿我当外人，也没有把春青当作晚辈，口气更像是好朋友聊闲天。后来慢慢我才知道，正民师无论对谁，都是一样的态度，在他的眼里，所有人都是一样的人，不管他地位如何、性情如何。而这，也正是我所理解的俄罗斯经典文学的精神。

在进入正民师门下之前，虽然我也曾做过"果戈理与中国"的基于硕士论文的专题研究，在专业刊物上也发表过一些学术论文，但现在看来，人在30来岁的年龄要做好一个标准的跨文化的研究课题是不大可能的，尽管这个课题的重要性是不言而喻的。所以，在发表了几篇相关论文之后，我便搁置了那个现在看来还十分粗疏的研究，当时的一些想法甚至到20年以后我才重新拾起来写成较为像样一点的论文发表。那之后我转向了俄国宗教文化与文学的研究，孰不知这有点像"才出狼群，又入虎口"，尽管这个课题不是跨文化了，但要如何做一个"宗教文化诗学"的研究，在20世纪90年代初的时候，还确实处在"摸石头过河"的状态。所以尽管从1991年到1993年去俄罗斯进修了一段时间，也只是熟悉了一些材料而已，其实还远没有进入实质的研究阶段，或者也可以说，脑子里还远没有明确的思路，到底从哪儿入手来写作。进入北师大，首先便是与正民师商量论文选题的事，自然，我又把"宗教文化与俄国文学"这个论题提出来了。当时正民师只是"呵呵"一笑，并未多说什么，他肯定了大致的方向没有问题，而具体题目可以再仔细考虑考虑再定。此后，正民师介绍我认识了早我一届的邱运华，让我与他多交流学习与选题的事。接触了运华，方知原来他的选题也与宗教文化相关，只不过他的具体研究对象是托尔斯泰，是从俄国宗教文化中的启示性来研究托尔斯泰的诗学。实际上正民师就是通过这个方式告诉了我应当如何选题。此后正民师才和我谈起"立意要高、选题要小"的原则,"宗教文化与俄国文学"对于一篇博士论文而言只能作为一个角度,具体对象最后应是一种文学现象或一个作家。于是接下来就顺理成章了,既然运华已选了托尔斯泰,我就选了陀思妥耶夫斯基。但最后定下来的题目还是有些笼统,叫作"宗教文化语境下的陀思妥耶夫斯基诗学"。于是正民师建议,要抓住几个问题来写,而不是面面俱到地来谈陀思妥耶夫斯基的宗教性,也就是,这个论文应当写成一个解决问题的论文,而不是一种教材式的平铺直叙。方案定下来了,但具体怎样写,或者使用什么样的批评方法,以及这个批评模式如何展开,我仍然不十分清楚。正是在与正民师不断的讨论中,我逐渐领悟了文化诗学的批评要领。至今我还清楚地记得正民师为我指明的写作思路:首先你面对的问题是,一种文化结构是如何转化为一种诗学结构的,或者说,作家作品中的诗学特征是怎样在一种宗教文化的影响下形成的,这个过程是怎样实现的。也就是说,一头是宗教文化,另一头是文本症候,而在这中间存在一个中介物和一种特殊的机制,因此,只要把这三方面的关系,尤其是中间的环节说清楚就解决了最主要的问题。这一思路最终确定了我的研究与模式:先选定作家的一个诗学表征,确定它与某种宗教文化表征之间的对应关系,而写作顺序则是一种文化诗学三段论:(1)文化模式描述与解析;(2)作家文化思想与该文化表征的关系描述与解析;(3)文本与文化表征的结构对应。自那时起,直到今天,已经成了我进行此类研究的行之有效的固定模式。而这些没有正民师的指导,仅靠我过于理想化的冒进的想法是无法达成的。

由正民师而来的这一套写作模式后来还成为我自己带学生的一个法宝,我把它归纳成一种文化诗学批评的"八股"做法,依样传授给学生,使得更多跨进此类研究门槛的人得以受益。

实际上,我从正民师那里学到的最重要的还不是研究和写作的技术,而是为人之道。常说"师者,传道授业解惑",授业解惑我们知道,只要把自己的知识、经验转述给学生就可以了,但这个"道"如何"传"呢?中国传统的传道方式是靠一系列道德律令来完成的,这类道德律令你在所有典籍中随处可见，从四书五经到话本小说，从三字经到各种家训、校训，这些东西成为中华民族道德传承的保障。然而这种保障其实是十分脆弱的，原因就是这种传道方式不是靠培育人的内在尊严的方式实现的，而是靠"指令"的方式完成的，因此它培育的只是脆弱的义务道德，强制性的服从习惯，一旦律令缺席，这种道德观就会崩解。因此，真正的传道方式不应是依赖烦琐的教条和训诫，而是靠尊重和自由，靠传道者的以身示范。而这，正是正民师的为人与为师之道。

正民师从教以来带过无数学生，但从未"训教"过任何人，学生有做得不妥的地方，他不会指责，不会愠怒，而是从正面的角度提示学生应当如何做，即使是当他表达自己的不满时，你也不会感到他是在指责你、埋怨你，你感受到的只是善意的温情。大家说，程先生是从来不会发火的，这一点是所有与先生接触过的人，无论时间长短，都会有同样的感受。我自己是个坏脾气的人，但一直试图把自己修炼成一个"君子"，"君子不愠"成为自己心中的一个信条，然而俗话说，江山易改本性难移，所以我自己明白，故作的"不愠"不过是把火气和不快憋闷在心里罢了，而脸上却无法让自己做到"强颜欢笑"。因此，这种所谓的修养，不过是压抑天性而已。而正民师从来都是表里如一，永远真挚平和。我曾用一个词来形容正民师给人的感受——光风霁月。他是透明的，散发着怡人的光晕，没有遮蔽，没有做作，自然而然，心物一体。其实我一直在思考，正民师的个性是如何养成的，也一直想尽力去效仿，但却始终无法做到表里如一，故作的模仿既让自己觉得别扭，在外人面前的效果也难以达到。后来我才逐渐明白，正民师其实天性如此，而非习练而成。正民师没有跟我谈起过他小时候的经历，但以我推测，他一定是在一个充满温暖、呵护和赞赏的家庭环境中长大的，因此他的童年经验中没有暴力，没有斥骂，没有逼迫，因而也就没有积忿，没有怨恨，用我的说法就是，胸中没有戾气，只有纯净的中和之气。其实这才是真正的"贵族"精神，他不是后天习得，而是骨子里带出来的。这样的境界是如我等这般俗人无法企及的，心不能至，唯有效法其形而已。

正因为正民师有这样的天性，与他接触过的人都会觉得自己是被尊重的，被肯定的，也就自然而然被他的气度所感染。真正的"道"其实就是在这样一种随意平淡的状态中"传"出来的。

中国文人千百年来都挣扎在"出世"、"入世"之间，得意时"自谓颇挺出，立登要路津。致君尧舜上，再使风俗淳"，失意时"朝扣富儿门，暮随肥马尘。残杯与冷炙，到处潜悲辛"，活得十分辛苦。所以一直追求"不以物喜，不以己悲"的超越境界，但这种境界实际上却从来没有达成过，现实的境况总是"进亦忧，退亦忧"，虽然美其名曰"居庙堂之高则忧其民，处江湖之远则忧其君"，说到底还是内在的人格找不到"北"，忧来忧去还是忧的自己，进身之阶被奸人阻隔，满肚子才华无人赏识。这个怪圈在当今时代仍在延续，因此，文人相见，抱怨个人怀才不遇，抱怨世道人心不古，已成为常态。但这样的事在正民师那里从来不是个问题。并非说他看不到世态炎凉，看不出人生的种种悖谬，其实恰恰相反，正民师世事洞察，巨细无遗，心中有大义，只不过不形诸容色而已。他也并非不论人间是非，只是让你听起来一针见血却无丝毫激愤之意。关于这一点我也是悟了许久之后才明白，为什么我们论及世间不平总是义愤填膺，似乎只有自己才正义在握，但同样的事在正民师那里说出来却切中肯綮而心平气和？关键在于有无"私欲"而已。正民师一生为人，勤奋刻苦，在教书著述上从无懈怠，在职位上既做过普通研究人员，也做过北师大中文系主任，然而无论做什么事，他都无私无欲，一心向善。消弭了世俗欲念，便可进入心无滞碍的境界。从基督教的向度讲，恶念盖源于对自身肉体性的眷念，超越了个人的肉身性，就意味着与一种绝对的价值起点相整合，一言一行，不必考虑为什么，它的结果必然是善的，这才叫"从心所欲不逾矩"，只不过这不是修炼来的，在正民师那里，这是天性。

转眼之间，我也快步入"耳顺"之年了，许多人都认为我是个很努力的人，其实只有我自己知道，我的努力并不是在专业上，在学习上，甚至有时我自己也会扪心自问，我是不是个没有远大追求的人。但我知道我有一个追求是始终不渝的，那就是做一个好人。好人的标准是什么？无非是不恋私利，善待他人而已。为了做到这一点，我一直在努力，然而在很多情况下，每当自己做一次好人，心中便感受到一次折磨，因而又一直觉得，做好人难哪。尽管如此，我却从未放弃这个目标，其中一个很重要的原因是，我一直记着自己是正民师的弟子，不仅有责任继承正民师的学术衣钵，更重要的是维护正民师的为人之道。在江河日下、人心不古的当今俗世，标志着社会拯救的，不是物质财富的占有，不是显赫的社会地位，甚至也不是高深的学术造诣、等身的著述，而是良知，是精神的超越。每当想到正民师坦然的笑容和透明的话语，我便会又一次告诫自己，要坚持住，你所坚持的不仅是一种需要努力支撑的信念，更是一种能为我们带来生命意义的自豪。

（王志耕，南开大学文学院，1997 级博士研究生）

慈师印象

黄 键

黄键（左一）

初识程老师，是在我第一次考博面试的时候。当时的我很年轻，准备也不充分，笔试的时候有不少题不会做，就干脆空着了。面试时，推开文艺学教研室的门进去，看见一个清瘦的老教师正在看一堆表格，显然是考生的档案。尽管抱着一种破罐破摔的心态，在老师面前坐定，心里仍然有些打鼓。老师看看我，摘下眼镜，很温和地问我笔试考得怎么样，作为一个福建人，我很敏锐地听出来老师已经很京味的普通话里流露出一丝闽南口音的气息。也许正是这点闽南口音让我有些忘乎所以，我愣头愣脑地回答道："好几题都不会做，全空着呢。"我的回答大概让他有些意外，说："那也别空着呀，好歹写点呀？"言语间似乎有为我着急的意思。我仍然愣愣地答道："反正不会做，胡乱写也没意思，就空着了。"老师微笑了一下，"嘿，这倒是实事求是，也不错。"考试显然是彻底考砸了，照我的想法，现在应当就把我扫地出门了账。但是老师仍然很耐心地问了我一些硕士期间的学业情况，当我表示明年会再来考时，老师竟然很耐心地指导我怎么复习备考。说实在话，我从没想到一个名校的博导会对一个小学校来的考生——而且这个考生的水平显然还很不怎么样——这样的耐心，这让我很意外也很感激，老师温和儒雅的风度更是给我留下了很深的印象。

其实我那时对程老师并没有什么太多的了解，只知道他是俄苏文学专家，而我一向对俄苏文学谈不上什么太大的兴趣，俄语更是一窍不通，所以当我果真考上北师大文艺学的博士研究生，并被分配到程老师门下的时候，难免觉得有些困惑，因为我当时参与了一个有关中国古代道教思想史的课题，出于某种偷懒的心理，很希望把毕业论文和这个课题结合起来，但似乎程老师对这方面又不甚有兴趣。我心里不由得有些嘀咕，难道这毕业论文就得跟着程老师搞俄苏文学吗？

我所受硕士研究生教育的不完全与不规范在博士论文开题的时候完全显现出来。实际上，在此之前，我几乎不知道什么叫作"开题"，但观摩了上几届师兄师姐们的"开题"之后，觉得这是一件非常重要的大事情。我亲眼看见一个年纪不小的老师兄在"开题"的时候紧张得两手发抖，连点烟的火柴都划不着，更增加了我在这件事情上的压力。

我设计的题目果然被老师们否决了。"开题"的挫败让我彻底没了精气神，感觉中好像全身骨头都被抽掉了似的。但是临近放假，我仍然要回福州。程老师于是请我吃饭，我情不自禁地流露出苦闷的心情，然而程老师却笑笑说："不要紧，没关系的，重新找个题目，下学期再来呗，来得及的。"又说："假期回去好好想想，我也帮你想想。"听了这话，我心里的阴影扫去了大半，觉得又有了精神。其实真正让我卸去心头重压的，主要还不是老师说话的内容，而是他说话的语气。程老师说话，总是那么温和、从容、平易，他看问题，总是那么平正通达，和他谈话，总是能在不经意间消去人心里的焦虑与浮躁。

有一次，和孙绍振老师谈到北师大的老师们，孙老师说："程正民是北师大文艺学的慈父啊，你能跟这样的老师，是你的幸运啊。"孙老师对人对事的评价也如同他的文学评论一样准确到位。是的，和程老师接触，总是如同沐浴在一种慈父般的温暖平和之中。他不仅是由他指导的门下弟子们的慈父，也是整个文艺学专业的学生们的慈父，天大的烦恼，和他谈谈，几句话下来，听着他平和诚恳的语调，心里很快就平静了，也有了对付困难的信心。

在老师们的帮助下，我终于选定题目，写完了论文，顺利地完成了学业，拿到了学位。这期间的生活，艰苦而又充实，而能够经常到程老师家里和他谈话，也成了我的一件乐事。有时甚至就在他家的饭桌边，一边一起吃着简单的午饭，一边听着他用京味而又略带闽南口音的普通话谈我的毕业论文，谈巴赫金，谈民间文化，也谈足球，谈他过往岁月中的人和事。后来我想，似乎我近十几年的学术观乃至生活观都和这一次次平淡从容的谈话有着莫大的关系。

毕业的时候，我因为家中有事，必须早点回家。程老师没有料到我这么快要走，便为我安排去见见启功与钟敬文两位先生，说是在北师大待了这么几年，应该见见这两位大师级的前辈，不然就太遗憾了。后来我才知道，往届的师兄师姐们毕业，程老师也都要安排这么一个节目，可以说是他送给学生的毕业礼物吧。我知道程老师最景仰的前辈大概就是启先生和钟先生，平常也时常听他和童老师津津乐道地谈及两位先生的一些轶事，让我们这些学生也听得意气扬扬，心向往之。但是我那时还是有些不晓事，听得要带我去见见两位传奇式的人物，自然是高兴不过，但心里仍有些不解：老师为什么要这样刻意地安排这个节目呢？

去钟老家里没有给我留下太深的印象，当时钟老家里很是忙乱，钟老的女儿和几个学生好像在帮他整理什么东西。程老师在钟老家里却很自在，一边招呼我们在钟老身边坐下，一边轻松幽默地和钟老的女儿斗嘴——似乎她怪程老师在这个时候把我们带来，给她添乱，程老师笑道："这不能怪我，要怪就怪你爸，是他让我们来的。"也许因为时机不太方便，我们也只待了一小会儿就告别了。

但是去见启先生却成为我难以忘却的记忆。我从来未曾想到一个如此德高望重、名满天下的老人，却如此的谦和平易，同时生活中又充满了童真与谐趣。更让我意外的是，程老师居然事前帮我们买好了几本启先生的字画集，请先生给我们题字留念！这真是我压根儿不曾想过的一个惊喜！

过了这许多年，现在想起来，我开始有点领会程老师的苦心，也许他是希望通过这种方式为我们打开一扇窗，让我们得以一窥他所景仰的大师的更高更大的人格风范吧。这几年的教书生涯，更让我感到，一切的知识甚至思想观念都可以从图书馆中获得，但是对于教育来说，更重要、更困难的，却是塑造人的胸襟、气度与人格，而直接面对一个由漫长的人生岁月打磨出来的大家风范，对于后生小子来说，无疑是可遇不可求的天赐良机！

我毕业离校之后，五年之内，钟先生、启先生先后辞世，人们只能在回忆中去重温与追怀两位大师的风范了，每念及此，更是感激程老师为我创造了那一次与大师近距离接触的机会。

毕业之后，与老师见面的机会少了，加之学问上亦无甚进步，更惭愧得连电话也不太敢打。但是我仍然时时想起老师，想起和老师一次次交谈的情景，想起他那京味中透着一丝闽南口音的普通话。某个新年，程老师先我寄来了贺年明信片，明信片上老师用他独特的瘦削的字体写着："想念你。"远隔千里，老师慈父般的关怀却始终未曾稍减。

古人云："慈良者寿。"愿我们的北师大文艺学的慈父健康长寿！

（黄键，福建师范大学文学院，1997 级博士研究生）

永远温暖如春

王佳平

王佳平（右一）

大学毕业那年，就想考俄苏文学研究生。只是当年的导师，一届只带一个学生，那年刚好导师们不招生。1987 年秋天，在大学毕业四年之后，我如愿以偿，考取了程正民老师的研究生。

当时的苏文所正处在鼎盛时期，研究和教学都在国内俄苏文学界数一数二。所里有一批年富力强的学者和老师，他们以只争朝夕的精神，投身俄苏文学的学术研究，一本本极具学术价值的研究成果和翻译著作不断问世，创办的《苏联文学》

杂志也很受欢迎。所里也有一群风华正茂的青年才俊，追随导师们刻苦学习，向着文学研究的梦想挺进。而我，正是在那个时候进入苏文所做研究生的。

但是，也仅仅是那几年的繁华。20 世纪 90 年代初随着苏联的解体，北师大苏文所竟然也很快就不复存在了。原有的研究人员和老师也纷纷转岗到外语系和中文系。我的导师程正民后来成为北师大中文系的领导，也是文学理论研究室的主任。

我从 1987 年入学，到 1990 年毕业。跟着程老师学习，与程老师一家相处，熟悉如亲人。一路走过来，直到今天，已经有二十多年了。

前两年，程老师的爱人，北师大外语系文学教授徐玉琴老师，曾写了一本纪实的回忆录，她只给了自己的家人和亲人阅读。回忆录详细记述了她和程老师及家人所经历的一段段往事。书中描写到 80 年代以后的岁月，有很多事件，我也在其中与他们一起经历，读后真是感慨万千。我激动地把回忆录推荐给了我的女儿，想让她了解一些上一代知识分子的生活，不想她竟以十几岁孩子的眼光，写出了洋洋几千字的读后感，把"90 后"孩子对老一辈知识分子的敬意，真诚地表达了出来。我把女儿写的读后感送给徐老师看了，徐老师很开心。一天晚上，她专门打电话到我家，跟我女儿聊了能有四十多分钟。我在一旁，听着她们一老一小津津有味的讨论，我的心温暖极了。

其实，这只是我们一家和程老师一家关系的一个具体的写照。

二十多年里，程老师和他的爱人徐玉琴老师，对我付出的心血真是太多太多。从学业到就业，从结婚到生子，从工作到事业。直到现在，仍然对我的大事小情，都还操着心。

对我来说，程老师是敬仰的导师，也是尊重的长辈，更是亲近的朋友。我也在多年与他们的相处中，渐渐从老师的学生，变成了他们的一个孩子。我们两个家庭，也建立了深厚的友谊，我的父母、公婆，甚至我的中学班主任老师，都会和程老师一家相聚，程老师的儿子、儿媳，也是我的好朋友，程老师的孙女和我的女儿也是好朋友。

因为有了老师一家，让我在北京有了真正的亲人。

在老师的家里，就像在自己的父母家一样，甚至还要自由一些。老师的家，就是我温暖的港湾，老师一家人，就是我最亲的人。无论是政治上的见解，还是感情上的挫折，或者是生活中的困难，在程老师的面前，都能畅所欲言，直抒胸臆。有了苦恼，可以跟老师倾吐，有了迷惘，可以和老师探讨，有了喜悦，可以与老师分享，有了悲伤，可以向老师诉说。即便什么事也没有，隔三岔五地到程老师家坐一坐，待一会，已经成为我的习惯。其实就是想看看他们，坐在熟悉的房间里，聊聊家常，喝杯水，吃点零食，只为着心中的一份惦记，一份踏实。

前几天，翻阅研究生期间的笔记，发现了一张已经泛黄的便签，是当年程老师写给我的："佳平：我去厦门出差。徐老师也回东北探亲。上次给你留的几本书不知看完了没有，如果已经看完，我这里又列了几本，你可以到家里书架去找。程关他们都在家。祝一切都好！"

其实，一直以来，我都觉得愧对老师的培养。读硕士期间，热心参加社会实践，并没有沉下心努力学习。硕士毕业，正赶上动荡的岁月，满心希望从事文学研究和创作的我，竟一时间找不到工作。程老师非常着急，为了让我有个喜欢的工作，他托一位老同学帮助联系了北京市文联，说好让我去面试。我心想，文联可是一份适合文学青年的理想工作。面试那天，人家告诉我，上班后的任务，是创办一张报纸，主要批判资产阶级自由化……其结果，我断然拒绝了这份"理想"的工作。带着气从文联回到学校，我直接到了老师家，愤愤地控诉了一番。程老师耐心地听我说完，对我说："不愿意做违心的事情就不去了，再想办法吧！"后来，我才知道，我还没到家，老师的同学就给他打电话了，大意是埋怨，说程老师的学生个性太强，工作这么难找，竟轻易放弃了一份好工作。程老师对他说，理解这些孩子吧。

后来，我又面试了很多家，因为毕业时间的限制，最终只能与第一个来函的单位签了约，做了一份与学业无关的工作。对于这个万分无奈的结果，其中种种，只有程老师夫妇能真正理解。

我喜欢程老师家的三间屋子，对那里熟悉得不能再熟悉了。老师一家生活十分简朴，他一生追求文学研究，出版了很多文艺学、文艺心理学专著，带出了一批批的硕士和博士。几十年过去了，他们仍然住在北师大院里那三间窄小的屋子里，每间屋子，除了书，还是书。

北面的小屋子，也是我常住的地方。

　　刚毕业那会，单位没有宿舍，我就住在办公室里。所以经常周末跑到老师家蹭饭、蹭住，再洗个澡。每次，只要我来，程老师夫妇就忙活起来，就像女儿回了家，张罗着买肉、做饭，有时我们还包饺子。饭后，一起看电视，谈天说地。现在想想，我都觉得幸福得奢侈。

　　我最不能忘记的，是1993年春天的那个早上。我公派留学苏联，中途回京。我下车时正值半夜。熬到天亮，乘头班地铁在积水潭下车，一路跑着回了师大。然而，我扑了空，没有找到要找的人。

　　在那个冷得发抖的清晨，满脸泪水的我，敲开了老师的家门。门开的瞬间，我倒在了徐老师的怀里……徐老师也掉泪了，她赶紧把程老师叫起来，叫他去买些早点。又忙着去放洗澡水，让我洗个热水澡，在我洗澡的时候，她把我一路灰尘的脏衣服，扔进了洗衣机。

　　那个早晨的每个细节，至今还历历在目。现在想起，仍觉得后怕，如果没有程老师夫妇的悉心呵护照顾，我不知道自己怎样度过那一个个人生的难关。像这样的事情，还有很多……他们一家给予我的恩情，是我用一生也报答不完的。

　　在我珍藏的研究生毕业纪念册上，程老师用刚毅有力的字体给我写下两句话："佳平：珍爱自己所走过的路，无愧无悔才是人生！"

　　时常，我会翻看这两句话，体会其中的深意。什么才是真正的人生？怎样才能无愧无悔？可能每个人都不敢说，自己一生没有悔恨，没有愧疚。我想程老师说的这个愧和悔，是指人生的紧要关头，在大是大非面前做出的抉择。

　　我们曾和苏文所的老师们一起，经历了一段无法忘却的日子。20世纪80年代末的那个夏天，6月7日，学校通知停课。平日书声琅琅、蓬勃朝气的校园。霎时变得死气沉沉，了无生机。

　　当时全北京大专院校的学生都提前放假，纷纷离京，一时间买不到车票。几个女生待在宿舍里，有些害怕，于是我们都跑到老师家里，寻求保护。当时包括程老师、谭老师等苏文所的几位老师，都收留了学生在家吃住。

后来，在我们毕业找工作时，政治审查时代性地成为一个重要环节。当时以程老师为代表的苏文所的老师们，都出面执言保护学生，免受当时的形势影响。我们这届的八个毕业生，都顺利进入了工作岗位。

我想，这也就是紧要关头，苏文所的老师们就是知识分子的风骨所在。虽然，程老师的学生们没能一一都像他一样从事学术研究，但是，能学习到程老师及苏文所老师们具有的知识分子的风骨，对于每个学生应该更加重要。

毕业以后，我一直和程老师一家保持着密切的联系。后来结婚，生孩子，孩子上学，父母来京，先生找工作等大事小情，我通通都会跟程老师夫妇絮叨，他们也会给我建议和帮助。孩子慢慢长大，我就带孩子一起看望二位老师。可能是天生的亲近吧，孩子很喜欢他们，甚至特别喜欢他们讲的车尔尼雪夫斯基。女儿有时还戏称："妈妈，咱们该去师大看看程爷爷、徐姥姥，谈谈车尔尼了吧！"

在程老师和徐老师的教导、关怀、照顾下，不知不觉之间，我走过了这二十多年。

回首望去，实在有太多的东西值得珍爱。深感愧疚的是，这么多年里，我没能为他们二老多做一些事情。虽然，逢年过节，或是只要得空，我都会常常去看望他们。但正是因为他们对我从无所求的状态，让我对他们的看望，从来没有什么压力，想起来去就去，忙起来就不去。

我想，人世间是有一种深厚的，超越师生、父女、母女的情意的，那就是一种信任，一种温情，一种永远温暖如春的氛围——这就是程老师夫妇给予我的。而我，就是在这样的氛围里，与他们相处了二十多年，而且还会一直相处下去。

因为这种温暖如春的氛围，让我们家世代着迷。

（王佳平，中华人民共和国人力资源和社会保障部，1987级硕士研究生）

程老师，亦师亦友亦兄长

刘 宇

刘宇（左）

1990 年，我决定考北师大研究生。这事对我来说是个不小的挑战。上大学本来就晚，又工作了七年，自己都觉得年龄大得不行了，奈何为了解决两地分居的现实问题，又得走绕远且风险颇大的路。记得我回老爸乡下的住处备了二十多天的考试。看我每日闭门读书，老爸叹息道：你这个步起得太迟了，人家都跑了好几圈了，到读完书，岁数大了，找工作也难呵。

那时除了考研也没太多出路，就咬牙坚持。我报的是童庆炳先生的文艺理论。之前也给童先生写过一封信，介绍了一下我自己的情况。童先生回信说：欢迎。我想老师都会这么说。考试的结果是：所有的功课都过了关，政治差两分。1990 年很特殊，政治差一分也不行。加之隐约感觉童先生那年处境不好，我再挣扎也没啥出路。好在人大了，承受能力也强，见过童先生，休息了十多天，我又回四川工作了。对于解决人生问题暂放一边。过了几个月，忽然收到童先生的信，问我是否还准备再考一次。他在信里说，他这一年因为别的原因，不能招研究生，但他愿意把我推荐给他的好朋友程正民先生。他在信里说程老师人很好，他一定会给你帮助的。

我那天被童先生的信感动得两眼发涩，眼泪忍着没掉下来。我决心再试一次。记得我报完名，很想见一下程老师，毕竟苏联文学所文艺学对我这个半个俄语字母也不懂的人太过陌生。虽然小时候读过一些苏俄文学作品，大学时学了历史，浅浅地读过一点别、车、杜的文章和普列汉诺夫的著作，拿这点考研究生底儿还是潮。能见到导师聊聊，是又忐忑又必须要做的事。与程老师通了电话，我和我先生谷一海骑车到小西天路口，那路口人流车流熙熙攘攘，我回头对先生说恐怕谈个十分钟吧，你就在马路边上候着。我想，他是个紧张型的人，见导师我虽然也紧张，但不能让老师看出来。七绕八绕找到程老师住地，忐忑地敲开程老师的家门，开门的是师母，大约正做家务的缘故，神色忙乱，语调却平和，她招呼程老师：你的学生来了！程老师从书房出来，笑盈盈的，个子不高，随和至极，像极了小时候照顾过我们姐妹的一位叔叔。程老师把我迎进他的书房，一个堆满书架和书的狭小房间。程老师指着一面书架说：这些书都是徐老师的，我由此知道，师母姓徐。徐老师端着水进来，也是笑盈盈地看着我说：住得远吧？今天风大。瞬间就有了到家的感觉。捧着徐老师沏的热茶，我和程老师聊起来。话题刚开了个头，我的紧张感全无。程老师完全不用我满脑子找话说，他的话题太广泛了，他说，他带了几个作家研究生，这几个作家正好也是我熟的，还读过他们的作品。我们便如同编辑部的同事聊起这些作家的作品。而程老师对这些作品的评价跟我的感受较为一致，我对程老师立马有同道的感觉，说起来也是轻松随意。话题又转到阅读，程老师问我读过哪些俄苏作品？我搜肠刮肚给程老师讲我读过的东西，零散而多感叹，说不到细节处，心里很是不安。程老师一直点头赞许，在我磕磕绊绊的时刻，他就补上关键的人物情节。记得那天聊了许多作家，程老师对他们的作品如数家珍，说得最多的是阿赫玛托娃、陀思妥耶夫斯基、帕斯捷尔纳克。程老师对关注人的心灵、气象庄重的作品评价甚高。

因为主题不断变化，程老师谈兴甚浓，原准备的考试问题老插不上。后来觉得如此愉悦的交流，考试问题显得太过功利，只好只字不提。这一聊两个多小时，想着自己的先生还在马路边候着，很是不安，我不得不告辞。

回到马路口，只见自行车滚滚，没了先生影子。那时没有移动电话，甚至连家里也没电话，人找人很容易转换成恐慌事件。我在马路边等了好一会儿，才惴惴不安骑车回家。家在北四环外，那时四环路正修，能行的路磕磕碰碰，人烟稀少，天色近晚，前后不见人迹，路旁树影幢幢，有些恐怖就猛蹬，一个小时后快到家的路口，路边蹿出我满头大汗焦急的先生，他大叫：你去哪儿了？还没等我回答，他一把夺过我的自行车举起狠狠甩在地上。自行车当场成变形金刚不能骑了。我自然委屈，也不再向他解释。他自己扛着车跟我身后回家。见到婆婆，正要道委屈。婆婆说：你先生是个急脾气，他急火火回家，见你不在，就以为你出啥事了。我说：他不是知道我去见程老师么？婆婆说：他哪会想到你谈那么长时间。他这是急的。

敬爱的程老师，我是第一次向你说这件令人啼笑皆非的事。

荣幸地做了程门子弟后，我带着先生去拜访程老师，程老师不住地赞这小伙子好。先生回家也赞叹程老师真好，"遇到这样的老师是件幸事呵"。这一年先生所在出版社关门歇菜，程老师不知怎么知道了这事儿，先问你们生活有什么困难么？接着操心起先生的工作事来。好几次上课前后，程老师都会问我：谷一海的工作有着落没？他还把听说有单位要人的信息告诉我。在那个没有微信的时代，这些信息比金子还宝贵。我先生经常感叹，你们程老师操的心，连自己父母也操不了。也是，殷炼同学新婚不久便远道求学，丈夫千里探妻，程老师很是体谅。有次殷炼缺课，我刚要代殷炼请假，程老师立即说，一定是周世斌来了，可以理解！可以理解！程老师也经常谈起另外的弟子，他们跟我们一样面临人生的一些基本问题：婚姻、恋爱、两地分居、就业。程老师力所能及地帮他们，他们甚至可以在老师家打地铺睡觉，可以由着性子闹腾，可以到老师那诉委屈。程老师就是他们宽厚的兄长。

也许我年长一些，又经风雨见世面好些年，我更多感受的是程老师的朋友之谊。我说的朋友之谊是朋友之间的信任。

那个年头，老师的讲课方式正发生革命性的改变，理论课常以文学的面目出现，有些老师口中的词语形象兼抒情更兼长串英语专业词汇，尽显老师的才情和渊博。而上程老师的课最轻松，程老师的课总是以聊天的方式开始，又以聊天的方式结束，学生只是备些问题，程老师深入浅出地聊着作品、人物、情节。有时候担心其他同学小一些，文学的事了解少，读得少，我提出问题最多，有时程老师也会问些问题，我也就知无不言，言无不尽，也不管错不错，幼不幼稚。每次上课聊得很是尽兴，恍惚间，又回到编辑部与同事在探讨各种文学话题。第二学年，程老师带我和殷炼做文艺心理学课题研究。当时这个学科比较新，诸般问题都在探寻中。跨界研究、各种理论体系、各种新名词，令人眼花缭乱，又耳目一新。程老师给我们开出好些书单，读后有了新鲜的感受，下次上课，聊深聊浅，在程老师那里都会得到赞许。如果程老师听出确有体会，便会让你辑成小论文。程老师亦师亦友的教授方式对我这样的大学生特别有效，我写小论文、书评文章的能力基本上从那个时候练出来了。这对于我继续的编辑行业有非常重要的帮助。

研究生毕业后，我邀请程老师和师母师妹们去我家欢聚。我陪着老师夫妇搭乘一辆黄色小面的，在尘土飞扬的四环路颠簸了半天才到望京。程老师不住感叹：没想到你上学的路这么遥远，三年春夏秋冬，多不容易！连我自己都忘了这份辛苦，在师长和长辈的程老师的感叹中，我眼泪都掉下了。

（刘宇，人民文学出版社，1991级硕士研究生）

我与程导二三事

殷　炼

一

像是命中注定，从考大学始，我的每一次升学考试都是两次才完成。

高中毕业那年我刚刚 15 岁，因家境困难，作为家里的长女，我直接参加了县城的招工考试，成为县卫生防疫站一名化验员。在工作 6 年之后的 1984 年第一次参加高考，因 6 分之差落榜。第二年再考，竟

殷炼（右一）

然意外地以高出重点线 50 分的成绩被西南师大外语系俄语专业录取。

1989 年大学毕业，我决定试一试考研，当时北师大的苏联文学研究所成为众多俄语专业学生心中的圣地。记得当时报考的是苏文所俄苏文学专业，考试结束，又是 6 分之差落榜，只得认命了。于是结

婚，留校。那场众所周知的"风波"刚刚平息，搞得大学里的学生和老师，特别是我们这一届毕业生都有些灰头土脸的，什么事业啊理想啊很快就被抛到了脑后，本来以为自己会就此在西南那个幽静的校园里安下心来过小日子了，可很快，一封来信完全打乱了似乎已经平静的心。

先看信的落款，程正民，不认识啊？再赶紧读信，原来是苏文所的程正民老师写来的。这封信原本保存了好多年，后来几次搬家，从重庆的西南师大到成都的四川音乐学院，又从成都搬到北京，在北京再搬，这次为了写这篇文章，翻箱倒柜找了好久，可惜还是没能寻到它的踪迹。但信中的内容一辈子不会忘记。程老师在信中说，看了我这次考研的成绩，仅仅离录取分数线几分之差，特别是文艺理论这一门在几个考生里面考得还不错，所以，他写信的目的是希望我不要泄气，来年继续努力，一定会成功的……然后，给我列了长长的书单，嘱咐我尽快找来复习。20多年过去了，现在还清晰记得当时收到这封信的惊喜和兴奋。就这样，我又开始了考研复习，虽然其间也断断续续，但终究坚持了下来，两年后的1991年，我终于接到了北师大苏文所的研究生复试通知书。

1991年，记得是一个气温舒适的五月之夜，我一个人深夜火车到达北京参加复试，接我的朋友记错了时间错过接站。当时已是夜里12点左右了，一位老年男人拉着三轮车跟我讲价，好像要了我30元车费，我也完全不知火车站离北师大有多远的路程，坐上三轮车悠悠晃晃了两个多小时到达师大正门（应该是向东开的门，不知现在是否还在?）。高高的两扇大门紧闭，围着大门转了一圈还是进不去，已经是夜里两点过了，不能露宿大街呀，一咬牙，翻门进去（后来几次看见那大门，无论如何也想不出来自己怎么可能翻得进去，人真是一种潜力动物啊，可谓人急翻墙）。进得校园，一片漆黑，完全不知东南西北地乱窜，心里只隐约觉得那么好的程老师就在这个校园里，没什么可怕的。在黑暗处摸到一石椅（或是木椅）坐了好一会，突然想起早一年来师大读研的一位女同事，只知道名字，没见过面，正好一群喝酒夜归的毕业生路过我面前，问了女研究生楼，一路摸去，大约在夜里四点过，终于找到了这位同事把她叫起，在她宿舍里坐到了天亮。这段记忆在很多年里想起来都后怕，但居然是平安度过，可见当时的世道人心。

二

　　1991 年秋天，我和脚印二人有幸正式成为了程老师的研究生。脚印读研之前已经是一位优秀的编辑，成功的作家，在文学界也已经很有名气了。而我进来时基本上是一张白纸，本科四年的时间都花在了语言学习上，现在想来，程导要将我这样的"白纸"带入文艺理论的学术领域难度有多大！但三年的学习下来，不敢说自己获得了多么深厚的理论知识，我觉得收获最大的是，程导以他独特的指导方式给了我一种学术理论研究的方法。对这些方法的掌握和运用以及几年下来规范的学术训练已经慢慢渗透进我的智力和学养，使我之后二十多年的职业生涯受益无穷。

　　关于程导对学生学习指导水平、学术研究方法以及严谨求实的学风品格，我想同门师妹师弟体会都很深，要详细道来得用庞大的篇幅。其实，20 多年一路走过来，记忆最鲜活的还是那些生活中温暖的点滴。正是这些生活中的细节，使得程老师在我们这些学生心目中，成为一个品德高尚，既睿智严谨，又温暖善良的师长楷模。我们这一届研究生全是女生，除了我和脚印是程门弟子之外，一同进入苏文所的还有另外四位别的老师的弟子。我们进所约一年以后，苏文所随着苏联的解体而解散，学生们跟着几位导师有的到了外语系，有的到了中文系。系是分开了，但其他几位同学跟程老师却分不开，要么跟着我围着程老师活动，私下里有任何事也找程老师解决。程老师关心我和她们几个的一切：除了学业，还有婚恋、家庭以及毕业后找工作等大事小情。他甚至记得我们每个人的家庭状况，对象或是配偶的名字，连同他们的工作事业、身心健康都一一记挂着。我当时也算新婚不久，两地分居，一个在四川，一个在北京，不是他来，就是我去，千山万水的也颇有些艰辛，我有时逃课溜号，师姐脚印总是帮着打掩护，其实，程老师心里早就有数，只是因为他的善良和理解，不忍心戳破我们而已。

我们经常一起到程老师家蹭师母的饭来改善伙食，进进出出之随便，完全像是出入自己父母家一样。记得在校的某一年正好是足球世界杯，我们几个完全不懂足球的女生也跟着凑热闹，上哪里去看足球呢？去程老师家吧！于是深更半夜的，几个疯女生就敲开了程老师家的门，老师和师母笑盈盈地把我们迎进门，还给我们端水拿吃的，我们也竟然就心安理得地看将了起来，好像是天快亮了才离开。现在想来，心里满是歉疚，都二十几岁的人了，还真是不懂事！直到现在，我们几个在北京的同一届同学小聚，还总会说起当年程老师对我们种种的好。我想，程老师这样的品格其实对我们这些学生起到了潜移默化的作用，对人对事，我们也有了不同于当今世风的准则和标准，因为我们都曾如此近距离地感受过善意人品的魅力。

三

毕业整整 21 年了。这些年忙于孩子家庭、工作事业，去老师家越来越少，每每想起也总是心生歉意。但只要是去，总想带着些自己的成绩。

我一直不知道自己在导师眼里是个什么样的学生，感觉应该不算是好学生吧。记得有一年去见老师，跟老师说起自己在单位还是干得不错等等，老师哈哈大笑，说了句："这就奇了怪了，哈哈。"当时回家跟先生说起，还觉得颇受打击。因为读书的时候我和脚印这两位学生，脚印一直是深得老师骄傲的，她后来做出的成就也值得老师为她骄傲（当然我也从来就为师姐骄傲）。老师这句话多年以后直到现在还在我记忆里栩栩如生，也成了我们家意味深长的常用语。后来几多琢磨，觉得老师这句话可能也包含对我成绩的骄傲呢。这是好玩的小事，这里提起，只是想让老师知道，这些年里，老师的印记一直在我们的生活里，从来也不曾忘记。

另外一件必须提及的事是关于感动。也是近年吧，程老师要出新书了，他给我电话说，殷炼，我要把你的毕业论文用在我书里，关于"角色扮演"这个问题，我不会比你写得更好了，想征求你的意见。我一下子就惊着了，毕业二十多年，我自己的毕业论文早就不知丢到哪里去了，内容也只依稀记得。可老师还保留着，不仅保留着，他还记得里面的内容，还要将它用在自己最新的著作中。很快，我就收到新书了，翻看里面内容，老师在我那一节论文下面注上了我的名字。我在一家报社做了十几年的编辑，过目的几乎都是知名学者专家作家的文章，随处可见"复制"＋"粘贴"的痕迹，既无注释更无说明。两相比照，高下立现；精神人品，天壤云泥。

我为自己此生拥有这样的老师而骄傲！

也为自己此生能成为这样的老师的学生而感恩！

（殷炼，经济观察报社，1991级硕士研究生）

勤奋严谨的学者　蔼然可亲的师长

——我印象中的程正民先生

张　灵

一

在中国文学理论批评界，有一批卓有成就的闽籍学者、批评家，我的导师程正民先生就是其中的一位。

张灵（左一）、陈建文（右一）

说起我的导师程正民先生，我的脑际总是浮现出一张和蔼可亲的笑脸。许多年了，我印象中的先生没有多少变化，中等的个头，清瘦的面容，单薄的身材，典型的南方人特征。而头发，似乎一直都是花白的，当然他也总是戴着一副镜片比较厚的眼镜，眼镜后面透出的是或亲切，或睿智，或沉静，或锐利，或幽默的目光——这是随着谈话内容的进展而变化的！而程正民先生很是健谈。

二

我认识先生是在 1992 年。其时我大学毕业已经四年，正在西安公路学院（即今日的长安大学）社科部中文教研室当老师，但我一直有志于做学问——虽然今天看来我有点志大才疏，很不实际，但那个年代抱着我这样志趣的人似乎不少，总之我身边有不少这样的朋友，这可能也是物以类聚吧——所以总想上个研究生，我又一次报了母校北师大中文系的文艺学专业，这次总算考上了，成了先生名下的研究生。说来，一则连本科毕业那次算上我已经是第三次考了，不容易，二则这次考上也是经过调剂的。我报的是中文系文艺学，分数够了学校的线，但专业排名在名额之外，多亏王一川先生替我操心把我调剂到了其时还在北师大苏联文学研究所的程正民先生那里，我才圆了研究生梦并重返北京。上了苏文所，我也很新鲜，这是我以前想不到的。我想这也就是人们说的缘分吧。周围听说的人也感到新鲜，以为我还懂得俄文呢！我要懂就好了！先生招我到他门下当然绝不是不讲原则，我也不是在滥竽充数，因为先生一直致力于俄苏文学和文论研究，文艺学或者文艺理论正是其研究的主要方向。我觉得我很幸运。

记得第一次见先生是在复试的时候，地点是现在的主楼南边的广场边上。那个时候就着学校的南墙有一排朝北的平房，当时的苏文所就在那里——老主楼的东南方。平房北面是一片树林——即今天的主楼南广场。印象中，文科学报编辑部也在那里。我和另一位同学进去完成面试这一程序。除了让我们用文艺理论来说说对电影中的蒙太奇的理解以外，还考了什么，都不记得了。但苏文所的这个所在给我留下很深印象。面试前，王一川先生提前向我介绍未来的导师是一位学问和为人都很好的先生，虽然在面试的初次见面中，并没有多少时间和老师相处，注意力也在考题和答题上，但先生的和蔼平易让我少了不少紧张之感，而后来和先生相处久了，接触多了，回想起来，不禁感慨王老师前言不虚。这次上成研究生毕竟是我人生的一次转折，我感谢两位先生。

我们知道，就在这年前，1991年12月25日，苏联解体了。这在国际上引起了巨大震荡和一系列连锁反应，影响所及，北师大苏联文学研究所存在的必要性也成了问题，不久苏文所解散，程正民先生回到了中文系。原来先生最初就是中文系的，而我在这里本科毕业多年后才接触到先生的原因也正在此。

<h1 style="text-align:center">三</h1>

20世纪90年代初正是文艺心理学成为显学的年代，我清楚地记得先生给我们苏文所研究生上文艺心理学课程的情景，我们有的是中文系背景，有的是俄语专业背景，而程先生虽出身中文系，但他的俄语也不错，早在80年代初就翻译出版了苏联学者科瓦廖夫的《文学创作心理学》等。因此，上课时，他有时和俄语背景的同学推敲术语词句的翻译，我们就只有听的份儿，而让我们对某个理论命题谈谈自己的理解时，我们中文背景的就显得更头头是道一些。我们从俄语背景的同学的神态上能看出来，他们有人私下也说了——中文背景的就是理论能力强！其实，很多理论我们只是囫囵吞枣，程先生和蔼平易，对学生多所鼓励，而我们又初生牛犊，敢说敢发挥而已！所以，程先生的课，虽然是面向我们苏文所不到十个研究生的，但课堂效果、氛围有点像跨系大课，这是因为不光同学们的兴趣、个性多样，课堂也很轻松活跃。另外，苏联两个字眼，虽然大多数时候似乎让人感到枯燥、单调，有点专制、官僚的意味，但我们的文艺心理学课，却充满了新鲜感和乐趣，因为先生传授给我们很多新鲜的知识和理论，让我们的头脑里不断发生各种各样的"微爆"，眼界也不断扩展。

所以，我们苏文所的课，一点都不"苏联"！

程先生总是像家里的长辈那样关心学生，让我们这些远离亲人、漂泊在外的学子倍感温暖。那时候我们这些学生虽然还年轻（具体到我，年龄不算轻，但远不成熟！），但年轻依然有自己的孤独、愁肠甚至苦痛。"少年不识愁滋味，为赋新词强说愁"——也许生活有更多的愁，是少年们所想不到的，还不能理解的，但少年自有烦恼！而先生总是以他的无微不至的关怀带给我们温暖和信心。念研究生阶段，印象中先生虽然清瘦，但好像身体很硬朗，我不记得先生有什么生病的情景，倒是记得我们的同学有谁病了，他总是很关切，甚至专门到宿舍看望。他可能就是想，他就是这些在外学生的家长吧。这里我要特别说明的是，程先生关心同学，绝不仅仅只是关心自己的学生，他关心着他所接触到的每一个学生。对于有的学生来说，他们见到程先生的次数怕是要比他们导师的还多，他们和程先生交流的可能比和他们自己的导师的还多！

在年节等特殊时刻，先生也总是把我们招呼到家里团聚，谈学问，聊想法，更像家人相聚一样聊家常，而师母徐老师除了对我们嘘寒问暖以外，总会拿出各种吃的喝的款待我们，做一桌好吃的请我们吃大餐。不是一家人，不进一家门。师母徐老师的和蔼慈祥与程先生的和蔼平易，让我总想到汪曾祺老先生喜欢用的一个词——蔼然仁者。这个词我想是形容先生和师母的最相宜的词语之一。

我那时有时也情绪波动，有时难免生点多余的孤独之感。我想要是我在一个和程先生不一样的导师——比如只有一副"严师"姿态，总是让学生感到害怕，或对学生放任自流、任其自生自灭——手下读研的话，或许能不能顺利读完也是个问题。因此，那时我有时很狭隘。我记得王晋师妹有一天来到学校想要拜见一下程先生，因为她打算报考先生的研究生。有同学就把她带到了我的宿舍，说这是未来的师妹，劳驾我带到程先生家里见见先生。我那天的心绪的确不好，最后我只是告诉了先生家的具体住址，婉拒了带她前往。后来，王晋师妹终于考到了先生名下，专门来我们宿舍又见过，在先生家里大家相聚时也再见过，但和其他师兄师妹比起来，我们见得很少。她至少那时也是有点孤独的气质。后来她毕业了，离开了北京，我们再没有见过，甚至失去了联系，不知道她现在在哪里生活，工作。我们和先生见面的时候，程先生总是关切地询问她，而且表现出大度的体贴、理解，总是说，王晋的性格有点内向，也不知道她现在怎么样。每当这个时候，我总是在心里埋怨自己那时在为人处事上的狭隘、不开窍，真不是一个合格的师兄。而与此同时我更感到先生和师母的慈祥仁义的可贵可敬。

四

先生在为人上和蔼随意，在为学上勤勤恳恳，孜孜矻矻，于俄罗斯文学、俄苏文论、文艺心理学、巴赫金研究有扎实、系统、深入的研究，特别是他和童庆炳先生一起率领的北师大文艺学团队，曾经成为新时期国内文艺心理学研究的重要开拓者之一和文艺心理学研究在90年代成熟期的代表，他自己更是已然在20年来的人文社会科学领域产生了蔚然可观的巨大影响的巴赫金思想在国内传播、研究的重要学者，但先生讲课论学从来没有表现出过盛气凌人的姿态与语调，因为先生同样是以谦虚、谨慎、平等的态度对待学术和其他学人的。读先生的文章和书，我们就知道他的学问是下了真功夫的，很严谨的。但他能以开放的眼光、心态对待新学，他自己介绍、研究了俄罗斯作家创作心理、巴赫金、俄罗斯形式主义、俄罗斯历史诗学等在新时期以来的文艺学界的领先性课题就是不言而喻的说明，而他对于身边其他人哪怕只是一名初涉学术的研究生的新看法、新观点，也总是持一种积极鼓励的宽容大度的态度。我的研究生论文开题会上的一幕我至今记忆犹新。

应该是1994年春天我研究生二年级吧，研究生开题报告，程先生以开放的态度让我选一个自己有兴趣的题目来做，我就选了一个语言哲学方面的课题。那时我对符号学、语言哲学很感兴趣，于是我就定了一个这方面的。我的题目今天想来依然有些玄乎——《点名与模拟——语言出场的两种方式》，我根据自己的琢磨、体会，提出了两种语言表意的基本方式。因为是自己的"新创"，不免学术渊源就显得缺乏，特别是我在文中使用了一些后来才知道是做了望文生义的理解和挪用的时髦词语，比如"他者"，这是一个表述主体间性关系的概念，我当时却用在词语的使用上，表示一个词语总是在用一个所指、一个事物来指示、传达另外的所指、事物，即"别的"（他者）。这种借用时髦词语表示自拟的"新的意思"的做法自然连同整个论文表述的"创新"就容易令接受者感到云山雾罩，不知所云。但是应该说，我的确不是故弄玄虚，文章所写的的确是自己真诚的见解，当然今天看来，里面表述、阐释不充分、不清晰的地方、空间很大，所以别人不能理解甚至认为胡说八道、装神弄鬼也完全正常。这篇文章在初稿、二稿、三稿写作、批阅、讨论过程中，程先生自然多少表达了是否能为导师组接受的担忧，但他从没有断然地不容分辩地否定这个报告、拒绝这个报告，而是尽可能耐心地提出他的疑问，建议让我大胆探索、"创新"，并支持我正式提交开题报告会。

回想起来，除了文章内在的生涩以外，同今天的条件比起来，那篇文章的书写也会增加接受的困难，因为那时电脑还是新鲜玩意儿，电脑打字还不普及，我们都是手写在稿纸上再复印成多分请老师们审阅。

果然，这个开题报告令导师组的先生们吃了苦头，伤了脑筋。开题报告会还没有正式开始，有的老师的议论中已经透出了一些不妙的势头。很快几个老师就声气相投，显然是对我的开题报告有了共同的立场。那一年，文艺学专业的导师都是资格老一些的，王一川、罗钢等年轻一辈在我们那级轮空。

我记得李保初老师开口就批评道："有的开题报告，不知道是老师水平太低还是学生水平太高，看不懂，不知道在说些什么，没有办法来评审。"接口就有老师附和。我马上感到大事不妙。那时童庆炳老师在我们眼里是很严厉严格的，我们都有点畏惧他，其他老师我们多少也有畏惧的，因为毕竟都是老师嘛！

虽然李老师以我的报告给开题报告会定了调，令人——恐怕主要是令我感到风声鹤唳、草木皆兵，但开题报告并不是从我的开始。因此，我的心一直提着，别人的开题老师们都说了什么，我几乎都恍恍惚惚，没有多少意识。终于轮到我了，李老师等先生就从学风、文风等方面对我的报告毫不客气做了否定、批评，内容的讨论几乎没有，因为根本无法卒读，不知所云嘛！也有老师，如李壮鹰先生，讲起话来倒并不带火药味，而是平和指出表述上等的缺点之外也积极肯定了报告中的一些具体例证的挖掘、使用。轮到程先生发言，作为导师，他表示赞同几位老师对报告论述、行文的晦涩等缺点的批评，但同时对我的这种勇于创新的精神给予了肯定，他表示这篇开题报告他是看过两遍的，因为感到有一些新的探索尝试，所以还是不顾那些缺点而支持我拿出来进行开题，以进一步听听老师们的意见，实在不能通过的话，可以让我再换题目。童庆炳先生是开题报告会的主席，所以他一般最后发言。但在程老师发表意见的过程中，似乎童先生忍不住插了一句批评的话，可能是童先生的那句话说得很尖锐吧，恍惚中的我，见到刚才还一直沉着气的程先生，忽然好像要从凳子上站起来，把手一挥，说道："听，听听童教授怎么说——"我看到程先生说这句话的瞬间好像翻脸了一样。但似乎要引爆的争执很快平息了。我当时有点震惊，因为程先生向来是很从容平和的，他和童先生也是多年愉快合作的同事和好朋友。而他的这种似乎要拍案而起的异常举动，也让我看到他对学生在学术上的探索精神的义无反顾的保护和他在学术上捍卫独立的姿态。童先生说完插话，程先生继续发言。最后，童先生做总结发言，不过他正式发言的时候不像刚才那么严厉了，他也首先对我的勇于创新做了肯定、鼓励，并对报告中搜集、引证的许多古典诗学语言学文献材料表示肯定，对报告就这些文献做出的一些阐释也给予肯定，而且他自己也津津有味地对有的例子的学术意味做了阐释、点评。但童先生确实在学业上对学生的要求很严格，所以，他话头一转对论文的写作做了严厉的批评，包括对论文的论证缺乏学术渊源的梳理支撑提出批评。最后他下了结论，这个开题报告不能通过，必须另换题目，另做报告，如果再写的论文还是这样的晦涩、无法卒读，不予通过，不能毕业，拿不到学位。说这些话的时候，他的语气和神态是极其严厉的。这个开题报告会的确给我的论文写作一个不小的下马威。

开罢开题报告下来，程先生和蔼地安慰我，希望我别在意，重新换换思路，换一个其他题目。他建议我不妨写个作家论，避开纯理论写作，免得再蹈覆辙。我记得我说了几个我感兴趣的作家，后来先生想了想就建议我试试我提到的汪曾祺。

这个题目应该说选对了，也是因为我对汪曾祺的东西有兴趣吧，写得比较顺利，写得有一定篇幅，我就把初稿拿给先生看，听先生的意见再回来修改。最后大功告成，论文交给人民大学的老教授陈传才先生做校外专家评审。我到人大去取的时候，陈先生上课去了，陈先生的夫人把写得满满一纸的评议书交给我，还说陈先生让她特意告诉我，这篇硕士论文写得很好，是陈先生近年见到的关于汪曾祺的最好的硕士论文。我听了心里很高兴。程先生看到评议，听到我转述的陈先生的评价，也是满面的喜色。

这篇论文答辩前还发生一个小插曲。当时负责系里研究生管理工作的老师"赵老太太"也是个认真的人，在答辩前的审查程序中，她见我的论文评议书的最后没有写上"同意论文进行答辩"几个字，不同意我进行答辩，她要我赶紧到人大去找陈先生补上这几个字。但这会儿再去找陈先生多麻烦。那时还没有手机，打电话也不方便，我有点为难。在我和"赵老太太"软磨硬泡的时候，其实童庆炳先生就在不远处忙着什么，但我不敢求援于他。没想到的是，童先生却主动走过来了，问什么事儿，怎么啦？"赵老太太"说了情况，只见童先生说："评议书上不是都建议授予硕士学位了嘛，这不是比同意答辩的评价还高嘛！？"但"赵老太太"据理力争："研究生院要求很严，评议书上必须要写上同意答辩才可以进行答辩。没有这几个字，我可不敢安排答辩。"童先生见这么说，便掏出笔来说："我来替他补上。"
"赵老太太"一脸顾虑地说："笔迹不一样，行吗?"童先生说："我仿
照他的笔迹，出了问题我负责!"我不用再去跑这趟路，当然高兴，
但更令我高兴的是童先生的仗义之举。我知道，马上要答辩了，童先
生肯定看过了我的论文。他的举动表明他对我的论文也很满意。果
然，这篇论文得到了参加答辩的各位老师的普遍肯定。开题报告完就
压在心头的一块石头终于落了地。这件事上，在对学生的要求严厉之
外，我又看到了童先生"性情中人"的一面。

按说，论文顺利答辩完，学生拿到硕士证，论文的事就可撂到一
边了。但没想到过了几天，程先生通过一个朋友找来了汪曾祺先生的
电话号码，并给汪先生打了招呼，让我把论文寄给汪先生，请他本人
也看看。论文寄出前我给汪先生打了电话，并表示希望能拜见他。几
天后，先生来电话，对论文表示了肯定，并邀请我过家里去。不巧，
我刚买好了火车票，见面的事儿只好后推。"十一"以后，我如愿以
偿见到了汪先生。几年后，这篇硕士论文也分解为四部分在刊物发
表，两篇还被转载。说到这儿，我先说一句有关我的博士论文的事
儿。我的博士论文写的是莫言，答辩时，也得到了老师们的普遍好
评。2010年，修改充实后的论文出版了，程先生又通过朋友何镇邦先
生联系安排我见见莫言先生，那边何先生联系好并给了我莫言先生的
电话。但正巧那两天我的事儿比较多，时间不方便，我就抻了两天。
等我再跟莫言先生联系的时候正好他已买好车票要回山东老家几天，
他让我等他回来再联系。大约一周后，我联系上了，但那几天莫言先
生又已经有了一系列安排。我不想太让莫言先生为难，我就主动说了
一句活话："那回头，等您方便的时候我再联系您吧!"我想，莫言先
生确实很忙，作为一个评论他的人，能见面聊聊固然很好，但对研究
本身来说，见不见都关系不大。转年，莫言先生获得了诺贝尔奖，关
注他、找他的人无疑又不知多了多少倍。我想我就不要去刻意谋面
了。从这两次与作家见面的安排中，我能体会到程先生对学生学业、
事业发展的无尽的鼓励、助推之意。

五

　　我研究生毕业后到一家出版社工作，但我一直还是向往学术，2002 年，我又考到先生名下在职攻读博士。一年后，考虑论文选题，我心里还想做个理论性强点的，但也知道自己没有外语的优势，时间上也受限制，真有些犹豫。最后，程先生说我的硕士论文的作家论写得不错，还是写一篇作家论为好。我就定了决心，想，还是选作家论明智。但写谁呢？王安忆、余华、苏童，还是残雪？过了几天，程先生电话上说，他和童庆炳先生商量了一下，觉得莫言比较有分量，建议不妨选择莫言。我对莫言的早期作品是有印象的，后来的作品读得并不多，但我知道他的确是有分量的，于是我就欣然开始搜罗莫言的作品并去阅读准备。按学制，我的全日制同学应在 2005 年夏天提交论文，答辩毕业，而我这样的在职生一般是可以推迟一两年再答辩的。但我的年龄比较大，不想推迟毕业。然而不巧的是，2005 年春节过后我的父亲以 84 岁高龄去世，我回家安顿父亲的后事回来已经离五月的毕业季没有多少时间，而我又不能请假专事写作，还能按时写出来吗？先生听了我的想法，既没有断然否决按时毕业的可能也没有说一定可以，而是开放地说：你去写吧，写到什么程度再看情况。我只有下班时间写作，好在一年左右的时间里我已经把莫言的代表性作品看了不少，特别是短篇中篇。而且程先生也一直鼓励我紧紧抓住自己的艺术感觉来写，于是我并没有沿着我的博士论文开题报告的框架来展开写作，而是根据自己的阅读体会、感悟立标题，甚至不立标题只是根据感觉联想式展开述说、书写，然后边写边拟定一个标题。我那时电脑输入的速度还很慢，我就抛开电脑，拿起签字笔来在稿纸上龙飞凤舞、密密麻麻地只管往下写，只管往满了写，然后将纸稿交给我爱人、亲戚、朋友帮我输入电脑。因为我的字有的不好辨认，有的原本就有笔误，所以打印出来的稿子自然错别字和不通的句子不少，我再在电脑上顺一遍，然后打印出来交给程先生审阅、指点。所以，这次的博士论文，一开始只是一些看起来各不相关的独立片段，看不出体系，没有整体性，等积攒了这样的片段有十来段的时候，程先生建议我将这些散件组装起来，先生给了我很好的建议，使它们就像打碎的文物碎片一样似乎找到了弥合的秩序，经过几次调整，终于有了一个基本合理的整体，先生还提议我可以把以前写的一篇关于文学中民间文化的学年论文纳入博士论文的整体结构之中。这个建议使我眼前一亮，因为它不仅增加了我论文的字数，充实了厚度，更重要的是强化了论文的理论张力，拓展了论文的思考空间，而且这个建议包含的内在逻辑使论文的一些原有的理论线索更加清晰了。程先生能给出这个建议，说明他为了我的博士论文顺利完成其实是全方位地在寻找、挖掘我可能耕耘的东西，他显然比我对自己的东西还了解，还更仔细地思考过。当然也因为先生比我自己站得更高，看得更远。紧赶慢赶，五月，我的论文终于大体具备了提交答辩的程度，但按格式打印出来的时候还是错过了正常的答辩时间安排。于是先生又亲自出马协调，最后文学院专门又组织了一场我的答辩。没想到这次较为仓促情况下写就的论文，得到了评委的一致好评。我记得童庆炳先生作为答辩委员会主席还不无玩笑但也不无郑重地说："将来莫言获得诺贝尔文学奖的时候，他的奖金应该分给你一半！"我记得我自己也说，如果说这篇论文能够顺利答辩通过的话，也得感谢程先生和童先生帮我选了一个有意义的趁手的题目。这次对莫言的重新阅读和解读，让我大开眼界，发现了远远超出以前想象的更丰富深刻的莫言世界，也使我对文学本身有了更深刻开阔的理解。在答辩会上我还说，我感到研究什么、怎么研究、有无收获，有时也是一件涉及缘分的事情。我之所以这次能够在较短的时间里写出论文，除了归一部分功于程先生给我的上述帮助外，也与我跟着先生读博有关，因为这些年来先生一直在倡导、拓展巴赫金研究，因此使我对巴赫金理论有了耳濡目染，发生了关注，产生了兴趣，获得了一定的理解，先生的教导和先生的

《巴赫金的文化诗学》等著作,都促使我对巴赫金的思想特别是"对话"理论有了较深入的理解,而正是巴赫金的"对话"理论及其关于生命主体的潜在思想成了我解读莫言作品的一把崭新、有效的钥匙。如果没有先生关于巴赫金的这些著作和对我的传授,我可能一时不会去深入了解巴赫金理论,那么即使我选择了莫言作为我的博士论文选题,我恐怕也难以深入、准确地给予莫言文学以解读、阐释。因此,我的博士论文如果有什么可取之处的话,这里是有着这样的缘分在里面!我今天还要补充的是,我之所以硕士、博士两次写的作家论都得到老师们的好评,这也与程先生的另一本著作的影响有一定关系,程先生的《俄罗斯作家创作心理研究》对俄罗斯文学界的几位世界级巨擘做了细致深入的分析,他对作家作品的真切体会和其各自特点的准确把握,给了我的作家论写作以很大的启示。

六

从硕士毕业离开学校,先生对我的关怀也并没有中断,他一直关心着我的学业、工作,也关心的我生活、我的家人,连我的孩子要是听说我要回师大而她也有空的话,就总说"我也要去那个爷爷奶奶家!"两位慈祥的老师,总是让孩子感到快乐、关爱、温暖。我要带着孩子去拜访先生的话,往往是大家开始一起围绕着孩子说话聊天,徐老师给她弄吃的弄喝的,但一会儿,客厅里只剩下我和程先生在交流了,孩子已经不知何时跟了徐老师到了另一个房间去边聊边玩了。而时间在先生的侃侃而谈中总是显得倏然过去,当意识到看一眼墙上的挂钟的时候,总是发现时间不早了,而总有很多话还想听先生讲来。

从硕士毕业到现在很多年了,我每年总会有一两次去看先生。我上研究生的后期,程先生以学术上的威望和为人上的良好口碑被推举为大师和鸿儒云集的中文系的主任——那时钟敬文、启功、郭预衡等先生还健在，先生不仅要忙学问，更要忙系里的政务，谋系里和各位老师的发展，先生很忙。不几年，先生退休，但他一直还返聘在文艺学中心做研究、带学生。每次去他那里，总见到他的书桌上展开着正在参考的书籍或正在写着的论文。他从没有放下书、放下笔。我能感到，对先生来说，读书和写作才能给他最大的快乐，在这里，才有着生命的无尽的意义。这些年他又完成了许多课题，发表、出版了许多论文、著作。每当看到、想起这些，我的心里总油然涌起一股对程先生这样的纯粹的学者的由衷钦佩，也为自己能成为其门下的一名学生而感到欣慰。

在我们这个喧嚣、浮躁、礼乐制度多有毁乱，人们挖空心思经营利禄，以物质的享受竞相炫耀的年代里，先生这样保持学人、师者本色，孜孜矻矻，兀兀以穷年地研究学问的知识分子乃是大学以至我们民族精神的真正守望者、传承者和创新者。

说到这儿，我的眼前又浮现出先生那平易亲切的笑容，耳畔似乎响起他那轻松爽朗的笑声。是的，先生在我的印象里永远是快乐的，似乎没有过什么失落与烦恼。我想，程先生并非生活在世外桃源，而现实生活中总是充满着各种不公不平令人难免揪心的事情，先生和师母徐老师何以总是能以那样的和善、愉快的态度面对我们、面对生活呢？我想起孔夫子的一句话，这句话或许能给我们一个解答："君子坦荡荡，小人长戚戚。"

再过两年，程先生就要迈入杖朝之年，我祝愿程先生和师母徐老师健康长寿，我愿常听到他们那和善、慈祥、真纯的笑声！

（张灵，《中国政法大学学报》编辑部，1992级硕士研究生，2002级博士研究生）

记我的恩师程正民先生

陈太胜

人与人之间的认识与交往，都有各种偶然或不偶然的原因。我之认识我的恩师程正民先生，则是因为求学。我是浙江台州人，少年时都在农村度过。1990年由农村考上了大学，那时还是上下好几个

陈太胜（右一）

村的"大事"。而在浙江金华的浙江师范大学最初几年的大学生活，却始终伴随着某种对未来的迷茫的感觉。好在后来知道有考研究生这回事，并因此认识了我的恩师程正民先生。

记得是1994年春的5月左右，经过一年多的复习和这年春节后的研究生笔试，我顺利获得了北京师范大学中文系文艺学专业硕士生的面试资格。那时的复试是等额的，区别似乎只在于导师们从中挑选自己的学生。到了北京后，我在校友的介绍下，给那时觉得非常遥远的先生打了个电话，表达了想去见见他的愿望。先生爽快地答应了，并和我约好了时间。

到了指定的时间，我忐忑不安地带着自己的简历，和一篇已发表的有关安徒生的文章敲响了先生在学校北面的家门。我还模糊地记得当时见面的情况。我把自己带去的材料给先生拿了出来，先生边翻边问，主要问了问我当时在大学里主编的一个文学刊物的情况。有意思的是，在见先生前，我始终在想，我应该说些什么。而到了那儿不久后，我便觉得自己似乎根本不用担心了，因为先生颇为健谈。每次问我什么，我只需要简短地回答几句，他便会接下去谈开了。先生平易近人，是个很好交流的人。这次见面后，我心中这样想。没想到我的这一印象其实还非常准确。之后，在生活中，我一直称先生为程老师。

到了这年 9 月份入学后，印象很深的是开学不久后的一次谈话。当时是与跟我一起就读的三个同学一起去的。后来想起来，这是先生有针对性地对刚入学的研究生讲的话。他的大意是说，做学问得有所专长，一个人不是全才，不可能什么都懂，什么都通。至于学问的路向，则可大致分为国别和文体两类。他问我有没有对哪个国家（像英国、法国、美国、德国、俄罗斯等）的文学特别感兴趣，或是对哪类文体（像小说、诗、戏剧）的文学特别感兴趣。当然，这两个路向也并不矛盾，但无论哪个路向，都应注重对具体的文学作品的阅读和欣赏。后来想起来，这其实是先生的学术路向一以贯之的东西，即强调理论研究要以对具体的文学作品和文学史的研究为基础。

硕士毕业后，我考上了先生的博士研究生，同时，又蒙先生和文艺学专业各位老师看重，让我留校工作。等我到学校人事处报到时，当时接待我的人提出，我在读博士和留校工作间只能选其一，说根据学校规定要工作两年以上才能读博士云云。这样，我也只好暂时放弃了读博士的机会。

记得刚参加工作不久，一次见先生时，他语重心长地对我讲了两点。这令我到现在都记忆犹新。一是讲做教师的。他说做老师首先得把课上好，上课不能马虎，得认真备课，得在研究的基础上合理安排上课内容和方式。作为一个老师，如果学生都说他讲课不行，那他就在大学里不合格了。二是做人，任何时候都要坚持原则，不要为了眼前的利益丧失原则。日久见人心，即使当初对你不满的人，到后来可能也会改变看法，对你敬重，说你这个人还是不坏的，是有原则的人。可以说，此后，无论是在教学上，还是在为人上，我都是以先生的这次教导为准绳的。或者，这本来就合乎我的心性，但先生将之明示出来了。

两年后，等我可以在职攻读博士学位时，先生则由于退休的原因暂停了博士招生。我便报考了王一川先生攻读博士学位。作为我的硕士指导老师，程先生以一贯的谦和慈蔼与独到的见解关心我的博士论文写作。印象深刻的是，他在看到论文的初稿后，特意说到了卞之琳对梁宗岱的评价。他认为卞之琳的评价是公允的，并对我说："卞之琳说的梁宗岱对新诗的'现代化方向'与'纯正方向'的贡献到底是什么？你只要把这一点搞清楚了，梁宗岱的贡献也出来了。"这种对引文深入分析与考察的方式使我受益匪浅，促使我深入思考这个问题，并在文章中有所体现。这也在很大程度上回答了当时还不受重视的梁宗岱对中国现代文学有多大贡献的问题。

先生也一直有意无意间关注着我的学术研究。记得有一次见面时，他跟我说到最近学报上发表的我一篇谈穆木天的文章，说在不长的文章里，把穆木天的写作和诗学这两个问题谈得比较清楚。"这样的研究比较对头，"先生高兴地说。先生治学严谨，眼界很高，能得到他的表扬，令我鼓舞。

先生还知道我写诗，有时一起外出开会，碰到他熟悉的人，都颇为自豪地介绍说我是个诗人。我则一直由于各种原因，惭愧自己还没有出版一本令自己满意的诗集。近日终于出版了一本，于心始安。

由于留校工作的缘故，得以常跟先生接触。先生至今不用电脑，我问过几次，他解释说是眼睛不好。我于遗憾之余，心底里却觉得这也有意思。尤其是先生自退休后笔耕不辍，过一段时间（大概是几年）都会拿出一叠厚厚的手写稿纸，找人帮他做录入事宜。这每次都令我备感敬意。先生大概是这个时代少有的坚持以这种手写的方式爬格子的人。最近，先生就是这样又从柜子底下拿出了两部新的书稿交给我的！

先生于学术外的爱好似乎不多，但对石头和集邮有兴趣。估计不少去过先生家的人，都听他说起过一块从黄山背回来的石头的故事。那是块挺沉的石头，先生在店中见了，挺喜欢，但苦于背不回来，后来是一起前去开会的学生邱运华帮着背回来的。印象中，先生尤其钟爱国内外与艺术有关的邮票，有一次兴致勃勃地拿出来让我看过。先生书房门后还立着几根木头手杖，有次我问起，先生则说是在临汾五七干校时从什么地方的山上搞的。一起外出开会时，则见先生最为开心，也最能见先生之性情。有年一起去江西开会，与先生在雨中同游三清山，见先生笑口常开，此实乃人生一乐事也。

先生是重情义的人。在我写作此文的过程中，我们北京师范大学文艺学研究中心的创办者、先生半个世纪的老友童庆炳先生不幸因心脏病于 6 月 14 日猝然离世，是夜 11 点左右，我和先生一起在学校附近的二炮医院参加了简短的告别仪式。事出突然，大家都有些茫然，难以相信这是真的。仪式结束后，我要陪先生回家，一开始他还不让，说让我回办公室参加有关治丧的紧急会议。我当然放心不下，一路陪着先生过马路，进学校东南角的门，往学校北面的先生家中走去。从二炮医院到先生的家，大概不会超过八百米，我们却用了一个半小时的时间。一路上走走停停，先生一直在念叨着童老师生前如何不听他的劝，如何不注意休息。一会儿说不能相信这是真的，前两天见他还好好的，一会儿又说他怎么能在这样的大热天去爬长城呢。他自问自答，即使是问题，我也无法作答。让我感到有些讶异的是，先生步履缓慢，在浓浓的夜色中，几乎不知道家在哪个方向。我只好不断地提醒他。到学校教七楼边上时，他又说让我回去参加会议，说自己知道回家的路。这时我倒从心底开始怀疑，他是否能在这深夜的校园里找到回家的路了，尽管它只有几百米之遥。教七楼边上正好有几把长椅子，我提议先坐着歇一下，他倒没反对。又坐着听先生说了一些跟刚才相类似的话，直到把他送至他家楼底下，我才在他的坚持下匆匆往办公室去参加会议。大概是一直生活在先生身边的缘故，感觉从第一次初见先生后的二十年间，先生没有明显的变化。是夜，我却忽然觉得先生老了。过了些天，在童老师的追思会上，先生说到了这个夜晚，说要不是我陪他回家，他几乎找不到回家的路。在场的我，忍不住潸然泪下。

　　我童年丧父，初中后就不断地在外"游荡"，成年后在北京成家、立足，长辈的关爱，尤使我感怀并珍惜。先生和师母徐老师都视我为家人一般。得遇先生，实是我人生的一大幸事。唯愿先生和师母健康、快乐、长寿！

（陈太胜，北京师范大学文艺学研究中心，1994 级硕士研究生）

师父和师母

吴晓峰

吴晓峰（左一）、谢慧英（右二）、周春霞（右一）

在中国的教育体制中，读研读博，始有导师。在那两年、三年或更长的研习生活中，"导师"对某些学生来说只是最后毕业论文封面上写的"指导教师"；对某些学生来说，是帮着做课题做项目，还会发些酬劳的"老板"。但，拜程老师为导师后，我更愿意用"师父"去理解"导师"。对于那时从外地来京读书的我，更是从第一次见到程老师和师母时，就不自觉地把北师大丽泽园那间不大的小屋当成了在北京的第一个家；即使是毕业十年以后的今天，虽然在北京我也有了自己的小家，但每次回去探望他们，都仍有回家的感觉。

2001年，我从武汉考到北京。当年报考北师大颇有一些周折，因为专业兴趣我最初报的王一川老师，后来录在童庆炳老师名下，但接到录取通知书时又被告知由程正民老师担任我的导师。所以来学校报到以前，我还一次也没见过程老师，甚至连电话也没有通过。来北京以后，当然应该先去拜访导师。但当时我很忐忑，一是对程老师事先一点儿也不了解，他的著作几乎一点儿也没读过，这样一次学术拜访谈什么好呢；二是我不知道程老师会如何看待我这个被"分到"而不是主动"报考"的学生，会不会把我区别于其他的学生。可是见面以后，我的顾虑完全打消了，更难得的是第一次和程老师还有师母见面，我就有一见如故的感觉。

那天上午坐在那间充满阳光的书房兼客厅里，程老师询问我研究生阶段的研究方向、学过哪些课程、自己的研究兴趣；也问了问我家庭的情况，未来三年生活和学习上的考虑。当我被问到未来三年的生活费用谁将承担时，我犹豫着不知如何回答。因为那时我父母都已退休，身体也不是太好，我已经计划读书期间通过兼职解决自己的生活费。但我不知道面对导师，该不该说这些。和现在鼓励学生多实践不同，那时很多导师都希望自己的学生能心无旁骛地做学问，大概是不会支持学生读书期间在外兼职的。但看着程老师关切的目光，我还是说出了真实打算，没想到程老师竟然点了点头。之后还主动提出如果找兼职有困难，他可以找已经毕业的学生看能不能帮我。也是从那时起，我听说了那些让我久仰的师兄师姐们，虽然读书的三年几乎未与这些已经做出成绩的师兄师姐谋面，但因为他们常常挂在程老师嘴边让我感到很是亲近。当然这都是若干年后师门聚会时的后话了。回到当时，程老师的表态让我感到心里很踏实，也很温暖。我对自己说，我要对得起老师的这份信任，处理好学习和工作的事，绝不能因为挣一点生活费影响了学业。事实上，多亏这三年的兼职教师的经历，使我这个应届生在后来找工作时顺利通过了试讲，进入了现在的学校。

第一次拜访，我就在程老师家吃了一餐饭。这样的情况后来三年中又有过几次，直到我毕业以后拿到了工资，才开始请程老师和师母在外面吃饭。但十年过去了，那餐饭却一直留在我的脑海中，难以磨灭。我记得谈话中间，师母有一次走进客厅，很自然很随意但又很明确地说，中午你就留在这儿一起吃饭吧。于是那天中午，我就和程老师、徐老师围坐在那张棕褐色的茶几边共进午餐。茶几上，一盘清蒸基围虾、一盘翠绿的西兰花、一盘红黄相间的西红柿炒鸡蛋，配着白米饭，简单清淡却又别致爽口。我们边吃边聊，师母并不多语，但常常微笑，偶尔会提醒我多吃点儿。吃过饭以后，我主动帮着收拾碗筷，并提出洗碗。师母并不拒绝，简单地交代了几句，就去忙着收拾茶几、准备水果了。那时候我全然觉得自己就像一个回家的女儿一样。虽然在家的时候，我的父母也经常把学生留下来吃饭，有时还会特意准备一些饭菜招待他们，给他们解馋，但我母亲绝不会让学生走进厨房，所以这些学生毕业以后对父母有很多的感激。可是那天我走进了程老师家的厨房，这样的经历在我那时以及若干年后回味起来，不只有一种感激，还有如家的随意。无论是求学三年，在这个家里谈学业和论文，还是毕业以后，在这个家里谈工作和家庭，我都觉有如和父母的交流：有关切，有理解，有指点，有鼓励，也有期许。

说到期许，我时常会有些愧疚，因为从严格意义上说我没有好好继承程老师的衣钵。程老师长于文艺心理学研究、俄苏文学和文艺理论的研究，造诣很深，在学界影响很大。而我考进北师大时，却是抱着对文学和语言的跨学科研究的兴趣。入师门以后，我好像从没考虑过调整自己的研究方向，从课程论文到博士论文，一直都全从自己的兴趣出发。现在想想，之所以这样，可能是因为程老师从来没有这样要求或暗示过，相反他还时常会对我的想法表示鼓励和兴趣。

博士论文开题时，王一川老师指出我的选题过大，不容易把握。开题后，我很焦虑，但又不愿意放弃，这时接到了程老师的电话。他把我叫到家里，和我再一次分析选题，鼓励我继续做下去，同时建议我采用王老师的建议，选择代表性的个案切入对国语运动和文学革命关系的研究。接着他和我一起讨论如何选择个案，选择哪些个案。在后来的论文写作过程中，完成一个个案，我就交给他批阅。少则两三天多则四五天，他就会把我叫去，交还给我的论文稿上手写了密密麻麻的批注，怕我看不清楚他还会再细细地给我讲一遍，同时提出一些问题和他的想法供我思考。他还经常会因为看到跟我的研究论题相关的论文或论著，专门给我打电话，之后面谈时询问我阅读的情况，并进行讨论。当时，我觉得这一切都是理所当然，直到后来我自己也指导学生论文时，才认识到老师这么做需要付出多少。

一般来说，老师们都更愿意指导自己感兴趣或擅长领域的选题，或者要求学生做他指定的选题，因为这样指导不仅相对容易，而且也能教学相长。而指导一个自己研究领域之外的论题，并且要提出有价值的意见，意味着指导教师需要额外地阅读和研究很多资料，而这些研究对自己的科研来说可能并没有直接的裨益，但却要占用很多的时间。及时对学生的论文反馈，也意味着指导教师需要放下自己手头的工作，优先考虑学生的需要，这有可能打乱自己原有的研究思路和研究计划。所以当年程老师鼓励和支持我做自己有兴趣的选题，不仅从大方向上指导我，也时常在细节上启发我，在我提交初稿后总是最及时地批阅和反馈，这背后不仅有包容和尊重，还有很多我当时没有体会到的付出和牺牲。这也许正是程老师在带完最后一个弟子以后，仍然笔耕不辍的原因吧——只有这时他才能将全部精力放诸在自己的研究上。

毕业以后，因为单位工作的需要和自己的兴趣，我几乎完全放弃了原来的专业方向，转向了对外汉语教学和师资培训方面的相关工作和研究。转向也意味着很多东西我要从头学习，所以多年来在学术科研的道路上我一直止步不前。每次要回丽泽园那个"家"或者与同门聚会时，我都会感到惭愧和不安；随着与原来的专业渐行渐远，我甚至有点儿不好意思登门了。可每次敲响那个"家"门，门未开就听到程老师响亮的应答声，随后是快步赶来开门的踢踏声，当门打开，看到程老师和徐老师灿烂的笑脸，这时我的心就又像第一次进这个家门一样踏实。渐渐的，我和程老师、徐老师聊天，话题里专业的东西越来越少，工作、生活、孩子的事情却聊得越来越多，随意、自然、亲切，完全就是话家常。但我还记得，刚刚毕业那几年，程老师有一次专程给我打电话，仅仅是为了告诉我在一次学术会议上听到一个专家对我博士论文的认可。那一刻，我知道程老师对我也有学术上的期待。然而就像他对我的博士论文选题一样，虽然我今天的方向选择可能不是他所期待的，但他仍然尊重和支持我的选择。如今，程老师和徐老师于我的希望，恐怕更像父母一样，只是期待着孩子工作顺利、身体健康、家庭幸福了吧。

在程老师的论著中，我最感兴趣的是他对巴赫金的研究。在我的理解中，程老师在长期研究巴赫金的文化诗学的过程中，已经将巴赫金的对话精神化成了一种内在的气质，所以他对任何人、任何事都持有一种平等对话的从容和尊重，对学生亦是如此。正因如此，几十年来，无论是毕业多久的学生都仍然愿意聚在他身边。程老师退休以后，太胜师兄发起每年同门聚会，大家都积极响应。如今，每当我们聚在程老师和徐老师身边随意闲聊时，我们更像是一个家庭，这里有我们敬爱的如父如母的程老师和徐老师，也有我们这些忙碌在各行各业的学生儿女。

（吴晓峰，对外经济贸易大学中文学院，2001级博士研究生）

世间最难是天真

——记恩师程正民先生

谢慧英

2003 年 9 月，怀着欣喜、期盼和些许惴惴，我从厦门来到了北师大校园，入童庆炳先生门下攻读博士学位。犹记得 11 年前与童老师的初见，北京初凉的秋天的下午，童老师以温和的微笑与特有的柔缓语调，使初遇的南北之隔的五位同门不禁相视莞尔，长久悬着的不安终于稍稍落地。而让我颇感意外之喜的，是童老师的一句话：你从厦门来的，我有一位也是来自厦门的多年的好友，俄苏文论专家程正民老师，以后你的论文和学业就由他和我共同指导。

幸蒙这份地缘之系，更要感谢童老师的特别关照，让我同时成为程正民先生的弟子——这使我比同学们更多了一份幸运，也因此走近了程老师悠远而淡泊的学术与生活世界。求知的历程中，亦领略了一位谦和亲切却又孩子般自在无拘的学者风范。

见程先生之先，想象中把他拟设为"巍巍乎其高，凛凛然其威"的类型。但一见面，先生极具家常味的笑容和话题，马上令人产生某种"回家"的感觉。先生是一个亲切和蔼的长者，也许比某些不善言语的父亲更容易使人放松，先生的小书房保持着 20 世纪八九十年代的朴素和简静，似乎始终未曾受到外面繁华世界的干扰。先生的姿容神情亦是泰然随适，似乎同样保持了 80 年代时候的疏简纯净。到现在还清晰地记得那种语调，亲切、随意，似乎明了你多年奔波背后的那些酸甜苦辣，带一点同情，也带一点调侃似的——就像离开多年后回到故乡，你年少时的一个邻居老伯对你的问候和闲话。在记忆里，你原是当他作一个威严而易被冒犯长者，而此时他却拿你作一个可以闲聊甚至能交几句心的故人一般，早前的距离感在弥漫的茶香里都被岁月融化了。

人的话语方式有很多种，很多人与不同对象言谈时很可能有很明显的修辞上的区分。但我感觉，先生永远是带着一种温煦如春的家常感，哪怕面对的是一个揣着忧惧愧怍之心的卑微的学生。当我慢慢习惯于先生的这种家常的漫话、闲聊之时，才发觉，这样的话语方式不只是一种交际话语，乃是他对人、对事乃至于对人生、对历史、对学问的一贯态度。在他的闲聊、漫谈中，人生、文学、历史、理论和对问题的思考、分析，原来是紧密联结、各相汇通的。为师之道应有万方，先生大概属不"教"而"教"：一者从不拈出"为师"的架势，耳提面命，严叱厉责；二者不把所谓"正统"和"旁门"做泾渭之分，看似全是漫漶无边的杂谈，但最后想来却又是一隅三反的灵动；三者则不以"教化"、训导之方定规立则，而是在灵活、交互的感性体悟和理性思辨间自由穿梭，将所谓人生和学问做一体的察考。

学术堂奥，何其玄妙。初入门径，未免捉襟见肘，顾此失彼，要么固守一隅而失之偏颇，要么生吞活剥而食之未化。仅是在知识层面先通晓本旨，也往往在缠杂芜漫的各类术语、概念和理论丛林里迷目障听。愚钝如我者，更莫待言。求学撰文中每有困惑、繁难，当我就教于先生，本欲先生砍削斧斫一番，调经正纬，乃至于直命要害，明示定则，谨遵垂范即可。但先生每每是以罕有的耐心倾听，却并不急于径直批驳开示，似乎是随意聊起一些文坛的历史故旧，又必或连带出苏俄文学、政治、历史的诸多线索，其间也不乏诙谐、风趣的"轻幽默"，那是先生敏锐的感悟和睿智的调侃，使你感觉原来存在于书本堆里的"知识"，其实本该是生长在鲜活生动的历史和现实中的！看似散漫无际的闲语，娓娓然铺排起一张相互连接的大网，其所触及乃是历史、文学、社会、人生、观念、现实等之间的整体勾连。其间史也好，人也好，问题皆能从方才狭隘的理论臆想而连接起历史与现实，倏然之间找到了审思的纵深感和层次感。也是从先生这里，我方始明白了所谓历史的复杂性和深邃感。当获得了这样一个广而深的视野，对于零碎的问题和一些枝蔓的纠结处，虽不能求瞬时之顿悟，然在勉力苦思之间也终于找到了一个可以把捉的着力点。

先生这种平等待人（包括学生）、平等待物的方式，在教引中始终如一。他不以自己的喜好和意愿框范学生，而是以充分的信任和尊重，予以为学者以极大的自由，同时也以此推促学生的自主思考和研究中的自立意识。说实在的，作为学生，最初我是颇怀着某种预想，期待着能时时从导师那里得到明确的"指令"：该读何书，该选何题，该做何文，如何致思，如何寻解……或许我也早已习惯于"奉令行事"式的学习模式了吧。但受业于先生之后，我不得不"放弃"了这样的期待。当问及论文选题，先生只说自己好好琢磨，看看有什么合适的，想好了再谈。说得随意而轻松！我当时的想法是，与其自己在那里天上地下一顿瞎想，恐怕多半不着边际，不如得先生明示，可以"省却"许多歧路，直奔康庄大道也。然经过先生一两次"自己好好琢磨"的训示后，终于明白了为学者的本分。及至论文写作中，偶有遇阻或信心不足，沮丧烦倦中自不免有幼童期求"魔法"一般，希借先生"神力"即刻化解。而先生不疾不徐，一番漫谈之后，又叮嘱"没关系，多想想，不用着急给我看，写完再说"。那份笃定和信任，使战战兢兢的愚鲁之徒一者断了"妄念"，二者也大大消解了疑虑和困扰，终有信心凭靠自己摸索探路。多年后再想起来，亏得有先生这样放手，总算在攻博期间慢慢学会了一些独立思考的方法，也终于明白"师者非救世主也"，对于我这样过分仰赖老师的学生，实在是太珍贵的一次锻炼了。

这大概是先生惯常的点拨之方，所谓不教而教，不光是训诫直告，只需你被动式的接受、填塞；而是引你看向更深处、更远处，遂在启悟和冥思中获致"己见"——虽然有时候，这"见地"未免单薄、浅稚，但毕竟是经过了积极的思考所得，确实尤为珍贵。

　　但先生的点教也不止于此。当我拿着已经完成的文稿，期求先生进一步的指点，以便进入真正修改的过程之时，才明了先生态度之严肃，思维之谨严细致。不论长文短章，先生从不遽作结论，同样是漫谈闲聊，文稿先置一旁。过不几天，则专门来电，曰稿已阅毕，可以择时专谈意见了。待这次看到稿子，先生已在留白处批上了简约警醒的词句。先生批阅一般是用铅笔，笔墨极轻，字极纤秀，文辞极简，似乎落笔时是带着过分的谨慎，以至于有时颇要用些眼力辨认。我初时很诧异，以为资历颇深的老先生，总该用些大红朱批类的方式严加斧削才是，而先生如此"温柔"的审慎，立时让我愧怍于自己思考和行文时的颟顸愚莽了。这种"温柔"的审慎，亦可看到先生一贯的慈和谦逊，对任何人、事、物，始终保有的一份和蔼、恳切之心，不以己为上，不以人为下——可以平等待一切人、事、物，包括那些肤浅不堪卒读的文字亦然。接下来，先生便集中于文稿中的疏漏、谬误，一一道来，兼及要旨纲目，理路文脉，如剥茧抽丝，迤逦而出。末了再用他所熟知的俄苏文学、文论的相关线索，同样点化出文稿的拘囿、疏漏处。不同于前面的"漫谈"，先生对文稿的析辨，对细节的耙梳、勘验，或对于不经细敲的武断之论（辞）、缺失关联的逻辑疏忽，信手拈出，不难看出他是如何费心仔细阅读、审视过那篇生涩不足以示人的稿子啊！

　　如今想起当时匆忙递交博士论文初稿时给先生增加的繁难，真令人愧悔不安。当时近一年的博士论文写作，对于之前未曾经历过长期写作的我，真是一次不小的煎熬啊！在初稿完成之时的急切解脱之欲，使我耐不下心再仔细审读，完成梳理校对的工作，就仓促间把凌乱还未最后定型的稿子交给先生了。当时只觉自己如同跑马拉松者，实无力撑至终点，在奋身向前之时突然间倒地一般，只想换得一刹那的解脱。几天之后，当我带着不能承受之轻再一翻自己的稿子，才突然惊觉自己的鲁莽和急切。二十几万字，两三百页的厚厚一大本，我实在是把一大团未及清理的乱毛线球扔给了先生。这该是多大的轻慢和冒犯啊！我在惶恐中正思忖着该向先生谢罪，再拿回稿子重新修整，心想着一贯和善的先生这次必定是被我"触底"了。恰好先生来电约谈，未加一语指摘，只说稿子已经看毕，即可过来详谈。再看到我那粗疏而不成型的稿子时，发现页脚、眉边简洁、清秀的铅笔批注，和细细密密的标记，明白先生是费了多大的耐心仔细审读过我这未经修剪的粗枝大叶，然后同样是细致、严谨地指正、推敲和提醒……此时，我已经无语表白我的心情。先生的宽容、温厚，如同在北京冬季里暖阳，令你局促紧张的身体渐渐舒展，同时也让被冰冷所包裹的重压不觉间融化，使人感到某种妥帖而真切的温暖和踏实。

先生是南方人，身材偏于瘦小，与人相交，自然增了几分亲近之感。不过，他悠然自得地在校园闲步之时，这瘦小却怡然自在的身影，却也使我感到某种孩子般的单纯和天真，是惯常这个年纪的长者很少有的特质。先生生于抗战时期，经历了新中国持续几十年的动荡和改革开放以来的变局，应该算得风雨沧桑，惯看秋月春风了。每每数说起一些文坛上的掌故轶闻，如话家常一般，仿佛这些或森然或怃然的陈年旧事，书面上肃穆严整的叙述，也无非是俗常百姓家的一段曲折离合，不值得大惊小怪什么。作为一个"有历史"的长者，他的言语形容间看不出半点世故与颓然，似乎半个多世纪的风雨并未曾侵蚀过他，更未曾带走他什么。他的眼神明澈，他的神情安详自若，他的笑容不加伪饰，也不曾敷衍，他的内心，似乎依然保留着童子般的无待，那是一种什么都可以容纳，却什么也不必拘执的自安。

虽然现在已是网络时代，新媒体大行其道，裹挟其中似乎无人得脱，然而先生始终超脱于这些新技术之外，不使用邮件、网络，大概文章也都是手写，再由家人电脑输入。在北京的时候，先生好像连手机也很少使用，唯出差在外，暂且拿师母的手机一用而已。这样的方式在这个无孔不入的电子时代，真是罕见。我想，从这，也可以窥出先生确是简易无碍之人吧？如我们这般，虽然一边在嫌怨，但还是不能不依傍这些日新月异的新玩意，固然是因为我们必须倚此生存于一个已经完全媒介化的时代，其实另一方面，这里面又有多少是我们不能放下的各种贪欲和眷恋？我们宁可被这些日益强大而所向无敌的技术所入侵，也不忍丢掉它制造给我们的美妙的视觉、意觉的幻象吧？再看先生，虽未免离潮流远了一些，却也令人钦羡地保持了未被入侵的安详和完整。先生的笃定、淡然，在我想去，或许并非刻意修为，乃是天生禀性。

先生是那样一个淳朴而天真的人，生活简朴到最简单的需要，而在致思方面散淡自由，对学问和研究则谨严细致。他尊重和信任每一个人，包括我这样愚钝的学生。非但如此，并且始终以恳切、真诚的拳拳之心，关心着他们的成长和发展。

几年以前，先生来闽地开会，我很欣喜终于有机会与他相逢。逢到见面，年逾古稀的先生竟从他的行李中拿出了厚厚的几本书，是先生这两年出的新书和编的教材，想着也许我上课能用上，居然从千里之外的北京，不顾惜自己年高体弱，一路的舟车劳顿，亲自惠送给我。几年不见，先生面容更见清癯，白发亦添几分，举止行走亦比先前少几分轻快，而他明澈的心却是日渐笃厚了。这些书又一次使我看到了先生内心赤子般的天真和单纯，在他那纯净无待的心里，这个世界上，还有什么比这些书对我更重要的呢？

世间最难是天真。对大多数人而言，天真，总不免伴随着童年的消逝和入世之后的成熟，终将成为永不复回的记忆，更何况在经历世事的迁换和命运的沉浮之后？想先生一生，历经尘世几多变幻，始终保持着似乎与生俱来的这份赤子之真。置身于纷杂的现实之中，内心溢涌着诸多惶惑和犹疑，一些雾障渐渐填塞了心胸。当现实的巨浪在有些时候几乎要把你掀翻的时候，这几本书，倏然为我敞开了一个纯粹真实的世界，它使我回到了某种原初状态，重新看清自己，并有信心和力量去相信，在世界的某一个地方，存在且始终存在不被侵染的真实和纯净……

（谢慧英，集美大学文学院，2003 级博士研究生）

一生的导师
——记程正民先生

周春霞

　　回首在北师大励耘楼第一次见到程正民先生，到今天竟然已有近十年。在这十年的时间里，我顺利拿到博士学位，就业，生子，晋升职称，经历了人生中最重要的几件大事。先生头上的白发也日渐增多。十年来，先生对我如同对待自己的儿女一样，无论在具体问题上，还是精神上，都给予了莫大的帮助和支持。可以说，我的点点滴滴的进步，都与先生对我的关怀与帮助分不开。先生在学业上、生活上、精神上对我的关心与帮助至今历历在目。

一　"对话"式教学

　　2005年秋天，我有机会进入北师大攻读博士学位。童庆炳先生将我推荐给程正民先生，让他做我的导师，指导我的博士论文，我得以有机会结识程先生。童先生在给我的邮件中说，程老师"人极好"。那时，对这三个字所蕴含的丰富含义我并没有深切的感受，认为不过是笼统介绍之语，而在内心里，对于名校名博，是怀着几分敬畏的。带着这样的"前见"，我结识了程先生。

　　2005年快开学的某日，和程老师电话约好后，我从北京西郊租住的地下室里，到北师大丽泽楼程先生家中拜访他。天上飘着秋雨，敲打着校园里婆娑的枝叶，安静的校园能听到自己的心跳，战战兢兢地，我站在程老师家门前，想象等待我的会是怎样的一场拷问。

开门的是程老师，极简单的寒暄，就把我迎进了客厅里。我眼中的程老师清瘦、文静、利落，但极和蔼，没有咄咄逼人的发问，只是和我聊起了家常，家里什么情况，入学之前在哪里上学、工作，硕士论文做的什么，有时间把论文带给他看，等等。我紧张的神经一下放松下来。以往的我每次面见导师，都像如临大敌的足球运动员一样，紧张得会"技术变形"，但是这次初识，我却异常放松。

自从第一次拜访程先生后，我便开始了"骚扰"先生的生活。时不时地，给先生打个电话，便骑上自行车，从C座研究生宿舍，跑到先生家中，和他"聊天"。一聊就是一上午，先生从未有一丝一毫的厌烦。因为我深知自己的基础薄弱，想"笨鸟先飞"，所以话题基本上围绕着博士论文进行。先生针对我的特点，结合先生对当前文艺学界的了解，建议我做现当代文学研究，在研究方法上重视第一手材料，不要从理论到理论、从概念到概念，而应该回到历史的语境中去，体会作者的心理感受，细读文本，结合历史语境，发现新问题。他甚至和我一起研究学界的最新动向，帮我捕捉论文选题，把报纸上的相关报道收集起来送给我。至今我还保留着先生当时给我的剪报。也许是因为先生对巴赫金曾做过深入研究，深谙"对话"理论的精髓，他把客厅当作教室的"对话"式教学，使我在轻松的氛围中收获了很多。回到宿舍，同学们都羡慕不已，笑称程老师把他的"小棉袄"都扒给了我。我在幸福的同时，也深深地感激先生的厚爱之情。

先生建议我做博士论文，一定要有第一手资料，为此，我通过多种渠道，采访到《青春之歌》作者杨沫的儿子老鬼先生，采访了电视剧《青春之歌》的编剧之一陈建功先生。先生对我这样研究方法也极为认可。最终，我的学位论文得到了北师大文艺学中心几位导师的肯定，并出乎意料地被选为优秀论文，并得到北师大文艺学研究中心出版基金的资助。这些成果的取得，浸透着先生的心血。

二　人生的"整体诗学"

程老师在他的专著《巴赫金的文化诗学》一书中提到，巴赫金的文化诗学研究，是与体裁诗学、历史诗学、社会学诗学紧密联系的，是一种"整体诗学"研究。先生把这种观念运用了人生中，他并不一味地强调学术成就，而是认为生活料理不好，就谈不上学术。每次和先生见面，他都会先把家里的人的情况问一遍，问我的近况，问我丈夫的工作情况，如果答案是肯定的，就能感觉到先生欣慰的表情，如果答案是否定的，他就会替我着急。

在校期间，国家留学基金委第一次开展国际联合培养的项目。申请下来的同学可以留学一年。对这个项目，我十分感兴趣。但是由于得到消息比较晚，又没有前期准备，眼看就和这个机会失之交臂了。我就跑到程老师家里，和他聊起这件事。在聊的过程中，我的焦躁的情绪情不自禁地流露出来。程老师对我的心情表示理解，但是他接下来叹了口气，对我说："等你从国外回来，毕业、就业问题一大堆，到时候谁来管你啊！"毕业之际，他十分关注我的就业情况，现在回想起来，先生不仅从学业上关心我，在生活上也用他的经验和高瞻远瞩为我指明方向。

毕业后，我顺利留在了北京。我曾经暗暗给自己订下计划，每个月都去看望一下先生和师母，但是工作的压力、生活的忙乱，总是令我的计划泡汤。有时候一个学期也仅仅去一两次而已。和博士三年不一样的是，"对话"的内容越来越多，先生对我的关心也从学问上扩展到工作、生活等各个方面。每次坐在先生的客厅里，都有争分夺秒的感觉。从家庭近况，到工作情况，再到以后的学术道路，话题一个接一个，先生以他的阅历和经验，给我指点迷津。我的跳跃式思维以及瞎折腾，在先生那里或得到赞许，或得到支持，有时也会得到善意的提醒和批评。但是，我却从中体会到先生强烈的人文关怀，人生少走了很多弯路。

2009年，我顺利生下了儿子。因为怕程老师年纪大了，跟着担心。直到满月后，我才给程老师打去电话，报告母子平安的消息。程老师在电话里说："啊？都满月了。"我意识到这个电话实在是太迟了。但是先生从来不会责备人，在这个时候，也只是感慨了一句。很快，他就和师母从北师大来到我家里看我，提着大包小包——有师母为孩子买的小被褥，也有给我补身体的大红枣。先生和师母对我的关怀，已经远远甚于学生了，他是把我当成了他的孩子一样关心。

这两年，去程老师家里的次数越来越少，有时候，就电话报个平安。有时候一忙，甚至连个电话都没有打过去。每当这个时候，程老师的电话就会打过来，他从来不和我们寒暄，每次都直接切入主题，问一下近况，得到我一切顺利的消息后，很快就结束通话。每当这个时候，我既充满了感激，又内疚好久，难道连个给老师打电话的时间都没有？就在写这篇文章的不久前，程先生的电话又打过来，问我的腰疼是否好了，谁在帮我照看孩子，工作调动的事情是否顺利，下一步的研究工作进展如何。一连串的问题背后，是先生那颗充满人文关怀的心。

至今，我还记得当我对现状不满的时候，先生郑重地告诉我："和你的同龄人或同学比起来，你是幸运的。家庭很幸福，工作也比较顺利。"一番话令我幡然醒悟，我是身在福中不知福啊。先生智慧地处理生活与事业的关系，这种思路令我的幸福指数大大增加。

三 先生的"心理学"

程老师是如此温和，以至于我在他面前的状态，是如此放松。和他聊天的时候，我一反在其他导师面前的拘谨，有时候甚至是天马行空的、肆意的。在很多时候，先生都充当着我的心理导师：在我自卑的时候，给我信心；在我得意的时候，及时地给我泼一盆凉水；在我困惑的时候，帮我理清思路，分析形势。有一次，在读先生赠我的《程正民自选集》时，了解到先生在文艺心理学方面造诣很深，有专著出版，而在指导我的过程中，先生也会根据我的心理变化，及时地给予指导。

2008年毕业时，我的博士论文得到了各位专家的肯定，我开始飘飘然起来，觉得学术研究也不过如此。先生是敏锐的，意识到我的思想起了变化。他一反往日的鼓励与支持，开始表现出少有的严厉，指出我与其他同学还存在明显的差距，学术之路也才刚刚起步。

说实话，当时的我真的有些不理解。难道先生不为我感到高兴？为何我取得了好成绩他反而要批评我？2009年，我的博士论文即将修改出版，请程老师给我写篇序。先生欣然答应，并嘱我某日去拿。按约好的时间，我去先生家拿序言。见面之后，没有时间细读，就放在包里。直到回家的时候，坐在公交车上，我才如获至宝一样从包里拿出，捧在手里细读，程老师写道："周春霞来京求学，三年读博承受了经济和学业的双重压力，是一个艰难的过程。她来自农村，父母都是普通的农民，上的也是普通的学校，可是她硬是凭着农村孩子的纯朴、勤劳和韧劲，靠着自己的力量考上名牌大学的名牌专业。入学后她深感自己在专业基础和科研能力方面同其他同学都有差距，于是就加倍刻苦、努力。三年下来，她的博士论文竟然得到专家的一致好评，被评为优秀博士论文，专业的许多博导都感到出乎意料。我虽然再三叮嘱她不要把自己看得太高，要看到自己还有许多不足，但心中还是为她感到高兴。"

看到这里，我的泪水禁不住涌了下来。车上很多人都在看我，我不管，让泪水尽情地流。原来，程老师对于我的一切，都领会于心，在我自卑时指导我、鼓励我，在我得意忘形时提醒我、敲打我。在指导我的过程中，程老师可谓用心良苦。所以，至今我还保存着程老师的手稿。那字间行间透露出来的关怀，是我前进的动力。

毕业后，我进到一所高校讲授中文方面的公共课，先生觉得我在学术的道路上就这样半途而废，为我惋惜。我也为不能继续从事学术研究感到困惑，时不时跑到先生家里诉苦。先生一边安慰我既来之则安之，踏踏实实干事，一边帮我寻找更合适的岗位和机会。在先生的教诲与帮助下，我克服了浮躁、焦急的情绪，干好本职工作的同时，不放弃学术研究，终于有机会进入中文专业从事教学工作，这与先生的支持也是分不开的。

回首我走过的岁月，前半程坎坎坷坷，后半程却顺风顺水。这与先生有着强烈的人文关怀息息相关。先生对我的教导、支持、帮助、默默关心是我今生最大的财富。今生遇见先生，是我的幸运。

（周春霞，北京联合大学应用文理学院，2005 级博士研究生）

清晨九点的饕餮精神盛宴

庞海音

博士毕业离开北师大已经多年了，每当清晨我踏着朝阳走在目前就职的高校校园小路上给学生们上课时，心里总是浮现出多年前我每次九点钟前往程老师家面圣（当年我们博士圈里

庞海音（右一）

把与导师会面戏称为面圣）的情景。

北师大求学三年，与我接触最多的关系最密切的就是程老师了。程老师的家在北师大北门附近，安静的楼道，静谧的氛围，让我时时觉得自己是在赴一场重要的约会。他时时都是一副耐心听取你各种想法的姿态，无论你的想法多么幼稚，多么不值一提，都可以尽情表达出来，他都能够条分缕析让你心服口服。从 9 点到 11 点，各种学术思想的火花高度碰撞，大部分时间都是他在讲，我在倾听，在与他的对话中我博士论文的开题报告以及论文的大纲就形成了，同时我也明白了很多自己在书本上看不到的人情世故。有时我还将自己的家庭生活中的烦恼一并诉说，他也以一个长者的经验告诉我

处理的方法，然后，我带着极大的满足离开。每次谈话都是一场饕餮精神盛宴，让我浮躁的心逐渐沉静下来，一次次解除学术上的诸种困扰。

记不清有多少次我踏进那座小楼，也记不清与程老师究竟交谈过多少次，可以肯定的是每一次对话我都是如获至宝，每一次都给了我继续在学业上精进的无穷的能量和动力，而我也在这一次次的叩问中成长起来。

记忆犹新的一件事是博士三年级时，班里有家庭的同学都把论文带回家去写，我也准备把资料带回家。当我买好车票给程老师打电话请示时，他在电话里厉声说："你准备延期几年毕业？马上到我家来！"我心里很不解，别的导师都很通情达理，为何我的导师这样不近人情？到了程老师家，他满脸怒气，这是我从未见到的，他说我给你爱人打电话，这个恶人我当定了，你必须留在学校安心写论文，放假再回去。只有这样才能保证你论文的写作进度。我极不情愿地退了票，宅在宿舍里默默写论文。后来，我们这一届有几个博士同学最后因为论文没写完不得不延期，而我幸亏当初程老师的严逼终于顺利毕业。

程老师在我们这一届博士心目中是最和蔼可亲的，从来不板着脸训斥学生，尤其是他经常邀请学生到他家里吃饭，这样的老师在北师大是很少见的。吃饭的时候他总是嘘寒问暖，对于像我们这种离乡背井在外求学的学子能够时时体验到家庭的温馨实属难能可贵，而这一点也让我在我们同届同学中间引以为豪。

有人说导师是参天大树，巍然屹立，将知识和经验无私地奉献给学生；我说导师也是定海神针，在惶然无措的求学道路上时时以他们高尚的人格魅力感染着我们。那一个又一个促膝长谈的情景常常出现在我的脑海里，出现在我的梦里，虽然时光不能倒流，但是程老师的谆谆教诲始终萦绕在我脑海里，提醒我一直坚持在学术道路上跋涉。

记得当年程老师曾经给我说过："一篇博士论文并不能涵盖所有

的内容和代表作者所有的水平，它只是一个开端，一个你以后走上真正学术研究的开端。"当经历过很多事情之后，我才真正领悟到这句话的含义，今后的路还很长，但是有程老师的关注我相信自己能走得更坚实、更远。

（庞海音，新疆大学人文学院，2006级博士研究生）

十年话一情

张小龙

　　为了一场考试，两年前的 4 月我只身来到北京，这也是我第一次来北京。考完后，全身轻松，便想起了临行前的一桩心事：见见十年前曾有恩于我的北京师范大学的一位老教授——程正民老师。

　　社科院距北师大有一个来小时的路程。当我颤抖的手指按响了老教授家美妙的音乐门铃时，只见门开处一位六十来岁、面容清癯的老人一手扶着门，一边轻声地问："你是？"我满是激动地说："程老师，我是您十年前在湖南衡阳函授站的一个学生呀，我曾经跟您通过信的。"话未完，程老师已完全想起来了。"哦，记得，记得，你是个很有想法的青年。我好像给你回了二十来封信。那些年，你可是我非常熟的一个小朋友啊！唔，现在干啥？怎么跑到北京来了？来、来、来，坐、坐。"

　　程老师得知我已快硕士毕业，此番来京考博，很是唏嘘感叹，连说不容易啊。我听了此话，眼泪差点都要涌出来了，回想起自己所走过的路，如果没有像程老师这样的一些老师的鼓励、帮助，我哪能走到今天呀。

　　十年前，我中师刚毕业两年，在一个山村小学校里教书。欣闻北师大要在衡阳开办函授站，我当即就兴冲冲地跑到衡阳报了名。结果有幸以第四名的成绩被录取了。也就在那个暑假，我遇上了程老师。

　　程老师当时是北师大中文系主任，也是那次授课的第一位教授。

他那京味浓郁的学术讲述，让二十来岁的我听起来如痴如醉。一次下课后，我问程老师："像我这样的学生，能报考研究生吗？"程老师忙说："行啊行啊。"我说："我好想能像您一样，今后做一个令人景仰的学者。虽然我现在基础还很差，不过请程老师放心，不管怎样的困难，我会用我的青春去努力实现这个愿望。"程老师满眼爱怜地看着我，说了不少激励我的话。不久，程老师回北京了，我的一颗心似乎也被牵走了似的。以后的年月，我坚持给程老师写信，持续了三年。最令我难忘的，是程老师自己掏钱给我买考研复习资料并对我的学士论文给予高度评价。那些年，世风已如今日浅薄，然而正是如此，我对程老师关爱学生的义举，就更加没齿难忘。尤为激动的是，我在学士论文中提出的一个奇思异想居然被程老师这样一位学界前辈认可，还给予了高度的评价。这后一件事情，在许多时日，在许多场合，都曾浮现在我的眼前，涌动在我的心里。我觉得，倘若没有程老师当时对我的学术潜力的发现和褒扬，可能不会有现在的我。而这些，在程老师看来，可能又是太平常的事情。这，或许就是千百年来，师情的感人至深之处吧。

（原载《中国教育报》2005 年 2 月 19 日"难忘师恩"专栏）
（张小龙2006 年获中国社会科学院文学研究所现当代文学专业博士学位，现在河北师范大学工作）

第四编

程正民为学生著作题序录

邱运华《诗性启示——
托尔斯泰小说诗学研究》[*]序

托尔斯泰既是伟大的俄罗斯作家，也是属于全人类的文化大师，就世界范围而言，150 多年来研究托尔斯泰的著作可谓汗牛充栋，可是当我读完邱运华在博士论文基础上修改而成的专著《诗性启示——托尔斯泰小说诗学研究》，仍然感到耳目一新，并受到有力的冲击，这恐怕也是我们在阅读一篇好的学术论文和一部好的学术著作时所共有的感觉。

专著给我留下的突出印象是青年学者的创新精神和学术勇气。作者给自己设置的课题是有相当难度的，托尔斯泰在我们眼里是一个批判现实主义作家，如同列宁所说的，他的现实主义是撕下一切假面具的清醒的现实主义。可是我们在阅读他的作品时却常为作家的道德探索和对人生终极价值的思索所深深打动。由于种种原因，我们的托尔斯泰研究以往只关注前一个层面，而忽略或者不敢面对后一个层面。专著在前人研究的基础上，大胆而明确地指出托尔斯泰的小说诗学具有面向现

---

* 邱运华：《诗性启示——托尔斯泰小说诗学研究》，学苑出版社 2000 年版。

实进行严厉批判和不懈追求人类终极真理这两个层面，并且把后一层面称之为诗性启示。诗性启示这个诗学概念的提出极具创新意义和极富挑战性，对于托尔斯泰小说诗学研究是新的开拓和新的推进。把诗性启示作为托尔斯泰小说诗学的重要特征加以研究，使得我们对现实主义，特别是对托尔斯泰现实主义的理解就更为全面和深入，也有利于我们更全面把握作家创作整体的诗学特征，尤为可贵的是，作者在谈到托尔斯泰小说诗学这两个层面时特别注意避免片面性，他并没有把这两个层面对立起来，而是把它们融为一体，认为诗性启示是生成于对现实世界的反映，唯有对现实和人生的深刻关怀，才会有从更高层面上思考现实和人生的冲动；同时，超越现实的形而上思考也蕴含作家为时代、民族和人民更高层面的理解。这样一来，站在我们面前的不是两个托尔斯泰，而是一个托尔斯泰，他对现实激烈的严厉的批判同对人生终极价值的深沉思索是完全一致的，这种辩证的理解，恰好深刻地揭示了托尔斯泰小说诗学鲜明的个性特征，同时也充分展示出现实主义艺术丰富的美学蕴含。在我看来，世界上一切伟大的作品，像但丁的《神曲》、莎士比亚的《哈姆雷特》、歌德的《浮士德》、曹雪芹的《红楼梦》等都蕴含多重层面的内容，既有对历史现实的反映，又有人文的关怀，还有形而上学的哲理思想，而且这些层面往往还产生种种矛盾，而正是这些层面的存在以及它们之间矛盾的存在才构成了这些作品内在的艺术张力，才会有这些作品世代不衰的艺术魅力。

专著另一个突出的印象是对研究方法的重视。几十年来我们的文学研究走过了曲曲弯弯的道路，一个时期是丢弃了文本，丢弃了形式和语言，大谈社会和历史，后来又丢弃了社会和历史，把文学研究完全封闭于文本之中，封闭于形式和语言之中，俄罗斯伟大的思想家和文艺学家巴赫金在他的晚年对文艺学现状和发展的思考中，尖锐地批评了上述两种倾向，指出既不应忽视文学的特性，也不应当把文学研究封闭于文本之中，他认为文学是文化不可分割的一部分，指出研究文学不能脱离开一个时代完整的文化语境，要努力揭示真正决定作家创作的强大而深刻的文化潮流，这样才能真正深入伟大作品的底蕴。
巴赫金所提倡的是文化诗学的路子，专著的研究从诗性启示这一特定
的课题出发，相当自觉地运用文化诗学的研究思路。作者一方面把托
尔斯泰小说置于俄罗斯独特的思想文化语境中加以考察，深入揭示其
小说诗性启示的文化内容和作家深刻的思想矛盾，认为托尔斯泰小说
的诗性启示特征，它的超越现实的永恒道德、普世情感和终极价值观
念是俄罗斯传统文化的产物，体现出这一文化体系长久而深刻的影
响。另一方面，如同巴赫金的文化诗学研究，作者又特别注重文本分
析，专著通过具体文本的分析显示诗性启示的丰富内涵。作者通过
《复活》的具体解读，分析作品结构、叙述和人物情感层面的递进，
以及诗性启示生成的内在联系，这就体现了独到的眼光和细致的
把握。

　　一篇论文或一部专著的成功得力于作者的素质、知识结构和能
力。专著的作者是教外国文学的，专攻俄罗斯文学，硕士拿的也是世
界文学专业的学位，后来又攻文艺学博士学位。应当说这种"转行"
给他的研究带来了很大的好处，有了系统的外国文学史和俄罗斯文学
史的知识，又有比较好的理论素养，这就为他的专著写作提供了可靠
的保证。在传统的观念中特别讲究研究的"专业"，往往还得从一而
终。可是这些年来情况产生了变化，有些搞外国文学的考文艺学的博
士生，也有是搞文艺学的考现代文学博士生。我并不是提倡人人都
转行，而是主张各个专业之间应当互相沟通，研究者要调整自己
的知识结构，不要满足于单一的专业，以往有些治文学史的人由
于缺乏理论素养，如文学作品和文学现象的分析往往缺乏深度；
反过来说，有些治文艺学的人由于缺乏系统的扎实的文学史知识，
他们的理论则失之空疏，有些甚至是片面的。如果这两种人，在
知识结构上做些调整，各自弥补自己的不足，在各专业之间展开
交流和对活，这将大大有利于学科的发展，也将大大有利于青年
学者的成长。

　　邱运华虽然是我的学生，但他入学前已经是位副教授和副系主任

了，他为人朴实，待人诚恳、治学勤奋，又肯于奉献，深得同学的欢迎和教师的好评。在博士论文的写作过程中，应当说我和他都同样面临一个崭新的课题，在这个过程中我尽了导师的责任，同时也从他的研究中得到了不少启发，学到了不少东西，这就是我们常说的教学相长吧，荀子云："青取之于蓝，而胜于蓝。"我愿他以这本专著作为新的起点，在未来的岁月中，通过自己坚持不懈的努力，继续攀登新的学术高峰。

2000 年新春于北京师范大学

邱运华《俄苏文论十八题》[*] 序

身体健康要讲究营养，可是光讲究营养还不行，还要重视营养平衡，不能偏食。一个国家、一个民族的文学和文论的发展，要植根于本民族文学和文化的发展，也要从其他国家民族的文学和文论中吸收营养，这就是鲁迅的"拿来主义"。问题是如何拿来？拿来需要有眼光，会择取，同时还要重视营养平衡。各个国家和各个民族的文学和文论都有自己的特点和长处，也有自己的不足，它们的关系应当是取长补

短、是对话关系。因此，在吸收外国文学和文论时，绝不能扬此抑彼，绝不能一边倒，绝不能偏食，而要做到营养平衡，这样才会有利于本国、本民族文学和文论健康发展，在这方面，"五四"一代文学家和文论家为我们树立了榜样。鲁迅对外国文学和文论的吸收就很重

---

  * 邱运华：《俄苏文论十八题》，安徽教育出版社 2009 年版。

视营养平衡，就没有偏食，他既重视被压迫民族的文学，也不排斥西方资本主义国家的进步文学；他既介绍普列汉诺夫和卢那察尔斯基的马克思主义文论，也介绍厨川白村的《苦闷的象征》。在我同老师钟敬文先生的接触中，我也有这方面的深切体会。作为"五四"一代学人，作为我国民间文学和民俗学的奠基者，钟先生对西方人文社会科学和民俗学非常熟悉，同时，借助日本文化也非常了解苏联的民俗学。他不仅熟悉苏联著名的民俗学家普罗普的名著《故事形态学》，同时也了解很少为人所知另一本专著《神奇故事的历史根源》。他告诉自己的学生后一本著作更为重要，前者解决故事是什么，后者解决故事是怎么来的，两者相加才是完整的故事学研究。显然，老一代学者在吸收外国人文社会科学的过程中，具有开阔的学术视野和敏锐的学术眼力，他们从不偏食，从不一边倒，所以才能海纳百川，成为一代宗师。

　　遗憾的是，我们的外国文学和文论的翻译及研究并没有完全沿着先辈们所指引的道路走下去，而是在意识形态影响下，在非学术因素干扰下，反复出现偏食的现象。新中国成立后在政治上向苏联"一边倒"，我们的外国文学和文论的翻译及研究也完全倒向苏联一家，其中当然也介绍了不少有价值的文学作品和文论著作，包括马克思主义文学理论，但也有相当数量的二流乃至三流的作品和论著，甚至还常常把庸俗社会学和教条主义的文论当作马克思主义文论对待，这就完全带坏了国人的胃口，阻碍了我国文学和文论的健康发展；新时期开始，我们还来不及克服这种极端，又出现了另一种极端。这时，西方文学和文论像潮水般向我们涌来，有人指出我们几乎十年内走完西方文论的百年历程，这当然对我国文论的发展起了积极的作用。但是，相比之下，俄苏文学和文论却被大大冷落了，苏联文论被一些人斥之为庸俗社会学和教条主义，人们不再言必称别、车、杜，言必称列宁、普列汉诺夫，而是满口的荣格、弗洛伊德，满口的伊格尔顿、杰姆逊，这种情景的出现固然由于思想的偏狭和好走极端，也因为我们对 20 世纪俄苏文论的发展不甚了解。由于种种原因，以前我们对 20

世纪俄苏文论的了解是不全面的，只知道俄苏马克思主义文论，不了解俄苏文论的其他流派，也不了解俄苏文论的最新进展。实际上，20世纪俄苏文论是丰富多彩的，出现了许多对世界文论产生深刻影响的理论流派。除了我们熟悉的马克思主义文论，还有被西方视为20世纪文论开端的俄国形式主义，有享有世界声誉的巴赫金诗学理论，有对西方叙事学产生重大影响的普罗普故事形态学，还有在国际结构符号学研究中独树一帜、有广泛影响的洛特曼的结构符号学，等等。更值得重视的是，20世纪俄苏文论面对形式主义和结构主义的挑战，一直坚持俄罗斯文论和马克思主义文论的历史主义传统，同时也不简单排斥形式主义和结构主义，并且出现了文学作品文本研究同文化语境研究相结合、形式结构同历史文化研究相贯通、结构主义和历史主义相融化的新趋势。俄罗斯著名文艺学家利哈乔夫就指出："在俄罗斯的结构主义研究系统中越来越顽强地流露出历史主义的态度，它归根到底将结构主义变成非结构主义，因为历史主义摧毁着结构主义，同时又允许从中吸收最好的因素。"① 俄罗斯著名的结构—符号学文论家洛特曼对作品进行研究时深有感触地指出："我们在同一些复杂的结构（艺术正属于此列）打交道时，由于这种结构具有多重性，对它进行共时性描述一般说是非常困难的。了解这种结构的先前状况，是对它成功地进行模式化的必要条件。因此，结构主义并非是历史主义的敌人。不仅如此，认识到个别的作品（艺术结构）是更为复杂的统一体的成分之一，是当今最迫切的任务，而这个复杂的统一体就是文化、历史。"② 俄苏文论这种结构主义与历史主义相融合趋势的出现，在很大程度上纠正了一些西方文论重结构形式、忽视历史文化语境的偏颇，形成一种互补，也为文艺学的发展开拓新的理论空间。

学术界的有识之士，特别是研究俄苏文学和文论方面的学者，在

---

① 利哈乔夫：《关于文学研究的思考》，《解读俄罗斯》，北京大学出版社2003年版，第315页。

② 洛特曼：《文艺学应当成为一门科学》，《洛特曼文集》，圣彼得堡艺术出版社1997年版，第759页。

看到介绍和研究外国文论出现的偏颇时，这些年来在介绍和研究俄苏文论方面做了很大努力。20 世纪 80—90 年代以来，国内先后出版了斯托洛维奇、卡冈、鲍列夫的美学著作，出版了形式主义文论、巴赫金的六卷集、洛特曼的专著、赫拉普钦科的选集，最近又出版了普罗普的《故事形态学》、《神奇故事的历史根源》。马克思主义文论方面也出版了卢那察尔斯基的《关于艺术的对话》和《艺术及其最新形式》、托洛茨基的《文学与革命》。文论教科书方面新近也出版了哈利泽夫的《文学学导论》。在译介有世界影响的俄苏文论专著的同时，国内也出现了研究巴赫金、俄国形式主义、洛特曼、卢那察尔斯基的专著和为数不少的研究论文，摆在我们面前的邱运华的《俄苏文论十八题》就是其中的一种。系列译著和专著的出现，对于纠正吸收外国文论出现的偏食现象，对于全面了解俄苏文论的新进展，对于开阔我们的视野，力求在融合中西文论基础上发展具有中国特色的文论，具有重要的理论价值。

一个时期以来，在俄苏文论相对被冷落的情况下，邱运华同国内研究俄苏文学和文论的中青年学者一起，孜孜不倦地介绍和研究俄苏文学和文论，他先后出版了《诗性启示——托尔斯泰小说诗学研究》、《19—20 世纪之交俄国马克思主义文学思想史论》等专著，发表了一系列有理论价值的论文，《俄苏文论十八题》就集中了近年来研究俄苏文学与文论的成果。这本专著一个显著的特色是内容具有创新性，对所研究的对象有新的感悟、新的发现，有新的独到的阐述。巴赫金的文论是这本专著的研究重点，但作者并没有去重复国内已有的研究论著的论题，而是从新的角度展开研究，其中关于"外位性理论"的研究国内很少有人深入进行。专著对巴赫金的"外位性理论"的基本内容进行了比较深入的阐发，并拿它同西方的主体间性理论进行比较，指出外位性理论是巴赫金文艺学活动的核心理论，是巴赫金文学研究的方法论基础。作者的这种看法对巴赫金的研究应当说有新的开拓。在俄苏马克思主义文论研究方面，作者也没有去重复国内教科书的老生常谈，而对长期被压抑和被冷落的托洛茨基和布哈林情有独钟，别开生面地阐发了布哈林关于意识形态领域的文化中介和形式内涵的论述以及托洛茨基的文化理论，这对于我们理解马克思主义文化研究的基本立场，具有理论价值和现实意义。专著的另一个重要特点是鲜明的当代意识。专著的研究对象都是历史上的文论大家，他们的理论都有很强的历史针对性。作者在研究这些人物时，一方面很重视他们的历史理论，另一方面也特别重视从现实问题出发，用现代的眼光对他们的理论进行梳理，挖掘其理论价值，阐发它的当代意义，表现出很强的当代意识和问题意识。其中，巴赫金文艺学学科建设思想对文艺学学科的意义，巴赫金和赫拉普钦科历史诗学思想对于增强当下文论建设历史意识的意义，托洛茨基和布哈林的文化理论对当代文化研究的意义等重要问题，作者都在书中有意识地展开深入的阐发。让理论问题与现实问题照面，让理论问题在同现实的碰撞中焕发新的生命力，作者的研究努力呈现出马克思主义文论的实践性品格。

近年来，国内老一代俄苏文学和文论的翻译家及研究学者逐渐淡出历史的舞台，可喜的是年轻一代翻译家和学者已经涌现出来。他们继承老一代的传统，同时又出现了新的气象，他们具有世界眼光，视野开阔，思想敏锐，俄语和俄苏文学专业知识扎实，特别是具有很好的理论素养，正在成长为俄苏文学和文化研究的中坚力量，邱运华正是其中的一员。我真诚地期望他们通过个人和集体的努力，把俄苏文学和文化的研究推向一个新的水平。

2007 年 3 月 4 日春雨中

王志耕《圣愚之维：俄罗斯文学经典的一种文化阐释》* 序

志耕近二十年来不为学界浮躁的气氛所干扰，一直专注于俄苏文学与宗教文化关系的研究，取得了学界公认的显著成绩，这在国内俄罗斯文学研究学者中是不多见的。2003年他的专著《宗教文化语境下的陀思妥耶夫斯基诗学》出版时，曾嘱我写个序言，当时由于整套丛书体例所限，未能如愿，但我心里一直记着，将来一定要为他的著作写个序。这次他多年从事俄苏文学与宗教关系研究的新成果出版，我愉快地答应写个序言，一是为了对作者取得的科研成果表示祝贺，同时也是为了还愿。

制约俄罗斯精神生活、制约俄罗斯文化和文学的因素很多，宗教当然不是唯一的，但却是其中一个不可忽视的重要因素。俄国是宗教性很强的国家，宗教文化始终制约着俄国的一切精神领域，既制约着俄罗斯经典文学，也以隐性的方式，以隐喻的形态制约着苏联时期的

* 王志耕：《圣愚之维：俄罗斯文学经典的一种文化阐释》，北京大学出版社2013年版。

文学。俄苏文学所独具的魅力，它的负罪感，它的忏悔意识，它的救赎使命，它的忧郁，它的"销魂而广漠的哀愁"，这一切的一切是由多种因素而形成的，但也都同俄罗斯的宗教文化有着密切的关系。可是在 20 世纪 80 年代之前很长的一段时期中，无论在苏联，还是在中国，由于受意识形态因素的影响，研究界一直排斥和回避从宗教文化视角去研究俄苏文学。巴赫金指出，文学是多面而复杂的现象，文学研究没有灵丹妙药，必须从不同的角度，运用不同的方法来研究。而我们的俄苏文学研究长期以来只有单一的文艺社会学批评视角和方法，这方面的研究虽然也取得了很多成绩，但研究视角过于狭窄，研究方法过于单调，所以造成了俄苏文学研究长期停滞不前的局面，难于有新的突破，难于在世界文学和更广阔的文化语境中对俄苏文学独特的魅力、独特的价值和独特的功能做出更深刻、更能让人信服的阐释。

受到俄罗斯本土文学研究转向和宗教批评复苏的影响，国内从 20 世纪 80 年代起开始关注从宗教维度来研究俄苏文学，这种研究在 90 年代逐渐深入和拓展，到了新世纪又显示出更强的学理化特征。这种研究经历了一个从浅层次到深层次、从不成熟到逐渐成熟的艰难过程。尽管受到原始材料掌握不够和研究者知识素养、理论素养欠缺等因素的限制，研究存在种种不足，但毕竟迈出了坚实的第一步，取得了可喜的成绩。我们要十分珍惜近二十多年所取得的成果，更要从研究方法的角度，从方法论的角度加以检视和总结。在这方面，志耕所取得的成果，特别是在研究方法上的自觉探求，对研究的进一步深入是有启示意义的。

首先是研究目的明确，问题意识突出。从不同角度采用不同方法来研究文学，其目的是为了更好地解读文学这一复杂而多面的现象，是为了更深入地揭示文学丰富的底蕴。可是在有些人那里却把文学的宗教文化阐释看成是一种学术时髦，一种知识的炫耀，热闹一阵子就偃旗息鼓了，其结果对真正的文学研究并无助益。宗教文化诗学研究最终是否成功的标志，不在于你搬弄了多少宗教方面的材料和知识，而在于最终能否对于文学现象做出新的阐释，在于能否把这种研究引向深入。志耕对俄苏文学所做的宗教文化阐释从一开始就有明确的目的和突出的问题意识，他把它看成是文学研究的更高追求，力图通过宗教文化的阐释把俄苏文学研究推向一个更高的境界。尽管这种研究有很大的难度，要通过文化阐释突破前人种种固定的看法，需要掌握大量的第一手材料，需要有很大的理论勇气，但他还是通过艰苦的努力和潜心研究，迎难而上，大胆突破，提出不少让人眼睛一亮的看法。陀思妥耶夫斯基在晚年对自己一生的创作有一个总结："在充分的现实主义的条件下发现人身上的人。"对这句话的解读历来众说纷纭。志耕从俄罗斯宗教文化切入，将其还原到具体行文语境中加以考辨，提出这个"人身上的人"乃是正教理念中"神性的人"之说，因为人只有在这一层面上才会充分显示出其现实行为的本质属性，即"人神化"和"神人化"选择，均是在上帝与人相会的"神性"层面发生的。这种解读发前人所未发，给人耳目一新的感觉。再如，由于苏联时期全面推行无神论意识形态，人们长期以为苏联文学似乎是与宗教文化绝缘的，他则在研究中发现，宗教文化作为俄罗斯文化的一种深厚传统，不可能不对苏联文学产生影响，在其内蕴中仍然保留着宗教的隐喻形态，显性的上帝转换为隐性的上帝，即由 19 世纪文学对宗教题材的借用及宗教问题的探讨转换为对宗教文化结构的艺术模拟。如在以革命为主题的一些红色经典中，就隐含基督教的弥赛亚主题、圣徒原型等互文结构。他的研究从新的角度解读了苏联文学，揭示了苏联文学同传统宗教文化的隐秘的内在联系，把苏联文学的研究引向深入。

其次，有方法论的高度自觉和执着追求。研究方法是否科学，运用是否得当，对研究工作的成败和取得成果的大小是有着重要关联的。宗教文化诗学为文学研究开拓了新的天地，但这不是一件轻而易举的事情，它不是简单地从文学作品中寻找文化的内容和表现就可以交代的。重要的和困难的是，如何寻找出从文化到文学的转化机制，寻找出文化如何转化为作家的价值观，转化为作家的诗学原则，转化为作品的艺术形式。在这方面，巴赫金的文化诗学研究为我们做了示范。他研究民间狂欢文化和陀思妥耶夫斯基诗学的关系，不是简单地从作家的作品中寻找狂欢的形象和内容，而是深刻揭示狂欢式的世界感受、狂欢文化的内在精神（对话的精神、更新的精神），对陀思妥耶夫斯基诗学思想、诗学原则，对复调小说艺术形式的深刻影响，也就是深刻地揭示出狂欢文化所蕴含的内在精神如何转化为复调的艺术形式。志耕的俄罗斯宗教文化与文学关系研究能够达到相当的深度并受到同仁的肯定，他走的就是巴赫金文化诗学研究的路子，在这方面他确实具有方法论的高度自觉和执着追求。国内这方面的研究一度进展不大，关键就在于缺乏方法论的自觉。有些研究者以为文学的宗教阐释只要指出两者的相通之处就可以完成任务了，因此这样的研究就成为两者的简单比附和通过作家言论及作品中的对话来描述作家的思想，只是考察作品中是否使用了宗教题材，是否表现了某一宗教主题，而不去着重阐明宗教与文学之间存在的内在制约关系，说明文学作品的艺术价值是如何在宗教文化语境中实现的。针对这种研究状况，志耕比较早地意识到这一点，并明确提出要重视寻找从宗教文化到文学的转换机制，寻找作家宗教思想与其创作思想、诗学原则及艺术价值间的隐秘联系，提出必须从对作家作品宗教思想的辨析转向真正的文学的宗教批评，即由宗教文化入手，旨归在解读文学文本的诗学特征。在研究中，他不满足于巴赫金所阐明的陀思妥耶夫斯基诗学"是一种什么形态"，而着重探讨陀思妥耶夫斯基的诗学形态"为什么是这样"，宗教理念是如何制约作家诗学特性的形成。与一般的认识论研究不同，他在本体论层面上诠释了作家若干重要诗学原则的宗教文化成因及转换机制。比如，关于复调，他指出，巴赫金只承认对话性而否定统一性的复调理论，是无法解释复调模式的本体内涵。基于俄罗斯正教文化的"聚合性"理念，陀思妥耶夫斯基的作品与其称为"复调小说"，不如称为"聚合性小说"，盖因这种小说在本质上是在"整体性原则下的对话"，也就是说，它是"聚合性"之"多样性中的统一"结构的艺术对应显现。在这里，他既阐明了作家复调小说诗学原则同俄罗斯宗教文化的内在联系，又对巴赫金在宗教文化阐释缺位情况下对复调的论述提出自己的看法，这种研究达到了相当高的学术水平，是中国学者在世界范围的巴赫金研究中发出的独特的声音。

第三，下苦功夫掌握第一手材料，下大功夫提高理论素养。从宗教文化角度阐释俄苏文学，是解读俄苏文学的一把得力的钥匙，可以为研究打开新的天地。然而要学会掌握这把钥匙绝非易事，它需要付出极大的耐力和代价，需要潜心的努力而非急功近利式的研究。作为研究的主体，既要下苦功夫掌握第一手材料，又要下大功夫不断提高理论素养和理论解析能力，并且达到两者的结合。如果不在掌握第一手材料方面下苦功夫，就很难对俄罗斯宗教文化达到准确的理解，也就无法提出新的见解，便容易流于表面化，人云亦云。如果不在提高理论素养方面下大功夫，就难于对大量材料做出辨析，更难于做出新的理论概括。志耕一开始从事这项研究就深知其中的艰难，他在上述两方面一直都在苦下功夫。这些年他通过各种渠道千方百计搜集俄罗斯方面此类研究的新材料和新成果，并潜心阅读了大量基础材料，比如新版的 30 卷《陀思妥耶夫斯基全集》，以及早期的宗教哲学著作。硕士学习阶段，他在国内著名俄苏文学专家王智量教授的指导下，在俄苏文学研究方面打下了扎实的基础。博士阶段，他又转攻文艺学，理论水平得到显著提高。第一手材料的掌握和理论水平的提高，为研究获得成功提供了可靠的保证。例如，为了解决以往对托尔斯泰宗教思想的简单化定位（如有关"托尔斯泰主义"的传统理解），他阅读了 90 卷《托尔斯泰全集》中有关政论、笔记方面的大部分材料，并翻译了集托尔斯泰思想之大成的、近 50 万字的《生活之路》，通过对第一手材料的辨析，阐释了托尔斯泰对教会、历史基督教、基督教之爱与世俗之爱以及世俗秩序的理解，指出托尔斯泰的宗教思想本质上是一种世俗的理想主义，不过它却是将这种世俗理想主义推向了宗教的更高境界，即借助信仰的方式来推行一种作家认为可行的世俗伦理规范；反过来，又将这种类似教义的理想观作用于人的现世道德生活。这种建立在第一手材料基础上的理论分析，既纠正了对托尔斯泰宗教思想的简单化理解，也有说服力地诠释了托尔斯泰宗教思想的核心价值。

　　20世纪早期，俄罗斯著名的文艺学家、民间文艺研究家普罗普（1895—1970）在掌握大量第一手材料的基础上，通过对100个神奇故事的分析，写出了第一部专著《故事形态学》（1928），回答了"故事是什么"的问题，后来又用十年的功夫写出了第二部专著《神奇故事的历史根源》（1938），回答了"故事从何而来"的问题。十年磨一剑，二十年磨双剑，两部专著对世界故事学研究做出了重大贡献，使故事研究发生了根本性的转折，并且对后来的结构主义、叙事学产生了深远的影响。从19世纪到20世纪，一百多年来，俄罗斯学术界能不断涌现出具有世界影响的学术流派和理论大家，是同这种实证的科学精神和非急功近利的学术传统分不开的。志耕这些年来在俄苏文学的宗教阐释方面做出的成绩仅仅是可喜的开端，还有许多问题需要通过艰苦的研究来加以解决，例如宗教文化影响文学的转换机制问题，宗教文化对艺术形式的影响问题，宗教文化因素和其他因素对文学影响的相互关系问题等。他在这方面的研究是有抱负、有能力的，我希望他能沿着既定的目标专心致志地坚定走下去，通过长期的、坚持不懈的努力，取得更高的成就。

　　（作者说明：这篇序言原来是前几年为王志耕一本论文集写的，后来那个文集因故撤稿，这篇序言就放在这里了）

黄健《京派文学批评研究》[*] 序

新时期以来学界开始重视京派文学，也有人涉及京派批评的研究。但京派批评作为中国现代文学批评史上的一个重要的流派，一直没有得到系统和充分的研究，特别是对其独特的学术内涵更是缺乏深入的挖掘。不论从文艺学的角度，还是从中国现代文学批评史的角度看，京派文学批评的研究都有它重要的学术价值。

该书值得称道的首先是京派批评家的个案研究。作者在掌握大量第一手材料的基础上，对京派批评的主要代表人物沈从文、朱光潜、李健吾、梁宗岱和李长之的批评观念和批评实践进行深入的个案分析，既抓住这几个批评家的共同特色，又突出各自不同的个性，分析也比较到位和符合实际。这就使得总体的研究有扎实的基础和充实的内容。在进行个案分析时，作者又十分重视实证研究，比如在谈到法国印象主义对李健吾的影响时，他并不满足于有些论者指出的李健吾受法朗士和勒麦特的影响，而是通过材料辨析和批评文本的考察，指出法朗士和勒麦

---

  * 黄健：《京派文学批评研究》，上海三联书店 2002 年版。

特对李健吾的影响和启迪是有所不同的，李健吾"与其说是近于法朗士的印象主义，不如说更接近于勒麦特的印象主义"，也就是说他不仅张扬批评的主观性，同时更重视对印象的"增富和提纯"，以求达到批评的公正。这种实证的研究保证了所得结论的准确性和科学性。眼下不少青年学者忙于提出种种"创见"，急于建构新的"体系"，好像不经过艰苦的实证研究就可以一鸣惊人。其实这是一种幻想，不少论文和著作很快成为过眼烟云就无情地粉碎了这种幻想。从这点上看，该书所坚持的严谨学风和实证精神是值得肯定的。

该书更引人注目的是在个案研究基础上所进行的理论概括和所提出的富有创见的学术观点。尽管这些理论思考还有待于深入和完善，但它体现出青年学者立足于实证研究的理论勇气，更重要的是它能给我们有益的启示，能引发我们进一步的思考。我认为其中最有学术价值的是以下两个问题。

一是把京派批评定位为一种走向自觉的审美批评，并从学理上展开同左翼批评的比较研究，指出这两派批评之间既有对立和冲突的一面，又有相互补充、相互启迪和相互对话的一面。以往在有些人眼里，京派批评是审美批评，京派批评家只关心艺术，逃避社会；左翼批评是政治批评，只关心政治，排斥审美。作者经过认真的研究得出了不同的看法，在承认二者对立和冲突的同时，指出二者也有互补和对话的一面。京派批评重视审美，也关怀社会，只不过关怀社会的角度和方式与左翼批评不同而已；左翼批评重视政治功利，但左翼的一些大批评家也反对左翼文学存在的脸谱主义和公式主义，十分重视审美。这种看法的重要学术价值在于它突破文学史研究和文学批评史研究二元对立的思维模式。在二元对立思维模式的影响下，有些人以往抬高左翼作家否定京派作家，今天又抬高京派作家贬低左翼作家；以往抬高左翼批评否定京派批评，今天又抬高京派批评贬低左翼批评。其结果是把一部批评史变成了一部思想斗争史。事实上文学史和文学批评史上的各种流派之间既有差异又有互补，既有对立又有对话，而正是这种矛盾和冲突，这种互补和对话，这种相生相克构成了文学史和批评发展的内在动力。如果我们从理论上和实践上真正破除这种二元对立的思维模式和文学史观，那么我们对文学史和批评史就可能会有新的感悟和新的发现，文学史和批评史也将会以新的面目呈现在我们面前。

二是指出京派批评力图融合中西文化传统和批评传统，建构相对稳定和综合的批评范式。京派的大批评家可以说个个中西贯通，既有深厚的国学底子，又十分熟悉西方文化。他们的批评文章有西方批评的明显影响，又有中国古代批评的根基。从李健吾的批评文章中可以看出法国印象主义批评的影子，也可以发现中国古代评点式批评的痕迹，而且二者融为一体的，完全是中国式的印象主义批评。该书从文化精神资源的吸收、批评范式的转化和批评术语的对译和沟通等方面，探讨了在京派批评家身上是如何达到中西批评的融合的。这种探讨虽然只是初步的，但我认为对于建构有中国特色的文学理论和文学批评是很有学术价值的。一个时期以来，有些学者指出中国文论患了失语症，提出要建构新的批评话语。这种看法不能说无的放矢，但我认为"五四"以来我们的文论大家和批评大家事实上并没有失语，京派批评家努力融合中西批评话语并形成有中国特色的文学批评就是有力的证明。在谈到如何培养新一代学术大师时，记得有人曾总结了近代以来学术大师的三大特点：一是家学渊源；二是学贯中西；三是文史哲打通。今天我们与其一般性地议论"失语"和"重建话语"，还不如潜下心来切切实实去总结一下我们的先辈如何在他们的文学研究和文学批评中实现中西文论和中西批评的融合，如何建构自己的文论话语和批评话语。从这个角度看，我相信继西方文论热之后，中国现代文论和文学批评的研究终将成为许多人关注的新热点，因为它是中西文论和批评的历史交汇点，为我们建设当代具有中国特色的文论和批评积累了宝贵的历史经验。该书的作者做的正是这种有意义的工作。虽然研究还有待于深入和完美，但这是良好的开端，是有益的探讨，走的是一条正路。

黄键是我学生中最年轻的一位，也是最勤奋的一位，三年博士学习期间毫无旁骛，专心致志做学问，十分难得。该书是他刻苦努力研究的成果，也是他出版的第一本专著，作为老师我感到欣慰，对他来讲也是一种激励。年轻是一种本钱，年轻具有朝气和锐气，年轻也需要勤奋地学习，不断走向成熟，愿他以这本专著作为学术道路的起点，把学问继续扎扎实实地做下去。

张灵《叙述的源泉——莫言小说与民间文化中的生命主体精神》* 序

张灵的第一部学术专著《叙述的源泉——莫言小说与民间文化中的生命主体精神》就要出版了。这部著作是在他的博士论文的基础上几经修改、增补而成的。他嘱我写个序言，作为导师，我义不容辞。博士论文的答辩已经过去五年，但当年张灵一边坚持繁忙的编辑工作，一边紧张赶写论文的情景仍历历在目。当时论文写作时间不够充裕，老实说，论文打磨得也不够细。但出乎意料的是，参加答辩的评委却一致肯定论文独特的视角、理论的自觉和阐释的创新，认为它是一篇有创见的，有较高学术水平的博士论文。

论文的生命在于创新。作为导师，我们不要求一篇论文面面俱到、滴水不漏，但要求它在所研究的领域有新的阐释、新的推进、新的开拓；我们宁可要一篇尚需打磨但有锐气、有创见的论文，而不要一篇四平八稳、毫无创见的论文。

---

* 张灵：《叙述的源泉——莫言小说与民间文化中的生命主体精神》，中央编译出版社2010年版。

莫言是新时期走上文坛的著名作家，也是当今文坛耀眼的明星。他的作品给人的精神、心灵以至于身体感觉上的震撼是他人难以比拟的，同时，他的创作也是一种独特的复杂的文学现象，或者说一种引人瞩目的文学现象，既得到评论的高度评价，又常常引起争论。特别是他作品的感官化和肉体性特征总为人诟病。有些评论家虽然也涉及莫言创作的某些重要问题，但多数评论家对莫言创作的特色，特别是对有些人所诟病的感官化和肉体性问题，始终没有做出有理论深度的、令人信服的阐释。

　　张灵的专著在前人研究的基础上，首先敏锐地抓住了莫言创作和民间文化的关系问题。这应当说是抓住了莫言创作的关键。莫言来自民间，对底层农村有深切的了解，同民间有血肉的联系，他的创作不是"为老百姓写作"，而是"作为老百姓写作"。可以说，抓住了莫言创作同民间文化的关系问题，就等于找到了打开莫言创作宝库的钥匙。用这把钥匙既可以揭开莫言文学世界的奥秘，也可以对加在他创作身上的种种非议和误解做出有说服力的辨析。

　　作家同民间文化的关系问题并不是一个新问题。问题在于如何理解和如何阐明民间文化对作家创作的影响。"五四"以来，不少新文学作家同民间文化有密切的联系，但他们中的一些人只停留在表现民俗风情、表现民间文化形态的层面上，并没有深入民间文化的深层。专著的独到和深刻之处，在于指出莫言创作与民间文化的关系不是停留在颠轿一类民俗风情的层面上，而是努力表现融身体性和精神性为一体的生命主体的体验与想象，自觉地揭示民间文化中的生命主体精神，张扬生命的价值和意义。作者由此得出一个重要的结论：民间文化中的生命主体精神是照亮莫言文学世界的灯盏。正是这种深刻独到的见解，使专著对莫言创作的理解和阐释高出了眼下对莫言创作的一般评论。

　　叙述的源泉问题的关键还在于需要进一步阐明民间文化中的生命主体精神如何成为照亮莫言文学世界的灯盏。在这里作者表现出了一种理论自觉。他在深入钻研俄罗斯文论家巴赫金著作的基础上，运用巴赫金的对话理论和狂欢化理论，对莫言创作进行了深入分析。一些评论对莫言创作最大的诟病是作品的感官化和肉体性。无独有偶，相当一个时期，欧洲评论对法国作家拉伯雷最大的诟病也是指责他的小说的粗鄙，指责他的小说里的抛弃粪便和浇尿的情节、骂人的粗话、怪诞的人体形象以及"物质"、下部的形象。对此，巴赫金认为评论没有看到拉伯雷创作同民间源头更本质的和更紧密的联系。拉伯雷小说的一切形象都是来自民间，这些形象所体现的是民间狂欢式的世界感受，张扬的是反封建的人文精神，是同官方立场相对的平等对话精神、事物的双重性意识和更新更替精神，这一切是任何教条、专横和片面的严肃都无法与之相容的。张灵的专著正是得益于巴赫金理论的启迪，深入阐明了莫言小说所表现的身体、感官同生命主体精神的内在联系，认为莫言小说所表现的身体性、肉体性和感官性等特征是他的小说人物实际生存境况的一种真实表征，是对生命主体存在的困惑和迷惘的真实反映，而莫言所表现的生命主体精神价值的存在又都是以对话的方式展现的。作者辩证地阐明了物质和精神关系，指出从某种意义上讲肉体是生命的主体性、精神性现实存在的家园和载体。这一论述对于理解莫言文学的独特性和现实的文学现象是有重要意义的。这一方面可以使莫言免受评论对其创作感官化、肉体性的指责，说明莫言文学创作中的感官化、肉体性只不过是作品表面的征象，只不过是对他所发现的人的生命主体的本然状态的自然显露。更重要的是，可以使我们更深刻地认识到，文学创作中物质存在、生命肉体和精神存在、主体存在是一体的生命本真存在。文学创作离不开身体、肉体、感官，但仅有身体、肉体感官也无法成其为诗学意义的文学。这也许是莫言创作和莫言创作研究留给我们的重要启发和警示。

同对莫言小说生命主体精神的宏观分析相应，专著对莫言小说文本的微观分析、对莫言小说的肌理和结构的分析、对莫言小说中的事象景观和词语的分析，也相当独到。

从总体来说，论著的一个侧重点在于围绕有关莫言创作的肉体性和感官性争议这一线索来解读莫言的创作，侧重于阐发莫言创作的民间性，但如何看待文学创作中的感性和理性的关系，文学创作如何从民间性达到对民间性的超越，等等，其中仍有很大的理论阐释空间。

　　文论研究和文学批评既需要艺术感悟，也需要理论提升。有人长于艺术感悟，有人长于理论提升，但无论如何艺术领悟是基础。张灵论著的写作能有一点心得，很大程度上得力于艺术感悟。这一点在他当年写作硕士论文时就很突出。他的硕士论文题为《走入天下：自然与民间——汪曾祺审美意识阐述》。当时写汪曾祺的论文不少，但他坚持从对作品的艺术感悟出发，指出汪曾祺的创作在"人学"上持一种民间立场，在"艺道"上持一种行业态度和一种自然审美意识。其中谈到汪曾祺对"巧"的情结，他笔下的各种民间"艺人"、"能人"常常讲究要把活儿玩得地道、玩得漂亮，以求得乡亲的夸奖，认为汪曾祺在艺术态度上深受这种民间艺人的影响。他这种源于感悟的分析，当时给我留下很深的印象。果然，论文交到汪曾祺手里，也受到了他的肯定，并表示要推荐发表。十年之后，张灵研究莫言的创作，走的还是研究汪曾祺的路子，他依然坚持从文本出发，从艺术感悟出发，不过，他渐渐增加了理论的自觉，理论的自觉使他的论文有了深度。当然，艺术感悟和理论提升的结合并不是一件容易的事，也不是一朝一夕的事，而是我们这些文学研究者一生共同努力的方向。张灵在学术道路上要走的路还很长，我希望他通过自身的刻苦努力，不断有新的跨越。

吴晓峰《国语运动与文学革命》*序

晓峰的博士论文经过认真修改后要出版了，我们都有一种收获的感觉。她嘱我写序，我愉快地答应了。2001 年入学的时候，她在当年文艺学博士生中是最小的一位，看起来像个小姑娘。慢慢熟悉之后，我的印象改变了，觉得她比实际年龄更为稳重、成熟。她从小学、中学、大学本科到硕士，上的都是名牌学校，基础相当扎实，整体文化素质好。她学习勤奋刻苦，为人正直谦逊，善于同人相处。在我眼里，在许多老师和同学眼里，她是个好学生。但从一个好学生成长为一个具有独立科研能力的博士，成为一个年轻的学者，还需要不断磨练，还需要有一个艰苦努力的过程。三年的博士生学习过程，她是朝着这个方向努力的，并且取得了成功。

长期以来文艺学硕士生和博士生的学位论文选题大多偏重文学，很少选择与语言相关的论题。晓峰却以《国语运动和文学革命互动关系研究》为题撰写博士论文。她对同语言相关的论题情有独钟，固然

* 吴晓峰：《国语运动与文学革命》，中央编译出版社 2008 年版。

同家学有关，从小受到研究语言的父亲的熏陶，更重要的是她深刻认识到语言对文学的重要性，语言研究对文学研究的重要性，特别是20世纪"语言学转向"对文学研究的重要性。尽管博士论文选题有相当大的难度，但她的选择正体现了年轻学者的学术眼光和学术勇气，也博得了文学研究中心博士生导师们的一致肯定和赞扬，认为这是一个独特的、让人眼前一亮的选题。

文学是语言的艺术，文学和语言的关系，"五四"文学革命和国语运动的关系，虽然也被关注，但长期以来缺乏从创作实践的角度、从理论和历史的角度进行深入系统的研究。从文学创作实践的角度看，"五四"以来许多文学大师都有深厚的语言功底，他们个个精通古文，外语也相当了得，这是他们的创作取得成功的重要条件。再看看"文化大革命"之后成长起来的一代作家，他们开始靠"文化大革命"年代的生活积累和改革开放年代的思想滋润，很快崭露头角，可是不少人因为缺乏深厚的语言功底和文学修养，很快就止步不前了。这种现象是很值得深思的。从文学理论研究的角度来看，以往的文学史对新文学运动的研究，虽然也注意到了语言革新问题，但常常只是一带而过，没有给予充分的关注和探讨。而实际上文学是语言的艺术，"五四"文学革命从根本上说是语言的革命。当然文学革命和国语运动的关系，并不完全等于文学和语言的关系，但是国语运动和文学革命互动关系的研究，不仅对于研究"五四"新文学运动至关重要，是研究新文学运动的一条合乎学术内在理路的正途，对于从史论结合的角度深入思考文学和语言关系也有重要的理论价值和现实意义。

论文从历史、个案、理论三个角度，深入细致地考察了1917—1921年期间国语运动和文学革命联合的历史必然性、两大运动互动的方式和成果，以及两大运动对于现代文化转型的意义。总的来看，论文材料丰富扎实，论述清晰充分，而且整体结构安排合理，这一切保证论文成功地达到预期的目标，具有了较高的学术水平。其中，努力再现历史原貌的历史感和强调实证的科学精神，给我留下特别深刻的印象。

首先是历史感。"五四"前后国语运动和文学革命的关系是相当复杂的。作者在掌握大量第一手材料的基础上，通过艰苦的历史考察，力争回到历史现场，再现历史的原貌。在论证两大运动联合的历史必然性时，没有将问题简单化，而是努力揭示两大运动同中有异、异中有同的对话关系，两大运动从独立到联合、在联合中保持相对独立的复杂关系。这样，理论问题通过历史的研究而呈现出复杂、生动、鲜活的历史内容，也丰富和深化了我们对理论问题的认识。理论的研究，文艺学的研究，一直存在两种做法：一种叫"以论带史"，有的甚至发展到"以论代史"，拿理论当标签去套历史的事实，去宰割历史，其结果只能把理论简单化、庸俗化，事实证明这条路是走不通的；另一种做法叫"论从史出"，不是先下结论，然后再拿历史事实来套，而是从历史事实出发，从历史事实中去寻找规律。这种做法认为理论是从历史中产生的，历史是理论产生的基础和前提。只有回归历史，才能对理论产生的历史语境、理论丰富的历史内容和价值有深刻的认识。事实证明这是一条正道。晓峰走的就是这条正道。

其次是实证的科学精神。论文下了很大功夫对理论和实践四大个案进行相当细致、深入的分析。其中，论文通过对鲁迅创作实践的分析，通过对中国现代第一部真正意义的白话小说《狂人日记》的文本分析，阐明鲁迅如何将各种语言要素熔炼出新的白话文本，显示出国语运动和文学革命联合的最高的成就，不仅展示了国语文学的魅力，而且深化了以文学途径建设国语的理论。再有，论文通过四种有代表性的国语文教科书的选材和编排的分析，深入阐明国语文教科书对国语运动和文学革命成果的吸收和整合，以及如何从制度层面上确立两大运动结合所产生的新的语言传统和文学传统，也给人耳目一新的感觉。论文这些个案的研究是一件需要下很大苦功夫的、十分艰难和繁杂的工作，需要有一种实证的科学精神。这种研究避免了飘浮和空泛，给人一种踏实的感觉。这是论文取得成功的基础和保证。正是所有这些实证分析、有力地证实了两大运动互动的历史必然性和取得的突出成果，说明了两大运动及其联合不是某个人的理论设想，而是活生生的历史事实，是对中国现代文学发展，对中国现代文化转型产生深远影响的历史事实。

论文在实证的研究和历史的研究的基础上，也试图对一些理论问题做一些深层的探讨，如将两大运动的联合看作是文化转型的现代工程的一种表现，如从跨世纪的角度对文学和语言的关系做更深入的理论思考。这些更为宏观的更为深入的理论问题的探讨无法在论文中得到解决，但作者的关注和思考是值得肯定的。

晓峰是我学生中最年轻的一个。这篇博士论文是她学术道路的起点。毕业后，她成家立业了，她面前是事业和家庭两副重担，她面前的道路是宽阔的又是艰辛的。我祝她走好！

2008 年 9 月 14 日

谢慧英《强力的"挣扎"与主体性的"突围"——路翎创作研究》*序

路翎是中国现代文学史上一位悲剧式的天才作家，他的创作独具特色又颇有争议，是革命文学中的"异类"。新时期以来，他的创作开始引起重视，得到很高的评价，期间出现了不少研究成果，也留下许多难题，这方面的研究要有所创新，难度很大。其中涉及如何看待作家创作的内在矛盾和内在紧张，如何看待革命文学本身的复杂性等问题。谢慧英在读博士研究生期间，迎难而上，刻苦钻研，终于完成了以路翎创作为题的博士学位论文《主体的强力"挣扎"与艰难"突围"——路翎创作研究》。她的论文在 20 世纪 40 年代的历史文化语境中，抓住路翎创作中"人"与"人民"的张力结构，语言的挣扎与形式传统的跨越等重要命题，展开深入的研究，提出了自己独到的见解。这篇博士论文由于对路翎创作的研究有新的推进，获得了论文答辩委员会的好评，称之为"一篇有理论深度、高质量的博士学位论文"。

---

　*　谢慧英：《强力的"挣扎"与主体性的"突围"——路翎创作研究》，中国社会科学出版社 2012 年版。

今天，谢慧英的博士学位论文经过修改即将出版，作为导师我为她感到高兴，也有一种收获的感觉。论文给我留下最深的印象是在一定的历史文化语境中对路翎创作内在矛盾、内在紧张和内在张力的揭示，这是把握路翎创作内涵和特色的关键。她用"挣扎"和"突围"来概括作家的人生和创作是相当准确，相当到位，这也是对"五四"以来中国知识分子悲剧性命运的真实写照。所谓"挣扎"和"突围"，对路翎来说，有生存层面的，有思想精神层面，也有艺术形式层面的，在创作中则表现为思想内容方面的挣扎和突围和艺术表现形式方面的挣扎和突围，而且二者是紧密相连，不可分割的。

在思想内容层面上，论文抓住了作家在"人"和"人民"关系问题上的挣扎和突围，深入分析了作家创作中"人"和"人民"的张力结构。40年代的战争语境使"人民"成为核心的时代命题，"五四"文学"人"的命题受到挑战。面对这种尖锐的矛盾冲突和挑战，论文作者指出路翎进行艰难的探索，试图在两者之间找到一种出路，形成一种张力结构，这体现为路翎在创作中强调表现有个性的人民，有血有肉的人民，活生生的人民，强调表现"人民底原始的强力"。用张力结构来阐释路翎创作的内在矛盾和内在紧张，是有独到的见解和理论深度的。

在艺术形式方面，论文从语言形态、叙事方式、心理展现等方面分析了作家的挣扎和突围，其中关于语言的挣扎和突围给人耳目一新的感觉。路翎作品带有欧化色彩的语言独具个性，也常受人诟病。作家为此既感到苦闷，也提出辩解。论文认为作家对"知识语言"的追求是同他的思想追求，同对主体性的追求相一致的，是针对一味强调语言通俗化和大众化的弊病的，是为了提升文学语言的品质和文学的品质。同时也指出路翎在语言探索和语言实验方面存在的局限性，他过多仰赖外来语的影响，对民族的大众的语言有所忽视，因此无法像鲁迅那样吸收古代语言、民间语言、外来语言之所长，并将其融为一体，形成含蓄凝练的外在形式和深广丰富的内蕴之间的巨大张力，创造无人企及的文学高峰。论文的这种分析是实事求是的、辩证的，因而是深刻的。

论文通过对路翎创作的挣扎和突围的分析，提出了一个很有意思的作家创作心理问题：如何看待作家创作的内在矛盾和内在紧张。在有些人看来，作家创作似乎处于一种稳定状态、和谐状态，其实不然，作家的创作过程是充满焦虑和不安，充满种种矛盾的，其中诸如个人和社会、审美和功利、人文和历史、主体和客体、情感和理智、内容和形式、传统和革新、孤独和开放等。问题是对这些矛盾和紧张是持一种积极态度还是一种持消极态度。论文所持的是一种积极态度，作者认为作家的内在矛盾和内在紧张会使作家迸发出一种艺术力量。内在矛盾是一种紧张状态，两难选择必然引起作家的心理紧张和心理焦虑，而这种心理紧张和焦虑也必然会促使作家调动一切心理能量和创作能量，激发他的创作内驱力，从而达到矛盾的解决和创作的突破。当然，不能期待作家的创作纠结和紧张探索一定给出一个明确的结论和答案，重要的是这个矛盾过程和探索过程展示了作家精神探索和创作探索的独特魅力。例如，"人"和"人民"之间的关系问题是"五四"以来许多作家探索的问题，路翎对这个问题的紧张探索虽然不一定能给出明确的答案，但他的紧张探索却给后人留下思考的空间和有益的启示。

几年之后，再次阅读谢慧英的博士学位论文，我有一个突出的感觉，这部论文不只是通过分析路翎创作的挣扎和突围，帮助我们了解作家创作的内在矛盾和深层意蕴，同时也向我们提出了革命文学的复杂性和如何看待革命文学的"异类"这个重要的问题。这个问题在论文中虽然来不及完全展开，并得到充分的论述，但我认为这是文学理论和文学史研究中的重要问题。长期以来，人们总是用一种统一的标准和规范来看待作家和作品，符合它的就是正统的、好的，不符合它的便打成"异类"，斥之为"异端"，并大加讨伐。这种现象在苏联和我国的革命文学和社会主义文学中，难道见得还少吗？在苏联早期，绥拉菲莫维奇的《铁流》、法捷耶夫的《毁灭》被视之为革命文学的正统和典范，因为作家是用阶级斗争的观点来表现红军的斗争。巴别

尔的《骑兵军》和拉夫列尼约夫的《第四十一》却被视为"异类"和
"异端"，一直遭到非议，因为作家表现了战争的残酷和紊乱，表现了
人物的复杂性格和人性。在我国，在延安时期，在新中国成立以后，
丁玲的一些作品，萧也牧的一些作品，以及其他作家的一些作品，也
先后遭到批判，原因也是不符合革命文学的规范。在中国，秦兆阳
1957 年提出"现实主义——广阔的道路"被打成"右派"；在苏联，
理论界提出社会主义现实主义开放体系，开始也受到指责。这样一种
"左"的文学观念从根本上否定了革命文学和社会主义文学的复杂性
和多样性，它必然会使文学变得越来越单调，越来越公式化、概念
化。从根本讲，排斥"异类"和"异端"，也就扼杀了文学的生机。
通过路翎个案的研究，可以看到正确看待革命文学和社会主义文学中
的"异类"和"异端"，对于文学理论研究和文学史研究，有何等重
要的意义。当下文学要得到繁荣和发展就必须容得下路翎一类的作
家，就必须对文学探索采取宽容的态度，让作家有思想自由和创作
自由。

最近得知谢慧英将在路翎研究的基础上，进一步研究革命文学的
"另类"现象，并且获得了国家项目的资助，我祝她的研究不断深入，
并获得成功。

周春霞《解读红色经典——〈青春之歌〉的文本张力与生产机制》*序

周春霞的博士论文《红色经典的文本张力与生产机制——以〈青春之歌〉为个案》经过修改即将出版,她要我写个序言,作为导师我义不容辞,确实也有些话想说说。

周春霞来京求学,三年读博承受了经济和学业的双重压力,是一个艰难的过程。她来自农村,父母都是普通的农民,上的也是普通的学校,可是她硬是凭着农村孩子的纯朴、勤劳和韧劲,靠着自己的力量考上名牌大学的名牌专业。入学后她深感自己在专业基础和科研能力方面同其他同学都有差距,于是就加倍刻苦、努力。三年下来,她的博士论文竟然得到专家的一致好评,被评为优秀博士论文,专业的许多博导都感到出乎意料。我虽然再三叮嘱她不要把自己看得太高,要看到自己还有许多不足,但心中还是为她感到高兴。

论文获得成功,我认为得力于新的视角、新的开掘和科学的方法。

---

* 周春霞:《解读红色经典——〈青春之歌〉的文本张力与生产机制》,中央广播电视出版社 2009 年版。

首先是新的视角。

　　"红色经典"和"红色经典"的改编，在一个时期被炒得很热，发表的论著不计其数。研究如果只停留在一般的文本分析，一般的思想性和艺术性的分析，一般的文化语境的分析，是很难翻出新意的。作者另辟蹊径，在细致的搜寻和掌握原始材料的基础上，跨越通常单纯文本分析的局限，从创作动机、出版审查、出版后的争论和影视改编等一系列环节，对"红色经典"的文本和生产机制做了综合考察，突出挖掘了文本和生产过程中的种种矛盾和复杂性，深入揭示"红色经典"从个体创作到国家话语的生成轨迹和语境，并且触及社会主义艺术生产一些带规律性的问题。这样一来，"红色经典"这个被炒得索然无味的话题，在作者独特学术眼光的烛照下，内容变得焕然一新，为人们提供更多的启示，提供更广阔的思考空间。

　　其次是新的开掘。

　　面对《青春之歌》的文本，作者敏锐发现这不是一个"爱情"和"革命"水乳交融的文本，而是一个充满矛盾和张力的文本，其中革命叙事和爱情叙事、个人叙事和历史叙事形成一种无法缝合的裂缝，爱情叙事没有屈从革命叙事，个人叙事也无法遮挡历史叙事视角，通过进一步分析和研究，作者指出文本张力是"红色经典"一个重要的特征。这种理论概括是很有独到见解的。

　　论文的理论价值不仅在于指出"红色经典"充满文本张力这一重要特征，同时还在于进一步发掘形成这种张力的原因，揭示文本张力和整个艺术生产过程的复杂关系。除了分析作家徘徊在"信"与"思"的个人生产状态，论文花了大部分篇幅分析由个人生产转入社会生产之后，在出版、评论、改编等环节存在的复杂的矛盾冲突。在出版过程中，编辑作为主流意识形态的"把关人"，作为"大众的代言人"，作为"个人"的多重身份，造成了审稿意见的尖锐矛盾并直接影响作品的修改和增删。在评论过程中，不同文学观念和批评观念剧烈冲撞，体现了民众、精英和主流意识形态之间既有一致又有距离的复杂状况，这也直接影响到作品的修改和改编的方向。作者对文本张力的分析有理有据，对生产机制的考察深入细致，在相当程度上揭示了"红色经典"如何从个体创作到国家话语的生产过程，以及两者之间复杂的矛盾冲突。这种新的发掘对于我们研究社会主义艺术生产的特征，把握社会主义艺术生产的规律，具有理论价值和现实意义。

值得称道的是，作者在分析文本张力和生产机制时，不仅有宏观的把握，还有不少自己独特的细致的感悟和发现，例如指出"红色经典"的生产是主流、精英、大众、市场多种因素的互动和交锋的过程；例如指出主流意识形态不只是通过政策、制度、规定这些硬性的东西来影响作家、编辑、批评家和民众，而往往是通过长期的潜移默化，融化于他们的血液之中，成为他们的"无意识"；例如指出"红色经典"生产的各个环节都还有"偶然的"、"个人的因素"。这些独特的细致的感悟和发现使宏观的分析变得有血有肉，变得更加符合实际，丰富和深化了宏观分析。

第三是科学的方法。

论文的成功在很大程度上是得力于方法对头。一个时期以来，有些学生写论文往往不重视在掌握第一手材料方面下苦功夫，不重视再现历史语境，而热衷于追新逐洋，以为只要从国外搬来一些新的理论，往里一套，就会有理论创新。这种研究看起来很热闹，但由于缺乏第一手材料，不能还原历史语境，结果只能从理论到理论，从概念到概念，既谈不上历史深度，更谈不上理论创新。周春霞在博士论文写作中是比较自觉地拒绝这种研究方法，十分重视实证的研究，十分重视在掌握第一手材料方面下大功夫，下苦功夫。为了掌握杨沫创作《青春之歌》真实的创作动机，她想法采访了杨沫的儿子老鬼。为了了解作品的出版过程，她找到了中青社当年责编张羽的审稿意见和外审欧阳凡海的审稿意见。为了了解作品改编为电视剧的情况，她采访了改编者之一、中国作协书记陈建功。功夫不负有心人，她的热情和执着感动了被采访者老鬼，把杨沫创作《青春之歌》前后的日记全部交给她，并表示"我家的大门随时向你打开"。

掌握第一手材料虽然不是研究的最终目的，但它是从事研究的坚实基础，有了新的材料，才能再现历史的真实面貌，才可能有新的发现，提出新的看法。例如掌握了杨沫的原始日记，并拿它同公开发表的日记相对照，论文才有可能对杨沫的创作动机做出实事求是的科学分析，指出其创作动机是"表现自我"（强烈的"自叙传"色彩）、"符合主流"（描写革命历史和表现革命英雄）和"自我实现"（写出一部作品叫人看得起）三种动机的冲撞和整合，而正是这种创作动机的多重性和复杂性，产生了文本的多义性和张力。

第一手材料的丰富和扎实是论文的优势和特色，但不是有了材料就有了一切，还需要有理论的提升，这方面作者是做了很大努力，但仍有不足。如果在理论上同样下大功夫，苦功夫，相信研究就会上一个新的台阶。

周春霞毕业后已经走上了新的工作岗位，尽管工作的内容会有变化，我希望她永远不要放弃自己的追求，永远保持纯朴的本色和对事业的执着，坚信"有志者事竟成"。

2008 年 12 月

宋春香《他者文化语境中的狂欢理论》* 序

多年前，宋春香曾为撰写有关《棱镜的折光——从巴赫金复调小说美学的中国化历程透视中国新时期文论的对话走向》的硕士论文从哈尔滨专程来北京找过我。之后，我们曾在 2004 年 6 月于湘潭大学召开的"巴赫金思想国际学术研讨会"中见过面。会上，她做了题为"巴赫金狂欢理论与中国当代文学创作"的发言。2008 年夏天，当中国人民大学文学院送来宋春香的博士论文《狂欢的宗教之维——巴赫金狂欢理论研究》，我有一种故人重逢的感觉。尤其是看到这些年来她对巴赫金的研究如此执着，如此勤奋，并且取得了可喜的成绩，我感到十分欣慰。尽管我对宗教文化缺乏专门的研究，对巴赫金狂欢理论的研究还不够深入，但当她请我为即将出版的博士论文写点看法时，我还是愉快地接受了。

巴赫金是 20 世纪重要的思想家和文论家。他以"对话"、"狂欢"等思想的深刻性和独创性震撼思想界和文论界。近 20 年，国内巴赫金研究的势头看好，并渐成显学。各种专著和博士论文不断涌现。然

---

　　* 宋春香：《他者文化语境中的狂欢理论》，中国社会科学出版社 2009 年版。

而，从宗教文化角度来研究巴赫金思想的论文和专著，却很少见。其中的原因相当复杂。其一，巴赫金本人虽然是东正教徒，有着浓厚的宗教情结，但当年苏联的意识形态环境十分险恶，他的著作有意回避从宗教角度来论述理论问题。其二，文论和宗教之间的跨学科研究难度很大，需要有多重学科知识的准备，因此很少有人问津。当年我的学生王志耕（现为南开大学文学院教授，博士生导师）在撰写《宗教文化语境下的陀思妥耶夫斯基诗学》的博士论文时就碰到不少难题。当然，最后通过艰苦的努力，终于获得成功，并获得好评。于是，在收到宋春香的博士论文时，开始我还有些担心，觉得难度太大。当我看过论文，特别是参加她的论文答辩，听到大家一致肯定她论文具体而深入地阐明了巴赫金狂欢理论和宗教文化的内在联系，并且所得出的结论具有较强的说服力，赞扬她的研究体现了青年学者的学术勇气，这时，我心中的一块石头才落了地。

论文是从宗教文化的角度研究了巴赫金的狂欢理论，阐明了两者的内在联系。作者先从巴赫金的教徒身份和宗教情结论起，当然，这只是说明两者具有内在关系的一定条件，还无法真正从理论上论证两者存在必然的关系。为了说明狂欢理论和宗教文化之间的内在关系，作者是下了很大的功夫的。为了科学地论证二者之间的文化关联问题，一方面从历史的角度，从源头上来论述狂欢文化和宗教文化的历史渊源关系；另一方面又从理论逻辑出发，从文本出发，充分地论述了宗教文化在狂欢理论中的构成，从狂欢中"笑"的宗教意蕴、狂欢身体的宗教意义、狂欢形象和宗教圣贤、狂欢戏仿和宗教文本等方面具体深入地论证了两者的内在联系。这种采用历史和逻辑相结合的方法来研究狂欢理论和宗教文化的内在关系，是具有理论说服力的。

然而，必须看到狂欢理论和宗教文化关系是十分复杂的。两者之间的关系更多的不是表层而是深层的，不是简单的而是复杂的。我认为论文的成功之处，也就是可贵之处正是在于作者不回避问题的难点，不把理论问题表层化、简单化，能够充分重视并试图深入地阐明两者复杂的内在联系。首先，作者强调狂欢理论和宗教文化的关系是一种深层的内在关系，两者固然存在差异，但两者的精神诉求是一致的。两者都因为不满现实而追求理想的彼岸、追求人的终极归宿，并从中得到心理解放和精神慰藉。我认为这才是抓住了狂欢理论和宗教文化关系中最重要和最根本的问题。其次，作者注意到了狂欢理论和宗教文化的关系是一种既亲和又对立的复杂关系。在指出宗教文化是狂欢文化的源头和两者精神诉求的一致性的同时，也清醒地看到了两者在宇宙观、世界观、人生观方面，在意识形态方面，在话语表达方面的差异性。我认为，两者的差异性是一个需要继续深入研究的问题。比如，狂欢的源头就不只是宗教，这不只是宗教作用的结果，而是有着更为复杂的因素，诸如底层民众生命力的张扬，就充满一种心灵的欢乐和生命的激情。一篇成功的论文，一部成功的著作，不完全在于把问题说的面面俱到，头头是道，而是不回避理论难题，勇于面对问题的复杂性，并深入地辩证地把问题分析清楚。

由于该论文选题的难度是相当大的，所以必然会存在一些不足，存在一些需要继续探讨的问题。但总的来说，该论文是成功的。这是作者勤奋刻苦和认真钻研的成果。同时，也是同导师杨慧林教授的指导分不开的。中国人民大学文学院的宗教文化研究在杨慧林教授的领导下取得了显著的成绩，出版了一批研究成果，也出现了不少与研究宗教文化相关的博士论文。正是这种整体的学术氛围为相关的科研和博士论文的创作，提供了良好的条件。这种学术特色的形成和发展是十分有利于学术的繁荣，十分有利于科研和教学发展，是很值得赞赏的。

宋春香还很年轻，将来的道路还很长。其博士论文的写作和出版还仅仅是学术研究的起点，我祝愿她在今后的教学和科研工作中不断取得成功，为祖国的教育事业做出贡献。

2008 年 8 月 24 日

第五编

程正民回忆录《风声雨声读书声》节选

【作者按语】

　　这是一个平凡的人来到这个不平凡的世界，在半个世纪的校园里所见到的平凡的和不平凡的事，所听到的风声、雨声和读书声。回忆录初稿约 30 万字，现整理出 10 万字，真诚地希望听到大家的意见和建议。

顶棣村：笼罩战争阴影的童年

阿公阿嬷一步一磕头

父母亲从来没有向我们讲过家世，我们家也不续家谱。祖父祖母、外祖父外祖母都是苦出身，普通人，没有什么可以值得显耀的家世。我连他们的名字都不知道，更谈不上给他们上坟。我们这一代人可算是不肖子孙。

听老辈人说，我的老家在福建惠安，具体说是辋川的顶棣村。祖父祖母都是贫苦农民，生活很艰难，又长期没有生育，老两口非常着急，到处求神拜佛，也不见成效。为了表示诚心，在去往寺庙的路上一步一磕头，把头和膝盖都磕破了。最后，终于感动了神灵，先后生下了我父亲和我叔叔兄弟俩。

父亲长大后也没过上好日子，听他说常常是饥一顿饱一顿，饿的时候喝口河水充饥，这样就从小闹下胃病。我想五七年他得胃癌故去与此不无关系。自己从小受苦，很恨懒人，他常常教育我们不要贪图享受，只有能吃苦才会有出息。

父亲后来从惠安到厦门，给一家酒店的老板当徒工，按今天的说法就是到城里打工了。老板看他勤劳、诚实，就把女儿许给他。这就是我的大妈。

父亲是个精明能干的伙计，在岳父大人过世后，凭着自己的能耐渐渐拼出一片新天地。据说在抗战爆发前就在厦门开了三个酒店，在厦门酒业界颇有影响。这样，他从贫苦农民变成打工仔，最后又成了资本家。

后来我大妈得了精神病，我父亲又娶了我母亲做二房，两人相差二十几岁。据我舅舅说，他家里是很穷的城市贫民，老人答应这桩婚事，条件是我父亲必须把我两个舅舅抚养成人。

抗战时期父亲逃难回到老家，亲戚们见他在城里发财归来，纷纷朝他借钱。碍于情面不能不借，可时间长了，借钱的亲友又还不起，就想以地抵债。父亲不愿意，可又不知道抗战何时结束，就勉强同意。地还是叫亲戚种，他这个资本家就又成了收地租的地主。

我的记忆中，父亲精明能干，也是一个非常严厉的人，同孩子很少沟通，总是一副父道尊严的样子，如果谁犯了事，他下手是很重的。而我的亲生的母亲出身贫民家庭，心地善良，但显得软弱。长大后，我慢慢明白，我的奋斗精神，我的能力，是来自父亲；我的善良，我的隐忍，是来自我母亲。填各种表格时，家庭成分一栏填的是资本家兼地主，我倒觉得自己少有地主资本家的气质，身上流淌的更多的是祖辈贫苦农民和贫苦市民的血液。

漆黑的海上，日本军舰撞来

我究竟是哪年出生的，一直就说不清楚。中小学的材料填的是1938年，妈妈只记得是十二月初五，说是卢沟桥事变那年，于是上大学就改为1937年。也就是说，我一生下来就遭遇了一场民族大灾难。

刚一生下来，我当然全无感觉。小时候的事，我全无记忆，只记得到过外婆家，她们家的人很喜欢闻小孩衣服的味道，妈妈常拿我穿过的衣服给她们闻闻。

后来我进了幼稚园上学，厦门沦陷后，举家逃回老家惠安避难。记得先走海路，后走陆路。我们坐的是一条木船。同行的有父母亲、我和弟弟，还有我叔叔的三女儿。我父亲有五个孩子，全是男的，我叔叔有三个孩子，全是女的，于是把三女儿过继给我们家，后来叔叔家有了几个男孩后，又把堂姐要回去了。

漆黑漆黑的海面上，木船载满一船人慢慢行进。突然，听得见汽船"突突"的声音，还有"汪汪"的狗叫，随即海上有束强光射过来，这时大家才明白小日本的军舰朝我们的木船撞过来了。军舰越靠越近，隐隐约约能看见甲板上的日本兵和洋狗。这时，船上慌成一团，妇女和小孩哭成一片，觉得难逃这一劫。在生死关头，大人们很快镇定下来，让妇女和小孩下到船舱去躲避，大人拿着长长的木杠死死顶住日本军舰，不让它撞过来。我们在船舱里非常害怕，母亲紧紧抱着孩子，祈求上苍保佑，孩子们吓得谁也不敢出声。后来日本军舰不知道怎么又开走了，我们一船人终于得救了。

八年抗战是一个民族充满血泪和仇恨的集体记忆，是一个民族充满怒吼和抗争的集体记忆。作为一个孩子，我的初次记忆就是漆黑的海面，洋狗的狂叫，是对死亡的恐惧，还有大人们沉着应对的身影。

死猫吊在老树上——城里孩子的农村生活

在 20 世纪 60—70 年代，从北京回厦门的路程是很艰难的，先得坐两天两夜的火车到福州，再坐九个小时的长途汽车。路太远，长途汽车中午总要停车休息、吃饭。不知道为什么长途汽车中途总是停在惠安。每次汽车停在惠安这块土地上，我总有一种回去看看的冲动，总是要找个本地人问问，我们停车的是什么地方，离我老家顶埔村有多远。顶埔村，对我来说是我的童年，是很遥远又很亲近的地方，是很遥远又很亲近的记忆。我几次下决心回老家看看，但都没有成行，因为老辈人都不在了，年轻的一代我又不认识，多年不走动，谁也不认识谁了。

惠安产石头，抗战时期我们回去住的是用石头盖的两层小楼，楼上楼下有个梯子，我有一次不小心从楼梯上摔下来，至今在左眉骨上还留有一块疤痕。我印象最深的是屋后有一个大池塘，池塘四周是繁密的果树，树挡住了阳光，十分清凉。据说哪家女孩子婚姻不如意，就约好村里几个要好的姐妹一起跳池塘，有篇小说曾写过惠安女这种遭遇。当时年纪小，听说这个池塘也死过人，觉得阴森森的，既好奇又害怕，每次只是站在远处看，不敢走近。

我在顶埭村的时候，记不得上的什么学校，按年龄推算，也就是学前和小学一年级这个时期。顶埭村里没有学校，我们只好走一段路到下埭村，去上一种很不正规的学堂，一个班没几个学生，老师只是教你识几个字和简单的算术，再有就是描红模子，练习写字，天天如此，非常枯燥。

有意思的是上学路上，两个村子之间要走一段路，我和弟弟，还有几个小伙伴，常常是边走边玩。小孩子走点路不算难，难的是路上有棵老树，树上常常吊几只死猫，至今我不知道这是当地什么风俗。对我们来说，过这棵树就像是过鬼门关，还没走近这棵老树就十分紧张，谁都不愿意走在前头。往往是快走近了，大家就闭着眼睛一溜烟跑过去，过了之后心里还"砰砰"直跳。每天如此往返两次，既紧张又好玩，对一个小孩来说够刺激的。

乡下碰到的一些事，也让我这个城里的孩子感到挺有趣的。母鸡"咯咯"一叫，就是要下蛋了，大人连忙让我们从草堆里摸出热乎乎的鸡蛋，还叫我们马上打了吃下去，味道很腥，我们直皱眉头，可大人们却说这样吃很营养。要大便是没有厕所的，也没有手纸，站在两块石头上面就是上厕所了，完事就摘片树叶或者拾块瓦片擦屁股，用惯了也没有觉得什么不卫生。至于上树摘荔枝、龙眼吃，下河摸小鱼，那就更愉快了。那个时候不知道什么冰箱，天热的时候，把摘下来的荔枝放在桶里吊到古井里，放一段时间再吊起来，那荔枝甜甜的，冰凉冰凉的，特别好吃，这是到城里后永远吃不到的了。

村里的生活很好玩，但城里的孩子要真正融入农村的生活还是很难的，同老乡之间总是隔着一堵墙。村里的亲戚也好，一般村民也好，总是把我们当作城里人看待，当作外来人看待，总觉得我们同他们不一样。上学路上，老乡看见我们很好玩，有时拿稻穗蹭蹭我们的小脸。在家长看来，这是欺负小孩子，总想找他们兴师问罪。其实，并没有那么严重，他们只是想同你开个玩笑，逗你玩。

村里来了不速之客

日本人没打到惠安，厦门也很少有人来，村里同外界隔绝，生活停滞，这种单调、枯燥的日子对孩子们来说是很难受的，我们总想发生点什么事，来点什么刺激。最让我们感到兴奋的是有人从外面来，从外面带来有趣的消息。

有一次记不得是二哥还是三哥带了同学来到顶埭村，他们一身学生打扮，在打谷场上架起了球网，打起了网球，我们很兴奋，老乡们也来看热闹。他们好像还带了篮球，没有篮球架很难打起来。待了两三天，感到无聊，他们也走了。后来听说网球和篮球都让那个同学骗走了，还骗走了不少其他东西，父亲直骂哥哥是败家子，没交什么好朋友。

最叫人兴奋和刺激的是远房堂兄来到顶埭村。这位远房堂兄是个神秘人物，在村里住了一段时间。他是国民党军人，好像是黄埔军校毕业的，一身戎装，非常神气。最吸引人的是他还有把短剑，上刻"蒋中正赠"，这是我亲眼看到的。他跟大人谈什么，我不清楚。没事他就给我们小孩讲故事，讲他的生死经历。他说是被国民党派到日本人那里接受严酷训练，洗澡的时候热水烫得叫人受不了，但再烫你也得坚持。当时我还是一个小孩，这位神秘人物究竟是什么身份，我也搞不清楚，也不感兴趣，但他的做派让我们心醉神迷，他讲的故事让我们目瞪口呆，把他当作英雄人物来崇拜。几十年后，我听舅舅说，此人很不简单，好像是国民党特务系统的人，抗日战争年代还曾在厦门暗杀过汉奸。

　　不管怎么说，这位神秘人物不同时期在我家出现，都没有带来什么好事。抗日战争胜利后，我们住鼓浪屿龙头街叔叔家，他常带着一帮年轻军官来玩，其中有一位同我堂姐好上了，可是这位姐夫后来"为国捐躯"了，害得我堂姐带着女儿守了一辈子寡。刚解放，这位堂兄又突然冒出来，住在我父亲为一位上海朋友买的远离市区的别墅，没承想他在那里安了电台，显然是国民党特务。很快，他被抓起来，判了十几年徒刑。这件事我父亲算是被蒙蔽，被利用，被牵连，很快讲清楚了，否则也得跟着坐大牢。新中国成立后填各种表格，为了对党忠诚老实，我都得填上这位远房堂兄，每次写的时候我自己都感到心惊胆战，他可是货真价实的反革命。

　　改革开放后，我这位远房堂兄从监狱出来了，很快又成了统战对象，好像又是什么县政协委员，说是抗战时他有功劳。这世道变得真快，只是你不明白。1989年他带着一个惠安的年轻亲戚来北京看眼病，七十多岁的老人了，看起来还是那么精干、利索，不用年轻人照顾，他倒是还得照顾那个年轻人。

龙头街、竹仔街:风雨飘摇年代的小学记忆

家住鼓浪屿龙头街

抗战胜利后,我们先在泉州住了一年,然后回了厦门。厦门已经没有住处,我们先在鼓浪屿叔叔家落脚,住的是龙头街。我现在回鼓浪屿还能认出叔叔家的住房,那是在龙头街的中心,像是街中心的长岛,其中的房子前后都开了店门,前后是相通的。叔叔住的是三层楼房,楼下开酒店,二、三层住人。当时两家人住在一起有十几口人,够挤的,但也很热闹,两家的孩子更是高兴。

叔叔不像父亲那么严厉,那么难于接近,那么心事重重,他开朗、乐观,话很多,孩子们不怕他,他还会做一手好菜,开始开酒店,后来改开菜馆。婶婶为人机巧,善于交际,叔叔家大小事都由她做主。

叔叔家有三个女儿,就是我的三个堂姐,其中给我印象最深的是大姐。她一只眼睛有毛病,好像有块白斑,但人很善良,心灵手巧,画画尤为突出,我们两家酒店的商标都是由她设计。由于眼疾,她的婚嫁成了问题,是家人的一块心病。后来那位远房堂兄出现了,还带来一帮国民党青年军官来玩,穿着皮靴上下楼"噔噔噔"的,十分神气。久而久之,堂姐同其中一位好上了,结了婚,到台湾住了几个

月，生了个女儿，又回到厦门。奇怪的是，后来这位姐夫不见了，新中国成立后堂姐就成了反革命家属。堂姐是个十分虔诚的基督教徒。从此，她更是一心信主，尽力把女儿抚养成人，苦苦等待丈夫归来，后来才知道她的丈夫早在解放厦门的战斗中就被解放军打死了，算是"为国捐躯"。改革开放后，堂姐曾到台湾要个说法，要笔抚恤金，可是当局说你在台湾当年才住了几个月，很难办理。我回厦门老家时曾见过大姐，她头发都白了，依然那么恬静、平和，好像世上的一切同她都没有什么关系，她把一生都交给主，她的心灵与主同在。

叔叔家在连生三个女儿后，一度非常失望，后来说是靠上帝保佑又连生了四个儿子。这四个男孩就成了我在鼓浪屿的伙伴，我们一起上学，一起玩，记得有一次我们到现在的人民广场那里看外国人踢足球，有个球踢到我的脑袋，一时疼得受不了，老外还拿了糖果饼干慰问我。这四个孩子同我最好的是最小的程鼓民。他不仅自己信基督教，而且特别希望别人也信。他是搞技术的，1997年来北京出差，说是这次如果不是为了劝我信教还不想来，让我十分感动。他送我《圣经》和一大堆材料，说末日快到了，要快快拯救自己。我至今没有皈依上帝，真是辜负了他一片苦心。不过我一生非常痴迷教堂那种宁静、温馨的气氛，非常敬重教徒那种善良、平和、友爱的品格。

我在鼓浪屿只住了短短的一年，鼓浪屿的琴声、教堂，都让我终生难忘，叔叔一家人也让我在童年感到亲情的温暖。

我对教堂情有独钟

我对教堂情有独钟，到哪儿都想去看教堂。20世纪90年代到苏联，莫斯科、彼得堡、基辅的东正教金顶教堂让我心醉神迷，流连忘返，即使到了格鲁吉亚的第比利斯，也要看看伊斯兰教的清真寺。1998年，我到香港大学讲学，临回北京那一天，港大朋友说，还有半天你有什么打算，我不假思索地说："看教堂！"他开车陪我看遍了香港的教堂，有基督教（新教）的、天主教的，还有犹太人的教堂。在内地，我到乌鲁木齐、克拉玛依、银川、西宁等地方，也到处寻找清真寺，人家不让进，我总要想办法钻进去看看。

我对教堂情有独钟，同在鼓浪屿的一段童年经历有关。鼓浪屿音乐气氛很浓，宗教气氛也很浓，这两者可能是相关联的。我最喜欢圣诞夜，人们举着火把在每家门口唱圣诗，我还记得其中两句："小小主耶稣，没有摇篮来睡，要睡在草铺。"整个晚上，岛上像过节似的，热烈又不失温馨，大家都沉浸在一种圣洁的情感之中。

我叔叔一家全是虔诚的教徒，到了礼拜天，我们也跟着到福音堂做礼拜。我喜欢听圣诗，喜欢教堂的气氛，当圣诗唱起的时候，庄严、宁静、悠远，让人远离尘世的喧闹、烦恼。尽管如此，要让小孩和大人一样坐在那儿一动不动，也不大合适。于是家里就送我上主日学。我很快就喜欢上了主日学，小孩围坐一圈，老师给每个人发一张讲圣经故事的小画片，一面是画，一面是文字，印得相当精美，大家爱不释手。老师照着小画片给我们讲圣经的故事，每发一张讲一个故事，故事十分吸引人，个个听得入迷，无形之中也受到教义的熏陶。我每周都去，很得老师喜爱。不久，我们家从鼓浪屿搬回厦门。虽然我不再上主日学了，年底，因为我在福音堂的主日学表现不错，从不缺课，老师还托人奖给我一本《圣经》，我把它当宝贝。

童年之后，我同基督教渐行渐远，但教堂的气氛在我一生中萦绕不去。

寻找福民小学

在鼓浪屿我上的是福民小学，时间也就一年多，印象已经不深了。可是每次回到家乡，也总想去看看福民小学，但终难成行。最近一次弟弟陪我到鼓浪屿，我下决心寻找福民小学。我记得当年是从龙头街家里出发，经过一段斜坡路，再走一段就到了。可是那天转了半天，还是找不到，年轻人都不知道有什么福民小学，年长的虽知道有过福民小学，可也不知道在哪儿。半个世纪过去，真让人感到岁月沧桑。费了很大劲，在人们所指的那一带转了半天，总算找到了。那是鼓新路28号，门口一个摆摊的老人说，这就是以前的福民小学，现在已改为区里的少年儿童活动中心，怪不得大家都不知道。28号大门紧闭，无法进去。我印象里进校要下一段台阶，下面是一个篮球场，球场周边是一排教室。我从门外往里一看，果然还是老样子，只不过教室比从前多了，还是新的。这下我可找到了当年的福民小学。

站在学校门口，我怎么也想不起来学校给我留下什么印象，可能是待的时间太短，当时的年纪也太小。想了半天，只记得一件事。抗战刚胜利后，不知是联合国还是美国有个救济总署，给国难深重的中国发放各种救济物资。在学校发的是牛奶，老师每天煮一大锅牛奶，课间学生每个人端着一个茶缸去领牛奶喝，天天如此。孩子们只顾着喝牛奶，也不太关心牛奶是从哪儿来的，只是模模糊糊觉得一切救济物品都是美国运来的。我记得，毛泽东的《别了，司徒雷登》一文中曾说到，中国人是有骨气的，闻一多倒在国民党的枪下，绝不屈服，而朱自清饿死也不领美国人发放的面粉。相比之下，我们这些孩子觉悟实在太低了。可是话又说回来，你也很难让一群小学生搞清楚什么是人道主义，什么是帝国主义的小恩小惠，什么是帝国主义的"文化侵略"。怪不得在后来的抗美援朝运动中，我们还要补一次爱国主义教育课，以肃清崇美、恐美的影响。

箕笃港边的大同小学

我们家回厦门住的横竹路，新中国成立前叫竹仔街，这条街横在大同路和开元路之间，街面上的商店大多是卖竹制品的，故称竹仔街。

我回厦门上的是离竹仔街不远的大同小学，大同小学位于筼筜港边，历史相当悠久，据说是 20 世纪初创办的。在我们上学的时候，听大人说校长庄松岳是惠安人。我在这所小学校大约上了两三年，只记得有一个老师叫庄明岩，他同学生们关系不错，另外学校有首校歌至今我还记得，有这么几句："习弦书，和弦歌，乐未失；一班班，一行行，气象煌；礼义廉耻，国之四维，努力为校争荣光……"

在大同小学的这段时间大约是高小，最后我是从那里小学毕业的。上了高小，年岁大了，同学之间也渐渐有了来往，有了要好的朋友。记得有一次两拨同学吵架，被老师关禁闭，双方都关在一个小屋里，大家就"相逢一笑泯恩仇"了，互相开起玩笑，有个同学还编了一段顺口溜取笑一个叫水木的同学："衫也破，裤也破，水木无某（老婆）真坐掛（糟糕）。"大家听了哈哈大笑，全然没有被关禁闭的痛苦。

同我要好的几个同学，至今我还记得他们的名字，有的现在还有来往。其中廖有为、周江海这两位后来跟我一起上的双十中学，中学毕业后，一个上的上海交大，一个上的湖南大学，后来都留校教书。我还同林大通和朱太福这两位特别要好，每天上学都要相邀一齐走，天天如此。林大通后来小学毕业后就没有联系了，朱太福可给我留下很深的印象。太福家好像是开小杂货店的，他的年龄比我们大很多，长得像小老头，当年已经到了被抓壮丁的年纪。国民党临解放那段时间兵败如山倒，兵源十分短缺，在城里也抓壮丁。太福为了逃避抓壮丁，每天晚上只得背上铺盖到学校去住，好在我们的庄明岩老师是个进步老师，愿意在老师宿舍接纳他，这样就帮他躲过一劫。新中国成立后，他同我们一起上的双十中学。由于自己特殊的命运和经历，他的学习特别刻苦，政治上也很积极，早早就入团了，又当了市学代会的代表，看起来成熟、沉稳，大家也不再叫他小老头了。初中毕业，他上的厦门师范速成班，很快就参加工作。"文化大革命"后，听说他已经当了市政府环卫处的头头了。我每次回家乡同老同学相聚，他总要来，只是腰弯得更厉害了。他热情邀我上他家坐，我只去过一次，虽然是儿时的好朋友，两人之间能说的话慢慢地也少了。

近年我回厦门，路过大同小学，也全然认不得了。我记忆中的大同小学周边应当是滩涂、大海，现在的大同小学周边大楼林立，热闹非凡。当我走近母校时，已经没有进去看看的心思。

大舅卖壮丁，二舅走香港

我妈妈嫁给我父亲的条件是父亲必须把我的两个舅舅抚养成人，我这两个舅舅让我妈妈操碎了心，特别是大舅，妈妈是又爱又恨。

大舅原来是在我父亲开的酒店当伙计，但他好吃懒做，不好好干活。解放战争后期国民党兵败如山倒，十分缺兵源，在厦门又抓壮丁，又买壮丁。以前我只听说抓壮丁，没有听说卖壮丁，我大舅瞒着我妈妈，竟然把自己卖了壮丁，我妈妈气得差点没晕过去。气归气，念着姐弟之情还是拿着钱和衣物送他上码头。奇怪的是厦门解放前几个月，他又跑回来了。据他说，他在北方同解放军打仗当了俘虏，后来从押送俘虏的大卡车上跳车逃跑了。新中国成立后此人一直在厦门混，日子没法过就跟我妈要钱，你不给他钱，他就在上学的路上拦住我，我要是跟妈妈要不来钱就打我耳光。妈妈实在没办法，就把他告到派出所，由于敲诈勒索加上当过国民党的兵痞，最后给判了刑。刑满之后，妈妈托关系给他安排在厦门罐头厂工作，退休后喜欢看看篮球，在海口同一帮老人晒晒太阳。最后孤身一人了此一生。

二舅同大舅截然不同，他工作认真，洁身自好，我小时候同二舅来往比较多，他常带我出去玩，有一次骑自行车带着我，我不小心把脚伸进前轮弄伤了，他吓得够呛，带我去看骨科，我的脚一瘸一拐，他再三嘱咐我回家一定不能说。有意思的是他搞对象时也带着我，他们俩在公园散步，我在一边当电灯泡。时间长了，二舅实在不愿寄人篱下，要自己去闯荡，决定在往来厦门、香港的海轮当船工，就是洗刷甲板他也干。妈妈虽然舍不得他走，也只好随他去。临行前，我二哥在他的纪念册上题了一句话："此去乘风破浪，从此扬眉吐气。"说出了二舅当时的心情。后来二舅在香港从船工变成了百货商店的店员。他不是富翁，一大家人日子过得很紧，但对我妈和我们一家人一直很关心。非常有意思的是，我上中学的时候，他还从香港给我寄内地的《中国青年》一类的杂志，关心我的学习。他从小没机会上学，但很喜欢学习，很羡慕读书人，我考上大学他特别高兴。前些年香港办内地书展，他在北师大展台上看到我的书，特地告诉我。我先后到浸会大学、香港大学出差、讲学，他都来看我，带我到九龙玩。当他知道我是代表北师大中文系来给香港普通话培训班学员颁发毕业证书，掩饰不住得意的心情，一定要把颁证典礼的程序表拿去作为纪念。

虎头山下：革命年代的中学时光

我上了双十中学

我是新中国成立前夕小学毕业的，那时正赶上风雨飘摇、兵荒马乱的年代，找个中学上都十分困难。当时钞票贬值，二舅抱着一大捆钞票带我到几个学校报名，结果都没有报上。

厦门解放了，我到双十中学的虎豹楼上了一个补习班，有点像现在的蹲坑班，主要是学数学，只要成绩好就可以直接升入双十中学。我在那里学了一段时间，就顺利升入虎头山下的双十中学。

双十中学是一所1919年前办的历史名校，双十是为纪念辛亥革命而得名。有趣的是"文化大革命"年代说双十校名反动，改为八中，"文化大革命"后才又恢复双十校名。这所学校历史悠久，师资力量很强。当时上的是初中，对各门任课老师的印象不是很深，只记得英语老师英语说得好，教得也好。可惜当时的教材强调政治内容，很影响教学，我小学英语学了半天只记得"原子弹"这个词，到了初中，传统的课文是"很久很久以前，有多久，没人能告诉你，地球是一团火……"而后教的是"有一天，是个好天，在延安大礼堂……"还有"毛主席万岁"一类的单词。我一上初中，就立刻显出文科的优势，语文、政治、历史不太费劲就拿高分，数理化经过努力也还可以，所以第二学期就拿了全班第二名。

在班上我是专注学习的好学生，同学叫我"孔的"，就是孔夫子。其实，当时课外比课内还热闹，新中国成立初期我们马不停蹄地参加各种社会活动，镇压反革命，抗美援朝，三反五反，知识分子思想改造，等等。在这些活动中，专注于学习的孔夫子也慢慢变成社会活动积极分子，扮演着各种各样的社会角色。我先是当过"演员"，为了配合反特和镇压反革命，学校上演一个话剧，我演了一个"股长"，虽然台词只有几句，也感到很紧张。后来听说对岸的国民党电台还报道了双十中学演了一个反特的话剧。我还当了一回"诗人"。新中国成立初期，国民党飞机常来厦门空袭，搅得市里不得安宁，学校的正常教学也受到影响。为了配合反空袭斗争，我写了一首诗《小星星快乐地向我眨着眼……》，讲述学生如何在反空袭中坚持学习的事迹，表现了战胜困难的精神。在当时看，诗写得还可以，还有点诗味，不那么标语口号。诗写出来，在黑板报上登了一整版，还让我到全校晚会上去朗诵。现在看，那很难说就是一首诗，近来回到家乡，同班同学或者当年其他年级的同学，有人还提起这事，我实在很不好意思，因为我跟诗实在不搭界。

解放了，三哥长满疥疮回来了

厦门是 1949 年 10 月 16 日解放的，我至今清楚记得这个日子。解放军一进城，最新鲜的事是人们在街上扭秧歌，打腰鼓，唱着"解放区的天是晴朗的天"，"你是灯塔，照耀着黎明前的海洋；你是舵手，掌握着航行的方向"。

解放了，我最早见到的解放区来的人是小学的庄明岩老师，听说他是新中国成立前跑到解放区参军，现在是回来为解放军干校招人。

他一身解放初的干部打扮，非常精干，全然不像个老师了。我们这帮学生都到驻地去看他。他说些什么我记不清了，只记得他送我一本毛泽东的《目前的形势和我们的任务》，对一个小学生来说，这本书还稍微深奥了一些，看起来似懂非懂，但我还是把它珍藏起来，可惜的是这位庄明岩老师不久就失了联系，不知道后来是什么命运在等待着他。

紧接着庄老师回来，不久，我三哥也回来了，说是回来养病，他身上长满了疥疮。我父亲本来就不喜欢他，抗战胜利由厦门路过泉州时，他曾同父亲打了一架，闹到登报脱离父子关系。这时看到别人家干革命的孩子都"衣锦还乡"，他却落了一身疥疮，父亲对他有些不屑，但毕竟是自己的孩子，父亲还是为他悉心治病。听说新中国成立前他就闹学运，参加了地下党，新中国成立前夕因为带人去捣毁反动报纸《宇宙报》，暴露了身份，被组织送到安溪官桥一带打游击。别看他一介书生，后来我听他的战友说，在那一带他还是个人物，人称"土地公"。治好病后，三哥很快又走了，从此又无消息。

我再见到三哥是我 1955 年上大学路过福州的时候。新中国成立后他从安溪到福建省委党校工作，后来又调到福建师大党委。我二嫂这时恰好在福建师大生物系进修，听她说，三哥是校党委的领导之一，校肃反小组的头头，常在全校大会上做报告。我去找他的时候，也看到他在独立的办公室找人谈话。他给了我进京的路费，我就告辞了。1956 年，三哥来北京了，他来参加北京师大主办的苏联专家库兹涅佐夫教授主讲的全国马克思主义理论进修班，参加的都是全国高校讲授和研究马克思主义理论的骨干。家里人常说他是个不照顾自己也不会照顾别人的书呆子，可是我记得当年北京天气奇冷，他还给我买了围巾，带我到天桥剧院去看郭兰英主演的歌剧《刘胡兰》，对我这个穷学生来说，这已经是很破费的事了。

"反右"之后，家里传来坏消息，说是三哥被划为"右派"，我大吃一惊，一个参加地下党、打过游击、为革命出生入死的人，怎么会成为反党反社会主义的"右派"分子？后来据说是他们党员干部先听的毛泽东《正确处理人民内部矛盾问题》报告的传达，他在会上发表了些不适当的言论，赶上学院第一把手在北京开会，就被人划上了，第一把手赶回来后一直很懊丧，觉得对不起他。

当上"右派"后，三哥一落千丈，被贬到政教系资料室搞资料。他娶了个幼儿园的阿姨，住在一个小胡同里，他的一些在省里当官的朋友要来看他，小车都开不进来。他对这种逆境倒是安然处之。"文化大革命"后，"右派"改正了，情况又好转，他先后当了教育系、文科学报的领导，也搬了家。问题是家里又连遭不幸，先是三嫂去世，后来大女儿得了严重的心脏病随后去世，小儿子早先是作为数学天才考上浙大数学系少年班，不久又精神失常，失踪了。"文化大革命"后几次回厦门老家路过福州，我也去看望三哥，但他从来不提这些事，一心搞他的党史研究，写了好几本书。不久，听说三哥又结婚了，在省领导关心下，房子也扩大了，一位省领导派秘书到学校坐镇，说是如果学校不给三哥一套四居就不走。期间，新三嫂把家照顾得很好，三哥过了一段好日子。不久又传来消息，说新三嫂又去世了。

从此，三哥孤零零一个人在福州过日子，只有在厦门的小女儿关照他。他很想回家乡厦门工作，他女儿还在厦门为他买了房子，他的老战友、厦门市委市政府的领导也帮了很大忙，准备调他到厦门大学或者厦门市委党史办，结果都没办成。

三哥现在还在福建师大院里，只是又有了新老伴，八十多岁的老人了，他依然过着简单的生活，依然搞他的党史研究，出他的书，只是耳朵聋了，打电话他也听不清楚，很难交流。

家里人常说三哥命不好，他的一些战友后来都当上省市的大官，他倒落了个现在的下场。又说他是克星，自己命不好不说，又相继克了两个老婆、两个孩子。当然这都是迷信的说法，很难苟同。一个人虽然历经磨难，对自己年轻时代所选择的信仰和道路从不后悔，从不埋怨，别人又何必说三道四。

先烈和"叛徒"的青春都与厦门同在

厦门在新中国成立前夕，国民党特务头子毛森到了厦门，实行白色恐怖，四处抓人，许多地下党员被投入监狱。其中有的在新中国成立前夕被枪杀，光荣牺牲，成了烈士，也有的被放出监狱，终生戴着"叛徒"的帽子，在历次政治运动中接受政治审查。

新中国成立初，厦门人人皆知的最出名的革命烈士是刘惜芬，她原是一名年轻的护士，后来参加了地下党，负责传递情报。新中国成立前夕不幸被捕，在狱中遭受严刑拷打，始终坚贞不屈，最后被毛森残酷杀害。新中国成立后她的事迹在全市普遍传开，也成了我们中学生心目中的英雄和光辉的榜样，对我们来说，她就是厦门的刘胡兰，不愧毛主席所称颂的"生的伟大，死的光荣"。

然而历史是复杂的，现实中不仅仅只有英雄，也有说不清道不明的人物，也有人是另一种命运，作为一个年轻的中学生当时是无法了解和理解这一切的。刚解放，我上初一的时候，我们班有位女生，她的表姐上初三，另一个表姐刚从监狱出来，好像读高中。在我印象中，她这位大表姐年轻、活泼、漂亮，在学生中很活跃，常上台讲话或表演节目，记得她还登台表演王洛宾的"跑马溜溜的山上"，很受同学们的欢迎。可是不久，就传出这位女生新中国成立前曾经被捕，据说毛森看她年幼无知就把她放了。这种说法无法被组织采信，他们要问为什么刘惜芬被杀害，而把你放出来，这点连她自己恐怕一辈子也说不清。后来我了解到，这位被捕过的女同学中学毕业后上了西北的一个农业院校，在历次政治运动中接受没完没了的政治审查和批判，始终也无法做出什么结论。"文化大革命"后，她实在受不了，就移居到加拿大，上了岁数之后从事慈善工作，成了当地有名的爱国侨胞。

几十年过去了，厦门成了改革开放的前沿城市，人们过着"最宜居城市"的悠闲生活。每次回家，站在陈毅题词"烈士雄风、永镇海疆"的厦门烈士纪念碑前，我总想起年轻的坚贞不屈的护士刘惜芬，但也只能在厦门博物馆看到她的照片，年轻的一代厦门市民恐怕很难有人记得她，而我那位漂泊海外的学姐的命运更是无人知晓。然而，在我心中，她们都是厦门的女儿，她们的青春永远与这座城市同在。

50 年代的追星族

这些年追星族越来越红火，到了"超级女声"达到了高潮。看见一大批少男少女为自己的偶像疯狂呐喊，死去活来，许多人感到莫名其妙，不可理喻。但你不知道 50 年代也有过追星族，他们可是当下这些小追星族的前辈，只是追的对象、追的方式和追的目的各不相同罢了。

50 年代初，朝鲜战争爆发，中国人民志愿军雄赳赳气昂昂跨过鸭绿江，当时的中学校园里也燃起了一把火，同学们个个同仇敌忾，热血沸腾。中学生无法上前线保家卫国，只能做这么几件事：开始是报名参加军事干部学校，限于年龄和条件，只有极少数同学被批准。后来，大多数人只能上街搞抗美援朝的宣传活动，为志愿军募捐飞机大炮。我们班同学就为班主任张有檩导演的一部戏上街义卖戏票，所得款项捐献飞机大炮。

不久，中央开始派慰问团到朝鲜慰问志愿军，梅兰芳、侯宝林都去了。后来，又派志愿军的英雄模范回国做报告。当年的追星活动就从此产生。先是追着去听志愿军英模的报告，但还不满足，接着就是请英模签名，向他们要抗美援朝纪念章。他们当年好像住在中山公园附近，为了得到一个签名和一个纪念章，同学们常常排上长队，半天不肯离去，不达目的绝不罢休，虽然谈不上多么疯狂，但非常执着、真诚。不久，志愿军安东部队文工团来厦门演出，观看者也是人山人海。听说他们要在鼓浪屿人民广场演出，我们赶忙连夜乘着小舢板追过去。广场上挤满了人，连空隙都没有，实际上也看不清台上演什么，大家仍然很兴奋。

当年还有一种追星形式，是同志愿军通信，我们学校还有一位女生在同志愿军通信中建立了感情。听说这位志愿军归国后回到老家，这位女生一直同他保持联系。1957年这位志愿军被打成"右派"，落难了，我们这位同学还千里迢迢从厦门跑到江苏去探望他。这叫我想起19世纪俄国十二月党人的妻子，冒着严寒不远万里到西伯利亚去探望自己的亲人。老同学这段凄美的故事虽然没有结局，也让人不胜唏嘘。这恐怕也是当今的追星族所无法理解的，前辈们追的不仅是那颗星，而是自己的青春和理想，尽管这种追求往往是要付出代价的。

我参加老师的思想改造

1951年，在全国知识分子中开展了一个思想改造运动，它同抗美援朝、三反五反运动好像是同步的，不仅在高等学校，也在中学进行，对象就是教我们的老师。

学校老师的思想改造运动是在学校党支部领导下进行，先是自我检查，接着是互相提意见，展开思想批判。不知道什么原因，学校也组织一部分学生参加，有高中生，也有我们这样的初中三年级的学生。让我们参加老师的会议，我感到非常惊讶，也很不好意思，学校里讲师道尊严，都是老师教育学生，哪有学生批评老师。参加会议时，低年级同学都是在一边听着，只有高年级一些青年团的干部敢于给老师提意见。听了几次会，老师们的检查为我们展示了一个不为学生所知的世界。他们的检查我印象里有这么一些内容：比如有崇美、恐美思想，有的老师还为美国人搞过民意测验；比如政治上清高，不关心政治，不参加政治运动；比如追求资产阶级生活方式，爱打扮，贪图享受，等等。有意思的是，听了老师的检查，在我们眼中老师的形象并没有一落千丈，我们依然尊敬我们的老师，我们评价老师的标准是待学生好不好，课讲得好不好，待学生好、课讲得好的老师，学生就很崇拜。这也许是新中国成立初在我们这些名校，学生的思想同老师一样，还是业务第一，政治第二，还没有得到彻底的改造。

我二哥厦大毕业，新中国成立后也在鼓浪屿毓德中学（后来的女中、二中）教书，他虽是学经济的，但教的是语文和英语。家里人说他的学习成绩很好，在大学里英语比赛还得了第一名。思想改造运动中他也得过关，我看了他放在家里的检查，主要是不关心政治，这点说的是切中问题所在，记得新中国成立前，人家厦大学生上街反内战、反饥饿、反迫害，他和二嫂躲在我们家楼上看热闹，好像没他什么事。新中国成立前他的不少同学参加革命，后来成为政府干部，他还是一个中学老师。因为没有什么重大政治思想问题，思想改造运动中他很快顺利过关。之后，在我眼里他像许多鼓浪屿的人一样，日子过得悠闲、自在、舒适。他书教得不错，钢琴家殷承宗在北京演出时还记得这位语文老师，特地请他观看，我到鼓浪屿看望舒婷时，她爱人陈仲义也说我二哥的语文课对他影响很大。他也很会生活，很注意营养，不让自己累着，身体一直不错。由于他工作认真，守本分，不像我三哥那样爱折腾，历次运动都没有受到冲击，其中唯一受苦头的是"文化大革命"中被下放到农村劳动。"文化大革命"后，他从鼓浪屿二中转到厦门七中教书，生活依然悠闲、自在、舒适。终其一生，思想改造对他好像作用不大。

"五反"被动员"大义灭亲"

50年代初期，全国展开"三反"、"五反"运动，"三反"是反贪污、反浪费、反官僚主义，主要针对政府机关；"五反"是反行贿、反偷税漏税、反盗骗国家财产、反偷工减料、反盗窃经济情报，主要是针对工商业户。这次运动中，我父亲首当其冲，我们也成了被考验的对象。

"五反"运动除了由当事人坦白交代，还动员员工和家属检举揭发，最后根据问题严重程度和态度划分为完全违法户、严重违法户、半守法半违法户、基本守法户、守法户几个等级。

开始，我曾参加一个大会，我们学校有一个女同学上台慷慨激昂检举其父亲的违法行为，表示与其划清界限，获得热烈掌声。当时，我就想，我能像她那样做吗？父亲如有问题，我是要检举揭发啊，但让上台检举揭发，我还没有那么大勇气。

不久，五反工作组就找到我，说我父亲有违法行为，动员我揭发检举，我费了很大劲，想起来一些我看到的事情，比如从郊区买来白酒做葡萄酒，木桶下面装的是白酒，隔着一层木板，上面装的是泔水，这样就逃过检查人员，逃过交税，等等。工作组人员听了还不满足，还希望我到小会上讲，施加压力。那天，我父亲没有出席，由大哥代表。我去了，但没说话，也算交差了。最后，父亲被定为半违法户，宽大处理，总算过了关，我也算经受了考验。

"五反"运动是我一生中同父亲唯一的一次对碰，也是亲情同阶级斗争唯一的一次对碰。新中国成立后，组织上一直教育我要和剥削阶级家庭划清界限，我一直不知道怎么做，"五反"算是一次实践吧。在我眼里，父亲是非常严厉的人，对子女不苟言笑，对我难得有斥责，也难得有温存的话语，但我心里觉得他是关心我的，喜欢我的，新中国成立前他有意要我将来继承他的家业，让我站了几天柜台，但看到我不是经商的料子，也就放弃了。新中国成立后，他看我身体不好，常劝我努力学习就行，少参加社会工作，这种说法虽然不合潮流，也算是一种关爱。"五反"时我检举揭发他，不知道他是不是知道，但我们的关系好像并没有什么大的变化。到北京上大学前夕，他把我叫到一边，给我一碗鸡汤，什么话也没说，算是为我送行。到北京后，我记得他是八月十五日的生日，曾在那天给他寄去一张有他喜欢的菊花的明信片。父亲一直有病，1957 年死于胃癌，终年 65 岁，这同他小时候在农村常以河水充饥不无关系。

从团支书到大班长

在学校班级里，似乎是团干部要大于班干部，好像是党中央管国务院，省委管省政府，一般来说先是当班干部，再转为团干部，我的情况恰好倒过来，我是先当团干部，后当班干部，这点当年我也感到莫名其妙。

从初中升为高中，先是当团支部组织委员，后来安排我当团支部书记，当时学校是团总支。我领导两个支委，一个组织委员，一个宣传委员，都是女生，我们之间配合挺好。团支部当时不外是安排过组织生活，发展团员，收团费，还要配合中心任务搞一些活动。我们的专职团总支书记李俊元刚入的党，小伙子很精神，口才极好，工作点子也多，把青年团的工作搞得很红火。在他的手下干，也总想有点什么发明创造，当时我搞了一个什么活动，还被他树为典型，让在团干部会上介绍经验。到了过年，他还发给我一张票，让我到团市委参加全市中学团干部的联欢，在那种场合，用今天的话说，我算是菜鸟，显得很拘束，只在一旁看着那些年长一些的男女团干部在那里唱歌跳舞，甚至打打闹闹，觉得没有什么意思，很快就退出了，只要了几张团市委制的书签做纪念。

到了高二，总支突然通知我不再当团支部书记了，改任班长，也不说明什么原因。当时我很不理解，也不好问为什么，只有服从。后来慢慢感觉到开始讲阶级斗争，我这种出身剥削阶级家庭的人就不适合当团支部书记了，果然代替我当团支部书记的就是一个渔民出身的同学。他也是一个很优秀的同学，学习、人品、体育俱佳，我们一直是好朋友，他高中毕业后因为出身好保送到南京航空学院的保密专业，大学毕业后在陕西一个飞机厂工作，后来当上厂长。

由团支书改当大班长，其实也是挺好的，在同学眼里，班长同他们的关系更密切，这些年我每次回家乡聚会，大家都叫我班长、班长的，很少有人记得我当过团支书。我当班长，领导一个副班长，一个学习委员，一个生活班长，工作上同团总支关系不大，主要是同班主任配合，为班上同学服务。在学习方面，安排学习小组的活动，组织学习好的同学一对一帮助学习差的同学。在生活方面，主要是组织打扫教室卫生，为同学买电影票。这些工作都关系到同学的切身利益。高三毕业，从厦门到龙岩高考时，我们两个班的班长还负责把同学带到龙岩，考完又带回厦门，期间两个带队的班主任对我们十分满意。可以说，当时学生干部的工作能力、组织能力是相当不错的。中学的学生工作锻炼，对我一生都产生很好的影响，培养了我独立工作的能力。

穿一条裤子的小伙伴

从初中到高中，我有三个知心的好朋友，虽然已经分离半个世纪，彼此相隔万里，至今我们仍然保持联系，前年我回家乡，其中一位还称我们是穿一条裤子的同学。

摆在首位的是 H 君，据说他们家祖辈是厦门很有名的富商，可惜后来没落了，只剩下祖宅。他妈很早就守寡，在家族中又是小户，

孤儿寡母，常遭欺负，这也造就一家人倔强的性格。母亲把希望寄托在唯一的儿子身上，对他的疼爱和严苛叫人受不了，从小不许这样不许那样。身为海边的孩子，他妈竟然不许他游泳，有一次她得

知儿子跟我们去游泳，告到我们家，好像我们勾引他儿子干什么坏事，惹得我父亲很不高兴。我这位老同学十分聪明，但一切很随性，对分数不感兴趣，大家觉得他只要稍稍努力，肯定名列前茅，可是他偏偏不去争第一。他很早就入团了，但从不当什么干部。他读的书很多，好独立思考，小小年纪常常冒出一些与常人、与主流不同的看法，让我们十分吃惊。尽管他很难顺从别人的看法，总是固执己见，但他对母亲却是服服帖帖，绝对服从，尽管他内心有很多想法，也总是往下压。高中毕业了，家乡的厦门大学也很不错，但年轻人总是向往更宽阔的天地，多数都奔北京、上海的名牌大学而去。母亲不让他离开厦门，他也只好报厦门大学化学系，他内心的痛苦、郁闷也只有自己知道。我到北京第三年，正赶上"反右"斗争，听说他在班上替"右派"辩护，人称"右派"律师，结果被团内处分，成绩也一落千丈，留了一级。大学毕业后被分配到福州的一所中专，过了很久，费了很大劲，才调回厦门感光厂。改革开放后，他赶上好日子，他的才能也得到充分发挥，真是海阔凭鱼跃，天高任鸟飞。他们厂和日资合作，他是建厂的总指挥，一切听他调度，成了工厂的重要人物。他到北京出差来到我家，神采奕奕，容光焕发，对我两个儿子大谈人生哲学，教育他们长大要有所作为，让他们听得十分入迷，很佩服这位家乡来的叔叔。可不久，从家乡老同学那里却传来负面消息，大家一致声讨他，谴责他，说他娶了媳妇忘了娘，小两口睡屋里，让老妈睡大厅。有一年，我回老家，去他家探望，他母亲果然孤单一人，住在大厅围起的一个角落。经打听，这媳妇原来是母亲给找来的，是一个工厂的人事干部，可一进门就和婆婆不和，闹得不可开交，大有要我就不要你娘之势。我们这位老兄在厂里可以指挥千百人，在家里可是一筹莫展。他见到我无话可说，只有苦笑。他也知道老同学骂他，见到我也不多做解释，只是简单说了一句："你说，我这辈子得跟谁过？"作为老同学，我听了无语。毕业50年，我又回家乡参加聚会，这时他妈妈早已离开人世，他请我去他新家坐坐，家里房子十分宽敞，老婆把屋里收拾得十分干净，还不时劝他不要为老同学聚会累坏了身体，显得十分体贴。尽管如此，他依然十分看重老同学的友情，在聚会的那几天跑前跑后，十分辛苦，全然不顾自己已是七十多岁的老人。

同H君性格截然不同的是L君，他善良、柔弱，不显山露水，常常不被人感觉他的存在，班上也给他起了一个"查某孩子"（即女孩子）的外号。新中国成立前他父亲撇下母亲、两个姐姐和他，独自去了台湾，从此杳无音讯，家里的处境可想而知。他在班上学习不算突出，但很用功，各种活动都参加，都跟着做，绝不越轨。平日里他都跟着我们几个走，很少看出有自己的主意和看法。比如到市电台教歌，H君是指挥，另一个女生弹钢琴，他就是跟着唱的。入团时父亲的问题无法查清，但大家觉得此人忠诚老实，踏实肯干，十分可靠，也就通过了。中学毕业，他考上华东师范大学生物系，大学毕业后又考上植物地理专业研究生，当时在中学班上同学中是独一份！大家十分惊讶。研究生毕业后分配到北京师范学院地理系，常来师大找我玩，待老同学很热情，但见面话又不多，不知道说什么好。到了谈婚的年龄，他母亲很着急，儿子离家远又够不着。在师院他看上一位毕业班的女生，但又不敢说，错过机会。后来，他暗恋中学班上一位女生，也不敢表白，托我写信帮忙，我照办了，人家回信把他夸了一通，但说自己已名花有主了。母亲一急，命他调回老家，在泉州给他找了个对象结婚，他只好调回泉州师专工作。后来听说他父亲有了消息，只是在美国已另有家庭，老人家算有良心，汇了一笔钱让他们在泉州盖了房子，好让母亲安度晚年。一个搞植物地理的研究生，在师专确实大材小用，发挥不了应有的作用。"文化大革命"中，有位在厦大当头的朋友来京，我提起这事，他说可调厦大生物系。我把这消息告诉他，他很高兴，想试试看。后来他来信说事没办成，"文化大革命"中市教育局乱了套，调动无法办成。他使的劲也许不够，换个人也可能办成。他错失人生一次很好的机会，我也无可奈何。前些年我到福建师大讲学，之后回厦门探亲，途经泉州我特地去看望他。他家是巷中一座三层小楼，母亲已经去世了，夫妻两人同女儿、女婿同住，一家四口，其乐融融。退休后，他每天去附近公园散步，看人下棋，身体白白胖胖，保养得很好。他告诉我，女儿不久就要生孩子了，我祝他早日当上外公。在泉州期间，他尽心尽力陪我和我爱人玩遍城里的开元寺、伊斯兰墓地、大船博物馆，城外的清凉山、李叔同旧居。他的话依然很少，对老同学的情谊尽在每天的辛劳和无微不至的照料之中。之后，听说他心脏有了毛病，但每逢老同学聚会或者是我到厦门探亲，他总要从泉州赶来。在各种聚会活动中，大家多年不见，总想好好聊聊，但他依然话很少，默默地来了，默默地走了。中学一别，五十多年了，班上一些人不见得常记起他，但他一直记挂着班上的同学。他每逢新年总要给我寄贺卡，五十多年从不间断，在我的朋友和同学中是独一份。

　　我的另一个好友是 C 君，他长得又高又瘦，在南方人中很少见。这位同学出身好，早早就入了团。他的特点是胆子大，鬼主意多，老有一种冲动，什么事情都想去试一试。新中国成立初期还有舞厅，他好奇，也去看看人家怎么跳舞，结果挨了批评。平日到同学家复习，做作业，随后到楼顶玩捉迷藏，在四楼凉台上，他扒在临街的低栏外头，如果不小心掉下去就没命了，他竟然没事似的。他学习也不满足于循规蹈矩，解题总是换个方法试试。他的成绩不算出众，但碰到难题，他总是兴致勃勃，非拿下来不可。由于他的不安分，不守规矩，尽管出身好，整个中学期间好像也没当上什么干部。毕业时，他的好出身倒是沾上了光，也被保送到南京航空学院的保密专业。当年我们有三个同学被保送到南航。这位老兄搞对象的方式也别具一格，上大学时他看上一个读中文系的中学同学，他把自己写的力学论文交人家批改，力学和文学很难相融，后来也不了了之。他后来的夫人是位东北老乡，干练泼辣，结婚之前到上海出差，在那个年代，竟然敢请从未谋面的交大的另一位老同学一同去看电影，把那位吓了一跳。这位东北老乡同我们 C 君倒是十分般配。老同学大学毕业后留校教力学，"文化大革命"后调回家乡在鹭江大学任教。退休后他坐不住，又去发挥余热，据说长年在潮湿、吹阴风的地下室上课，不幸得了帕金森病。早些年回去，只见他手抖，但还能行走，只是话少了。后来再回去，就完全变了样，无法行走，坐上了轮椅。老同学去看望他，他十分木然。他爱人说，平日更是无语，只有老同学来了，才有话说。那天去的人多，相当热闹，他开始高兴起来，一定要站起来同我们在凉台照相，说我们几个是穿一条裤子的朋友，这时机灵、调皮、好动的C君又回来了。

"同桌的你"

音乐是一种具有魔力的精灵，它能钻进你灵魂的深处，有时让你愉悦、激动，有时让你惆怅、鼻子发酸，有时甚至让你泪流满面。早年老辈人对流行音乐颇有微词，我不那么看，流行音乐也有不少精品，《同桌的你》就是其中的一首。每当它的旋律响起，我便感到一丝甜蜜，一丝惆怅，自然想起我的同桌，想起我的中学时光。

拿今天的话讲，我的同桌可算得上是"超级女生"。她出生在美国，父亲是留美科学家，母亲是我们学校的英语教师。在班上她门门功课都好，每学期稳拿第一；钢琴、手风琴都十分了得，也能上台表演；体育也很突出，百米、跳高都不错，还是市中学篮球联队的队员。再加上人长得好看，自然就成了老师喜爱和男生崇拜的对象。她聪慧、机灵，但又恬静、内向，从不抛头露面、争强好胜，日子过得平平淡淡，同当年班上那些追求进步的积极分子全然不同。

我最早认识她，是在厦门解放初，在双十中学虎豹楼的一个补习班上。后来一起上了双十中学的初中一年级。当时还不是我的同桌，开始班上男女生是分开坐的，分成几大排，靠墙的一排是女生，其他几排是男生。初一上学期她考了全班第一，引起了关注，第二学期，也说不清出于什么原因，我发愤努力，最终也只考了第二，她还是稳拿第一。初二学年开始，她在班上消失了，当年男女生界限分明，也不好打听。后来听说，厦门地处前线，处于战争状态，为了安全，妈妈带她和妹妹回漳州老家上学了。

　　初中毕业前后，我生了一场大病，咳嗽不止，整个暑假都在家里躺着养病，人瘦得不像样子，从此得了个外号叫"死人骨"。高中临开学前，同学来探望我，告诉我高中新生录取榜上有她的名字，我听了有种莫名的高兴。高中我们又分在一个班，这时，我发现彼此都长大了，奇怪的是她还戴着红领巾。我初三就入团了，看着她和另外两个同学还戴着红领巾，未免觉得怪怪的，于是就在背后说了一句蠢话："这么大了，还戴红领巾。"据说她听了很不高兴，后来团干部也提醒我不要乱说，未超龄的少先队员当然还要戴红领巾，不要大惊小怪。

　　高中男女生座位不分开了，是按大小个排座次，从高一起我们成了同桌，一直到高三毕业。作为同桌，她给我带来了愉快，也带来了麻烦。她依然门门功课都好，依然考第一，但上课有两个毛病：一是爱咬手指甲，这是习惯，不影响别人；一是爱说话，我也有这个毛病。她一说什么，我也响应。虽然不是肆无忌惮，也有被老师关注的时候。有一次教政治课的班主任正在整顿课堂秩序，我们一说话便被他盯住了。当时我是班干部，课后这位老师只是随便提了一句，便让我感到下不了台。

　　堂上不能说话就在堂下聊，我们都爱读课外书，于是总有说不完的话题，放学同行，可以从校门口一直聊到她家门口。法捷耶夫的《青年近卫军》中译本出版，我特别想看，穷学生没有钱买。她买了一本，看完借我。我很快读完，深深为青年近卫军的英雄行为所感动，奥列格、柳芭成为心中的榜样。30年后，我认识译者叶水夫同志时，还跟他说起这件事。同桌家好像还订了上海的《新民晚报》，当年在厦门难得见到这张报纸，我也从她那里借过这张报纸看。

　　高二那年，到现在我也闹不清为什么不让我当团支书了，不知道是不是要讲成分了，让我改当班长，而她学习好就当学习委员。这样，我们下课后有时就要留下来商量工作，有了更多的接触机会。有一天课后我们正商量工作时，担任校团总支委员的一位女生找她，我知道组织准要要发展她入团，找她谈话。夕阳照在她脸上，我难得见她那么高兴。不记得我怎么招惹她了，她竟然把我的眼镜给摘走了，就是不还给我，那位原来一本正经的团总支委员也站在她一边起哄。君子动口不动手，我毫无办法，只好瞎着眼睛摸回家，幸亏当时眼镜的度数没有现在那么深，否则就回不了家了。

高中毕业，由于她年年考第一，年年是三好生，获得了毕业生唯一的金质奖章。后来，我们班考上北京高校的同学一路同行北上，路过上海还在同桌的家里落脚，受到她父母亲的热情款待。到了北京，各上各的大学，从此开始各自酸甜苦辣的人生。

上大学后老同学之间还断不了联系，但慢慢也少了。她毕业后留校工作，80年代初到美国当访问学者，为了两个孩子能到美国学习，她留在美国打拼。后来，为了找份好工作更好地供孩子学习，她以50多岁的高龄攻读博士学位，最终拿下博士学位，找到理想的工作，孩子也顺利毕业，虽然备尝艰辛，她给我来信说："有一种收获的感觉。"

1997年，有一位老同学逝世，我写信告诉她，她很感慨，说中学时代常常以政治上是否积极来看人，忽略了作为一个普通人的品质，看不到老同学身上的好品质。她祝愿这位老同学来世过得比今世好，活得不那么累。她深情地希望如果真有灵魂和来世，我们这群老同学又会以新的面目在来世相识，仍然互为朋友。相隔半个世纪，相距万里，我这位同桌依然惦念着自己的老同学、老朋友。

2005年，为了纪念毕业50年，我们在家乡相聚，我从北京回到厦门，我的同桌也从美国回来了，几十个老头老太婆相聚在一起，玩得十分开心，我忘了问她：你知道《同桌的你》这首歌吗？你是否还记得当年那个爱咬手指甲的你？

1955年高考记趣

现在的人提起高考谈虎色变，什么"黑色的七月"，什么"题海大战"，什么考场"戒备森严"，加上电视台、报纸跟着炒作，闹得老师、学生、家长人心惶惶。每当我看到考场外面挤满等考生的家长，常常感到阵阵心酸，真是可怜天下父母心。想当年，我们高考完全不是这番景象。20 世纪 50 年代，福建连年是全国高考红旗，学校对高考也抓得很紧，学生也不能说一点也不紧张，但对十七八岁的少男少女来说，更多的是对未来大学生活的向往，是走向新的人生的兴奋。经过时间的过滤，1955 年高考给我留下的记忆不是紧张、不安，而是一些有趣的、甜蜜的记忆。

考前：龙岩雨夜捉蟋蟀

现在的厦门人无法理解厦门学生为什么要到龙岩去参加高考。原因很简单，当年还没有鹰厦铁路，更多的飞机、高射炮运不过来，蒋介石常派飞机来厦门骚扰，飞机来了我们就停课钻防空洞，警报解除才又复课。高考是全国统一的，为了不受干扰，只好从沿海改到内地。

对我们这些从未离开过海边的厦门孩子来说，到远离厦门的龙岩去高考，感到十分新鲜、兴奋，全然没有紧张、不安的感觉。那天清晨在学校操场集合，迎着习习的凉风，我第一次离家上路，感到自己长大了。

当年从厦门到龙岩的路很不好走，山路曲里拐弯，崎岖不平，特别是急转弯时胃里非常难受。我有胃病，照顾坐前面，但还是要吐，常常是一车人有人一吐，大家也忍不住跟着吐。一到目的地，全都打蔫了。

我们分在龙岩师范参加高考，我现在的老朋友、老同学童庆炳就是龙岩师范毕业的，想不到当年我们还曾经一起在龙岩参加高考，真是有缘。住下来后，大家对新的环境感到很新鲜，校内校外四处游逛。考前的那个晚上，随行的张有樑和严荼老师最怕大家考前睡不好觉，挨屋检查，要大家早点睡觉。记得那天晚上下起雨，大家很难入眠。我们宿舍后头有一面土坡，这时听得见有蟋蟀的叫声，有同学说说雨天蟋蟀要出洞的，于是大家就偷偷溜出宿舍，打着雨伞，提着茶缸，去捉蟋蟀。这时，老师来查铺，我们挨了批评。蟋蟀没抓到，反而挨了批评，但我们一点也不懊丧，反而觉得很有趣，在淅淅沥沥的雨声中我们慢慢睡去，满怀信心迎接明天的考试。

考完，老师带大家去逛龙岩的一个果园，不少人满载而归。

考后：万石岩水库的桨声

从龙岩高考回来，大家就放松下来，整天无所事事，只等发榜。说实话，当年多数同学并不担心考不上大学，只关心考上什么样的大学。可是班主任从"一颗红心，两种准备"的方针出发，还是不让大家闲着，要大家分组讨论考不上大学怎么办。

不讨论不好交差，大家就决定选个好地方，边谈边玩。我们小组选的是烈士纪念碑后面的万石岩水库。当年水库刚建成，四周十分荒凉，晚上也是黑咕隆咚的，比不上今天四周郁郁葱葱的植物园水库。那晚，我们就在水库坝上展开讨论。有的同学说考不上大学就去修鹰厦铁路，有的同学开玩笑说考不上就跳水库，七嘴八舌，十分热闹。这时，月亮慢慢升上来了，水库深处亮出一只小船，有位眼尖的同学提醒大家："看，那边有只小船！"这下子可好了，大家顾不得讨论什么"一颗红心，两种准备"了，又喊又叫奔小船而去。近处一看，才发现这是一只水库守夜人用的小破船，连桨也没有，但大家还是满心欢喜地上了小船。一片欢笑声中，船终于离岸了，天呐，我们用什么东西划船呢？有破木板，有破脸盆，有竹竿，有木棍。大家边划边嚷嚷，肆无忌惮，快乐异常。很快，响成一片的喊声和桨声打破了深夜水库的寂静，吵醒了水库的守夜人。

在守夜人的斥责声中，我们一个个像俘虏兵一样上了岸，告别了无辜的小船。面对斥责，有的同学还嘴硬，亏得有涵养的班干部出来说了几句服软的好话，守夜人这才饶了我们。戏的结尾有点扫兴，但大家还是玩得很开心，临走，大家约定不要把这事说出去，但我相信大家都不会忘记中学时代最后这个难忘的夜晚。后来，每当我读到朱自清的散文《桨声灯影里的秦淮河》时，也总会想起我们的闹腾的万石岩水库的桨声。

铁狮子坟：风雨声中的大学春秋

初来铁狮子坟

当年北京的各个高校都正在建设中，校园里大兴土木，1955 年我来到新街口外铁狮子坟的北京师范大学，感觉来到一片工地。学校从和平门的老师大刚刚搬过来，只建成数学、物理两座教学楼和西斋、中斋有数的几座学生宿舍，以及几个饭厅，多数教学楼和学生宿舍楼都正在建设中。一踏进校门满地都是土坑、砖瓦、水泥和木板，赶上下雨更是满地泥泞，最有意思的是拿来垫道的竟是棺材板，师大这块地方叫铁狮子坟，往南叫小西天，往北叫太平庄，这一带原来是一片坟地。怪不得直到今天，每到黄昏，就有一群乌鸦在树上乱叫，怪瘆人的。

刚到师大那些年，我们是居无定所，先是在西斋学生宿舍住下，很快又搬到北边平房区，只有公共的盥洗棚子和公共厕所，冬天没有暖气，每个宿舍的学生自己生火炉取暖。到了后来，我们又搬回西斋，在西斋南楼、北楼、西楼转来转去，度过四年大学生活。

来到学校就到中文系办公室报到，中文系也没有自己的办公楼，办公室在东斋东楼的二层楼上，一进楼道，挺安静，好像没有人住，突然间一声喊叫："你老实交代！"把我吓了一跳，后来听说，教研室正在批判胡风分子，不知道哪个老师正倒霉着，1955年正在反胡风，我们一进校还没有上课，也没有见到老师，就碰上了斗争会。教研室传出的这声吆喝使我想起在中学毕业前夕，我们中学的团总支书记就问起我，说语文老师有没有让你看新一期《文艺报》，我说没有，多少年后我才知道，那期《文艺报》附有胡风的《万言书》，想起那时语文老师已经被秘密盯上，真有点后怕。中学六年，从镇压反革命、抗美援朝、三反五反，到宣传总路线，是一个运动连着一个运动，风声、雨声压过了读书声，到大学原来想好好读书，没承想迎头又是批判会。

初到中文系，最突出的感觉是孤单，没有人可以说话，特别你是从外地来的，普通话又不标准，南蛮缺舌，让人不待见。幸亏新生中有个厦门四中的，叫廖振源的，虽然他分在一班，我分在四班，我们俩就成了好朋友，整天可以说寸步不离。我先来住在一间屋子，他来晚了，住不下，让他到另外一个屋子，他偏不干，非得同我住在一起，宁可一个人睡在大桌子上，他也很自在。开学后赶上国庆，我们又一起到天安门参加广场国庆晚会，为了怕走失，我们俩一直手拉着手。没想到广场很挤，人没挤丢，他老兄倒是把新发的校徽给挤丢了，把他急得都哭了。四年大学，我们一直都是好朋友，毕业后他留在古典文学教研室，我留在文艺理论教研室，直到60年代三年困难时期，他在菲律宾的养父要他去继承家业，他才依依不舍地离开我们。几十年过去，我们俩都成了耄耋老人了，每当他从菲律宾回来探亲，我总想起初到师大的这些校园细节。

朱老总的女儿当我的主考官

入学头一学期的考试，大家都很紧张，希望能有一个好成绩。当时的考试分专业课和公共课两种，考试方式也分笔试和口试两种。那学期笔试是"文学概论"，口试是"教育学"。

"文学概论"是中文系主课，主讲的是黄药眠先生的大弟子，讲得并不生动，大家还是很重视，考试更是认真对待。考下来结果我的成绩不是期望的优，而是良，我十分懊丧。有趣的是，后来我竟然一生从事文学理论的教学和科研，看来成绩不能决定一切。

比起笔试，口试还是有趣和新鲜得多。当时四门公共政治课（中共党史、哲学、联共党史、政治经济学），师范生还得学教育学、心理学。这些课程我们也很重视，第一学期公共课考的是教育学，而且还是口试。口试是学的苏联，完全苏联那一套。面对口试，我们感到既紧张又兴奋。

口试的时候，一排桌子摆开，上面铺了白布，老师端坐其中，庄重、肃穆。那天主考官是朱老总的女儿朱敏老师，她刚从苏联留学归来，学的是教育学，教的也是教育学。她让我从考签筒里抽出一道题，到一边准备。我一看是"谈谈苏联国民教育的特点"，题目不难，也就安下心了。当我把题目的要点准备好，就没有什么事了，于是就想着考完试寒假怎么过，整个思绪都跑到寒假去了。

叫我去应试时，我从容作答，条理清楚，论述充分，朱敏老师十分满意。她还以为我在教育学方面下了多大工夫，就问我："除了教科书，你课外还读了什么教育学的书？"当时的学生主要精力都放在专业课上，公共课一般能对付就行，我如实回答："没有看过。"这让她很失望，尽管如此，朱老师还是给了我五分，鼓励我学好教育学课程，将来做一个优秀的人民教师。

后来，我留校教书，同朱敏老师没什么联系。不久，听说她从教育系转到俄语系。恰好，我爱人也是俄语系的，不时从她那里了解到朱老师的情况，像朱老总一样，她给人留下的印象是正直、纯朴、厚道，一点也没有高干子弟的架子。"文化大革命"期间，外交部编了一本红书《无产阶级文化大革命胜利万岁》，汇集各种文件和讲话，材料非常齐全，我有个搜集材料的癖好，听说朱敏老师的爱人在外交部，就让我爱人托老师去要一本，本来说了也就完，不指望能成。没想到有一天晚上，朱敏老师和他爱人刘真竟到我家来了，亲自把那本书送给我。那本书和老师的情意，我至今珍存。

中文系的老师是一流的

我们上学的时候，北师大的校园正在兴建，就是建成后的北师大校园，在北京，更不用说在全国，也不是一流的，但是北师大的老师是一流的，中文系的老师更是一流的，是有大师的系。当时整个师大有四个一级教授，中文系就有两位：钟敬文先生和黄药眠先生，另外两位是陈垣校长和数学系主任傅仲荪。这点让我们这些来自全国各地的学子非常自豪。四年大学，他们不是个个都亲自给我们上课，但他们的学问和为人都给我们留下深刻的印象，是我们终生的一笔宝贵的财富。

古典文学教研室的力量最为强大。谭丕模先生和李长之先生给我们讲文学史，谭先生人称红色教授，当年教授中的党员很少，他新中国成立前就是地下党员，他治文学史，也治思想史，他诚恳、宽厚，俨然是个忠厚长者，受到师生的敬重。李长之先生不修边幅，用绳子胡乱捆住长衫就来上课，时不时还用长袖擦一下鼻涕。但这位先生才华横溢，除了讲课滔滔不绝，还常在报纸上，在《文艺报》上发表长篇论文。虽是教古典文学的，但文艺理论功底深厚，很受德国古典学派的影响，写文章和讲课逻辑性很强。刘盼遂先生和王汝弼先生是讲作品选的。刘先生河南口音很重，上课很难听懂，只记得他讲《庖丁解牛》很精彩。他是清华国学院毕业的，专门研究《论衡》，学问很深，我们看到罗根泽这些专家的专著的前言或后记提到他，向他表示感谢，非常惊讶。据说，邓拓来师大考察，说刘先生讲课学生听不懂，可以让他专搞研究。王先生讲课很带感情，讲《孤儿行》，自己都哭了。教授们不必说，当时在古典组的副教授和讲师，个个也都很

厉害，其中有后来成就了大名的启功先生，有写三卷《中国散文史》
的郭预衡先生。当时我们印象最深的还是青年讲师徐世年先生，他讲
的宋词"今宵酒醒何处，杨柳岸晓风残月"，把自己的感情完全融进
去了，加上他的发型和做派，迷倒了女生一片。组内的助教也十分了
得，邓魁英先生讲的唐诗，"烟笼寒水月笼沙"，让我们进入一种朦
胧、淡雅、冷寂的境界之中。在强大的教授、副教授队伍中，助教自
然一时很难出头，后来成为楚辞专家的聂石樵先生当年一句"助教不
如狗"，差点没把他打成"右派"。

　　传统的看法，中文系主要看"两古"，古代文学和古代汉语。师
大古汉语的力量也很强，有陆宗达、肖璋、俞敏三位教授。陆先生是
黄侃亲传弟子，专治《说文解字》，讲课一口京腔，讲的内容明白透
彻，待学生十分真诚，寒假带学生到外地调查普通话，他可以把自己
当年如何入党、如何脱党的经历完全告诉你，一点也没有教授架子。
肖璋先生是北京四大名医肖龙友之后，为人板正，讲课口吃。他当年
担任系主任职务，是中文系争取入党的红旗学习小组的成员。俞敏先
生是个怪才，课讲得好，围棋也下得好，他在课堂上讲音变，像公共
汽车报站不说"中南海到了"而说"中南南海到了"，给我印象极深。
搞文学的人对作品有特殊的敏感，搞语言的人对语言也有特殊的敏
感，各种语言学得极快，这方面俞先生特别突出。90年代中期，我在
系里工作，专门去拜访他，他从我的发音判断我是闽南人，马上用闽
南话同我交谈。他说抗战胜利后被派到台湾推广普通话，当时就学会
了闽南话，他还拿出学闽南话的笔记给我看，上面是密密麻麻的注
音。同是到台湾，俞师母的闽南话只能讲几个单词，俞先生却能同我
流利交谈，我不能不佩服他是语言天才。

　　除了"两古"，其他教研室当年也是群星灿烂，可惜当年不少老
师还来不及给我们上课就被打成"右派"。外国文学教研室的穆木天
教授和彭慧教授夫妇，只闻其名。至于钟敬文和黄药眠这两位大
师，直接接触也很少，记得高年级的同学说，钟先生讲课很严谨，讲
课都有讲稿，连"同学们"三个字都要写在讲稿上。黄先生倒是给我

们开过讲座，好像是讲美学。他穿着一身西服，旁边有助教给他拎着包，非常神气。同这两位先生更多的接触，那是后来的事。

同一宿舍的兄弟

　　按当时的标准，一个宿舍四张上下床，住八个同学。四年间尽管老搬家，宿舍也常调整，我们有几个同学一直是同一宿舍的。同宿舍的同学朝夕相处，无话不说，亲如兄弟。谁有什么心事很难瞒得了大家，谁有什么难处大家也互相帮助。当然，相互之间也免不了矛盾冲突，但从不记仇。这是我们一生中难得的一段经历，我至今常常怀念同一宿舍的兄弟。

大学老同学

老大是来自江苏的复员军人，岁数比我们这些中学生大一大截。他特别爱学习，善于独立思考，好争论，说不好听是爱钻牛角尖。每次课堂讨论他几乎都是第一个举手要求发言，常常又把课堂的争论带到宿舍。他特别喜欢古汉语、古典文学，笔记记得特别详细，师大百年校庆时还交给校庆办送展。他的好独立思考用在学习上正是地方，但用在政治思想问题上就倒了霉。1957年"鸣放"时，他创办了"小论坛"，为教育事业鸣不平，结果受到团内的处分。毕业后到老家南京教书，回母校很喜欢找陆宗达、启功这些老师请教问题，他不教古汉语、古典文学，真是可惜了。这些年他热心于校友工作，为我们班办了个"中文系五五级四班通讯"，办了几十期，常在上面发表他的读书心得和诗词。

老二是来自山东农村的憨厚的小伙子，农村生活艰苦，一来学校见到白馒头，他一顿能吃八九个，把我们吓了一跳。听说入校前他曾发表过小说，入学后对正课不感兴趣，一门心思写小说，到处投稿，想当作家，结果什么小说也没有发表，还不如入学前神气。毕业后回了老家，在农村教中学，听说现在已是行动非常艰难的老人。

　　老三来自广西梧州，个子不高，戴了一副眼镜。拿今天的话说，他是个贫困生，所盖的被子的棉絮烂得都团不起来，所穿的鞋子也漏了脚趾头，但他一心想搞学问，写论文。每天醒来，说一声"向科学进军啰！"就奔教室去了。他整天写啊写啊，总不见什么论文发表，但依然很执着。人家要是说他，他就跟人急，一急就口吃，无法同人争论。毕业后他分配到武汉市一所重点中学，后来又转到家乡梧州师专。"文化大革命"后曾回母校进修，他找的古典文学的老师，谈的依然是写论文的事。回去后不久，传来消息说他得了肝癌去世。

　　除了上面哥几个，其他几位也都是来自中学的，比较单纯的中学生，他们虽然单纯，但命运也不那么顺遂。

　　一位是来自南京的中学生，他一心一意想上北大中文系，上师范很不情愿，学习没有兴趣，提出退学又不被批准。他就说身体不好，坚决要退学。有一次自称晕倒在澡堂，但不知道怎么被发现是装病。这下可不得了，团支部发动团员通过会议，通过墙报，对他进行批评、教育。这位从此就一蹶不振，凑合读到毕业，被分配到沈阳一个大工厂教职工夜校，他当然很不乐意，也只好服从。"文化大革命"后他回了老家。

　　比他命运更惨的是来自四川成都的一位。他是我们班最小的同学，人称小弟。这位同学聪明绝顶，门门功课全优，外语也很好，课外活动多才多艺，唱歌、画画全行，到过北京暑假中学生夏令营去当辅导员，可是他在"反右"之后出了问题，不是政治问题，是生活问题。可能出于青春期的躁动，他在夜里男扮女装钻到女生宿舍的厕所，虽然没出什么问题，但被抓住，按流氓罪处理，当年还开来警车把他送去劳改。可能赶上"严打"，处理得特别重。从此，同学以

"小流氓"称呼他。四五年后，有一天我正给学生上课，他来学校找我，我见他像个老农，黑瘦黑瘦的，只有两只眼睛还有点精神。他说被从茶淀劳改农场释放，还想来学校恢复学习。没承想到教务处一问，当年早已被开除学籍，开除团籍。他很无奈，只好回成都原籍。1980年我到成都金牛宾馆开会，他来看我，骑一辆自行车，只是一个架子，没有更多的物件，说是住在乡下，天天跑城里打工。他很想找份工作，因为有了前科，人家都不要。后来成都社科院、成都晚报等单位招工，他去应试，成绩很好，还是因为有"前科"，人家不敢要。最后，他去街道印刷厂找了份工作，人家要大学学习证明，我帮他找了北师大校长，再找学校人事处，终于答应给开个大学肄业证书。等到要贴照片时又出了问题，他寄来的是四五十岁的照片，人家说大学生怎么这么老，呜呼！我实在说不出话来。这位同学后来还在街道印刷厂当上副厂长，毕业四十年老同学聚会，大家很诚恳地请他，他死活不愿回来，我也只有理解了。

那天晚上，我总算开了窍

上大学固然是为学知识，更重要的是培养能力，这个道理上学后我是慢慢悟到的，我把它称之为开窍，不开窍学了四年还是懵懵懂懂，开了窍就立马走上正道，一通百通。

刚上大学时，还像上中学一样，上课记笔记，下课记笔记，考试背笔记，离开老师好像什么都不会干，对考试分数也看得很重，如果不是五分而是得了个四分，就觉得很丢人，好像天都快塌了。看到一些同学独立学习能力很强，很能发表自己的独立见解，非常羡慕，但自己就是不行。特别是课堂讨论的时候，不少同学争着发言，个个都有一套，自己总是说不上话，只能坐一边听着。大学四年，课堂讨论我一次也没发过言，说来是很丢人的。

我学习方面的开窍要感谢一位叫陈仲瑶的老师，中文系老师群星灿烂，一般是不会提到他的。几十年后人们都把他淡忘了，我还记住他的名字。一年级时候有一门课叫"现代文选与习作"，讲的是一些现当代文学篇目，课下还要写作文，有点像现在的"大学语文"，整体水平比"大学语文"课要高一些。这门课的教研室也叫"现代文选与习作"教研室。这个教研室不像古典文学组、古代汉语组那么显赫，不太受重视，成员是清一色的年轻女教师，讲的内容有《阿Q正传》，有《小二黑结婚》，也有外国名篇。然而这个教研室的主任却不一般，如果其他人都是小助教，清一色女青年教师，他却是个讲师，当时讲师就很了不起了。据说他还是个老干部，原来是东北局的，后来不知因为犯了什么错误，被放到高校当教师。

　　我认识陈仲瑶老师，是听了他一堂课。他在课堂上分析了苏联当代名作家安东诺夫的短篇小说《雨》。当年上午讲完课，晚上老师要坐到教室前面给学生辅导。学生先递了条子提问，老师按顺序叫学生前去答疑。当晚，我针对小说的情节结构提了个问题，对老师课堂的分析做了发挥和补充，陈老师听了很感兴趣，津津有味地同我讨论起来，鼓励我要敢于提出问题，发表自己的见解。几十年过去了，我也写了不少论文，出了几本专著，但我总觉得自己在做学问上的开窍是从那个晚上开始的。从那个晚上开始，我逐渐摸到学习的门径，养成了独立思考问题的习惯。有意思的是，你不以追求五分为目的，五分反而自然而然向你走来，我最后一学期的三门课全得了五分。

　　陈仲瑶老师后来离开了北师大，据说是到中央宗教事务管理局了，因为他爱人是师大总务处长，他还住在师大，我有时还能在校门口的车站看到他，我向他问好，他总是点头微笑，好像还记得我这个学生。

在王府井做一回哈姆雷特

新中国成立前北京的高校中流传着一则顺口溜："清华洋，北大老，师大穷。"新中国成立后基本上还是这个格局，上师大还是穷学生多，因为师范生管饭。虽然口袋里没有什么零花钱，日子还能凑合过。当时学生分三类，一类是叫调干生，大都来自部队或政府机关，带薪上学，是有薪阶级，日子很好过，能上书店买几本书，时不时还能上街看场电影，喝点小酒。第二类是女生，中国传统是男孩要穷着养，女孩子要富着养，女生不管家境如何，在学校大都穿得很体面，家里总要想法给她寄点零花钱。第三类是前面两类之外的男生，特别是来自贫困家庭的男生，他们混得最惨，穿着很寒酸，口袋里空空如也，什么地方也不敢去，只靠评上几块钱的助学金过日子，每当赶上班上评助学金，他们是最认真、最执着的。上大学期间我同许多人一样也是穷学生。记得任弼时同志有一次在公园见到一位穷学生时，曾经鼓励他，穷也没有关系，它会让你有志气，让你去努力。我们也只能以此来励志。

1957年夏天，"反右"斗争热火朝天。有一天，班上党支部干部拿了一张票，叫我到王府井首都剧场去参加文艺界批判吴祖光的大会，从中好好接受教育。会上文艺界人士一个个上台批判，义正词严，慷慨激昂，吴祖光无精打采，站在一旁。大家说些什么，我记不清了，只注意到吴祖光的爱人、著名评剧演员新凤霞低头坐在前排，气色显然不好，全然不像舞台上那样光彩照人。

批判会散场已是中午，我已饥肠辘辘，但我口袋里的钱只够干一件事，或者买一个面包充饥，或者买一张车票回学校，买了面包就得走回去，坐车回去就得饿肚子。哈姆雷特当年曾陷入两难境地：是生存，还是死亡。我这时也陷入同样的境地，二者必居其一。当时我不像哈姆雷特那样犹疑不决，很快就果断决定买票坐车，不买面包，王府井大街离师大实在太远了。做了选择后，我先到王府井书店连灌了几杯白开水，当年书店有白开水可以随便喝。随后，我就买车票坐公共汽车回校。

回到学校，食堂早已关门，只好饿着肚子去上自习，苦苦等待晚饭的到来。

班上有的党员有点"右"

在年级四个班中，我们班划的"右派"最少，只有两个，而且不是"本土"的，一个是从音乐系转来的，一个是从上个年级留下来的。班上有些同学在"鸣放"中也很"剧烈"，但最后并没有被划为"右派"，只在团内受到处分。造成这种局面，是因为班上有些主事的党员有点"右"，下不了狠心。"反右"是一场政治斗争，具体到划谁"右派"是有政治标准的，但从某种意义上讲，同主事的党员也不无关系。

那位从音乐系转来的同学是湖南人，长得黑黑的，在同学眼里并不显眼，只是爱跟人辩论，但根据他在音乐系的言行，系总支决定划他为"右派"。我们班的一位党员大姐负责同他谈话，通知他划为"右派"，并要在班上展开批判。后来这位同学同别的同学说，当时我们这位党员大姐同他谈话时，自己先哭了，对他表示同情，弄得他不知道说什么好。几十年后，一次老同学聚会，两个当事人都没有出席，当大家听某个同学讲述这件事时，都难以置信，但这确确实实是在那个时代发生过的事。我们这位"右派"同学后来在湖南一个县党校工作，还入了党。

我们班的另一个男生平时少言寡语，像是有什么心事，但从不对别人说，"鸣放"时他也没有什么言论。班上一位战争年代曾给首长当过勤务员的党员大哥，同他关系不错，都到了"反右"后期了，该划的划了，该处分的处分了。这位少言寡语的同学突然在洗漱间贴出一张大字报，记得其中有什么"生不逢时"一类的话，发泄对肃反的不满，措辞十分尖锐，一点也不亚于"右派言论"。事后知道，这位同学的父亲是南开大学外语系的教授，在肃反中自杀，他对此事一直耿耿于怀，"鸣放"时写了大字报，一直没有贴出来。班上那位党员得知后劝他交出来，贴在洗漱间，让大家批判，不给他划"右派"，算是"从宽处理"，救了他一命。毕业后他到了牡丹江教书，师大百年校庆他回来了，校庆在人民大会堂举行，我们班校友只分得两张票，我把其中一张分给他，他很感动，只是有的"左派"同学去不了，还挺不高兴的，说凭什么让他去，我无语。

当时我不是党员，党内关于划"右派"如何讨论无从得知，反正我们班"本土"同学一个也没有划，只是对一些"犯错误"的团员后期在团内做了检查，受到不同程度的处分。其中有两个复员军人被劝告退团，算是最重的处分，其余有严重警告的，更多的是警告，这些都要存入档案。受到这些处分的同学从此背上犯政治错误的包袱，影响了他们的毕业分配，影响了他们一生的命运。但他们并不忌恨班上几位"右倾"的党员，他们把人品看得比政治更高，回到北京总要去看望班上的党员大姐和大哥，把他们看作是自己的好同学。

"犯错误"的共青团员

班上被划为"右派"的只是个别人，但犯错误受处分的团员却不少，大约有八九个人之多。他们"犯错误"的原因是各种各样的，有的有政治观点问题，有的是思想问题，有的是看不惯个别党员的做派，还有的"因为爱情"。这么多人被卷入运动，被处分被伤害，可见这场"反右"斗争在高校学生中涉及的面是相当大的，对学生的冲击是相当大的。

有几个同学是来自部队的复员军人，他们由于家庭出身不好，在部队里或者在肃反中被审查，或者对领导不满，最后"被清洗"出部队来到高校，于是他们在运动中就有情绪要发泄，所谓"攻击肃反"，"攻击领导"。

有的同学是对班上有的党员的独断作风不满，他原来在班上好好的，还当班长，就是因为与个别党员意见相左，就被撤职。他不服，于是在运动中就要发泄，最后被扣上"攻击党的领导"的帽子。

更多的同学是独立思考惹的祸。有几个同学看的书多，什么问题都有自己的看法，这种人被认为思想太复杂。其中有的人不知道从哪儿了解到赫鲁晓夫在苏共 20 大做反斯大林秘密报告的内容，于是就联系中国的实际"胡思乱想"起来，在同学之间传播、议论，而且还向组织和领导大胆暴露思想。事后自己也知道这些想法很可怕，但已经是泼出去的水了，只有等待帮助、批判。

有的团员"犯错误"却是"因为爱情"。班上有个女生来自南方，长得瘦瘦高高的，腿特别长，会跳芭蕾舞，同学写诗夸她"乌兰诺娃一个样"。这位女生在"反右"之前爱上高两个年级的一个"白马王子"，爱得死去活来。不幸，那位白马王子"反右"中"犯了错误"，被划为"右派"。别的班也有个女生和她情况相似，人家立马划清界限，断绝关系。我们这位女同学有情有义，偏不那样做，他们不敢见面，通过书信方式保持秘密联系。当时宿舍楼前有书信架子，自己去放，自己去取。很快，他们的书信传情就被"左派"同学发现，那位已划为"右派"的白马王子被批判自不待言，我们这位芭蕾公主也难于幸免。她虽然是个不十分关心政治的人，但同"右派"分子藕断丝连，划不清界限，就是大罪状，于是班上召开全体团员大会，对她进行"帮助"，实际上就是批判。后来好像还背了团的处分。从此，这位芭蕾公主病病快快，一蹶不振，最后终于退了学，回到老家。"文化大革命"以后老同学聚会，再见到她，她说后来又考上华东师大中文系，在南京教中学，平日里相夫教子，全没有往日的浪漫情怀。我问她后来同那位白马王子还有联系吗，她说没有。倒是我偶然在一本五七届校友纪念册上见到那位白马王子的照片，他已是垂垂老矣。

战斗在劳动大学——十三陵水库

1958 年 5 月，学校组织我们分批参加建设十三陵水库的劳动，这是为了贯彻毛主席提出的教育要为无产阶级政治服务，教育要同劳动生产相结合的教育方针，也是为了支援首都的社会主义建设。听到要参加这项劳动，大家很兴奋，赶制垫肩，锻炼身体，积极做好准备工作。

到了十三陵，我们住在老乡家，老乡见到我们这些手不能提肩不能挑的文弱书生，就吓唬我们："清华大学那帮壮小伙子，每天干完活都是瘸着腿回来，你们这身子骨哪能行。"给我们来个下马威。

我们住的老乡家离工地还相当远，上工得步行五六里路。第二天六点多钟，冒着五月的晨风，我们唱着歌就出发了，个个意气风发，斗志昂扬。一到工地便看一片热火朝天的景象，几十万劳动大军人海车龙，机器声和劳动号子声响成一片，把整个大地都震了。

当年劳动是部队建制，全校是一个团，中文系是一个连，我们班同地理系一些女生编为一个排，被命名为卓娅舒拉排。男女搭配，干活不累，地理系有两个女生会唱越剧，劳动之余常为大家表演。

我们在工地干了 12 天，主要是取土上料台，挖土、抬筐，往大坝上运土。除了来自农村的同学，对于大多数人来说，这活是相当重的，我们肩膀压肿了，双手也起泡了，但大家还是干得很欢，忘记了疼痛和疲劳。劳动任务紧迫，我们三餐都在工地吃，除了吃米饭，也吃窝窝头。开始不习惯，后来也爱吃了，它很耐饿。记得当时还流传一首《窝窝头歌》："窝窝头呀窝窝头，过去见了你就发愁，医生说你营养大，我说这是瞎胡说。自从来到工地上，我同窝窝头交了朋友，吃在嘴里甜又香呀，三个五个吃不够。"这首歌有人趁同学们在工地就餐时演唱，大家一边吃，一边听，真是别有一种滋味。

一天下来，虽然累得腰酸腿疼，我们下了工，还是唱着"日落西山红霞飞，战士打靶把营归"回到老乡家。十天多的劳动，脸晒黑了，衣服破了，大家还是经受了严酷的劳动锻炼，感到无比自豪。

回到学校不久，中文系领导找了我，说是学校要利用在十三陵水库劳动拍的资料，制作一部纪录片，片名就叫《战争在劳动大学——十三陵水库》，要我同56级的刘锡庆负责写解说词。我们两个从没有干过这种工作，窝在北饭厅楼上的放映室，看着银幕上放的镜头，回来再编上解说词，再请播音员配音。这位播音员正是我们年级的同学，后来成为播音界的大腕的张颂，当年他叫张永昌。这是我第一次也是唯一一次参与电影制作，感到十分新鲜。这个片子后来在大操场放映，同学们看到自己参加劳动的影像，都很高兴，我看到自己的作品也很得意。

在石钢的炼焦炉旁

1958年对我们来说是不断劳动的一年，5月份到十三陵水库劳动，暑假到西玉河村劳动，9月新学年一开始学校又安排我们去劳动，一部分人到西便门去当搬运工，我们则是到石景山钢铁厂（后来叫首钢）的炼焦车间当工人。

到了炼焦炉，我们全副武装，头戴安全帽，穿着防火的工作服，手持长长的钢钎，主要任务是往炼焦炉装煤。等到炼好的时候，一大片一大片焦炭出炉了，像一堵墙似的，红彤彤的，非常灼人，也非常壮观。

在工厂我们没有宿舍住，住的好像是原来办公的地方，地上铺点草就住下了，屋外面有条运煤运焦的厂内小铁道，车过的时候声音很大，因为白天干活累了，我们也睡得很死，吃饭就在工人食堂，大家的胃口比学校好多了，都挺能吃的。

干了几天，有一天车间主任把我叫去，说你不要干活了，到办公室帮我干点事。原来年终快到了，厂里要车间交年度总结，他让我代劳。开始我推辞，说不熟悉情况，干不了。他说没关系，我说说情况，你总结总结，归纳出几条就行。车间主任是工人出身，直爽、热情，我就不好拒绝了。我在车间办公室憋了一天，凑合交卷，他倒是非常满意。

在钢厂劳动期间，有一天从广播里传来噩耗，我们的古典文学老师谭丕模教授，随我国文化代表团赴阿富汗和阿拉伯联合共和国访问，在北京飞往莫斯科途中飞机失事，不幸遇难。谭丕模先生人称红色教授，为人纯朴、厚道，深得学生喜爱，听到他遇难的消息，我们都非常悲痛。

在钢厂，我们不仅要参加劳动锻炼，还安排一项走访工人、写工人家史和厂史的任务。我们根据车间提供的线索，利用工余时间到工人师傅家里去采访，接受工人阶级的教育。我去的是钢厂老工人常守义家里，他给我讲了抗日战争期间工厂工人的艰苦生活和他们同日本鬼子做斗争的事迹。他是事件的亲历者，也当过干部，讲起来十分具体、生动，很带感情，充满对日本鬼子的仇恨和工人阶级的自豪感。回校后，我把他讲的内容加以整理，写成一篇题为《罢工三日》的工厂史文章，先是在年级办的油印刊物上登出来，后来同学反映内容不错，鼓励我投给《北京日报》。不久，报纸的副刊果然给刊登出来了。虽然篇幅不大，只有两千多字，但也算是我平生第一次见报，第一次发表变成铅字的文章，它连同我和钢铁工人结下的友情，我都很珍惜。现在每逢看到、听到首钢的消息，总有一种别样的感情。

附：工厂史《罢工三日》（《北京日报》1959 年 2 月 5 日）

程正民　整理

事情发生在抗日战争时期的石景山钢铁厂。

临近春节的时候，传来一个消息："今年面不给了。"这个无理的决定，激起了工人们的愤怒。

真没办法吗？焦炉夜班青年工人常守义心里这么问自己。常守义从小就在工厂做勤杂工，什么活都干过，什么苦也受过，这次他再也忍受不下去了。他找到焦炉工人李凤、苑德兴一块商议，决定联络工人一起跟鬼子干："不给面就不干活！"他们考虑到焦炉工人拼体力的多，得联系洗煤工人，尤其是看机器的老工人，要是机器停了，鬼子只有干瞪眼。当晚他们就到焦炉和洗煤两车间联系好人，决定明早就找鬼子要面。

第二天早上七点，下夜班的工人都待着不走。把头摸不着头脑，冲着大伙嚷："喂，怎么还不走？"可是谁也不搭理。八点，正是鬼子上班的时候，二百多工人排成队，来到了鬼子住的小白房。大伙公推常守义去见鬼子。他一进门就冲着鬼子兴谷叫：

"米稀（吃）的有？"

"通通没有！"

"一定没有？"

"一定没有！"

这下可把常守义气炸了。他气愤愤地冲出门，鬼子也连忙跟着出来。

"吃的没有，怎么办？"常守义问大伙。

"不给干！"二百多人的喊声像一声雷鸣吓跑了大烟囱上的乌鸦，也吓跑了鬼子兴谷。

常守义随后又嘱咐大家："不干是大伙说定的，晚上谁也不能来！"

"谁也不来！"大伙坚定地回答。

晚上七点钟，果真没有一个工人来上工，这可急坏了日本鬼子。把头为了讨好主人，雇来了一些临时工，可是谁也不会开机器。鬼子在洗煤车间忙得团团转：上面刚修好下面又坏了，下面刚修好上面又坏了。没有煤，炉子装不成，出不了炭。鬼子急得满头大汗，瞎忙到十二点总共才装了两炉。

鬼子毫无办法，使出了最毒的一招，带了警备队和翻译，连夜摸到了北辛安工人住宅区。

鬼子先到了工人李凤家，砸开了门闯进去嚷道：

"为什么不干活？"

"米稀的没有！干活的没有！"李凤理直气壮地回答，说着就揭开锅盖，里面煮的是干菜，他愤愤地反问了鬼子一句：

"这怎么能干活？"

鬼子无可奈何地打了他一拳，又来到老工人李志刚家。一进门，鬼子也是问他为什么不干活。他不慌不忙地回答道："我年岁大了，没吃的就没力气。"

"谁的说话，你没上班。"鬼子想找出带头人。

"是我自个儿不上班的！"李志刚很干脆地答道。

鬼子跑了一夜没问出什么名堂，又蹓回去了。

鬼子在厂里厂外瞎忙了一夜，常守义也和他的伙伴在家里嘀咕了一夜，商量鬼子找来时怎么对付。

第二天清早，八点钟左右鬼子又到工人住宅区，找到年轻司机苑德兴家，把他拉到天兴馆吃饭。

鬼子叫了白酒、肉丝面。酒先来了，鬼子硬要他喝，苑德兴怕喝醉坏了事，就推不会喝。又来了四碗肉丝面，苑德兴刚吃了两口，鬼子就一把拉住他的领子。

"苑，你为什么不干活？"

"病了。"

"谁的说话不干活？是常（指常守义）说的有？"

"姓常的说干活的有。"

鬼子气坏了，一拳头正要打过去，苑德兴身子一闪，就赶紧跑了。

鬼子折腾了一天一夜，使尽了破坏手段，第二天工人照样没上班。

大伙找到常守义打听消息，常守义说："没信儿。离春节近了大伙想办法，干点什么先维持吧。"于是工人们就到各村卖盐卤，一方面解决生活问题，同时也便于联络，互通消息。第三天下午，鬼子进了常守义家，进来后劈头就问：

"你的为什么不干活？"

"病了。米稀的有干活的有；米稀的没有干活的没有！"常守义斩钉截铁地回答道。

"太君说米稀的给。"翻译说。

"什么时候给？"

"太君说明天通通给。"

鬼子走了以后，常守义就通知大伙："鬼子让步了，明天先上班，不给再想办法。"

第四天，二百多人都上班了。翻译见了常守义就阴险地说起风凉话："露了！"常守义毫不客气地回敬道："今天下雨就漏（露），今天不下雨就不漏（露）！"十二点，鬼子叫常守义，一见面就很客气地称他"先生"，说："白薯大大的有！"他想："那玩意儿可不行，吃了不经饿。"于是又提出了要钱的要求，否则不能答应。鬼子说："今天下班通通给。"

下了班，大伙到车上扛白薯，把头要大家排队，一人扛一包。常守义想"一人扛一包，那些残破的分量不够怎么办？"他当场揭发了把头的鬼计，问大伙：

"破的你们要不要？"

"不要！""不要！"大伙一起叫了起来。

把头没办法，只好让大伙挑着拿。

经过三天的艰苦斗争，每人分到了二十五斤白薯，和十六块到二十块不值钱的伪币。工人们就这样过了春节。

"资产阶级专家究竟有什么货色?"

在"大跃进"的浪潮中，学校的教育革命很快从下乡、下厂、办工厂转入学术教学领域。当时提出要破除迷信，解放思想，批判资产阶级学术思想，在学术教育领域拔白旗，树红旗。拔白旗就是清除资产阶级的学术思想，树红旗就是树立无产阶级的学术思想，在这股浪潮中，师大首先对"心理学教学中的资产阶级方向"进行批判，心理学专业很快作为"白旗"被取消了。

按照毛主席破除迷信、解放思想、敢想、敢说、敢做、敢于创新的号召，按照学校党委破除对教授、专家、书本、文献迷信的要求，我们中文系学生也展开对教授、专家的批判，提出了资产阶级专家究竟有什么货色的问题，对系里的教授逐个揭露他们的"资产阶级学术观点"。我们年级这方面相当积极，最后有的班还写成文章，署名"北京师范大学中文系三年级一班红旗学习小组"，题为《资产阶级专家究竟有什么货色?》，发表在当年的文学界的权威刊物《文学研究》1958年第3期上，声称："资产阶级专家的纸老虎，已经被事实彻底戳穿了! 迷信'专家'的人们，应该是清醒的时候了!"产生了很大的影响。

随着批判的深入，系里又提出要深入批判钟敬文先生的学术思想。我们年级四个班，其他三个班集中搞《中国民间文学史》，于是把这个任务交给了三班。他们班干劲也很足，在很短时间写出了《钟敬文文艺思想批判》一书，交由人民文学出版社1958年11月出版。书中列了五个标题："所谓'进步学者'原来是个老牌右派"；"剥开'民间文学专家'的外衣，看洋奴钟敬文研究民俗学的政治目的"；

"批判钟敬文在民间文学研究中所散布的民俗学观点";"批判钟敬文对党的文艺方针政策的攻击";"批判钟敬文的治学态度和治学方法"。全书今天看来简单、粗暴,难有科学性、理论性可言,然而当时还受到称赞,人民文学出版社编辑部为这本书所写的"出版说明"称:"这部批判集,是北京师范大学中文系一群青年学生集体写作的。在党的教育之下,马克思主义的战无不胜的威力,由这些新生力量的成长,又一次得到了雄辩的证明。"当年年轻的作者和年长的编者再看看这本书,只能有一种历史的苦涩。

当年的大批判很快带来不良的影响,年轻的"红学生"自以为了不起了,失去了向专家学习的机会,年老的"白专家"无心于教学和科研。记得当年有位从戏剧学院调来的古典文学教授,他的课不如李长之这些老师受欢迎,大批判后同学们更不好好听他的课,上课时大家不知道是有意的还是无意的,集体翻讲义的响声特别大,老师特别不高兴,过几天贴出大字报,大意是本人不才,辞去教席。这下子可就惊动了系领导,要学生向他道歉。过几天,上课的时候,班长站起来说,梁先生我们不是故意的,向您表示道歉,请您原谅。这场风波总算平息了下去,可是同学们心中的傲气却是很难平息的,在那个时代,受"左"的思想鼓动,总有一股"初生牛犊不怕虎","敢把皇帝拉下马"的劲头。

红色的《中国民间文学史》

现在已经想不起来当年为什么要编写《中国民间文学史》,大致同以下几个方面原因有关:一是在"大跃进"和教育革命中,不能只破不立,青年学生要敢想、敢说、敢干,"红学生"要战胜"白专家",要敢于向资产阶级专家权威挑战;二是北大中文系 55 级已经在编《中国文学史》,我们总不能重复人家,恰好北师大有研究民间文学的传统，于是就干起来了。

当年《中国民间文学史》是在很短的时间完成，靠的是集体的力量，年级四个班，一个班写批钟敬文的书，其余三个班就编《中国民间文学史》。具体做法当时叫大兵团作战，一个班负责一个时段，每个时期再按体裁分工进行。我们班负责的是明清部分，具体再分民间故事传说、民间诗歌、民间戏曲、民间笑话等，每一种体裁由一个小组或几个人去完成。客观地说，当时还是很重视掌握第一手资料，从图书馆搬来许多古籍，认真翻阅、收集、整理，还真发现不少以往很少提到的民间文学作品，比如明代沿海反倭寇的传说和明代反映爱情的民间诗歌。整个编写工作主要由学生进行，老师只是在一边提供咨询，有什么问题请他们解答，民间文学专业的几位研究生只是参加讨论而已，并不参与编写。

《中国民间文学史》的编写并不只是资料的堆积和分析，其中必然涉及整个文学史编写的指导思想，比如提出要树民间文学、劳动人民的文学为文学史的正宗，比如要建立以反映人民生活为主体的民间文学体系，打破以反映小市民生活为主体的民俗学体系，并借此与郑振铎的《中国俗文学史》划清界限。这些观点不乏年轻人敢想、敢说、敢干的勇气，但也存在很大的片面性。《中国民间文学史》出版后，中国作家协会组织了专家学者进行讨论，他们对学生们的首创精神大加赞赏，同时也对一些片面、偏激的观点小心地提出意见，唯恐被扣上反对新生事物的帽子。倒是当年文艺界的领导人还敢提出意见。据编写组负责人廖振源说，当年周扬同志曾经召见过他和中文系党总支书记，指出此书观点有偏激之处，宜作修改。

《中国民间文学史》出版后，同北大 55 级的《中国文学史》一样，很是神气了一阵子，我们 55 级的带头人周纪彬同北大 55 级的带头人费振刚同时被推为代表，参加全国青年社会主义建设积极分子大会，编写组的主要人物也到人民教育出版社等单位去做报告。

针对《中国民间文学史》存在的问题，我们留校工作后，系里组织部分留校同学对全书做了一次认真修改，并请郭预衡教授做指导，请钟敬文教授、李长之教授负责资料校勘。这一稿虽然基本观点没有多大变化,但观点要比第一版妥帖些,材料也避免了一些错误。可是由于形势的变化,人民文学出版社只是在内部出版。如果说正式出版的是两卷黄皮书,第二版就是两卷白皮书,篇幅倒是比第一版大多了。

过了几十年,难得还有人想起这部《中国民间文学史》。2005年,在钟敬文先生高足董晓萍教授指导下,文学院民俗专业的博士生黎敏准备以新中国成立后民俗学研究为题写博士论文,中间自然绕不过这部《中国民间文学史》,于是找我们这些当年的参与者进行调研,提出不少问题,我推荐他找现在菲律宾的当年负责之一的廖振源,我这位同乡和同学热情回答了她的问题。事情至此还没有完,另一个在中国矿业大学工作的同学李启华在看到廖振源给黎敏的回复后有所感,跳出当年的历史,给廖写下了一段文字,我把它抄录于后,供参考:

> 文中你给北师大研究生有关《中国民间文学史》编写的回信,我认为还应该历史地辩证地告诉学生当年编写时的政治背景。
>
> 如果孤立地从积极意义上说,让在校学生参加编书活动,确实对学生的知识、能力的提高会有益处;在今天的高校中仍坚持让学生参加老师指导的科研活动。但是,那本书是1958年"教育革命"的产物。1957年"反右运动"打倒了一批名师鸿儒,我们有多少好老师被赶下讲台,而以"批判资产阶级思想权威""解放思想""学术阵地插红旗、拔白旗"的极左思想为指导,把我们这些"先天不足、后天失调"(师大中文系某一领导语)的学生推上讲台,推上编书之位。我们虽然"初生牛犊不怕虎",天南海北做了大量的资料收集工作,但成书的系统性、理论性、科学性、权威性却难以恭维。如果当时我们能在大师们的直接指导下参与编写工作,那我们师生的努力,真的会被载入文学史册!那些四五十岁就断送了学术生命的学者、恩师们早已作古,

使我们过早地失去了恩师哺育的机会和环境，使我们学问的承继、人格的养成与大师脱节，只能望先师项背；大都庸碌一生，少有成大师者。每每回忆，总苦涩不已！这种历史的苦涩感应当告诉今日的学子。

难忘《西藏人民最强音》

1959 年 3 月，西藏地方政府和上层反动集团阴谋同帝国主义者和外国干涉者勾结，为实现所谓"西藏独立"，在拉萨发动武装叛乱，对人民解放军驻拉萨部队发动全面进攻，解放军进行反击，迅速平息叛乱，之后西藏开始进行民主改革。这场斗争在国内外引起很大的反响，帝国主义和反动派肆意加以攻击，为此需要在舆论上进行反击。没想到，这项政治任务也落到我们身上。

劳动节的前夕，年级党支部书记周纪彬找到我，希望能找几个写文章的快手，利用你们以往对各族民歌的搜集和研究的有利条件，在一两天之内赶写一篇配合反击帝国主义和反动派攻击西藏平叛和西藏民主改革的文章，到学校有关大会上去宣读。

领下任务后，我找了班上的曾伟强、刘延年、朱金顺，四人一起商议，决定分几部分，四人分头去写。文章利用西藏民歌揭露西藏农奴制的黑暗、残酷、反动，表达西藏人民热爱新生活、热爱毛主席的深情，以及西藏人民热爱祖国、维护祖国统一的愿望。记得还引用了一句西藏俗语"尽管狗狂吠，难挡行路人"，来反击帝国主义和反动派。我们四个人平常是好朋友，彼此相互了解，也有过合作，讨论起来很容易沟通，写起来也比较好协调。说干就干，我们用了一两天就把这篇题为《西藏人民最强音》的文章写好，在"五一"前一个晚上又干了一个通宵，"五一"那天就交了差。

我们把文章交给年级党支部书记，他又转给系领导，结果都很满意，书记说你们辛苦了，上午好好睡一觉，下午有张到北海公园的"五一"游园票，凭这张票可以到中央首长参加游园的场地，可以看到中央首长和精彩的节目，你去吧。我拿了票，就赶紧上床睡大觉，一个晚上没睡觉，人实在太累了，没想到一觉睡到下午四五点钟，错过了一个好机会。

文章先是由刘延年在学校的一个大会上宣读，我们这位同学是北京人，读起来字正腔圆，充满激情，我在会场外头听到了热烈的掌声。参加大会的记者听了也很感兴趣，请我们这位同学到北京广播电台去朗读，很是风光一番。随后师大文科学报又把这篇文章作为论文发表，并且收入《建国十年学校优秀论文选》。

这篇文章其实学术含量并不是很高，但它毕竟是我们青春和友谊的印证，它也头一次让我领略到在我们这种体制下学术和政治的关系。

告别大学、告别青春

大学的最后一个学期，大家都很珍惜，珍惜最后的大学时光，珍惜同学间四年的友情。

大学最后一考，虽然不算毕业考，当年也不拿学位，同学们却很在意，很用功，总想拿个好成绩。经过1958年科研的锻炼，面对最后的考试，我已经不像大学第一学期考试那么心中无数、战战兢兢，而是比较自信。三门课记得是考现代文学、外国文学和一门政治课。考下来我获得全优，总算比较圆满地结束了大学生活。

毕业分配是大学最后一关，当年是计划经济，毕业生全由国家包下来统一分配工作，不用你操心，但也没有选择的余地，命运随组织安排。毕业分配动员大会上，系领导号召大家要到祖国最需要的地方去，到最艰苦的地方去，要准备在毕业后的人生道路上过五关斩六将。作为共青团员，我当然应该到祖国最需要的地方去，到最艰苦的地方去，当时指的就是西北、东北、内蒙古。要到这三个地方去，对我们不少人来说当年是认真考虑过的，是有充分"思想准备"的，是相当真诚的，绝不是表个态而已。问题是报什么地方，我想这三个地方离厦门老家都很远，家里还有老妈妈和弟弟妹妹要照顾，回一趟家将来肯定是很不容易，于是选一个相对近一点的，结果报了内蒙古。报名后，没想到领导找我谈话，要保送我去考北京大学中文系古典文献专业研究生，考虑再三我还是谢绝了领导的好意，一是古典文献专业我不太喜欢，如果是现代文学或文艺理论，我肯定会考虑；二是父亲去世了，毕业后我得照顾家里的生活，研究生一个月发 46 元，比助教的 56 元毕竟少了 10 元，领导看我态度明确，就不再强求。我们年级最后有四位同学考上了北大古典文献专业研究生。又过了一段时间，系里就通知我留校了。

经过五七年"反右"，五八年"插红旗，拔白旗"，批判"资产阶级学术权威"，中文系大伤元气，闹到有的学科没人上课，学校就大量留毕业生补充老师队伍。我们年级五八年就有一些同学提前一年毕业，充实各个教研室，他们实际只读了三年，也算大学本科毕业。到我们四年级毕业时，系里又从各班留了一批同学。事后我观察，我们班留校最少，其他三个班留校不少都是一对一的。到了 60 年代困难时期搞精简下放时，我们年级留系的相当一部分同学又被下放到中学或其他部门，真正留在系里的就不多了。

班上同学绝大部分都被分配到外地，南方同学回老家的很少，多数到了东北和内蒙古，那儿的艰苦生活对他们是很大的考验。到东北和内蒙古的同学，有在运动中"犯错误"的，也有运动中的"左派"，他们中有的人就很不服气，有个"左派"同学从东北给我们来信说："上了火车，看看我周边都是什么人，才知道自己是什么人。"结果受了领导一顿批。

毕业的季节是收获的季节，毕业分配紧张进行的同时，恋人确定关系也加紧进行，不少同学收获了知识也收获了爱情，也有的同学只收获了淡淡的忧伤。班上一位男生四年一直暗恋一位女生，男生是学习班长，女生是生活班长，四年之中，一直都没有什么动静。一到分配时刻，情况突然起了变化，这位女生被介绍给中央部委的一位干部，并且很快确定关系，最后也留京。那位男生则被分配到东北。原来可能的一切成了不可能，男生离京的时刻，我去送他，那位女生也来了，我看到他们两人眼里都含着不易被觉察的泪光，我们送别了同学，也送别了青春。几十年后，大家各自都有自己的家庭和子孙，但我总不能忘记当年同学相送的情景。

从"四清"到"文化大革命"：
只有风雨没有书声

走上教学工作岗位

留校工作首先面临的是分专业，上哪个教研室工作。中文系分为语言和文学两大块，且不说语言，文学方面大家最不愿去写作组、教学法组，认为那没什么学的，将来很难发展。对我来说，想去的是现代文学、外国文学、文艺理论，但个人无法选择，只能苦等组织分配。结果把我分到文艺理论教研室，算是如愿以偿。当年为什么把我分到这个专业，我一无所知，许多年后比我提前一年毕业留在教研室工作的童庆炳偶尔提起，才告诉我这是他代表教研室向系里提的建议，从留校的同学中选三个人到理论组。从

和刘庆福（右）合上一门课

此，我就同文艺理论结了缘，我的学术方向、我的命运是在半个世纪前被注定的，对此我无怨无悔，而且慢慢爱上了这个专业。

当年刚留校是无法马上讲课的，先是作为助教做课程的辅导工作。我最早是给59级的"文学概论"课做辅导，和同学一起听课，解答同学提出的问题，主持小班的课堂讨论，如有自己无法解答的问题，再去请教主讲教师。

到了第二年，教研室就先后安排我给61级和62级上"文学概论"，但不是一个人独立上一门课，而是两人上一门课。刚上课时，其实并不紧张，讲义是现成的，不用你来写，只要你认真备课，一般来说是能对付得了的。独立上课最考验人的、最难对付的是回答学生提的问题，因为你不知道他要提什么问题，也无从准备，如果你不懂也不能瞎说。处理这种问题最好的办法就是老老实实，知之为知之，不知为不知。你是年轻教师，你回答不上来，学生也不会笑话你，但如果你老是回答不上来，那就不好交代。记得我刚上课时，在62级碰上一个难对付的学生，那就是后来在"文化大革命"初期为三家村辩护被康生点名批评的金宏达（当时他在《人民日报》发表文章用的笔名是时汉人）。有一次上课，我在举例时引用了杜甫的一首诗，课后他说诗中有一个字你说错了，当时我很尴尬，无言以对，因为我是照人家引用的。镇定下来后，我说我再查一查。下来后我找到曾教过我们唐诗的邓魁英老师，她告诉我版本不同，你引的那个版本也不算错。之后，我把这个说法告诉金宏达，他也接受了。多少年后，他读了博士，当了北图馆长、出版社头头，我们关系一直不错，他的著作出版了有时也送我一本。

我讲课也受到系里和教研室的关心，教研组组织老师来听我们年轻教师的课，记得黄药眠先生也来听，课后仔细进行评议，对我们帮助很大。讲的好的给予鼓励，讲的不好的也一一指出。学生对讲课的意见反映上来，系里领导总是一分为二加以分析，对青年教师采取一种爱护的态度。有学生反映"文学概论"课虽然讲得概念准确、条理清楚，但太条条，太干巴。这个意见本来很中肯，但来自延安鲁艺的老干部、我们的副系主任刘漠，出于对我们的爱护，却说别听那一套，理论课不讲条条，不讲块块，讲什么。这话虽然有点强词夺理，但他对青年教师的关爱却溢于言表。我们这位领导很可爱,系里有人要批某某青年教师走"白专"道路,他也坚决给顶回去。系里的关心让人感到很温暖,但有时也挺吓人的,我给 62 级上"文学概论",有一次通知我说康生要来听课,特别要想听如何讲文学的继承和革新这个问题,让我有思想准备。这叫我好几天吃不好,睡不好,非常紧张。谢天谢地,这位大人物后来并没有来,但着实让我虚惊一场。

惊动上层的老周退党事件

20 世纪 60 年代开始,好不容易通过整顿,学校教学科研秩序总算安定下来,顺利向前发展。可是 1962 年党的八届十中全会又号召大讲阶级、阶级斗争,1963 年在全校进行党员登记试点,1964 年进行学校"四清"(即社会主义教育运动)的试点。就在这时候,学校传开一个惊人的消息,中文系党总支副书记周纪彬退党了。周纪彬是我们同一届的同学,1958 年领导我们年级编《中国民间文学史》,后来又去领导教育系搞教育革命,毕业后在党总支当领导,他业务好,政治强,是全校知名的人物,用今天的话说,是一颗冉冉升起的政治明星。他的退党在全系、全校震动很大,中央领导人的报告和讲话中也提到这件事。这样的人物怎么能退党呢?大家百思不得其解。据说,胡乔木的妹妹、主管文科的党委领导方铭,出于爱惜人才和政治上对他的爱护,自己不好出面,还特别通过周纪彬同班的两个好友去劝告,结果非但没有劝成,自己在党内还挨了批评,说她政治右倾。

周纪彬我们平日称他老周,我同他不是一个班,他是一班,我是四班,但 1958 年科研"大跃进"有不少接触。在我的印象里,他和一般同学不同,是一个儒雅的、有灵气、有风骨的文人。他不重视课堂学习,读自己的书,思考自己的问题。上大课时,我有时同他坐在一起,他从不好好听课,不是看自己的书,就是在画画。他喜欢古典文学，就是在"大跃进"的火热年代，也抱着一本《庄子》看，我觉得他身在"大跃进"，心在庄子的世界。他是个政治人物，看问题很敏锐，但又不教条，不说大话、空话、套话，有时又显得很天真、很可爱，在石景山钢铁厂劳动时，他从学校带来"大跃进"的指示，说体育也要"大跃进"，虽然是个文弱书生，他也表态要把体育搞上去，说自己的有利条件是小时候很会爬树，大家听了哈哈大笑。

老周为什么要退党？是比我们更早看到了党内的问题，是厌倦了日日讲、月月讲、年年讲的阶级斗争，是向往美妙的庄子世界？我不好胡乱猜想。但有一条，党章规定："党员有退党的自由。党员要求退党，应当经支部大会讨论后宣布除名，并报上级组织备案。"可是实际上并不是这样的，老周退党后立即被当作丧失共产主义信仰的叛徒看待，从上到下展开批判。先是1964年"四清"，我们下乡以前先在县城集训，说是清别人得先清自己，当时抓了几个典型，其中一个就是老周，他坐在那里接受全体师生的批判。到了"文化大革命"，我不在中文系，但对老周的批判就更加无情，更加残酷，不仅触及灵魂，还要触及皮肉。

"文化大革命"后老周离开中文系转到古籍所，专心致志去搞他心爱的古籍整理和古典文学研究。路上相见，他总是躬着背低头走路，过去话很少，现在就更少，全不见当年的机敏、灵气。不久，他患了重病，我去家里看他，真是骨瘦如柴，奄奄一息，让人心酸心痛。最后，老周终于撇下一对有精神病的失业的儿女走了。当年中央表彰的全国青年社会主义建设积极分子，只因退党最后落得这样凄惶的下场，让人不胜唏嘘。

工作组长老梁的"创造发明"

1964年，按照中央安排，学校文科师生统统赶下乡参加"四清"，我们去的是河北衡水巨鹿公社巨鹿大队。到了乡下，我同教学法组的叶先生、62 级一位女生三人，连同两位地方干部，组成一个工作组，到一个小队开展"四清"，工作组的组长是位姓梁的地方干部，我们称他老梁。老梁个子矮矮的，脸上黝黑，精明能干，是一位典型的农村干部，我们都听他的，非常信服他。

"四清"一开始，各种文件把农村的问题说得很严重，好像不少地方资本主义已经复辟了，农村干部严重"四不清"。我们是带着这种严重的敌情进村的，在村里吓得跟谁也不敢接触，万一对方是地富反坏，或者是"四不清"干部，可怎么办？倒是组长老梁心里有数，根据上级布置，该宣讲文件宣讲文件，该干什么干什么。根据别处的经验介绍，我们开始搞的也是有点像土改那时的扎根串连，不是见谁都接触，把面搞得很大，而是先找一些可靠的人，了解村里的情况，了解村干部的情况。这个时候是把原来的村干部撇在一边，叫他们靠边站。

运动很快发动起来，主要让一些积极分子对干部的"四不清"展开斗争，让他们交代问题，运动开始所谓的"四清"是清账目、清仓库、清工分、清财务，后来才转为清思想、清组织、清政治、清经济。干部开始总是不交代问题，于是就开斗争会，连喊带叫。最有意思的是为了威慑"四不清"干部，打掉他们的威风，我们工作组长还给"四不清"干部戴上用纸糊的高帽子。随后，积极分子又到"四不清"干部家里去抄家，把他们家的粮食、木料往队部扛。运动看似搞得轰轰烈烈、热热闹闹，但也没有查出多大问题，更严重的是干部真的撂挑子不干了，生产也就没人抓。

很快，上面就发现问题，认为运动搞得过火了，于是各种文件和讲话又不断下达，又是什么后十条，又是什么二十三条。当时，我们对中央的斗争，对毛泽东和刘少奇的分歧一无所知，但觉得上面的政策、指示似乎不断在变。这一变，倒霉的是队里的干部，还有工作组的干部。队里的干部不断挨整，工作组也得不断检查。纠偏的政策和文件下达后，我们工作组就首当其冲，县里"四清"工作团总部还派干部到我们工作组调查，挖苦我们组长老梁给干部戴高帽，说你真会发明创造，还不是给干部戴一般高帽子，还给他糊了个洋式的礼帽。老梁挺不服气，不是你们让放手发动群众吗？但还得听着，接着又把从"四不清"干部家扛来的粮食和木料赶紧又给扛回去。农村干部的可爱之处就是听领导的，你让干啥就干啥。对我们这些学校的老师和学生来说，有时就要多想想，问个为什么，可是当年也没有想明白，只是过了几十年后才恍然大悟，原来是毛泽东和刘少奇有矛盾。

硬"三同"不易，当组长更难

下去"四清"，要求工作队员"硬三同"，就是和老乡同吃、同住、同劳动，接受锻炼和考验。"硬三同"对于地方干部和来自农村的师生不成问题，对于我们这类来自城市的师生来说，真是一场考验。住不成问题，只不过没暖气冷一些，多盖床被子。吃是个大问题，衡水是个穷地方，净是盐碱地，1964 年一场大水刚过，更是缺粮食。我们吃的是派饭，哪家有什么就吃什么，问题是吃不上粮食，平日净吃蔓菁，有时还吃草籽窝头。领导看我们实在太苦，过一段把大家集中起来吃一次大饼夹熏菜（肉），老乡说工作队又去"吹喇叭"了，其实这种机会也很少。劳动也相当艰苦，我们同老乡下地干活，衡水大水过后没有牲口，全靠人干活，人拉犁，人拉耙，累得都站不住。我们晚上点着油灯查账目，整材料，常常睡得很晚，白天还得挤出时间为老乡做好事，帮助村里从十几里外拉土修路、筑桥。一次"四清"下来，我的近视眼从 400 多度升到 800 多度，体重也到不了一百斤，真是"苦其心志，劳其筋骨"，在后来班师回京的火车上，我趴在桌上迷迷糊糊半睡着，隐隐约约听到学校带队的头头跟系里带队的头说："小程怎么瘦成这样？"

"硬三同"不易，大家总算都挺过来了，对我来说，更难的是让我当工作组长。开始我在七队，跟组长老梁一起干，一起犯错误，不用太操心。后来把我调到十三队，让我当工作组长，我不想干，系领导说下乡就要挑重担，接受锻炼。在这个工作组，有我们系的陆宗达先生和仲哲明老师（他后来在教委当了司长），还有一个天津大学精密仪器系的学生，一个地方干部。好在老仲是大队工作队的干部，有了事我听他的。尽管如此，麻烦也不少。且不说运动本身，后期抓清理阶级队伍、阶级登记一类的工作，总的来说还比较顺当。我最怕的是抓生产，"四清"开始队里干部靠边站，不管生产，生产得由工作组来抓，可我们这些城里人，这些书生，对生产简直是一窍不通。队里有多少亩地，这些地块都在哪里，我是一无所知。有一天晚上外面下起雨，我们工作组还在队里研究工作，没什么事似的。突然，工作队领导闯进门来，问大车在院里淋着为什么没人管，你们怎么不心疼，下这么大雨你们也不去地里看看，还开什么会？他一阵追问，一阵呵责，弄得我们十分狼狈，马上到院里把大车盖上，马上提着手电带着老乡到地头去查看。一夜大雨过后，总算平安无事。从此，作为工作组长，我就又要操心运动，又要操心生产，生产虽然是二把刀，但也要时刻记挂在心，每逢刮风下雨，也不敢呼呼睡大觉。

我和老陆同睡一炕

老陆就是中文系著名文字学家、黄侃的高足陆宗达先生，在乡下我们都不称陆先生，而叫他老陆，老乡也叫他老陆，听人叫老陆，他也乐呵呵的。

在七队工作组，我同系里教学法组叶苍岑先生在一起。下乡以前我曾同他一起到中学带过本科学生教育实习，他是国内语文教学法权威，中学老师都把他当神看待，对他毕恭毕敬的。到了乡下，我惊讶地发现他还能挑水，日常生活也很勤快，只是比较严肃，不苟言笑，不轻易发表意见，让人很难接近。

后来我调到十三队，同陆先生一个组，还"领导"他，我马上发现老陆同老叶截然不同。老陆出身豪门，从小养尊处优，又是大学名教授，在城里过得是优裕的生活，他几乎吃遍京城有名的馆子，是出名的美食家。我们这位老师下乡来"四清"，最难过的就是生活关。作为老先生，当然不可能让他参加劳动，他也不会像叶先生那样去挑水，但吃这一关就很难过，京城的美食和乡下的草籽窝头简直无法相提并论，但老陆硬是坚持下来，这让我十分感动，心存敬佩。不过，老陆也有挺不住的时候，工作队员的守则规定不许同老乡吃吃喝喝。我们住的老乡家是城里户口，生活稍微宽裕一些，这家的老爷子住在正房，我们住的侧房，我和老陆同睡一炕。老陆同房东老爷子关系不错，很合得来。有一次，我看他从正房出来，用手捂住嘴，很不好意思，我知道他是同老房东喝上小酒了，也装没看见。老陆在乡下确实很艰难，到了春天，他向系领导提出要回北京。领导说，陆先生你长这么大也没有见过麦收，还是等麦收了我们一块回去，他也只好接受了。

　　乡下生活虽然很艰苦，老陆对工作却是非常认真，一丝不苟。他有痔疮，同老乡坐在炕头开会很难受，于是就带个垫圈坐在上面，坚持参加会议。老乡很好奇，问老陆你坐的什么东西，他呵呵一笑。老陆从小在北京长大，一口标准的京腔，在校讲课很受欢迎，安排他来给老乡宣讲"双十条"，宣讲中央政策文件，特别合适。每次宣讲他都认真准备，他讲得十分生动，又是一口京腔，老乡特别爱听。到了后期，老陆负责阶级登记，他拿着表格，挨家挨户询问、填表，填完还要盖上自己的章，以示负责。

　　回校后因为不在一个教研室，我同老陆很少来往，"文化大革命"时我也不在中文系，听说他又遭难了。"文化大革命"后老陆又成了忙人，还当上市政协副主席，但还是老样子，在路上见到我，总是说老朋友好久不见，怎么不到我家坐坐。我有个老同学在河南某大学工作，"文化大革命"后想研究"小学"，要我请陆先生开个书目。我见老陆说了，他真的开了一个很详细的书目交我代转给他。

　　老陆病重的时候，我到友谊医院探望他，中文系的书记也在场，护士长揭发老陆在床底下藏着一瓶酒，说你们劝劝他别喝酒。书记说，老陆你别喝了，出院我们一起喝。这是我见老陆最后一面。

在我心里，陆先生是德高望重的大学者，老陆是一个非常可爱的老头。

从苏联文学研究室到外国问题研究所

20 世纪 60 年代周总理访问亚非国家归来，深感对外国的了解和研究不够，难以适应国际斗争的需要，1963 年年底中央有关部门提出加强外国问题研究的报告，报告指出为了改变这种状况，需要加强和扩充研究机构，培养研究人才，其中特别提到要在高校建立研究外国的机构，加强和扩充高校有关国际研究的院系。对这个报告，毛泽东很快做出批示："这个文件很好。"批示中，他还特别提到文件"未提及宗教研究"，指出"国内没有一个由马克思主义者领导的研究机构，没有一本可看的这方面的刊物……用历史唯物主义的观点写的文章也很少，例如任继愈发表的几篇谈佛学的文章，已如凤毛麟角"。坊间传说，任继愈在"文化大革命"挨批斗时，就举着毛泽东"已如凤毛麟角"几个字来抵挡。

北师大领导对中央的指示很快做出反应，决定在教育系成立外国教育研究室，在经济系成立美国经济研究室，在政教系成立苏联哲学研究室，在中文系成立苏联文学研究室。落实到中文系，由文艺理论教研室抽出刘宁和我，由外国文学教研室抽出唐其慈和潘桂珍，组成由刘宁领导的苏联文学研究室，不搞教学，专门从事研究，开始说的是将来轮换，实际再也没有轮换过。中央文件强调，高校搞外国问题研究，不是对付眼前的，而是要从战略上配合国际斗争的需要，要在系统、全面掌握材料的基础上进行研究，提出有分量、有价值的研究成果供中央参考，根据这个精神，苏联文学研究室成立后做两件事：

一是系统地搞苏联文学大事记，按年按月按日记载当代苏联文学的重大事件、会议、作品、评论、讨论等，一开始以 1961 年和 1962 年为试点，每年都搞了厚厚的一本；二是根据上面反修的要求，系统整理肖洛霍夫的材料，包括作家本人的言论、苏共领导人对他的评论、国内外报刊的评论等，这个资料是同中国社会科学院文学研究所《世界文学》编辑部合作的，他们参加的有陈冰夷、高莽和沈宁。资料搞出来后用大字印得很漂亮，送给有关部门。在苏联文学研究室干了不到一年，我们就被赶下去参加"四清"了。

"四清"回来，情况又起了变化，为了加强领导，学校决定把存于四个系的研究室集合起来，脱离开各系成立独立的外国问题研究所，由学校的一位领导兼任所长，由教育系的顾明远和中文系的刘宁任副所长，由哲学系的毕淑芝任书记。从此我离开了中文系，在外漂泊了二十几年，到了 20 世纪 90 年代初才叶落归根，重返中文系。在成立大会后，领导强调要系统搞资料研究，要从战略上配合中央对外斗争，我记得还特别提到，在系统搞资料方面要向日本学习，说国内稍稍有名的人物，只要你在报刊出现过，日本有关机构都有你的资料。从战略上配合这个方针现在看来是十分明确的，可惜后来并不完全照着这个方针办。

从 1959 年到 1965 年，我在中文系只干了六年，从 1965 年外国问题研究所成立到后来转为苏联文学研究所，直到 1993 年叶落归根，回到中文系，我在这两个研究所先后整整干了 28 年，其中包括 10 年"文化大革命"，这是我一生工作最长的单位。

外国问题研究所是师大新成立的小单位，专搞科研，没有学生，再加上有点半保密性质，当时对外通信叫"390 信箱"，当年在学校很多人不知晓，也不太受重视。可是这个小小的单位却是人才济济、藏龙卧虎，后来出了好几位国内著名学者和校系两级领导，其中如全国教育学会会长顾明远，教育部长袁贵仁的导师、著名的马哲专家齐振海，著有《南明史》的著名历史学家顾诚，苏联文学专家刘宁、蓝英年等。

一场灾难的开头

"文化大革命"是一场全民族的大灾难，开始我们并没有意识到它的惨重后果，还积极参加到运动当中去。

我记忆中的"文化大革命"是从大批判开始的，新中国成立后十几年，大批判对知识分子来说是驾轻就熟的，只要党一号召就立即响应，很少去问个为什么。最早是批判文艺界，我同现代文学教研室的王乾生在下去"四清"之前，合作写了一篇批电影《北国江南》的文章，后来就不了了之。批三家村、批吴晗才真正拉开"文化大革命"的序幕。开始还说是学术批判，于是才有我教过的中文系学生金宏达（笔名时汉人）在《人民日报》发表的替吴晗辩护的文章，它随后被康生斥为貌似公正，实为反马克思主义，并在全校全国痛加批判，毕业时金宏达被定为"反动学生"送去劳改。外研所当年虽有业务，但也不能置身于大批判之外，领导连忙组织大批判小组写作组，还提出要写得有质量，争取在大报发表。大批判组在齐振海领导下，把写文章当作政治任务来完成，日夜加工，终于写成了一篇文章，文章虽然不长，却发表在《光明日报》上，领导当然很高兴。但署名却出了问题，文章不长，作者却很多，总不能都署名，于是想了一个办法，前两个署全名，后两个各取一姓算一个，一个姓蔡一个姓曲，就叫"蔡曲"。这也是政治大批判中的一个小插曲。

《我的一张大字报》和《横扫一切牛鬼蛇神》社论出来后，文批很快变武斗，开始了"红色恐怖"。外研所不是教学单位，没有学生，但与各自原来的系都有千丝万缕的关系。第一个遭殃的是苏联哲学研究室的石盘。他来自政教系，他去过延安，后来在中宣部工作。政教系的学生来外研所揪他，拉回系里批斗，学生要他自己做牌子挂在胸前，上书黑帮分子石盘，并时刻带着它。石盘不堪其辱，有一天中午把牌子做好后，就从外研所所在的原主楼 7 楼往下跳。中午人少，只听得"嘭"的一声，大家还没有反应过来，就看见他趴在血地上。那阵子跳楼的不只是石盘一个，教育系有位女老师也从主楼 7 楼往下跳。师大的六月真正成了黑色的六月。

很快，又从师大临汾分校传来坏消息，我原来所在的中文系文艺理论教研室青年教师卢治恒跳河自杀。他是我们教研室重点培养的党员青年教师，口才一流，课讲得很好，还到党校参加文艺理论教材编写，他大我们几岁，都叫他老卢。作为东北人，他为人诚恳、直爽，只是因 1957 年有点小问题，政治上十分谨慎，只谈业务不谈政治。"文化大革命"前夕，出于对他的重视，组织上把他一家三口从东北调来北京。我们看见大嫂一手抱着一个小男孩，一手拉着一个小女孩，老卢在一旁笑呵呵的，一家四口其乐融融。老卢为了报答组织的关心，主动要求去临汾分校教课，没想到一去不回。后来我也去从分校变为干校的临汾干校劳动，特地去老卢自杀之地看了看，其实那是一条较大的水渠，叫"七一渠"，不算是一条河，水也不深，不知道怎么能溺死人。后来听同去分校的中文系老师说，"文化大革命"开始批"三家村"，在中文系找到老卢作为批判对象，原因是他曾通过两位当编辑的同学，在邓拓主编的北京市委杂志《前线》上发表过两篇小文，于是被学生打成"三家村"的小伙计，加以批判。因为同"三家村"挂上了，老卢把自己的问题想得比较严重，当时又没有人可以交心，就走上绝路。可以想见，他要抛下刚调来北京的妻子儿女，内心是多么痛苦，得下多大决心。据说，后来在他的遗物《毛主席语录》中发现他写下的一句话："文化大革命是一场大阴谋。"老卢一双儿女，一个叫卢玲，一个叫卢珑。这些年听说他爱人已经去世了，卢珑也见不到，卢玲在师大哲学与社会学学院做党的工作，偶尔在校园相见，我心中总感到一阵酸楚，不知道同她说什么好。

石盘和卢治恒之死，让我隐隐约约感到这场"文化大革命"同以往的运动很不一样，事后才知道这仅仅是一场大灾难的开头，当年谁能知道它将要把多少苦难带给我们这个民族和我们每个人。

从"文革小组"到"红色游击队"

"文化大革命"烈火烧起来，各单位纷纷揪斗走资派，党委完全瘫痪，全校乱成一团。这时中央派来工作组控制局面，师大的工作组长是一机部副部长、老干部孙友余，同时也往学校的各单位派联络员，领导运动。给外研所派来的联络员是一机部的女干部陈同志，为人正派、诚恳，是一个比较正统的干部。她到所里跟所里领导保持距离，更多听取群众的意见，对运动不轻易发表意见。在她的领导下，所里成立"文革小组"代替原来的所领导。"文革小组"一个研究室选一人参加，组长是哲学组的老徐，他是北大哲学系研究生，笔头不错，为人正直、稳重、平和，人缘好，不是情绪剧烈的造反派。这个人选原来的领导和群众都能接受。作为文学室的代表，我也参加了"文革小组"。

我在外研所成了"文革小组"成员，我爱人在外语系却成了革命对象。她是本系毕业，也是搞俄苏文学研究，不过毕业后也被系总支抓去当学生政治辅导员，当党总支秘书。运动起来学生就朝她开火，给她贴大字报，到我们家抄家，还让她陪着"走资派"游街，陪"走资派"挨斗。学生说她能说会道，是"走资派"的红人，要她揭发交代问题。这时她已经有孕在身，但整天提心吊胆，在批斗会上战战兢兢，日子很不好过。我觉得运动把矛头指向政治辅导员，特别是折腾有身孕的政治辅导员，是不合适的，于是大胆向我们所的工作组联络员反映这一情况，她答应跟外语系的工作组反映，很快我爱人的境遇有了变化。可是这已经于事无补了，由于不断受惊吓，我爱人早产了，生下一个无脑儿，这是"文化大革命"给我留下的最惨痛的记忆。

不久，毛主席批评刘少奇派工作组镇压学生运动，把轰轰烈烈的

"文化大革命"打下去，说凡是镇压学生运动的都没有好下场。很快，以孙友余为组长的工作组撤离了师大，学校各单位的"文革小组"也随之散伙。没有了工作组，学校的运动又恢复了混乱的、无秩序的状态，而上面认为这才是正常的状态。这时学校各单位纷纷成立形形色色的群众组织，一般都叫"井冈山"、"红旗"、"延安"，也有叫主席诗词的，如"风雷激"、"花枝俏"、"丛中笑"等，更绝的有叫"人自为战"战斗队。外研所几个志同道合的年轻人也酝酿成立战斗队，叫什么名字呢？半天想不出什么好名字，后来我建议叫"红色游击队"，因为我们外研所是小单位，只能是游击队，另外红色游击队又标明是红色的，阿尔巴尼亚的革命者就用过这个名字，大家说这个队名好，就通过了。选队长的时候，大家嫌原"文革组长"老徐过于稳重，造反精神不强，就选造反精神稍强的、来自历史系经济室的小曾当队长，我当副队长。战斗队成立后也不知道干什么好，没什么作为，这些老师的战斗精神实在比不上学生。队里比较激进的教育室的小蔡看不下去，于是在队里给我们正副队长写了一张大字报，题为"红色游击队为什么游而不击？"

批判肖洛霍夫

"文化大革命"是从批《海瑞罢官》、批"三家村"开始的，文艺大批判是"文化大革命"大批判的重要组成部分，其中也包括对修正主义文艺的批判。

《林彪同志委托江青同志召开的部队文艺工作座谈会纪要》（1966年2月2日—2月20日）有这样一段话："文艺上反对外国修正主义的斗争，不能只提丘赫拉依之类的小人物。要提大的，提肖洛霍夫，要敢于碰他。他是修正主义的鼻祖。他的《静静的顿河》、《被开垦的处女地》、《一个人的遭遇》对中国的部分作者和读者影响很大。军队是否可以组织一些人加以研究，写出有分析的、论据充分的、有说服力的批判文章。这对中国，对世界都有很大影响。对国内的作品，也应当这样做。"

考虑到"文化大革命"前夕，我们苏联文学研究室曾与社科院文学所《世界文学》编辑部合作编过有关肖洛霍夫的系统资料，室内的同志对肖洛霍夫也有研究，于是我找他们商量，提出要写文章参加大批判，大家正闲着没事干，能干点同专业有关的事，都很愿意。经过反复讨论，室里五六个人拟出几个问题，大家分头去写。写完后不断修改，最后定稿。稿子往哪投？想到中文系有位老师在《人民日报》文艺部写大批判稿子，就由他联系。结果报社也很欢迎，同我们联系的是傅作义的女儿、文艺部负责人傅冬同志。她给我的第一印象是朴实、有亲和力，完全没有大人物女儿和领导的架子。稿子经他们提出意见，我们再修正后就定稿了。

《人民日报》1967 年 10 月 17 日以整版的篇幅发表了我们的大批判文章，题为《揭穿肖洛霍夫的反革命真面目》，署名"师红游"，意即北京师范大学红色游击队。报社编辑部还特加了"编者按"称："外国修正主义文艺中心是苏修文艺。肖洛霍夫、西蒙诺夫、爱伦堡、特瓦尔多夫斯基之流，特别是苏修文艺鼻祖肖洛霍夫的一些作品，流毒很大。"文章刊登的当天，中央人民广播电台的"新闻联播"也做了报道。随即国际台也派记者来我们外研所采访。

文章当年确实引起轰动，但只是一种政治批判，按照一定框框无限上纲上线，毫无学术价值，今天如果再读只能令人汗颜。不过写这篇批判文章却有一个意外收获，我从此认识了诚恳、可亲的傅冬同志。当年我对她并不十分了解，只知道她是傅作义的女儿，至于她为北平和平解放所做的贡献了解得更少。我们交往中，她也从不提起。后来的交往我为她做了两件事：一是"文化大革命"中已经很难买到各种内部书，而我们是研究外国问题的，当时还能买到，偶尔我也帮她买几本，她很高兴；二是"文化大革命"结束后，她的一个女儿要报考大学，急需找人辅导语文和数学，语文我就自己解决了，数学我帮她请的我的老同学、北京大学数学力学系的同学。她女儿后来好像如愿考上了大学。"文化大革命"之后，傅冬的名声大了，找她的人不少，我就很少同她联系，连她是哪年去世的我都搞不清楚，但我一直怀念这位可敬可亲的老同志。

长征到延安

1966 年 8 月毛主席分几批接见红卫兵，外地红卫兵来北京，北京红卫兵到全国各地，形成全国革命大串联。当时师大校园都是外地红卫兵，红卫兵住在师大，吃在师大，学生食堂实在忙不过来，动员老师们到食堂帮厨，在那里我头一回跟大师傅学会切菜。看到学生到全国串联，运动中没多大问题的青年教师也痒痒起来，也想到全国各地经风雨、见世面。当时外研所没有人组织，我就回中文系找人，我和中文系四个老师五人组成一个分队，目标直指延安。

组成队伍后首先得搞到免费车票。中文系张老师有亲戚在东城红卫兵接待站，很快搞到北京到西安的五张火车票。票到手，经过一番准备，我们穿着打补丁的棉军衣，背着背包，手拿红宝书，就出发了。一路上车厢里挤得水泄不通，张老师好不容易挤到厕所，不知道什么原因，上厕所时把一个本来就不怎么样的相机的镜头外圈弄丢了，幸好相机凑合还能照，后来整个大串联过程就靠它留下一些珍贵的镜头。

到了西安，整个火车站挤满了人，都是要到延安去朝圣的。好不容易来了一列闷罐车，大家不管三七二十一就一个劲往里挤，"咣当"一声就被关在黑咕隆咚的车厢里。在里头什么也看不见，也没法解手，就这样闷几个小时到了铜川。

从铜川到延安就没有火车了，汽车也没有，于是我们就学习老红军，同红卫兵小将一样，步行到延安。这一路大约 800 多里，我们走了十几天，每天平均走五六十里地。说是步行，我们每个人都背着背包，有棉被，有脸盆，走远了相当费劲，后来每个人脚都起泡了，但还是咬牙坚持。一路上住宿的地方是各式各样，有机关，有学校，有一回还住马厩。吃的也是到哪儿吃哪儿，有什么吃什么，走不到宿营地，你再饿也得坚持。有一天我们走了 80 多里地，算是打破纪录，

为的是赶到洛川住宿、吃饭。到达之前，天色渐渐黑了，人也十分疲劳，感到去洛川怎么这么远，总是走不到尽头。好不容易见到点点火光，这就像是见到了希望，大家互相鼓励往前奔。洛川对红军有特殊意义，红军在那儿召开了洛川会议。没想到几十年后洛川也给我们留下深刻的记忆。到了洛川，延安就不远了。

到延安，从远处眺望宝塔山，虽然一身风尘、一身疲劳，同当年到延安投奔革命的青年一样，我们五个人都非常激动。11 月份的延安已经开始冷了，我们穿着棉衣还冻得够呛，站在飘着点点雪花的院子里，我们喝着稀粥，吃着硬干粮，另有一番滋味。这时我想起来当年上高中语文课时，有一篇课文是柯仲平写延安青年的诗，其中有一句："青年，中国青年，延安吃的小米饭，延安穿的麻草鞋，你为什么爱延安？"此时此刻，我们同当年延安青年的心情是一样的。

在延安，我们依次参观了中央大礼堂、枣园、宝塔山，作为中文系的老师，我们还特地到桥儿沟的鲁艺，并仔细参观延安文艺座谈会

的旧址。每一处我们都认真听讲解，尽量做了记录，并且用那个破相机——留影纪念。

回到西安，中央已下通令停止全国大串联，要求回本地闹革命，我们原来准备从西安到成都，到重庆，也只好作罢，但胆大的

还是照样串联。在西安正赶上西安造反派批判陕西省委和西北局，我们赶到会场，正喊着"打倒刘烂桃（刘澜涛）"的口号。在会场我还碰巧看见北大数学系的老同学，他们正是从华山、华清池回到西安，他们问，你们怎么跑延安去了，华山和华清池可好玩了。他们说的也没有错，但我们去延安一点也不后悔。回到学校，我们五人还认真编写和刻印了一份材料，记叙我们的延安行，宣传延安精神，把它发给系里的老师。

到广州串联挨厂里工人骂

　　从延安回来后，外研所"红色游击队"的头头说，我们不能只到革命圣地串联，也要关心全国"文化大革命"，现在南方比较沉闷，我们可以到广州去发动群众。广州大家都没去过，一听都同意。不是"红色游击队"成员的顾诚也很想去，大家也就把他带去。当时虽然中央通令串联停止，我们还是搞到火车票开到广州。

　　11、12月的延安很冷，但广州还是很暖和，南方人回到南方很习惯，北方人到广州就觉得很新鲜。我们好像住的中山大学，这时的大学相对比较平静，除了参观校园，没有什么事情可做。于是头头提出要到工厂去，发动工人起来参加"文化大革命"。我们一行来到一个造船厂，工厂里是正经的产业工人。我们到工厂一开始态度就不大对劲，不是想去向工人阶级学习，而是把自己看成是来自北京高校的"文化大革命"先行者，要去工厂启发和发动工人参加"文化大革命"。我们对工厂的情况事先一无所知，一进厂就从框框出发，抱定支持造"走资派"反的工人，把厂里多数工人冷落在一边。在批判厂里"走资派"的大会上，我们跟着造反派工人喊着打倒"走资派"的口号，记得喊的是"打倒冯仲喜！火烧肖连香！"他们用广东话喊，我们也跟着用广东话喊，说惯了北京话，自己喊起来觉得挺滑稽的。

慢慢我们看出厂里多数工人对"文化大革命"并不太热心，想打倒"走资派"的并不是多数人。这样我们就不好再待下去了，想赶紧撤走。我们离开工厂那一天，有几个工人还特地来送我们，还送我们一卷纸，开始我们还挺感动的，以为工人师傅对我们还不错。没承想回来打开纸卷一看，上面写的是毛主席在《改造我们的学习》一文中引的一副对联："墙上芦苇，头重脚轻根底浅；山间竹笋，嘴尖皮厚腹中空。"明显是讽刺我们不调查研究，不深入实际，只从条条和想象出发，是一群没根底的书生。看了工人给我们画的像，心里显然不愉快，脸上也觉得烧得慌。不久，我们就打道回府，灰溜溜地回到北京。

毛泽东同志主持农民运动讲习所旧址

到工厂无用武之地，"红色游击队"的一些人回到北京，回到学校却如鱼得水，马上又活跃起来。我们队里有两人来自历史系，都是当时《红旗》杂志名人林杰的同学，他们很快被"井冈山"的头头谭厚兰看上了，一个在总部，一个在作战部，消息十分灵通，时不时回到队里传达消息，一会让去曲阜讨孔，一会是让去大庆展览会造余秋里的反，一会让去农展馆造谭震林的反。队里多数人对这类只适合学生参加不适合教师参加的活动并不感兴趣。从此，在"井冈山"总部参加战斗的两位忙得不可开交，其他人就不再卷入运动的中心。

校园武斗有个特殊的播音员

"文化大革命"中两派武斗在全国各地普遍展开，死伤无数，校园也不例外，在清华大学两派武斗最为剧烈。师大的情况也一样，谭厚兰以造反派头头、革委会主任自居，以我划线，挑动武斗，打击迫害对立面"造反兵团"。早在"井冈山"成立时期，就贴出著名的"李春秋大字报"。李春秋是政教系老师，也是林杰的同学，他联合一些人贴出大字报，宣称拥护还是反对谭厚兰是革命和反革命的分水岭。这张派性十足的大字报当时虽然遭到学校多数师生的批判，但它的影响却根深蒂固。特别是在师大"九七事件"之后，谭厚兰仗着上面的支持，就变本加厉地打击、镇压对立面"造反兵团"，于是在校园内开始了武斗。

　　"造反兵团"开始是同谭厚兰展开文斗，通过大字报、集会的方式批判谭厚兰。后来在无法生存的境况下，退居工 5 楼，以这个楼为据点，同谭厚兰展开斗争，谭厚兰几次攻打工 5 楼，始终没有拿下。从此，工 5 楼成为谭厚兰统治下的师大的一块独立的领地，"造反兵团"在工 5 楼驻扎下来后，就在那里生活、战斗，他们人虽然不多，能量很大，他们的头头是中文系我教过的学生郑云云、王岚等人，他们其中的老师许嘉璐、齐大卫是和我同届毕业的中文系老师。他们无法走出楼来同谭厚兰展开面对面的辩论，于是就安上大喇叭，播出文章批判谭厚兰。每当夜深人静的时候，在校园你能听到如同中央人民广播电台的声音，正在字正腔圆、义正词严地批判谭厚兰。一般人不明就里，误以为中央人民广播电台在批判谭厚兰。实际上是"造反兵团"请的高手来播音，此人就是我们同届的在北京广播学院教播音的张永昌。张永昌与"造反兵团"的许嘉璐、齐大卫同班，上学时是师大广播站的播音员，毕业时被中央人民广播电台看上了，分配到那里工作，深得齐越器重。不久，他改名李昌正式上岗，在中央人民广播电台播送新闻和报刊摘要节目，当年不少《人民日报》社论和重要文章都是经他播出的。后来讲阶级斗争，说他家庭成分高，就被调到北京广播学院。在广院，他又改名张颂，创办了播音专业和学科，成为中国播音学科的创始人。谁能想到，当年为"造反兵团"播音的竟是后来鼎鼎大名的张颂。

　　在校园两派争斗的日子，常常晚上在大操场召开大会，或者分别声讨批判对方，为自己打气造势，或者两派同台辩论，大家都去看热闹。有一天晚上，我爱人挺着大肚子在家，我又到操场，记不得是哪派开的大会，只记得有"风雨同舟"的会标，要本派成员风雨同舟，战斗在一起。散会后我回到家里，只见我爱人在桌上留有字条，说是肚子疼了要去三院，于是我赶紧奔三院，我的大儿子程关就是在"文化大革命"的风雨中诞生的。

临汾"五七"干校的病与痛

1970年冬我到师大的临汾五七干校，同校部机关干部分在一个排，主要管葡萄园和果园。在那一年经历了葡萄出土、浇水、剪枝、施肥、打药、收获和最后下架入土的全过程。比起别的水果，对葡萄也有了别样的感情。

在干校如果你年轻，身体好，能吃能睡能干活，什么也不想，日子相对好过一些；如果年岁大，体弱多病，问题又没有结论，日子就很难过。

我没有什么问题，也算年轻，劳动虽然不是好手，也能对付，难过的是胃病老跟我作对。我从小就有胃病，在学校也常发作，但只要吃东西注意，休息好，也能少犯病。到了干校就不行，三天两头胃就不舒服，我也想了不少办法，又是请人针灸，又是到村里看中医，就是不见好。后来我才明白，劳动比较累，休息不好，吃的东西又不一定都合适，在干校要治好胃病是很难，也只好将就了，等回到学校自然就会好了。

另一项苦恼是觉得前途渺茫，整天劳动，今后还能教书吗？前面会有什么命运在等待自己？每当有人从干校被召回学校有公干，不管是永久的或是暂时的，大家都很羡慕，觉得他们总算跳出"苦海"了，而自己会更加不安和焦虑。

我们这些年轻的尚且如此，可以想象，那些所谓"有问题"的、老弱多病的老干部，日子就更不好过。我们排主要是校部机关干部，一年之中我接触了一些学校的领导干部。他们当中的一些人看来过去受过"考验"，心里有底，对来干校劳动并不在乎，劳动并不十分卖力气，很注意保养好身体，空闲时间下下棋、拉拉二胡，或者在门前开块自留地种花生，日子过得还可以。但更多的干部背着没有解决的问题的，体弱多病，又要在劳动中积极表现自己，日子是很不好过。

原党委组织部长夏衡在"文化大革命"中被打成"假党员"，在学校我看见她挂着牌子在烈日下罚站。在干校她表现得特别积极，但又不会干活，常常闹出些笑话，早晨出工的时候，排长集合点名，她正在厕所，为了怕迟到，提着裤子急急忙忙跑过来，大家都笑话她，其实她是很想表现自己是努力接受改造的，这个看似可笑、夸张的动作，所隐含的酸楚，也只有她自己心里明白。

张刚是原党委副书记，原地质部孙大光部长的爱人。她曾带领我们去衡水"四清"，算是熟人了。她的"问题"也没有解决，但在劳动中显得开朗、乐观，从不愁眉苦脸，也不摆架子，大家喜欢同她接近。

浦安修是原党委副书记，彭德怀的夫人。她是大家闺秀，干活不行，但人朴实、善良，话也很少。"九一三"林彪出事，传达文件时宣传队让她揭发，她只说了一句"吴法宪好拍马屁"。干校的医务室离宿舍较远，中间路不好走。有一天晚上她要去医务室，我也要去看病，就陪她去再陪她回来，她把这事记在心里。回学校后，有一次见到我，特别关切地问我胃病好没有，如果需要，她可以找个好大夫给我看看，让我十分感动。"文化大革命"后，她忙了起来，又有不少人围着她，我就很少同她来往。

在苏联文学研究所：飞雪迎春的80年代

《文艺百家》事件

打倒"四人帮"以后，特别是党的十一届三中全会以后，国内思想文化界开始活跃起来，苏联文学的翻译和研究也不例外，大家迫切想了解十几年来苏联文学创作和文学理论批评的变化。适应这种需求，1979年在前海的艺术研究院召开了苏联文学动态报告会，后来把这次会议称为"前海会议"。会上社科院、师大、北大、北外和剧协、影协的同志，从各个方面介绍了近十几年来苏联文学艺术发展的状况。社科院一位老兄负责介绍苏联社会主义现实主义的新理论、新提法"社会主义现实主义开放体系"，由于多数人对理论问题兴趣不大，他虽然讲得很卖力气，但会场反应不大，总提不起劲来。他讲完后，吴元迈插进去，只讲了几分钟，因为抓住要害，一语中的，会场立马活跃起来。会后，我开玩笑说，老吴你一讲大家就惊醒过来了。

我们外国问题研究所苏联文学研究室在 70 年代中期恢复工作期间，除了编《苏联文学大事记》，还编了《勃列日涅夫集团关于文艺问题的言论》（1978 年由人民文学出版社内部出版），收集了 60—70 年代苏联领导人关于文艺问题的言论、苏共中央关于文艺问题的重要决议，以及苏联报刊关于文艺问题的重要社论。有了这个比较系统扎实的资料基础，我被邀在"前海会议"上讲了勃列日涅夫的文艺政策问题。我谈到，与赫鲁晓夫不同，勃列日涅夫上台后，在文艺问题上提出反对"两个极端"，既反对给现实"抹黑"，又反对"粉饰"过去和无视"个人崇拜"造成的后果，要求坚决反对背离社会主义现实主义原则的现象，歌颂我们生活在其中的现实的美。我的发言材料扎实，又有自己的分析和概括，引起了与会者的重视。

　　我在"前海会议"讲完后，隔一天晚饭时分，高莽就带着社科院《世界文学》编辑部一位女孩摸到我家来了，这是我头一次同他接触。当年我住在师大工 2 楼的筒子间里，过道很黑，厨房是三家共用。他风风火火地来了，手里还拿着两个馒头。我说一块吃饭吧，他说不用了，边啃馒头边急急忙忙说他们的《世界文学》办的《外国文学动态》要登我的发言稿，让我把稿子给他，这一期就登出来，真是雷厉风行。当时我也没多加思索就同意，反正由他们的领导把关。他们的领导毕竟久经运动考验，考虑问题老到，不会一时冲动。事后我才知道，我的讲话虽然发稿、排好了版，结果还是压下未登，避免了一次"错误"。

　　"前海会议"之后不久，1979 年 9 月，我们又到哈尔滨参加一次规模比较大的苏联文学研讨会，当时老一辈苏联文学翻译家、研究专家曹靖华、戈宝权、叶水夫、陈冰夷、孙绳武都来参加，我们这些人当年还算小字辈。记得北大的岳凤麟陪着曹老住，说怕他"夜游"，没有人照看会出问题。会议安排我头一个发言，还是讲苏联文艺政策问题，我又把"前海会议"的内容再讲一通。会后，主办方之一的黑龙江社科院文学研究所新创刊的大型理论刊物《文艺百家》，又看上我的发言，反正《外国文学动态》是内刊，征得他们同意，我又把稿子给了《文艺百家》。会议之后,《文艺百家》很快把文章登出来,当然还有会议其他发言和会议的报道。

我以为这事就算结束了,没想到传来消息说《文艺百家》被勒令停刊,原因是登了这个会议的文章和报道,意思是说中央还没有改变苏联是"修正主义"、是"社会帝国主义"的说法,你们不和中央保持一致,轻易肯定苏联是社会主义国家,犯了大忌。我的大舅子在湖南工作,是一个可看新华社内参的党的干部,他来电话说在新华社内参上看到这条消息,还点了我文章的名,把他吓了一跳。我们学校党委的反应还比较平和,书记把我们所的头头刘宁找去看内参,说以后注意就是了。我想这毕竟不是"四人帮"时代了。在这个事件中,北京的哥们包括我自己并没有受到什么伤害,至今想起来最对不起的是黑龙江文学所的同志,他们辛辛苦苦办起来的当时全国唯一的地方理论刊物,只办了两期就给停办了。这种做法现在看起来有点过分,但在当年"乍暖还寒"之时,一有风吹草动就很紧张,谁敢造次?

苏联文学研究所的来龙去脉

20 世纪 70 年代末,学校为加强外国教育研究,在外国问题研究所原有外国教育研究室的基础上成立外国教育研究所,外研所的苏联哲学研究室和美国经济研究室也分别回到政教系。这时由于形势发展的需要,刘宁也提出以原有的苏联文学研究室为基础成立苏联文学研究所。当时提出这种想法和建议是考虑到历史的状况和现实的需要。历史上在 1956—1958 年,北师大曾受教育部委托聘来苏联专家柯尔尊,办了苏联文学研究班和苏联文学进修班,共招了来自全国高校 90多名学员,这些人毕业后在高校从事教学,产生了很大的影响。从现实情况看,打倒"四人帮"后,全国文化艺术界迫切希望打破禁锢,了解国外文化艺术发展的情况。这里说的是面上的情况,实际上据我了解，要在全国成立第一所以国别为标志的文学研究所，还是费了一番周折的。开始学校党委并不完全同意，其中当时的党委书记聂菊荪同志起了很大作用，这位老干部是董必武的部下，曾在《红旗》杂志和广东社科院工作，对文科比较熟悉。他认为成立苏文所是有道理的，再加上后来我们所领导刘宁和谭得伶的父亲也都同董老熟悉，于公于私他都大力支持。苏联文学研究所最后获得学校和教育部的批准，终于成立了。当时给苏文所确定了两项任务：一是以科研为主，重点介绍和研究苏联当代文学，突出当代，同时兼顾苏联革命文学和19世纪俄国文学；二是逐步建立俄苏文学硕士点和博士点，培养俄苏文学硕士生和博士生。

研究所成立后又面临一项更艰巨的任务，这就是创办介绍和研究苏联文学的刊物。"文化大革命"结束前后我们原有的苏联文学研究室曾办过一个内刊《苏联文学资料》（1973—1979），办了16期，还有几期增刊，共200多万字，在国内高校和文学艺术界产生了很好的影响。既然成立研究所，原来又有一个内刊，就很想办一个正式刊物，建立一个阵地，使所内外同志的翻译和研究成果有个发表的园地。但当时还没听说过哪个高校办过刊物，要在高校办一个专门研究苏联文学的刊物谈何容易？就是批准你办刊，又能在哪儿出版，这套手续是很难办下来的。功夫不负有心人，经过一番折腾，刊号总算办下来了，当年办刊是难，但还没有今天这么难。有了刊号就找出版社，恰好刚从外语系毕业留在所里工作的梅燕的父亲是中国社科院领导梅益，经他介绍，中国社会科学出版社很快答应在他们社出版，不知底细的人很难理解中国社科出版社为什么还有一个院外的刊物，因为他们出版的刊物都是社科院各个研究所办的。

所成立，刊物也办了，原来研究室的七八条枪就不够了，后来逐渐从校内和校外调来了不少新人充实研究所的队伍，满足办所和办刊的要求，人员扩大到20余人。因为是个新单位，人员之间没有历史纠葛，没有"文化大革命"遗留的矛盾，大家和谐共处，紧张工作，成为一个团结友爱的集体，这段工作也成了每个人美好的回忆。

夜访姜椿芳、丁玲和黄药眠

在筹备刊物《苏联文学》的日子里，我们接连拜访了一些文艺界的老前辈，请他们出主意，介绍经验，并向他们约稿。

第一站是刘宁带我去拜访姜椿芳。这位老同志当年在中央编译局工作，20世纪40年代在上海，他作为地下党，也在时代社办过一个《苏联文艺》的刊物，这个刊物主要译介苏联革命文艺作品和19世纪俄罗斯的作品。刊物当时很有影响，更主要的是培养了一批翻译和研究苏联文学的专家，这些人新中国成立后成了北京和上海两地译介和研究苏联文学的领军人物，其中有陈冰夷、叶水夫、孙绳武（孙玮）、许磊然、梅益、辛未艾（包文棣）、草婴等赫赫有名的人物，他们有的是出版社的领导，有的是著名的翻译家，我们从小都是读着他们的译著长大的。

我们到姜椿芳家是一个夜晚，他住在西四一带编译局的宿舍。他热情地向我们讲述了办刊物做编辑工作的宝贵经验。具体内容我已经记不住了，只记得他说了一条重要的经验，"请神容易送神难"，意思是约稿要慎重，约稿容易退稿就难了。他讲的一些来自多年编辑工作的经验确实很受用。告辞时，我们向他约稿，他痛快地答应写一篇回忆40年代《苏联文艺》的文章。不久，在一个深夜，梅益的女儿梅燕和她的好朋友、陈荒煤的秘书严平风风火火到我家，说是受姜椿芳老伯之托，送来一篇稿子，名曰《〈苏联文艺〉始末》。我接过稿子一看，怎么稿子上行与行是重叠的，一问，原来姜椿芳同志当时眼睛已经有毛病了，写着写着就写重了。老同志眼睛不好，还热情为我们刊物写稿，让我们做晚辈的十分感动。为了顺利发排，当时只能劳梅燕和严平抄写一遍。梅燕现在已是美国时代华纳驻亚洲总裁，严平也是社科院文学所的一位处长，不知她们两位是否还记得深夜到师大送稿子的事。

第二站是蓝英年带我和张敬铭去拜访丁玲。老蓝认识丁玲的女儿蒋祖慧，我们是通过这层关系找的丁玲。当时是设想在刊物辟一个"我和苏联文学"的专栏，请国内一些著名作家写写苏联文学对他们创作的影响。

　　访问丁玲那天是一个春天的夜晚，天还有些冷，但已经能够感到春天的暖意。到木樨地丁玲的家，出来接待的是蒋祖慧，她是留苏的芭蕾舞编导，长得瘦瘦高高的。一进屋，她把我们让进前面的一个房间，说妈妈正在里屋同朋友们讨论动乳腺癌手术的方案，请我们稍等，我们就先聊起天。过了一会儿，丁玲出来了，她个子不高，两眼挺有神，她热情地同我们一一握手，我感觉她的手绵软有力。一谈起苏联文学，丁玲显得很有兴趣，她说俄苏的文学、音乐、舞蹈、美术、电影，都有深厚的传统，很值得我们好好学习，她很支持我们办《苏联文学》。谈到写"我与苏联文学"的文章，她表示马上要进医院手术，无法满足我们的要求。但她马上不假思索地建议我们回去找黄药眠写，她说黄先生在苏联生活和工作过，对苏联文学很熟悉，还译过屠格涅夫的小说和伊萨可夫斯基的诗，50年代请他到文学讲习所给学生做过报告，很受欢迎。不知道怎么后来又谈起当时高校学生的状况，丁玲说，上海有个调查，反映高校一些学生不相信社会主义和共产主义，我女儿同他们一样，可能也是不相信社会主义和共产主义，我可是坚信社会主义和共产主义的。这时，蒋祖慧连忙说，我不是不相信社会主义和共产主义，我是搞不清楚社会主义和共产主义是怎么一回事。那天晚上，丁玲对俄苏文学艺术的挚爱和对社会主义、共产主义的坚定信念，给我留下深刻的印象。

　　第三站是我单独去访问黄药眠先生。从丁玲那里回来，我也是在一个晚上去求助黄先生。我说丁玲问候你，还忘不了你为文学讲习所上过课，黄先生听了很高兴。随后谈到为刊物写"我和苏联文学"稿子的事，他也满口答应，当时就兴致勃勃地同我谈起他同苏联文学的关系。他说，1934年苏联作协一大召开，他还是共青团国际的小青年，跟人要了一张票旁听了大会的开幕式，从远处看见了高尔基。还说他记得小说《一周间》的作者李别进斯基，在黑海边休养时结识了共青团诗人乌特金，同他成为好朋友……说着说着，他的思绪好像又回到冬日的俄罗斯，回到了美丽的黑海。为了写好文章，黄先生嘱我帮他借来李别进斯基的小说《一周间》，再查一查共青团诗人乌特金后来的下落。后来我为他借来小说，也从《苏联文学百科全书》查到乌特金，可惜他已经在卫国战争中牺牲了。当我把这个结果告诉黄先生时，他为朋友的牺牲感到非常痛苦。黄先生后来因心脏病发作住了医院，身体每况愈下，再也不可能为我们刊物写稿子了，但他一直记挂着我们的刊物，记挂着苏联文学创作和文学理论批评的新进展。有一次他问我，苏联文艺理论有什么新的进展，我说提出了"社会主义现实主义开放体系"的新理论，说社会主义现实主义应当向其他创作方法开放，他立即脱口而出："开放是不是 открытие?"我顿时惊住了，他 20 世纪 30 年代在苏联学的俄语，至今还记得这么牢固。

茅盾为《苏联文学》题词

刊物的筹备工作紧张进行着，大家共同想到要请一位文艺界德高望重的前辈来为刊物题写刊名。编辑部的蓝英年外界交往多，就请他来完成这个任务。恰好茅盾的儿子韦韬在蓝英年姐夫领导的中国军事科学院工作，学俄语的儿媳妇陈小曼在人民文学出版社外文部工作，都是他的好朋友。于是就到茅盾家，请他为刊物题写刊名。茅盾先生听说要办《苏联文学》刊物，十分高兴，欣然同意为刊物题写刊名。过些天，蓝英年如约去取，发现茅盾先生写了一首祝贺刊物创刊的词《西江月》：

西江月

形象思维谁好，典型塑造孰优。
黄钟瓦釜待搜求，不宜强分先后。

泰岱兼容抔土，海洋不择细流。
而今借鉴不避修，安得画牢自围。

茅盾

一九七九年八月　北京

　　编辑部的同志看到这首词真是喜出望外，原来只请先生题写刊名，现在却得到词一首，但冷静一下一想，刊名并没有题写，于是只好请蓝英年再去打扰茅盾先生。先生也感到自己疏忽了，当场就提笔在"西江月"三个字下面添上"为苏联文学创刊号作"九个字。后来我们取其中"苏联文学"四个字作为刊物封面刊名，沿用多年。

　　茅盾所赠《西江月》是有很强的现实针对性的，在七九年社会上还有人把苏联当成"修正主义国家"，把苏联文学当成"苏修文学"。先生提出"而今借鉴不避修"体现了一种求实的精神和兼容并蓄的宽阔胸怀。先生就有这种求实、开放的思想，可说是思想文化界思想解放的先锋，也给我们办刊指明了方向和增添了勇气，大家都受到极大的鼓舞。

　　除了请茅盾先生题写刊名，刊物各项筹备工作都在有序进行，其中蓝英年请了戏剧学院搞舞台美术的李畅同志为刊物设计封面，他也非常热情，设计了不下十种，最后我们选取了一种。

　　创刊的时候，编辑部并没有专门的编务，稿子备齐以后我们自己划版式，由于没有经验，创刊号就排涨了，有一个中篇小说只好第二期待续。

　　最后一道工序是跑印刷厂，校对。出版社可能为了省钱，把我们的刊物安排到保定日报印刷厂印刷，由保定邮电局总发行。这样编辑部的几个同志就得常到保定，北京到保定不算远，来回两地赶上什么车就坐什么车。有一次在保定赶上一趟乌鲁木齐到北京的列车，列车上的人已经坐了三天三夜，车厢里空气非常污浊，坐这种车真是苦不堪言。为了工作，编辑部的同志毫无怨言。有趣的是，跑了不知多少趟保定，保定城是什么样的，有什么好吃的，莲池在什么地方，我们是一无所知。

创刊号竟达十万册

20 世纪 80 年代的第一个春天，《苏联文学》创刊号（1980 年 2 月 10 日）终于出刊了。

创刊号体现了茅盾题词的"泰岱兼容抔土，海洋不择细流，而今借鉴不避修，安得划牢自囿"的精神，向读者介绍俄苏文学。但由于

当时的形势，为了求保险，还不敢马上放开手脚。从所发作品顺序看，先安排俄罗斯文学作品，其中有巴金译的赫尔岑的《往事与随想》（选译），戈宝权译的普希金诗抄十二首，汝龙译的契诃夫短篇小说两篇，蓝英年译的库普林的短篇小说《石榴石手镯》。之后是高尔基的作品两篇，最后才是三篇当代文学作品，其中有《这里的黎明静悄悄》的作者华西里耶夫的《老牌奥林匹亚打字机》、顿巴泽的《不知好歹的人》、维特罗夫的《西格玛—Φ》。从作品的安排顺序和分量来看，都突出了 19 世纪俄罗斯文学作品和革命文学作品，当代文学作品的地位和数量要相对弱一些，这都留下了时代的痕迹。创刊号的评论质量还是很不错的，其中有梅益的《〈钢铁是怎样炼成的〉再版后记》，孙美玲的《〈静静的顿河〉的著作权问题》，以及张

佩文的《浅谈新编〈高尔基全集〉（六十卷）》等。此外还有"苏联文学动态"和"国内苏联文学研究动态"两个专栏。

创刊号尽管还存在不足，还不够解放思想，但仍然受到读者的极大欢迎，当保定邮局报给我们创刊号发行量达十万册时，我们编辑部的同志也吓了一跳，这在今天是很难想象的"奇迹"。这种局面的出现固然是俄苏文学本身的思想艺术魅力，创刊号译者和作者的知名度，但更重要的是反映了打倒"四人帮"后国人的文化饥渴和急于了解世界的强烈愿望，刊物是同 80 年代国家和人民的思想文化脉搏一起跳动的。

创刊号出刊后，我们收到了大量读者来信，他们热情祝贺刊物的诞生，肯定刊物的质量，也提出了相当中肯的意见，从一个角度反映出 80 年代初期国内读者的思想走向。

复旦大学外文系的夏仲翼："这本刊物十分有气势，选目也好。能以学术性为重，而不过多地着眼于畅销一路，这在现时是比较难办又应该坚持的。你们的刊物颇能体现出这样的决心，我衷心祝愿你们成功。"

甘肃嘉峪关市酒泉钢铁公司雨霖："让我祝贺《苏联文学》杂志诞生，这对繁荣我国的文学艺术无疑是有益的。第一期编了不少好作品，无论思想深度、艺术水平都值得很好学习和借鉴。但还有美中不足。使人感到缩手缩脚。从选编的作品来看，从'保险'着眼，为自身担心多，为读者想得似乎有些少。要对读者负责，要把那些思想健康、艺术造诣高的作品介绍给我国读者。"

吉林通化地区文联刘博："读了《苏联文学》，觉得收获不小，贵刊的大部分篇目，都是比较受欢迎的。但也有些不满足。介绍苏联当代文学的概述、概论性的理论文章和作品少了些，这方面的比重希望能增大。近十几年来，对苏联当代文学基本上处于隔绝状态，作为专业文学工作者，特别需要了解这方面的情况，尤其希望译载一些苏联当代作家的短篇和 50 年代作家近期的力作。对俄罗斯古典作家作品的介绍，深望能多选译那些过去未译过的、有代表性的译作。"

读者提的意见和建议，刊物很快接受并努力改进，从第二期起就大大增加了当代部分的篇幅，介绍了不少当代风格各异的优秀作品。

读者对刊物的欢迎和肯定，在某种意义上是对 80 年代改革开放的欢迎和肯定；读者对刊物的不满足，在某种意义上也反映了对 80 年代初期改革开放胆子还不够大、步子还不够快的不满足，这一切都是属于那个时代。

从创刊起，我在《苏联文学》编辑部干了四年，1984 年离开编辑部，专门从事"苏联文学批评史"的研究和教学。《苏联文学》后来改为《俄罗斯文艺》，从创刊至今已有 30 多年，其中历经风雨，几届编辑部能克服种种困难把刊物坚持办下来，实属不易，作为当年的创刊者之一，我至今怀念那些初创的日子，并一直关心和支持这个刊物。

全国文学期刊主编会上见世面

1980 年 5 月，我参加全国文学期刊主编会议，改革开放以来，全国在"文化大革命"中停刊的文学刊物纷纷复刊，同时又出现了许多新的文学期刊。为了加强对全国文学期刊的管理和引导，中宣部召开这次会议，具体事务好像是作协负责。《苏联文学》虽然是刚创刊的文学期刊，也在被邀请参加之列。这次会本来应由主编刘宁参加，他可能考虑到我是具体主持刊物的日常事务的常务副主编，就由我参加。

参加会议的是中央和全国各地文学期刊的主编，他们大都是知名的作家，而我对文学界是很生疏的，我们刊物刚出刊又不被人知晓，在会上感到很不自在。我最早认识的是住同一房间的《昨天的战争》的作者、《当代》主编孟伟哉。我同他还很谈得来，他先是调侃我们刊物的封面不讲究，像个地下刊物。后又问起我认识不认识童庆炳和曾恬，说他们有部小说投到他们人民文学出版社，问这部小说主要是谁写的,作者以谁为主。我根据平常印象觉得曾恬擅长形象思维,很爱激动,童庆炳是搞文艺理论的,比较理性、冷静,结论是可能以曾恬为主。我跟他说不管以谁为主,只要写得好,你们出版就是。回校后我问老童,情况恰恰相反,他说曾恬缺乏毅力,主要是由他坚持写完。这部小说后来果然出版了,名曰《生活的风帆》,我真替他俩高兴,他们真圆了一回作家梦。孟伟哉当过志愿军,他的小说《昨天的战争》是写朝鲜战争的,有一天晚上,他同我谈起在朝鲜战争中的遭遇,在一次战役中他们部队被包围了,多数人当了俘虏,他侥幸突围出来。那些被俘虏的战友后来尽管有些被放回来,但他们都作为"叛徒"被开除党籍、军籍,打发到农村当农民,命运非常悲惨。在谈到这件事时他十分激动,为自己战友的命运感到不平,觉得应当为他们平反,还他们公道。我是头一次听到这种事,感到非常惊讶,也为作家对战友的感情和正义感深深感动。

　　会议召开期间,社会上已经开展"反对资产阶级自由化"的运动,既要维护三中全会后文艺界解放思想、创作繁荣的局面,又要反对自由化,这在当时是相当纠结。于是在小组会议上常常发生激烈的争议,多数人认为要继续解放思想,繁荣创作,办好刊物,也有些人对出现的一些问题多加指摘。我们小组有几位作家给我留下很深的印象,人民文学出版社的领导韦君宜个子不高,说的话也不多,可是会上会下给人感觉她总是很忙,总是急急忙忙的。安徽的作家陈登科好激动,思想很解放,对那些"左爷"和"左"的思想的抨击毫不留情。《读书》杂志的冯亦代很热情,我虽然同他不熟,他热情邀请我以后去他家作客,还认真写下"八大人胡同×号"的地址。作协《文艺报》的唐达成是会议管事的人,会上会下忙得团团转,有一天中宣部长王任重要来大会作报告,我为我们单位多要几张票,他虽然很忙,还是认真记住了,真给办了。我很感谢他,后来还请他来我们所和编辑部做报告。

　　当年国内的外国文学刊物并不多,除了老牌的陈冰夷的《世界文学》,"文化大革命"后又冒出李景端的《译林》和我们的《苏联文学》，同时也出现了武汉华中师大周乐群的《外国文学研究》。虽然只有四家刊物，会上也有两种意见。《译林》和《外国文学研究》思想比较解放，前者登了不少西方通俗小说，他们对现代派小说也给予正面评价。而《世界文学》是属于社科院文学所，所长是冯至，他对通俗小说和现代派小说并不感兴趣，并且加以批评。《世界文学》是陈冰夷参加会的，他既不能同冯至意见相左，又得支持思想解放，处境相当尴尬。李景端和周乐群想取得他的支持，他一直没有明确表态。我们是小刊物，刘宁让我主要去听会，我也就很少发表意见，但从心里讲我是支持李景端和周乐群的。

会议开了好几天，既有小组讨论，又有大会报告，从王任重到文艺界的头头脑脑，都来大会作报告，其间又传达胡耀邦的几点重要指示。当年大家都很重视上面有什么指示，有什么风声，很怕工作出问题。会议给我总的感觉是解放思想、改革开放不能后退，但又必须防止自由化。

除了紧张的会议，还拉我们到中南海，到钓鱼台看电影，看演出，当年这两个地方很神秘，大家也很好奇，但因为都是晚上去的，结果什么也看不见，只记得看电影坐的都是沙发。

附上李景端的一段回忆，供参考。

出版思想解放的一段往事

李景端

1979 年，我在南京创办大型外国文学刊物《译林》。创刊号刊登了英国作家克里斯蒂的侦探小说《尼罗河上的惨案》。不料被中国社科院外国文学研究所所长冯至先生上书胡乔木，指责江苏译载《尼罗河上的惨案》和浙江出版《飘》，是"'左联'时期以来的文学倒退"，"从五四以来，我国出版界从来没有如此堕落过"，"不知把社会主义飘到哪里去了"。胡乔木将此信批给江苏和浙江省委"研究处理"。当时《译林》所受的压力可想而知。幸好江苏省出版局高斯局长认为

《尼罗河上的惨案》一不诲淫，二不诲盗，还揭露了英国上流社会的种种丑态，为《译林》据理力辩。

1980年5月9日，时任中宣部部长王任重同志在全国文学期刊编辑工作会的总结中，特意讲了这件事。说："这些信和江苏省委转发时写的按语，我和耀邦同志都看了。耀邦同志要我说一下，这件事就这样处理，就到此结束。"

过后不久，参加起草冯至这封信的外文所副所长陈冰夷对人说，这封信是胡乔木授意，内容按照他的意思写，当然冯至也赞同。因为受多年封闭、禁锢的影响，当时文学界，不少人多把西方现代派文学看作颓废和追求感官刺激。所以，胡乔木和冯至对西方现代通俗文学持上述看法并不令人意外。

好在冯至随后改变了看法。他特意把自己的文稿交给《译林》刊登，还要《译林》牵头，出版由他主编的一套德国文学丛书。他和我不打不成交，后来成了朋友。至于胡乔木，他起初批评译载《尼罗河上的惨案》和《飘》，到后来却主张对《查泰莱夫人的情人》不能"一禁了之"。这说明，即使像乔木同志和冯至先生这样的权威人士，同样会有思想解放的过程。

（摘自2013年12月26日《南方周末》）

"反自由化"见闻

全国文学期刊主编会议前后，"反对资产阶级自由化"在全国思想文化界展开，刊物也难于置之度外。

我刚开完期刊主编会，就和刘宁被学校党委叫去汇报工作。刘宁汇报了苏联文学所成立以后所做的工作，我汇报全国期刊主编会的精神和《苏联文学》杂志创刊以后的工作情况。党委两位书记贾震和聂菊荪对研究所和刊物的工作表示满意。贾震在谈到反自由化时，特别谈到，办刊物好像跑火车，颠一颠没有关系，出点问题是难免的，只要不出轨就好。领导这种既坚定又宽容的态度，使我们感到欣慰。

思想文化界的领导和有关人士，对反自由化不敢怠慢，但具体的态度和做法是各不相同的。从学校来说，领导要到各单位检查工作，我们编辑部讨论和检查工作时，聂菊荪书记也来参加。当有的编辑提出《苏联文学》没什么检查的，没什么问题时，书记笑着说，也不是非要你们查出什么问题，但查一查，提高一下认识不也是很好嘛。大家听了也不好跟他顶。

面上比较宽容、客气，可是下面的清查还是一点也不放松。就外国文学所领域而言，当时就由中国社会科学院外文所挑头，在师大招待所组织一些人查找外国文学领域存在的自由化倾向。其中有位熟人见到我，说你为什么不来参加会，我说我也不是党员，怎么会让我参加。我心想，不叫我参加才好，叫我去查自己熟悉、关系非常不错的同志的问题，那多尴尬。果然传出那个小组认为《苏联文学》有一篇关于陀思妥耶夫斯基小说的评论有人道主义人性的观点。当时我有点想不通，这篇评论在《苏联文学》刊出时，你们大都叫好，说写得很有水平，怎么现在查自由化，就认为有问题了。可能他们也是按领导要求查一查，说一说，事后也就不了了之了。

新中国成立后，中国的各种各样的运动太多了，大家包括我自己在运动中总要说一些违心的话，做一些违心的事，但重要的是，做人要真诚、老实，运动是人的基本道德的一面镜子。这方面老干部梅益的表现给我留下难忘的印象。梅益是《钢铁是怎样炼成的》最早的译者，当时是社科院党组书记，他写了一篇文章《〈钢铁是怎样炼成的〉再版后记》，回忆了当年翻译这部小说的情况，以及小说的意义和影响。其中特别提到我们时代是英雄辈出的时代，也有我们自己的保尔·柯察金。过去有为新中国奋斗的先烈，"文化大革命"有像张志新这样的英雄，现在各条战线许许多多无名英雄都在为实现"四化"

默默艰苦奋斗。可能是由于遭受"文化大革命"的磨难,梅益不吐不快,在原稿插了一句话:"那些使万千生灵涂炭的伟大人物未必伟大,而像保尔·柯察金这样一些普普通通的人物却是伟大的。"在审稿时,我们主编嗅出这句话有些问题,建议删去,梅益当时也同意。这事本来谁也不知道,可是听说梅益作为党组书记,在社科院反自由化的大会上却拿出来做检查,挖自己思想深处的问题,说自己有所影射,还感谢师大的同志给删去。他这么说当然是为了在运动中做表率,起带头作用,但也看出这位老干部还是很老实的。

同刘宁开设"俄苏文学批评史"课程

苏联文学研究所在办刊的同时,1982年开始招收俄苏文学硕士研究生,并为学生开设俄苏小说史、俄苏文学批评史、俄苏文学翻译等课程。俄苏文学批评史课由刘宁和我负责上课。

1983年起,我们两人开设了俄苏文学批评史课程,刘宁负责讲19世纪俄国文学批评部分,他的特长是研究别、车、杜。我负责讲19世纪末20世纪初的俄国文学批评和20世纪苏联文学批评部分。听课的除了我们所的俄苏文学研究生,还有来自中文系和外语系有关专业的研究生。

俄苏文学理论批评在世界文学理论批评史上有重要地位,而且对我国"五四"以来的新文学运动和新中国成立以来的社会主义文学理论批评建设,都产生过不容忽视的影响,这方面一些论著也陆续翻译过来,鲁迅和冯雪峰当年就译过普列汉诺夫和卢那察尔斯基的著作。但在国内把俄苏文学批评作为一门专门的学科和系统的课程来研究和开课,还是第一次。

在开课的过程中,我们碰到不少难点和空白,诸如批评史的研究对象与范围如何确定,怎样分期,怎样区分各个批评流派的类型学特征及其相互关系，怎样正确评价过去列为"禁区"而今又成为"热点"的一些学派和代表人物，都是在国内学术界众说纷纭、尚未定论的问题。另外，当时许多批评流派和批评家在国内也缺乏第一手材料。当年我们就是在这种状况下草创这门课程。

刘宁先讲 19 世纪部分，这方面苏联有俄国文学批评史专著，像别、车、杜这样一些大家，他在留学时也有研究，这方面的资料也比较多，他讲起来比较系统、深入，也得心应手。他讲课的时候，我也跟学生一起听课，向他学习。我发现他讲课写有讲稿，有一次我缺课，借他的讲稿来看，发现他讲课的内容一字不差都写在讲稿上，这种认真的态度让我很吃惊，以后我也尽力学习这种方法。轮到我讲的时候，困难就比较大，苏联一直没有苏联文学批评史的专著，除了马克思主义文学理论批评及其主要代表人物列宁、普列汉诺夫、卢那察尔斯基、高尔基等以外，其他文学批评流派，比如以维谢洛夫斯基为代表的 19 世纪末 20 世纪初的俄国文艺学学院派，比如 20 世纪初的俄国形式主义，都很难找到有关研究专著和第一手材料。我讲的部分在很大程度上要由自己来探索，因此在科学性和系统性方面肯定要差一些，而学生恰恰对过去很少提到的流派和批评家感兴趣。像形式主义我只能提一提，巴赫金当年好像还没有涉及。

为了满足教学的需要，北师大出版社向我们提出在讲稿的基础上编写《俄苏文学批评史》教材，幸亏我们的讲稿写得比较成型，经过一段时间的修改、加工，我们终于写成《俄苏文学批评史》，于 1992 年由北师大出版社出版，出版后受到学生和学界的欢迎，并于 1994 年获得北京市第三届哲学社会科学优秀成果二等奖。遗憾的是这部批评史教材缺 20 世纪 50 年代中期以来的苏联当代文学理论批评部分，原来准备再编一部《当代苏联文学理论批评述评》，也有了纲目和部分稿子，但因为种种原因，后来一直未能如愿。

参加编写《俄国文学批评史》

1983 年，刘宁申请的国家"六五"社科重点项目"俄国文学批评史"被批准，从 1984 年起我就离开《苏联文学》编辑部，专门从事"俄国文学批评史"的研究和编写。

这个项目当时算是个大项目，原来是包括俄、苏两个部分，后来集中到俄国部分。为了搞好这个项目，刘宁邀请了校内外一大批专家参加，除了校内的刘宁、程正民、李兆林、谭得伶、徐玉琴外，校外有社科院文学所的陈燊、张羽、吴元迈、李辉凡，北外的刘宗次，南开的叶乃方，复旦的夏仲翼，华东师大的朱逸森，安徽大学的白嗣宏。没有这些在俄苏文学教学和研究方面有造诣的校内外专家的精诚合作和大力支持，项目是很难完成的。在讨论编写提纲时，陈燊就很有感慨地说，你们北师大是块福地，能吸引这么多人来参加，是你们的福气。

项目研究和编写的一大特点是非常重视掌握第一手材料，非常重视系统搜集、整理和分析有关图书资料。在国内由我和资料室的肖惠君同志负责，我们几个人经常跑北京图书馆的柏林寺分馆，查找图书和期刊，其中的艰辛自不待言。后来发现许多图书资料在国内找不到，刘宁又于 1984—1985 年赴苏期间查找和收集，其间他除了拜访俄苏文学研究专家，特别是研究俄国文学批评史的专家，还千方百计购置和复印了近 200 种图书资料。为了把这些资料运回国内，他又设法到中国驻苏大使馆找人租袋子，托他们运回，其中费了不少心力。

在国内外普查和收集的基础上，主要由肖惠君负责，编印出了《俄国文学批评史资料索引》上下两册，其中共收集有关图书资料 1600 多条，为课题的研究和今后俄苏文学的教学和研究，打下了很好的基础。在批评史的编写过程中，在刘宁主持下还编译了两本书：《马克思主义美学与文学批评资料选编》和《俄国文学批评文选》，因为种种原因，后来一直没能出版。

在掌握第一手材料的基础上，先是经过反复讨论，编出编写提纲，确定每人编写的任务。在初稿写出来后，又通过学术研讨会的形式反复进行讨论，最后由主编统一修改、定稿。

在全书中，我负责编写列宁、卢那察尔斯基、高尔基和俄国批评在中国的传播和影响等四章，编写的分量仅次于刘宁。这些章节的编写使我得到很大的锻炼和提高，为今后俄苏理论批评的研究和教学打下了很好的基础，创造了很好的条件。其中特别是作为全书"结束语"的"俄国文学批评在中国的传播和影响"的编写，我下了很大功夫，翻遍了"五四"以来一些相关的书籍和报刊，积累了不少材料，写得比较扎实。

《俄国文学批评史》经过十载的努力，终于在 1999 年正式出版，后来获北京市第六届哲学社会科学优秀成果一等奖。《获奖成果简介》称，该书是"我国俄语语言文学界老一辈学者集体撰写的一部具有开创性、填补空白意义、坚实的学术著作"，"它的出版，对于国内高校文科建设、俄语语言学科建设及博士点教材建设等，都有很大理论意义和实践意义"，"该书对于新时期外国文学研究具有典范意义，体现了'洋为中用，古为今用'的原则"。

《俄国文学批评史》是我第一次参加大型的科研工作，除了完成所承担章节的编写工作，我还协助刘宁处理项目的日常工作，这为日后自己从事科研项目的工作积累了不少经验。更重要的是通过项目的研究，结识了国内不少俄苏文学研究的著名专家，他们的学识和为人，都给我很大启迪，也同他们结下了深厚的友情，日后他们从各方面都给我许多帮助。

在文艺心理学的世界遨游

我同老朋友童庆炳有半个多世纪的友情，毕业后我们先后到文艺理论教研室工作，后来他去了学校工作，我到了外研所，虽然来往少了，但还是彼此相知，意气相投。1964年他到越南，"文化大革命"中他到阿尔巴尼亚，期间我们都有联系。"文化大革命"后他极力劝我回中文系理论组，我也很愿意叶落归根，可是苏文所就是不放人，学校也站在苏文所一边，为此我还同学校人事处长闹得很不愉快，两人谈不拢，我就摔门而去。

1985年左右，童庆炳同另外两位老师一下子招了13个文艺学硕士研究生，同时又申请到国家社科重点研究项目"心理美学（文艺心理学研究）"。不巧的是，学生刚入学情况就发生变化，其中一位老师去世，另一位老师到学校当官。这样一来，他又要带13个学生，又要完成国家项目，就非常困难。于是他想出来把完成项目同带研究生相结合的好办法，让学生毕业论文的选题同项目研究的内容相结合。同时他也邀我过去帮忙，这是因为他看到我对文艺心理学研究也有兴趣，另外我们两人比较好配合。这时，我虽然在苏文所参加俄苏文学批评史的研究，但对新时期兴起的文艺心理学也饶有兴趣，我在1983年曾翻译出版了苏联科瓦廖夫教授的《文学创作心理学》，这是国内新时期较早翻译过来的外国文艺心理学著作。同时，我还在《文艺报》发表了《苏联文艺心理学研究》一文。其实当时我对文艺心理学的了解还是很肤浅的，谈不上什么深入的研究，既然有兴趣，又有老朋友相邀，我就痛快答应了。

由两个老师和 13 个研究生组成的学术研究集体，是一个非常独特的研究集体，童庆炳先前曾带领他们认真研读过几本心理学、美学和文艺心理学著作，但大家在所研究的对象面前都是新手，都是未知世界的探索者。20 世纪 80 年代面临改革开放的时代，无论是老师还是学生，都有很强的求知欲望和孜孜以求的探索精神，从这个角度讲，师生之间既有师生关系，但更多的是学术合作关系，在学术面前真是人人平等。这个集体是和谐的集体，大家有共同的愿望和志趣，这个集体又是"不和谐"的集体，讨论中常常引起争论，甚至争吵，谁都以为自己是正确的，谁都以自己的"高见"去征服别人。记得当时常在教育楼二层中间的房间讨论，每次有一个人主讲，其他人提出意见或加以反驳，即使是老师讲的，同学们也可以不同意，也可以不留情面加以反驳。正如童庆炳所形象描绘的："讨论和争论的热烈和激烈，有时如同香山四月盛开的桃花那样令人倾倒，有时又像内蒙古刮过来的沙尘暴那样使人难以承受，有时是奇兵突袭，有时是漫长的包围，师生之间的界限在那个时刻完全消失。"可以说，争论出智慧，争论出友情，争论使我们这个集体既变得更有力量，也变得更加和谐。《现代心理美学》提出以"体验"为中心来构筑心理美学的大厦，就是在这种不断的"争吵"中形成的。

"心理美学"这个国家项目，在师生共同努力下，后来出版了最终成果《现代心理美学》专著 1 本，《心理美学丛书》13 本，《艺术与人类心理》1 本，一共 15 本书。其中《现代心理美学》获教育部人文社会科学著作奖。但参与者更看重的是共同合作中凝结的友谊以及在研究中的学术操练，童庆炳在著作"后记"中说："一个人的一生要经历许多事情，会有许多体验，而在学术原野上这么多志同道合的朋友一起手牵着手、心连着心遨游，这难道不值得珍惜吗？我可以肯定地说，我的这些学生正是从这里起步，去征服新的学术高峰。"20 年过去了，这批学生如今大都是博士、教授，有的还成了博导，学术带头人，历史的预言完全应验了。

系主任的酸甜苦辣：20世纪90年代一段难忘的日子

苏文所解散，叶落归根

20世纪90年代随着商业大潮汹涌，人文精神的丧失，整个社会一切都讲经济效益，没有效益就无法生存。苏联文学研究所虽然有硕士点、博士点，有全国性刊物，但因为它没有本科生，没有什么经济效益，就难以为继。所里领导想了不少办法搞创收，比如同后勤合作到俄罗斯做买卖。书生经商，结果什么也没办成。在这种情况下，校长就向苏文所开刀，说苏联都解散了，留个苏文所有什么用，下令解散苏文所，把研究人员分到外语系或中文系。所里的老师坚决反对，据理力争，但最后终究抗不过校长的长官意志。

苏文所解散了，就得给大家找出路，找婆家。原领导刘宁极力反对解散，散摊容易创业难，他很不愿意自己一手创办的研究所就此消亡，很想保留苏文所，整体归入中文系，但中文系领导不愿全盘接受、全单照收，只想挑几个人过去。最终谈不拢，只好作罢。最后几个年岁大的就此离休或退休，其他的绝大多数人只有两条路可选择，要么到外语系，要么到中文系，而硕士点、博士点和刊物则安排在外语系。刘宁舍不得学科点和刊物，他当然到外语系，同时希望我也到外语系。我想自己是学中文而不是学外语的，俄语只是半吊子，中文系的老朋友也早就希望我叶落归根，当然就回中文系。当时任学校社科处长的袁贵仁对解散苏文所可能有自己的看法，校长既然下令，也不好反对，但他不愿意出面处理苏文所解散的"后事"，而交给副处长杨光处理。我就自己的出路征求袁贵仁的意见，他毫不犹疑地赞成我回中文系。

当年回到中文系的只是谭得伶、潘桂珍和我三个，她们两个回外国文学教研室，我回到文艺理论教研室。我们回来，受到中文系和教研室的欢迎。之后不久，童庆炳就把由他担任的文艺理论教研室主任交给我干。除了谭得伶已评上教授，当时回到中文系碰到的最大问题是职称评定。在苏文所后期，学校早准备要解散苏文所，每年学校评职称，都以苏文所任务不足不给职称指标，特别是正高职称指标。当年蓝英年在外界已经很有影响，被誉为国内最有发展前途的中青年译者，可就是没有评正高的机会。有一次我们所里几个领导把人事处长找来对话，甚至都快吵起来，他才勉强同意给蓝英年一个参评正高的机会。

我的职称在苏文所也被耽误，和我同届毕业的老同学在中文系不少早已评上教授。开始我还不十分着急，反正只要有实力，早晚也会评上。可是有位现代文学教研室的老同学吓唬我，说你不要盲目乐观，中文系很复杂，评职称的名堂很多，你要是错过机会，年轻的上来，你就糟了。经他提醒，我就赶紧申请，在述职会上也有老朋友给我递条"我支持你"，给我打气。毕竟僧多粥少，我刚回系，第一次就没有评上。记得会后童庆炳和曾恬还请我吃了一顿饭，安慰我，给我打气，说多出点成果，明年再来，应该没问题。回系后，让我既感到职称的严峻，也感到友情的温暖。第二年我终于顺利评上教授，但这种酸甜苦辣的经历让我以后在负责系里工作时，就提醒自己要特别用心和特别尽力去解决老师们的职称问题。

钟老鼓励我跳火坑

　　我提上教授不久，正赶上中文系领导班子换届，这是系里最热闹的时候。学校当年以会议的方式和个别谈话的方式，征求老师们的意见，但迟迟定不下来，自己想干的，领导不让干；领导让干的，人家不愿意干。有位老师还这样吓唬领导：你让我干，将来有事我一激动又把学生带到天安门，你们怎么办？有位老师很想干，条件也不错，但人家说你太年轻，你太嫩，中文系太复杂，等几年再说吧。就这样，换届很难进行下去。有一次学校来系里开教授会征求意见，大家你一言我一语，也说不出什么名堂，我也跟着嘻嘻哈哈，觉得跟我没什么关系。老同学韩兆琦坐在我旁边，他说，你来干怎么样？我觉得这是说着玩的，拿我开心，根本不当回事。

　　那段时间我身体很不好，除了原有的胃病，还闹胆囊炎，疼起来死去活来的，非得注射杜冷丁才能止疼。有一天我从北医三院看病回来，手里拿着一大堆药，进门看见主管文科的副校长在家等我。我们原是邻居，但平日很少来往，他来访我很惊讶。一见面他就直奔主题，说中文系换届碰到困难，拖了几个月解决不了，中文系是个大系，再拖下去影响工作的开展，学校很着急，希望你能出来当系主任，帮帮我们的忙。这件事我是一点思想准备也没有，心想中文系人才济济，怎么也摊不到我头上。听完，当时我真的愣了，马上一口回绝。我说我离开中文系已有 30 年，这期间系里变化很大，刚回来没几天，情况一点也不了解，况且身体也很不好，确实很难胜任，希望他帮我向学校说明。中文系人才济济，完全可以找到合适的人选。我说了半天，他就是不松口，让再考虑考虑。

　　又过了一些天，党委一位书记又找我了，我预感很难逃脱。她说我们了解你的困难，你爱人也给党委来信反映你身体不好，但经反复考虑还是决定由你来做，有困难我们帮你解决。你身体不好，可以先治病，你说不了解情况，我可以给你一本人事处编的"学校学科梯队教师情况统计表"看看。她说我的优势是"文化大革命"不在中文系，不介入中文系的矛盾，"文化大革命"前在中文系工作过，算是系里的老人，另外，在苏文所当过领导，还是有工作经验的。我在20世纪80年代后期已经入党，她虽不明说，也表达了党员要服从组织工作安排的意见。经她这么一说，我也不好再强烈反对，答应回去再想想。再一次见面，事情就定下来，这次她特别强调今后工作如有什么困难可以直接找她，一定帮助解决。后来我碰到困难去找她，她还真的帮助解决，说话还是算数的。

任命下来后，朋友告诉我要先去看望中文系的两位国宝级的人物钟敬文先生和启功先生，听听这两位老人家的意见。我同钟先生还比较熟悉，先找的他，他很热情接待我。我在老师面前诉了苦，说自己身体不好，情况不熟悉，中文系矛盾多，我能力又差，很不想干，上马完全是被迫的。钟先生听完就开导我说，系主任工作总要有人去做，中文系就是一个火坑，你也得往下跳。他热情地鼓励我勇敢挑起重担。他老人家都90多岁了，历经磨难，对事业依然充满理想和激情，让我十分感动。我同启功先生不太熟悉，不敢贸然前往，就请我的老师聂石樵先生先给打个招呼，搭个桥，聂先生回头告诉我，启先生对你有印象，说是那个瘦瘦的，个子不高的，他欢迎你去。启先生待人热情、诚恳，我把自己的难处和钟先生的意见告诉他，他听了笑了起来，非常幽默地对我说，老钟让你跳火坑，你就跳吧，我看你身体不好，可别给自己加柴禾。几句熨帖的话充满长辈的关爱。启功先生比钟先生小，一生也历经坎坷。面对困难，他没有豪言壮语，而是以自己的智慧、韧劲和幽默一一加以化解。后来当我真正跳下火坑的时候，特别是在经历各种酸甜苦辣之后，我才真正体验到让火烤的滋味，才真正领会到启功先生的睿智。

职称评定工作让我焦头烂额

　　高校评职称是让人最头疼的大事，僧多粥少，那些年职称压的旧账又多，每年都要闹得不可开交，评不上的真敢撕破脸皮，领导只有挨骂的份。我刚一上任就碰上了倒霉的评职称工作，我原来并没有高血压病，一届职称评定工作搞得我焦头烂额，从此得了高血压病，终身服药。

　　评定职称工作刚一开始，系里就有各种传言，说这次要照顾谁照顾谁，好像领导已经先入为主了，有的说法相当离奇，让我很生气。在全系评定职称大会上，我先原原本本传达学校主管职称工作的袁贵仁副校长的讲话。怕走样，我干脆向他借来手写的报告照原稿念，弄得不明真相的老师还夸我开会怎么记得那么好。传达之后，我毫不客气地对各种传言加以澄清、批驳，这样才使工作有了一个正常的开端。

　　评审小组组成一开始争得也很厉害，好像只要评审小组的成员向着自己，就有了把握。有些人特想当评委，而另一些人却躲得远远的，打死不愿当评委。如何让学问好又原则性强的老师来当评委，是个大问题。我想请系里一位学问好、群众关系好又办事公正的老师来当评审组组长，他一口回绝。他的哥们也说，他要是愿意来当组长，可真大跌眼镜。但架不住我几次造访，态度诚恳，他终于同意了，条件是我不能干预，不能强加于他，有事一块商量，保持一致。后来我们之间果然配合得很好。

　　众所周知，很多时候职称评定不是会上决定，而是会下决定的，很多人底下的活动很厉害，有些老师还告诉我，有人能算出会上谁投他的票谁不投他的票，让我很吃惊。这方面我确实缺乏经验，第一次小组评审就出了问题。小组第一次评审试投有了结果，我让评委回去再考虑考虑，过几天再投。但万万没想到，过几天再投票的结果同第一次试投的结果完全相反。老师们告诉我，你当时就应当接着投，不能隔几天再投，这样就有了底下活动的时间和空间。这算给我上了一课。

最头疼的还是评定的"善后"工作。评上的当然很高兴，评不上的就很难办，个别人好像同你结下仇，见面不理你，形同路人。但不管怎么样，工作还是要做的，我同书记两人要到评不上的老师家看望，有个老师评教授时照理说条件不错，竞争中被挤下去了，赶上暑假大热天他身体不好，还是坚持到南方函授班讲课，让我们很感动，连忙打电报向他表示慰问。看我们态度很诚恳，他也就释然了。有位老师没评上教授，也快到退休年龄，我们动员他"提退"，照样算是教授，他坚决不干。我到他家谈了一个晚上，说这样做不仅解决了职称问题，家里住房也可以随之解决。这位老兄就是不干，我们也只好尊重他的意见。还有一些老师没有提上副教授，主要是外语过不了关，可是这个问题一时也解决不了，年岁又大了，我们想了许多办法都行不通，最后想出了搞"地方粮票"的办法，征得人事处同意，系里经评审给他副教授职称，但只能对外，不入档案，提副教授后所提的工资由系里给开支。这种思路也解决了部分矛盾。

一届职称评定工作让我尝遍了酸甜苦辣，在家里有人找，躲到教研室还是有人找，到哪儿都躲不开，再加上评定过程中出现的各种问题、矛盾，常常让我焦虑、郁闷，于是血压迅速上升。开始我还不懂这是高血压，到了出现头晕、胸闷的症状，一量血压才知道是犯了高血压病。到了严重的时候，有一次到北医三院看病，手拿着病历，脑子晕晕乎乎的，竟然走不到该去的诊室。

难于打破的记录：一次评上 12 个副教授

职称评定工作存在的矛盾和问题，让我感到心焦，压力很大，同时也让我开了眼界，长了见识，促使我深入思考如何突出重围，打开一个新局面。

刚接手系里的工作，开始总觉得什么工作都有问题，什么工作都得抓，本科教学、研究生培养、学科建设、老师队伍建设，乃至"创收"，增加系里的收入，改善老师们的生活，哪样都不能不抓，其结果是整天忙忙碌碌，哪样也干不好。其间，系总支副书记罗钢告诉我，你要抓住重点，抓住突破口，做到牵一发而动全身。什么是重点，什么是突破口呢？我想起了职称评定工作，僧多粥少是这项工作存在困难的共同原因，是共性。而中文系在这个问题上又有其特殊性，它的问题比别的系更突出，当年中文系老师职称的亏欠比哪个系都大，都严重，迫切需要下大力气、下大功夫加以解决，而不能走常规的老路，一年只解决几个人的问题。当年许多教师很早就拿到硕士学位，评上讲师，就是迟迟评不上副教授，严重影响了教学和科研的积极性，不少人为了评上副教授就跳槽到新成立的艺术系、汉教中心、出版社，人才严重流失。这个问题不解决，中文系就很难办下去。系领导经过反复商量，觉得要以职称作为突破口展开工作。进一步想，又觉得要让学校增加职称名额，不能讲空话，学校不会白给，还得想出办法说服学校领导。罗钢提出要搞调查研究，让事实说话，以理服人。于是我们做了认真调查，拿中文系的职称情况同其他文科系做比较，调查结果一出来就一目了然：同一时间拿硕士学位和评上讲师的老师，在别的系早评上副教授，在中文系就评不上，中文系确实亏大了。我记起袁贵仁（当年主管文科和职称的副校长）在我请他参加的中文系学科建设研讨会上曾经表态说，中文系在全校是有影响的，学校要重点支持中文系的工作。主管干部的书记动员我当系主任时，也说今后有事尽管找我，一定支持你。有了这些话，我就拿调查的结果去找他们。他们说，学校评职称的工作还没有启动，你们怎么就来了。我们把调查结果交出来，说我们的亏欠确实太大了，如果不解决，中文系很难发展，这是未雨绸缪，笨鸟先飞，说得他们都笑了，表示要认真考虑。

袁贵仁真是个明白人，也是个敢于做出决断的人，考虑到中文系的地位和影响，考虑到实际存在的困难，那年在布置职称工作的干部会上，他宣布给中文系 13 个副教授的名额，这在师大乃至全国高校恐怕都是空前绝后的。宣布后，学校各系都炸了，纷纷找学校提意见，问凭什么给中文系 13 个副教授名额，情绪相当激动，让袁贵仁下不了台了。为了缓和矛盾，他给我打电话，说为了表示接受大家的意见，给你们减一个名额，听了，我没有任何异议，心里想你就是给我们减两个也没有意见，我们已经很满意了。

那年中文系一年评上了 12 个副教授，6 个教授（其中 4 个是计划内的，2 个是到学校争取破格的），这样一来就在很大程度上扭转了中文系职称亏欠的状况，稳住了教师队伍，为中文系的发展打下了良好的基础。如果要讲政绩，干了三年系主任，这是最拿得出手的一件事。三年的工作虽然尝遍了酸甜苦辣，又添了高血压症，但想想通过大家的努力，能为老师们办成一件好事，心里还是感到很值得，很欣慰。

短命的党总支书记

在中文系，老人都知道我当过系主任，很少有人还记得我当过几个月的短命的党总支书记。我的家庭出身不好，社会关系复杂，"文化大革命"前虽然努力改造，也很难入党，20 世纪 80 年代后期好不容易入党了，我根本想不到要当什么党总支书记，因为我根本不是那块料，我爱人是 1960 年入党的老党员，也只当过党总支秘书，党支部书记，我哪敢想当总支书记。可是命运偏偏捉弄了我。

中文系行政换届费了很大劲，总支换届也碰到困难，找不到合适的人选。我当系主任时，总支书记还是原来的，党委想让一位年轻的教授来干，他拒绝了，他宁愿当副书记，不愿意当正书记。在这种情况下，党委让我暂时兼一下，再想办法解决，还正式下了任命书，我反对也没有用。这样，我又稀里糊涂当上了党总支书记，当然更多的工作是由副书记来做。

在其位就得谋其政，总支会得由我来开，党建、发展组织、宣传、统战各项工作也得我来张罗。上面来检查学校的党建工作，评党建先进单位，我这个总支书记也得去参加座谈会，发表意见，到会上我才发现人家各单位当总支书记的跟我都不是一路人，我同他们也很陌生。唯一一次觉得有话可说的，是作为党代表参加学校党代会，小组会上我批评学校不重视文科，文科发展条件太差。学校领导袁贵仁也是文科的，也许有同感吧，自己又不好出面，于是就安排我到大会发言。在我之前，历史系的龚书铎先生已经讲了文科问题，我就说龚先生主要是讲文科的政治方向问题，我就不再重复，主要讲讲具体困难和建议。我的大会发言很务实，受到了代表的欢迎。

当总支书记也不是开开会就可以对付的，在日常工作中也碰到一些难题，一些无法绕开的矛盾，这是你必须面对的。

有一天学校书记把我找去，拿出一份材料，说是有一位名人"六四"之后被关进去，后来因病保外就医，出来以后又有活动，又被关进去，北京知识界名人联名上书要求释放他，你们系的两名党员教师怎么也参加签名了？还说他们也找了启功先生和钟敬文先生，两位老先生都没有签名，说是有意见会向组织反映的。书记要我做两位党员教师的工作，不要参加这类活动。这就给我出了难题，他们都是我的好朋友，况且我也认为有病就不该再关进去。我也不好同书记顶，只好说中文系的人是学文学的，受人道主义思想影响深，是可以理解的。至于两位老先生，我心想他们当然同意放人，但历次运动把他们教育够了，哪敢签名？这能说我们党员教师不如老先生吗？

干了几个月总支书记，又当主任又当书记，我实在受不了，学校又迟迟不解决，于是我给书记和校长写信，干脆两个职位都辞掉，当然我也觉得这是不可能的，但不来狠的，问题是很难很快解决的，果然我这一招很灵，学校答应书记马上换人，主任不能辞。谢天谢地，我终于卸下了党总支书记的重担。

我为两位"国宝"服务

钟敬文先生和启功先生都是国宝级的人物，他们在学校乃至全国都享有崇高的威望。一个系一个学科有无国宝级的人物是大不相同的，他们的影响和作用是别人难以企及的。在中文系，有这两位老先生在，就有底气，有主心骨，有依靠。在中文系工作期间，从一上任，我就得到两位老先生的关爱和支持，我们也竭尽全力为钟老和启老服务。两位老先生的共同特点是视自己的学科为生命，为学科的发展殚精竭虑，从系的工作角度来讲，除了关照老先生的生活和健康，主要是关心和支持两位老先生的学科建设和发展。

与钟敬文（左一）、启功（右一）

钟敬文先生作为民间文学家、民俗学家，在他的晚年可谓为自己的学科拼了老命，他找我从来不谈个人私事，不提个人要求，谈的都是学科建设和发展所需要的条件。国家的"211 工程"建设，把民间文学、民俗学学科列为重点，钟先生非常兴奋，很想借这个机会发展学科，他提出了经费和用房问题。根据学校安排，"211 工程"给了民间文学、民俗学 250 万元，钟先生觉得不够。有一天，刚同毕业生在小红楼照完相，顶着中午火热的太阳，他非要我陪他找校长，要求增加经费。一路上他不顾年迈体弱，拄着拐杖从小红楼走到主楼。校长见了非常感动，随后很快给增加了 50 万元经费。钟老先生想建民间文学、民俗学资料库，学校用房紧张，后勤部门推来推去，迟迟不给解决，他抓得非常紧，要系里找主管后勤的副校长解决。在多方努力下，最后终于解决了用房的问题。为了解决学科梯队建设，钟先生对弟子们的职称问题也非常用心。有一天一大早，他给我往家里打电话，说今年职称评定系里是什么方针，是考虑大局，还是考虑局部，我一听就明白他要求今年给民间文学、民俗学专业的老师解决正高和副高的问题。在评定过程中，我们优先考虑了他们这个重点学科，给评上一个正高、一个副高，当然也就得罪了其他专业。我给他汇报最终结果时，他很高兴，但我说评不上的人工作很不好做，你得帮我，他笑了笑说，你们会有办法的。

启先生作为古典文献学和古典文学的专家，也很关心自己学科的发展，但他从来不主动向系里提出各种要求，往往是我们看出他们专业发展的一些需要，同他商量，大家共同努力解决。我印象深的有两件事。一是外界大多把启先生看成书法家、文物鉴定家，对他的学术成就了解不够，他自己也不张扬。他的专著《汉语现象论丛》在香港出版后，系里为他召开一次学术研讨会，弘扬他的学术成就，启先生非常高兴。二是启先生的学术助手、博士生副导师因为超龄，一直解决不了博导资格的问题，后来在同启先生的共同配合下，由国务院和教委有关领导发话，责成学校领导解决了这个问题。启先生对学科建设和发展一直非常关心，也竭尽全力，但也持实事求是的谨慎态度。当文献学博士点因各种客观原因被亮红牌，要求改进时，我们同他商量改进措施，有人提出成立一个研究所，开始他很支持。过了一段时间，经过一番调查和思考，他又打退堂鼓了，他说成立所就要打旗号，就要招兵买马，招个好马还好，招个病马怎么办，招个坏马不就更糟。既然这么想自有他的道理，我们也就依了他。教育部批准中文系成立两个教育部人文社会科学重点研究基地，"文艺学研究中心"和"民俗、典籍、文字研究中心"，钟先生很兴奋，说这是科研别动队，启先生却显得很冷静，不抱过高的期望。

说是为两位国宝服务，其实更多的是两位老师非常关心和大力支持我们系里的工作，大的方面自不待言，一些具体问题只要系里提出来，他们都乐于支持。系里会议室要挂字画，启先生很快写了一幅字送来。硕、博士生毕业，要求同两位老先生照毕业照，他俩都很痛快答应了，冒着烈日同大家合影。学生得寸进尺，又要求同两位老先生照个人照，钟先生和启先生端坐在椅子上，后面不断更换学生，启先生乐呵呵地说："我们给你们当道具了。"启先生得知中文系新生贫困生多，也曾同我提出要拿书法作品交荣宝斋义卖，所得款项资助中文系贫困新生。

两位老先生在学科建设方面也有过一些很好的想法，比如他俩曾提出联合招收研究古典诗词写作的研究生，也曾考虑过建立书法博士点，这些重要的设想当年因为各种原因所限，未能实现，这是非常遗憾的。

被"公关"记

中文系的人常以为自己不是老大也是老二，很少到外地向兄弟校系学习，总是等着人家来找你。就是在评博士点和各种评奖闹得不可开交，各地院系频繁来京公关的时候，也是岿然不动。有一年博士点评估，原以为没有什么事，结果有一个博士点被亮了红牌，虽然不是取消，不是停招，只是要求整改，也把班子的人吓了一跳。大家一致提出应当出去走走，搞搞"公关"，让人家了解我们，支持我们，别再出问题。我接受大家的建议，准备到外地拜访几位学科评议组的领导人。但我这个人交际能力差，同外界也很少来往，这时系里有个这方面能力很强的老师主动要求陪我去，我这才有了底气。

第一站是到东北，去的是吉林大学。这个学校的校长是中文系学科博士点学科评议组负责人，是搞现代文学的，大家都是同行，见面都很热情。加上陪我去的老师也是这个学校负责的"毛泽东文艺思想研究会"的领导成员，谈起来更加融洽。按道理我们去求人家帮忙，去"公关"，应当请人吃个饭，我们也做好准备。结果是这位校长坚持要请我们，我们反而被"公关"了。在那种场合，我既不会喝酒，也不善言辞，那位校长同我也属于一类，我们两个只在一边交谈，这时，我们那位老师可发挥作用了，他既会劝酒，又会唱歌，同时还同校长夫人跳起舞来，把场面搞得很热闹，我们来联络感情、增进了解、求得支持的目的完全达到，又交上了一位好朋友。我从心里感谢这位老师。

第二站是去山东，去山东大学找他们的党委书记，他也是中文系学科博士点评议组的负责人。这位书记同我们也是同行，也是搞文艺学的，算是认识，但不熟悉，于是我就请山东师大中文系的老李陪我同去。这位书记是当年党的十五大的代表，刚开完党代会回来，心情很好，大家见面，一见如故。我又提出请他吃饭，他说到我们这就得由我来请，于是我又被"公关"了。饭桌上，他兴致很高，谈了十五大，又谈了那些年他在山东几个高校和山东教委工作的经历。最后我说起这次来访的目的，他说你什么也不用说了，我心里很明白，我一定支持你们的工作。吃完饭，他又带我去参观山东大学的校园，特意介绍了为学校几个院士盖的小楼。我的任务也就顺利完成了。我同这位书记、后来的校长也交上了朋友，我退休后他还特意邀我到山大开会、讲学，对我十分热情。

回想起这两次"公关"活动，我很有感慨，每次都是我们去"公关"，结果反而被"公关"，兄弟院校的同行都是十分真诚、热情，我们不能老是关起门来充大头，真是需要多出去走走，多同他们交流，认真向他们学习。

郊游和祝寿

平日里老师们的教学和科研都很紧张，相互之间也难得有畅快的交流，在系工会的主持下，我们经常组织一些郊游，后来又创办了祝寿活动，让老师们在课余得到放松，也增加了彼此之间的了解。

中文系工会组织的郊游是一个很好的历史传统，我们那三年最远的是去承德，近郊有怀柔的雁栖湖、平谷的金海湖、延庆的龙庆峡，后来我们又去过密云的统战部的集贤山庄、夏宫等地方。在这些活动中，平日难得有机会相聚的老师们在一起交流，老师们也和爱人及孩子们一起游玩，白天游山玩水，入夜时在湖边举行篝火晚会，唱歌跳舞，整个系如同一个大家庭，其乐融融。每逢聚餐，工会主席总要我说几句话，在这种家庭聚会式的场合，一切"官话"都是多余的和不合时宜的，我衷心感谢老师们终年辛勤的工作，而且特别感谢中文系的媳妇们和中文系的姑爷们对中文系的支持，这几句话博得了特别热烈的掌声。当年参加这些活动的年长的老师们如今都已经成了爷爷奶奶了，当年参加这些活动的孩子们不少已经是大学生了，或者已经走上工作岗位了，不知他们是否还能记得在山庄、在湖边那些愉快

与谭得伶（左一）、启功（右一）

的时光。

除了郊游，最有创意的一项活动就是给老师们祝寿，这项活动也是由系工会组织。在那一年，每个月找一天把当月生日的老师们聚在一起，给大家祝寿。活动大都在晚饭后举行，在系工会活动室，当月的寿星们端坐一排，接受献花祝贺，随后在生日歌中吹蜡烛，切生日蛋糕，祝寿程序一项也不缺，寿星们个个红光满面，兴高采烈，观众们也跟着同喜，吃蛋糕时也有他们一份。给我留下最深印象的是7月份那批寿星，其中有古典文学组的启功先生、李修生、吴万刚，古汉语组的王宁、李国英，现代文学组的王富仁，外国文学组的谭得伶、何乃英，办公室的赵世辉。那个月寿星特别多，来祝贺的老师也多，大家相聚一堂，非常热闹。启功先生年岁大，活动多，平日非常繁忙，我们原以为他很难出席。没想到那一天晚上，启先生准时来了。主楼晚上不开电梯，服务员为我们的活动专门开放电梯，要不老先生是难上6楼的。启先生在祝寿会上成了主角，他谈笑风生，幽默的话语不断，大家笑成一片，主持人请他主刀切生日蛋糕，他当仁不让，还特别感谢大家为他祝寿，说很高兴同大家一起过生日。这一切都留在镜头中，成为珍贵的记忆。

新的世纪，新的起点：风平浪静的退休生活

退而不休，"中心"是我家

1998 年对我来说是重要的一年，我从系主任岗位上下来了，也退休了。有的人任职届满总不愿下来，总想再干一届，甚至两届，也有的人到了退休年龄，总想再延几年。我的想法不一样，在任职届满之前半年，我就给学校打报告，希望尽快安排下届人选，我感觉太累了，一天也不想多干，另外也想到见好就收，免得干长了没有新鲜感，还得挨骂。好心的朋友劝我退下来之前安排个出国教学的机会，为自己挣个养老费，这也被我拒绝了，我认为上上下下是再正常不过的事情，都是为大家服务，没有权利提什么要求。另外，到规定的年龄退休，也是很正常的事情，只要身体允许还可以做一些自己喜欢做的事情，除了少挣几个钱，退与不退好像区别不是很大。至于有人对你另眼看待，那也没有多大关系，只要自己心态正常，慢慢也就适合了。刚退下来时，总会有一些落寞，但总的来说是感到卸下了重担，自由了。

我退休至今 18 年了，退休后有一种退而不休、有事可干的感觉，有一种比较好的心态，主要依仗北师大文艺学研究中心，在那里依然

有科研和教学任务，在那里有许多好同事、好朋友，中心就像是我的家。

非常凑巧的是，"中心"恰好是在我退休之后不久成立的，好像是在为我准备一个栖身之地，一个温暖的家。北京师范大学文艺学研究中心是教育部人文社会科学重点研究基地，就全国而言，一个学科只能有一个基地，竞争的激烈程度可想而知。当年申请基地的紧张日子至今令人难忘，在童庆炳的领导下，文艺理论教研室的每位老师都投入紧张的工作，有的准备申请报告，有的筹集各种材料，有的外出购买图书，有的装修办公室，忙得有人都无法回家吃饭，只能在食堂凑合。基地需要有学术顾问，我们准备请启功先生担任。这个任务由童庆炳和我去完成。第一次找启先生，他正患带状疱疹，俗称缠腰龙，躺在床上痛苦不堪，一听我们请他，还是非常高兴，记得只说了一句"你们抬举我了"，算是答应了。第二次是请他为中心题匾，他在打好格的宣纸上认真书写，不满意的字马上圈掉重写，最后写成"北京师范大学文艺学研究中心"13个大字，每看到这13个大字我眼前就浮现出启先生当年挥毫的情景，老一辈学者关心晚辈的拳拳之心令人感动。启功先生在为北师大百年校庆所写的《北京师范大学百年纪念私记》的文章中，留下了这样一段文字："去年评出两个学术基地，一是'民俗、典籍、文字'的一个基地，一是文艺理论的一个基地。其一是由民俗学的老前辈钟敬文先生挑头……第二个基地是童庆炳教授和程正民教授组成，当然也有些位助手和组外的顾问。前一基地因钟老先生是'鲁殿灵光'，这一学科都是他的弟子，评议时已无人能争；第二基地评议时，虽得到多数的支持，也足见是本学科中究竟有出类拔萃的成绩，才能在众中取胜。通过后，童、程二位到我舍下谈天，他们即说叫鄙人做一名顾问，以志同喜。回想如在30年前'四人帮'手下，我们就都成了'白专'代表了。"

"中心"成立后，我被聘为专职研究员，童庆炳再三说，你愿意干多久就干多久，直到你不愿意干为止，这让我感到很温暖。我把自己当作中心的一分子，从事科研和教学活动。

　　我在中心 16 年，给博士生上"巴赫金诗学专题"课，又带了几届博士生，我所培养的 10 个博士生都是在我退休后获得博士学位的。此外，主要是完成中心的各项科研任务，我最早参加中心的第一批科研项目"中国文学理论现代形态的生成"，完成了《中国现代文学理论知识体系的建构——文学理论教材与教学的历史沿革》一书。之后又先后主持了中心的两个研究项目："20 世纪马克思主义文艺理论国别研究"和"20 世纪俄罗斯诗学流派"。最近我粗略统计了个人科研成果，在 20 多部个人专著和参与编著的专著中，竟然有 15 部是退休以后的成果。这些项目的研究，让我的生活过得紧张、充实、愉快。我感觉无所事事的日子会让人加快衰老，智力劳动有益健康，紧张、充实的日子会让人保持活力。

　　在中心，我也同大家一样，参加中心的日常活动和中心举办的各种学术会议，尽自己的可能关心和支持中心的工作，提出自己的意见和建议，从不把自己当外人。基地中期检查时，专家组有人提出中心对基本理论问题的研究关注不够，我在会上阐明了自己的观点，认为论从史出，不能离开材料的掌握，离开史的研究，去建构什么理论体系，离开史的研究，理论是没有根基的，指出中心首批两个项目的研究都体现了这一思路。后来证明这种看法是正确的，中心走的研究路子是正确的。在中心的研究实践中，我深深感到文艺学是一门开放的学科，同各国文艺学的发展有很大关系，不能关起门来搞文艺学研究，中心要有掌握不同国别外语的人才，有了一个精通一国外语的文艺学人才等于向该国的文艺学打开了一扇窗户。中心领导接受了我的意见，在这些年中想法引进了掌握德语、法语、英语的研究人员，大大推进了中心文艺学的研究。

　　在同中心不同年龄段教师，特别是年轻老师的接触中，我们一起讨论问题，交换看法，使我的思想不至于僵化，而经常保持活力。在一次学术讨论会上，我做了《历史感是文学理论应有的学术品格》的发言，涉及文艺理论研究中论与史的关系，恰好童庆炳和李春青两位老师在学术讨论会上也有类似的发言，李春青还将他发表的论文复印给我，同我讨论。经过相互切磋，我受益不少，使我对这个问题有了更开阔、更深切的认识。

饱览祖国山河

到各地参加各种各样的会议，又是退休后一项重要生活内容。粗略统计，我到各地参加各种学术讨论会、评审会、鉴定会，以及讲课，大约每年平均都得有两次以上，十几年下来得有二三十次。我参加这些活动的原则是，如果允许自由选择，退休以前去过的地方一般不再去，除了认真参加学术活动，重要的是想多看看祖国的美好河山，力求做到开会旅游两不误。退休以前去过的地方不算，退休以后，西北我去过新疆、青海、宁夏、陕西，西南去过云南、贵州、四川、广西，华东去过山东、江苏、安徽、浙江、福建、江西，中南去过湖北、湖南、广东、海南，其中许多地方都给我留下美好的记忆。

我很早就向往去新疆，有个机会来了，需要派人到克拉玛依给新疆函授班的学生面授，我自告奋勇前往。上课间隙，主办单位带我们参观了魔鬼城，有个学生从石河子专门开车领我去参观克拉玛依油田。函授结束后，克拉玛依油田教育学院领导陪我到乌鲁木齐游天池，我自己又跟旅游团沿途经高昌古城、火焰山，到了吐鲁番。新疆给我的印象，一是广阔无边，

2009年，在浙江兰亭

从乌鲁木齐坐汽车奔克拉玛依，沿途不见人烟，汽车好像是向着天边开；二是天太热了，赶上是夏天，到了火焰山，烤得你脱一层皮；三是维吾尔族同胞十分好客，我同学院维吾尔族副院长一路上无所不谈，很快成了好朋友。他甚至告诉我，有些维吾尔族青年不好好干活，油田招工不愿招维吾尔族，但按政策，油田招一个汉族就必须招一个维吾尔族的。他对本民族的问题毫不护短，对党的民族政策称赞有加。

除了新疆，西北我先后去了宁夏和青海。到宁夏银川是参加一个教育部教改项目的汇报鉴定会。会后宁夏大学的东道主又盛情邀我们看了西夏王陵、沙湖和贺兰山的岩画。最刺激的是一位师大校友开车一大早送他的同学和我奔沙坡头的腾格里沙漠，当我们脱了鞋子走进浩瀚无边的大沙漠时，真被大漠的辽阔、壮丽惊呆了。到青海西宁是参加中外文论学会的一次年会（2008年），会后参观了青海湖、塔尔寺和导弹原子弹研发基地。在汽车开往青海湖的路上，见到一大片油菜花，大家立马下车拍照，近处是黄灿灿的油菜花，远处是蓝蓝的青海湖，天边是雪白雪白的云彩，黄蓝白三色相映衬，真是令人心醉。

到西南是参加教育部文科基地的最后验收鉴定会（2001年），跑了成都的四川大学、桂林的广西师大和昆明的云南大学三处。成都和桂林退休前都去过，这次叫我大开眼界的是，云南大学请我们去游西双版纳，后来又到了缅甸。我头一次看到热带雨林和缅甸的异国风光，最让我惊讶的是缅甸的大赌场和人妖表演。西南地区后来借参加两次会议的机会，2009年和2010年，先后去了贵阳和遵义，看了向往已久的黄果树大瀑布，其实我觉得在赤水一带看到的瀑布也不比黄果树差。

华东地区退休前去的地方比较多，退休后又去了山东、江苏、安徽、浙江、福建、江西的一些地方，比如江西的井冈山、龙虎山、三清山，浙江的绍兴、兰亭、天一阁、普陀山、慈溪等。其中给我留下最深印象的是安徽之行，2007年我到安徽师大开会，先是上了九华山，后来一位安庆师院的老师又热情相邀我们去了安庆。听他介绍，安庆人杰地灵，出了中国三大美学家：朱光潜、宗白华和邓以蛰。我们先在城里参观了陈独秀陵园、菱湖，听了地道的黄梅戏，之后直奔天柱山。给我的感觉这是一座石头山，吸引人的是山下的三祖禅寺，又名乾元禅寺，是全国重点寺院，有诗云："禅林谁第一，此地冠南洲。"来天柱山之前，南京大学的赵宪章曾告诉我，三祖寺的住持释宽容是他的硕士。到寺里一问，说是住持到安庆筹备赵朴初诞辰一百周年活动去了。回到安庆，我们在安庆佛教协会找到了释宽容住持。这位住持年岁不大，十分清秀，显得和善、睿智，也很有修养。听说我们是赵老师介绍来的，非常客气，连忙倒水，关心我们吃饭没有。随后带我们参观协会所在地临江寺和临江塔，并一一合影留念。一帮善男信女见住持亲自带我们参观，非常惊讶，不知我们是何方神圣。这位年轻的住持十分热情，当时就邀请我们参加隔几天要召开的赵朴初百年纪念活动和佛教音乐会，我们因第二天就要离开安庆，不能赴会，向他表示遗憾。回北京后，释宽容住持连着两年给我送来新年贺卡和名片，从名片得知，他不仅是南京大学的文学硕士，还是美国某大学的哲学博士。

　　华中地区的武汉是我常去开会的地方，其中一次是 2007 年参加中外文论学会年会。会后，王先霈盛情邀请我们几人去了武当山。武当山是著名道教圣地，它的古建筑群规模宏大，气势宏伟，被列入"世界文化遗产名录"。武当山给我印象最深的，一是紫霄宫，它的整体建筑凭借山势，采取皇家建筑法式，显出庄严神奇的意境；二是峰顶的金殿，它是铜铸仿木结构的庑式建筑，至今仍辉煌如初。站在金顶可领略群山风光，让人心旷神怡。令人难以想象的是，当年古人是怎样把那么多的建筑材料搬到山上，武当建筑是神奇的，劳动人民的创造力更是令人惊叹。

走出去看看外面的世界

受到"文化大革命"长期的禁锢、压抑，改革开放后人们都很想出去看看外面的世界。苏联解体前夕，我因公访问格鲁吉亚作协，到第比里斯，也到了莫斯科、列宁格勒、基辅等城市，圆了俄罗斯之梦。香港回归后，我又拿到了第一批通行证，到香港参加一个普通话培训班的毕业典礼，第一次踏上了回归祖国的香港土地。退休后我先到中国香港、新加坡讲课，后来又到欧洲、美国旅游，看到的世界越来越广阔了。

我第二次到香港是应香港大学教育学院之邀，到那里访学、上课，时间比第一次要从容一些。在那段时间除了与同行交流、给学生上几次课，主要是自由活动，同香港人接触的机会比第一次访港就多一些。香港给我留下的印象很多，其中最突出的，一是挤，中文大学稍微好一些，香港大学一个楼挨一个楼，压得让你喘不过气来。有个外籍教师的餐厅，原来玻璃窗面向大海，非常开阔、舒畅，后来前面又盖起一座大楼，挡住了大海，非常煞风景。二是紧张，无论是校内还是街上，满都是人，而且大家都是行色匆匆，好像要去赶什么约会似的，白天是这样，晚上还是这样。我问他们，晚上都下班了，该休息，怎么还是急急忙忙的，他们说下班后还得忙着去上各种培训班，多一种本事多一条出路。三是办事认真，你在学校几天活动，什么时间安排什么行程，由谁负责，由谁陪同，都写得清清楚楚，一点也不含糊，你完全可以放心按此行事。四是有人情味。有人说香港人讲实际，各管各的，其实不尽然，多数香港人还是保留中华民族的传统美德，待人处世很有人情味。我的同行陪我上课，陪我游览、吃饭，就是临走前还有半天时间，得知我喜欢看教堂，还是亲自开车陪我逛遍香港各式各样的教堂，朋友的情分令我难忘。

我到新加坡是给系里在那里办的本科班上"文学概论"课。连着一周，每天都是晚上上课，因为学员白天都要上班。除了晚上上课，白天没事就到处逛逛。新加坡比香港还小，没有什么地方可去，就是浪淘沙一类的公园也很一般。同香港相比，新加坡给人印象就是干净、舒适。地方虽小，但住处、马路都很干净，空气也很好，在如今嘈杂、纷乱的世界中，绝对是一个人类宜居的地方。

　　古老文明和现代生活相融合的欧洲，一直是我向往的地方。2010年，通过法、意、瑞十二日游，终于实现了我的理想。一路十几天下来，我们游了意大利的罗马、佛罗伦萨、威尼斯，瑞士的日内瓦、法国的巴黎等城市。国内改革开放后，一些超大城市已有很大发展，商业也极为繁荣，到欧洲，像巴黎老佛爷一类的商店同北京王府井的商店也差不多，这已经无法使我感兴趣。欧洲吸引我的还是古老的文明。在罗马，我们先是被梵蒂冈圣彼得大教堂的宏伟、庄严、辉煌镇住了，而到了斗兽场又真切感受到了历史的沧桑，整个斗兽场十分壮观，但已是破败残缺，站在它面前，仿佛可以听见从远古传来的角斗士和猛兽的厮杀声。罗马是座有 2750 年历史的文化名城，如人们所说，走在这里的每一步都踩在历史的古迹上，这里的每个地方都在讲述着故事。在威尼斯，我感到这座城市同我的家乡厦门鼓浪屿很相似，同样被海被水拥抱，同样无车马之喧，更重要的是这种被水拥抱的城市都有水一般的韵味：湿润、清新、灵动。到了威尼斯，真有一种回

2010 年，在意大利罗马

家的感觉。离开威尼斯，我们又到法国南部的蔚蓝海岸，来到地中海的尼斯、戛纳和蒙特卡罗。在尼斯，立刻被雪白的海滩和蓝得令人心醉的大海吸引住了，海湾的大圆弧线仿佛是两只伸出去拥抱大海的

手，也像是天使身上的两扇翅膀。在蒙特卡罗国际会议中心，我好像听到了当年为申奥加油的北京小女孩的天使般的歌声，而在当地著名赌场的门口的一个雕塑工作室，我还结识了一名著名的雕塑家，他送我两本展示他的雕塑作品的画册。赌场和艺术连在一起，真是令人不可思议。在瑞士，我们欣赏了日内瓦美丽的时钟花圃、高达130米的大喷泉，体验了小镇湖泊、森林、草地的田园风光，还乘缆车登上铁力士山的雪峰，从炎热的夏天又回到冬天。瑞士给我的感觉是精致、干净、宁静，但我始终忘不了日内瓦联合国欧洲总部所在地万国宫广场上那个断脚椅，这个高大的断脚椅造型非常奇特、醒目，让人过目难忘，说是用来表达对地雷受害者的关怀，表达人类反对战争、热爱和平的愿望。巴黎是欧洲之旅的最后一站，这个城市古典高雅的韵味和现代时尚的潮流是完美融为一体的，琳琅满目的巴黎，风情万种的巴黎，让你目不暇接，流连忘返，我不敢说自己游览了巴黎，只能说急急忙忙到巴黎各个景点报了个到，签了个名，谈不上对巴黎的品味和了解。

2014年，我又随老人团到美国16日游，现代的美国和古老的欧洲是两个不同的世界，除了尼亚加拉大瀑布、科罗拉多大峡谷、夏威夷的海滩，美国给我留下的印象就是高楼大厦了。

含饴弄孙享天伦之乐

在搞阶级斗争的年代，人们往往把斗争放在第一位，事业放在第一位，中国传统的家庭伦理受到极大破坏，这也就没有社会安定可言。改革开放后，情况有了变化，人们更加重视家庭，重视亲情。我在退休之前，也是把主要精力放在工作上，退休之后虽然还有教学、科研任务，毕竟要少得多，于是精力慢慢向家庭转移，开始享受天伦之乐。我的一个中学同学现在已是菲律宾富商，一生可以说经历无数，阅人无数，我们相聚时他深有感慨地说，年岁大了，金钱和地位已有没有重要意义了，人生最重要的是要有一个好的身体，一个好老婆，几个好朋友，有这三者，人生足矣。听了他的感言，老同学都说老兄所言极是。

以前我外出开会，兼顾旅游，从来不带爱人，怕人说闲话。退休后我就不顾这一套，我曾带我爱人在福建讲学时去过武夷山，在武汉开会时去过武当山，在西宁开会时去过青海湖、塔尔寺。后来，我们又一起游了欧洲几国和美国。

我们曾带儿子、媳妇参加院系举办的郊游，去过承德、怀柔、延庆、密云，孩子们在节假日，也带我们老两口去过青岛、大连、烟台，近处驾车带我们在北京郊游。

到了节日假日一家总要相聚，除夕的相聚是每年的"必修课"，原来是七口人的相聚最近一次是八口人的相聚，中午吃一顿饭，晚上一起包饺子、吃饺子，最后才各自回家看"春晚"。

家庭的和谐需要相聚，更需要心灵相通，需要相互帮助，任何爱都不是单方面的，而是双方的理解和付出。孩子们非常关心我们，碰到老人病了，他们总是冲在第一线，值夜班，跑前跑后。作为长辈我们也总是尽自己所能在各方面给予他们关心、帮助，特别是在他们碰到困难的时候。

当年，老大一家买了房子搬出去了，但孙女还要在师大实验小学上学，这就需要我们每天接送，我每天在放学时等候在小学校门接她，再送她回我家，等她妈妈下班开车来接。一路上我帮她扛着大书包，听她叽叽喳喳说着班上的事。小学六年，年年如此，我的学生见了说："程老师，你怎么天天站在那儿接小孩子？"听了我并不觉得丢份，反而觉得是一种幸福。后来学校要在奥运村的洼里盖京师园，为职工解决住房的问题，那地方地段好，挨着奥运村森林公园，搬到那里，房子面积可以大大扩充。当时我马上交了10万元预付款。后来想到我们一走，谁来接孙女，这会给孩子带来困难，结果就放弃了。京师园现在成了热饽饽，许多老师问我们后悔不后悔，我觉得不后悔。

老二小，工作、结婚和生孩子都比老大晚多了，碰到的困难也更大，小两口承受着工作、房子、孩子几重重压，我们也尽自己所能给予帮助。买房子要交预付款，我们给予支持，照顾孩子需要帮忙，我爱人每周都要过去一次。北影离师大虽然不算远，但没有直达汽车，七十多岁的老人来回跑起来，也很辛苦，特别是在她最近一次手术后，休息了一段时间过后，她还坚持过去帮忙。每周她过去几次，小孩子来师大一次。每次来师大的时候，我都要抽出半天时间陪他玩，他一会要玩给花浇水培土，一会要我跟他玩打仗，一刻也停不住。春节要团聚的时候，一路上妈妈教他，在公共汽车上见了小孩要说："祝你心想事成！"见了老人要说："祝你健康长寿！"结果他记混了，见了几个小孩竟说："祝你健康长寿！"惹得全车人哈哈大笑。到了老大的家里时，经妈妈调教，总算说对了。看见小孙子一天天成长，会说会玩，活泼可爱，我们也很欣慰。

老伴老伴，老来作伴

老徐是我爱人徐玉琴，家里人当面有叫妈叫奶奶的，背后有时也叫老徐，这是因为她稳重，遇事有主见，大事不糊涂，可是在日常生活中她却常常丢三落四，一会找不到钥匙，一会找不到眼镜。

2014 年，在美国夏威夷

我同老徐认识是在 1962 年，当年我在中文系，她在俄语系，原来互不相干。那年赶上我们教研室编文艺理论教材，她在俄语系除了教俄国文学，领导又让她兼文学理论课，于是来到我们这里参加编写教材，也算是备课。我们一些年轻人就在一起讨论教材大纲，讨论教材初稿。据她说，看上我聪明、有看法，我则看上她善良、朴实。慢慢地我们就走在一起，当年大家都很忙，除了偶尔去逛逛公园，主要就是到了周末，每人提一个宿舍的椅子到大操场看露天电影，看完电影就地神聊。记得有一天还讨论将来谁先死谁后死的问题，这种话题也就说说而已，结果是无解。

我们是 1965 年结婚的，64 年我到河北衡水搞"四清"一年，65 年回校结婚，刚结完婚她又马上到山西武乡搞"四清"。结婚前唯一一次别扭是我的入党问题，老徐 1960 年就入党了，我因家庭问题当时很难办，她觉得我态度不积极，说得不是没有道理，可是我再积极也难解决，心里非常委屈。这个问题她就提过这一次，以后再也不提了，倒是她当干部的哥哥比她着急，比她积极，提了几次，觉得难办，最后只好叫我"好自为之"。这个问题我很感谢老徐的豁达大度，最后连"文化大革命"后我哪年入的党她都不知道，从不过问。

老徐带学生到武乡搞"四清"回来就赶上了"文化大革命"。其实她在俄语系也不是什么"走资派"，只是一个普普通通的党员，不过因为在党总支当过几天总支秘书，还是学生的年级政治辅导员，很快就被卷入运动，遭了殃。她被学生揪出来，说她是走资派的"大红人"，"能说会道"，同走资派一起被批判，被斗争，被抄家。其实这时她已经怀孕了，在斗争会上常常吓得心惊肉跳，哆哆嗦嗦，于是后来就生下一个"无脑儿"。这也算是我们家为"文化大革命"付出的一点代价，但比起千百万遭涂炭的家庭来说就差多了。

"文化大革命"对我们来说是一段艰难的日子，除了本人和各自家庭受到压抑和冲击，生活也很艰难。开始是婚后没有房子，居无定所，好不容易给了一间工 2 楼的 6 平方米的小北屋，她坐月子都见不到阳光，后来分到一间 15 平方米的南屋，终于在坐月子时可以洗头了，可以见到阳光了，老徐感到无比幸福。接着是两个孩子先后出生，大人经常下去劳动，育儿又没有经验，孩子经常生病，这也是苦不堪言，当然，归根到底还是缺钱。当年，老徐工资 56 元，我 62 元，"文化大革命"前我比别人多提了一级。我的 62 元每月要给老家寄 25 元，母亲带着五个弟弟妹妹非常困难。大孩子放在工人家里每月也要 20—30 元。在这种情况下，老徐就从来不给她家里，不给母亲寄钱，这点提起来大家都觉得很难理解，也非常感动。记得有一年冬天特别冷，孩子大人只有棉衣没有棉猴，老徐有件稍微像样的绒毛大衣，平常也舍不得穿，这时她自己到新街口信托商店把自己那件大衣卖了，换回两件棉猴给大家穿。

"文化大革命"以后老徐赶上了一段好日子，终于可以专心搞业务，可以施展自己的才能。她又走上了讲台，她上的俄国文学史课受到系里向来很挑剔的教师的称赞。除了开设俄国文学史课、苏联概况课，她还积极参加教材的编写。俄国文学史教材，由曹靖华、张秋华主编，北京大学主持编写，编写组内全国专家云集，老徐在讨论会上发表了不少有见地的意见，让大家刮目相看，说怎么过去不知道北师大有这么一位老师。在师大，她还同他人编写出版自己的教材。除了编教材，她还写论文，译作品，她写的论文曾被文科学报负责人方铭（胡乔木妹妹）看上，她翻译的著名苏联作家阿列克辛的作品《五排三号》，也曾多次被转载。由于教学和科研成绩不错，她顺利评上副教授。

好景不长，老徐不久又碰上问题。"文化大革命"后英语吃香，俄语开始萎缩了，俄语专业中的文学部分就更不需要那么多人了。她身为文学组的负责人，看着那么多人争着上那么点文学课，唯恐不满教学工作量时，心里也很着急。为了不同大家争教学工作量，她响应系领导的号召，到系资料室当主任，虽也上课，但不以教学为主了。这段时间，她简直成了系里的万金油了，除了搞好资料室的工作，她还多年担任系工会主席，系党总支统战委员。这一切，她都不计较，都干得风生水起，领导和老师们也非常满意。但最让她难受的是一些学生不明就里，不把她当老师看，把她当成一个图书管理员，对她不够尊重，其实任何工作都没有高低贵贱之分。在评正高职称时，老徐又碰上问题。按理说，她的科研成果不少，完全符合条件，只是教学工作量少了一些，在系一级评定时大家了解情况，顺利通过了。到了学校一级，系里有个没评上正高的民主党派教师到处告状，甚至告到上面，说她教学工作量不够，其实没人告状也就过了。可这样一来学校领导就不好坚持，只好把她刷下来。对此，不少老师为老徐打抱不平，这也是她心中永远的痛。

退休后，老徐自己解放自己，再不受一切束缚，过着一种新的生活，她先是发挥余热，在师大也在校外教对外汉语，教的是许多老师不愿讲的报刊课，难度很大，但通过自己努力，很受学生欢迎。因为名声在外，她还受人委托，在家教一名韩国留学生，经过师生长期共同努力，这个学生通过了汉语等级考试，最后竟然考上了北京中医药大学，这让老徐很有成就感。从对外汉语教学岗位退下来，老徐参加为离退休人员办的手工组，迷上了十字绣。她做的十字绣有老虎、马、兔子，也有花卉、风景，真是美不胜收，不少送给亲戚朋友，最后还留下一部分珍藏。退休之后，老徐还热衷旅游，过去去的地方太少，特别想走出去看看外面的世界，饱览祖国大好河山，她自己去了俄罗斯、江浙、云南等地方，还同我一起去了青海、湖北、福建，去了欧洲和美国，她心中的旅游计划还远远没有完成。

人有旦夕祸福，月有阴晴圆缺，这些年疾病又不断来考验老徐。十年前得了膀胱癌，之后先是切除了子宫卵巢，后来又得了乳腺癌。要是轮上别的人肯定觉得大祸临头，肯定悲观消沉，但她依然表现得乐观、坚强，从容面对一切，我开玩笑说她是千刀万剐，久经考验。人虽然有病，生活照样进行，老二有了儿子后，这两年她不辞辛苦，每周都要去他们家帮忙。自己有了病，她更关心周围的亲戚朋友。她经常要去看望在京的三舅、老姨和新近来京长住的哥哥。在校内，她经常关心院里已退休的有困难的同事。她常去看望一位90多岁高龄的老先生，并介绍她入党。院里有几家有病在家或住院的老师，是她经常要探望的对象。每逢"七一"，院里和支部要提她为学校优秀党员，总是被她推辞了。在她看来，优秀党员不是在光荣榜上，而是在老师们的心中。

我们的青春小鸟又回来了!

退休以后,中学老同学和大学老同学的来往和聚会,是一项最令人向往的、最有意思的生活内容。为什么大家对老同学的聚会愿意倾注极大的热情和精力?我想,这是为了留住我们的记忆,留住我们的青春。人的生命是由记忆来延续的,留住记忆就是留住生命。我们的青春是留在中学和大学的记忆中,留在自己的记忆中,也留在同学之间彼此的记忆中。聚会就是为了唤起我们的记忆,唤起我们的生命。我们的青春小鸟是一去不复返了,但青春的纯洁、青春的活力、青春的友情、青春的焦躁、青春的鲁莽、青春的幼稚,都将永远留在我们的记忆中,留在我们的生命中,会使我们晚年感到无尽的温暖和慰藉。

1995年中学老同学毕业40周年在厦门聚会,我因故未能回去,一直感到非常遗憾。2005年毕业50周年聚会,我终于在金秋时节同家乡和各地回来的老同学相聚。50年前的少男少女和50年后的阿公

阿嬷在时间的隧道里相遇、穿越，人虽老但本性难移，生出了一些有趣的事。作为班长，在聚会致辞时我是庄重的，但在聚餐时我就完全放松了，甚至有点忘乎所以，跟着大家胡说八道，我们年级分两个班，当时我不知道搭错哪根神经，也许是我们乙班比甲班强的意识在作怪，也许想开个玩笑活跃气氛，在谈起两个班有多少同学过世时，竟然冒了一句："不仅你们班死得多我们班死得少，你们班主任死了，我们班主任还活着！"这一说可不得了，甲班的同学就对我群起攻之，我连忙说："开玩笑，开玩笑！抱歉，抱歉！"他们这才饶了我。看来，老同学聚会颇像一场狂欢，每个人都可摘下各种面具，把人从左右他们的各种世俗因素中解放出来，回到人本身，又过一回真诚、直率、愉快的学生生活。

再说说大学同班同学的聚会。大学毕业我们班四十多个同学被分配到祖国的四面八方，东北、内蒙古、山东、湖北、江苏、广西……天南海北，各自一方。几十年过后，当年的小伙和姑娘都成了爷爷、奶奶了，一种对青春的怀念让大家迫切希望再相会。在北京的几个同学义不容辞承担这项任务，尽管困难重重，我们还是在毕业 40 周年的 1999 年、母校校庆的 2002 年、毕业 50 周年的 2009 年，先后举办了三次聚会，这三次聚会了却了大家的心愿，其他班的同学也非常羡慕。

毕业 40 年的头一次聚会，从全国各地来的老同学真不少，完全出乎我们意料之外。母校 40 年的变化太大了，我们毕业前夕曾参加修建的旧图书馆变成新图书馆，旧主楼拆了，新主楼立起来了，许多同学都快认不出来，好在我们上课的教育楼还在，我们住宿的西斋三个楼、中斋南北楼还在，那里记载着我们的青春，我们的梦想。团聚会上，老同学朗诵自己创作的诗词，不能赴京的同学也从外地寄来祝贺的诗词，表达自己对母校和老同学的怀念。有的同学还从北京电视台请来记者，录下我们团聚的过程，送我们每人一个录像带，并且在北京电视台的老年节目"银色短波"播出。

第二次聚会赶上学校的百年校庆，参加的同学就更为踊跃。我们

除了参加了学校和文学院的庆祝活动，班上也组织老同学参观大观园、世纪坛，搞了几次聚餐。同时，参加聚会的同学还集体去看望久卧病床的两位女同学，送去老同学的问候和友情，让她们本人和家属都非常感动，我们在心里没有忘记班上任何一个老同学。这次活动还有两个同学有机会去参加在人大会堂举办的校庆庆典，可以见到党和国家领导人。这两张票让谁去呢？让我们十分为难，后来尽管班上原来的个别干部有意见，我们还是给了长期在边疆工作的同学和当年在政治运动中受到伤害的同学，这决定受到大多数同学的支持。

最后一次聚会是毕业50年的2009年。这次聚会办不办，开始我们很踌躇，主要考虑到大家年岁越来越大了，行动很不方便。但架不住老同学的热情，还是决定举办。虽然参加的人数没有上两次多，但欢聚的情景令人感动。班上年岁最大、从来没有来参加过聚会的老大姐由女儿陪伴着，从山西赶来参加聚会。江西的一位女同学多年受心脑血管病折磨已经瘫痪，无法站立，只能坐轮椅，但她为了再见一眼母校，再见一眼老同学，由爱人和孩子陪伴也来了，看着她坐轮椅由人抬上抬下参加聚会，参观鸟巢，老同学无不为之动容。这次不少年岁比较大的老同学都来了，有心人特地为那年八十岁的四位同学买了生日蛋糕，点上蜡烛，唱起生日歌，祝他们生日快乐，在这些气氛中，他们个个容光焕发，一下年轻了不少。我不敢说毕业50周年的聚会是我们最后一次聚会，但今后再举办这种活动恐怕是很难了，看得出来大家对这次聚会特别珍惜，我们真有回忆不完的往事，有道不完的老同学之情，而这一切将深深地埋在每个人的心中，陪伴我们度过生命的最后一段路程。

王洛宾的歌里唱道"我的青春小鸟一去不回来",是的,从生理角度看,我们的青春小鸟是一去不回来了。但我想,只要我们青春的理想还在,我们青春的友情还在,我们依然是中文系一年级四班的同学,我们永远十八岁!

学生给我过生日

以前人们都称教师是穷教书的,在社会上教师不是富有的阶层,但从某种意义上讲,教师又是最富有的阶层,他们所培养的学生就是他们一笔别人无法比拟的财富。当学生毕业的时候,当学生在毕业后取得各种成绩的时候,当老师的总有一种收获的感觉,一种别人难于体会的幸福感。从 1959 年毕业以后,我的教师生涯已有半个多世纪了,我教过本科生,培养过硕士生、博士生,也给函授班、学位班讲过课,还有一些"编外学生",他们或是外出讲课、参加学术讨论会和答辩会认识的,或是本单位其他专业其他老师的学生,他们只要有事找我,我就尽力给予帮助,也结下很深的师生情谊。我退休以后同学生联系少了,但我总记挂着他们,为他们取得的成绩感到高兴,他们在节假日也总要来探望我,给我打电话。在我年岁大的时候,也开始要给我过生日。

我一生下来就赶上"七七"事变,新中国成立前后又始终处于社会动荡之中,加上我们家孩子又多,我不记得什么时候过过生日,更主要的是我始终无法准确确定自己的出生年月日,我上中学、

2016 年,学生给我过生日

上大学，一直填的是1938年，后来家里大人说是"七七"事变那年生的，属鼠的，于是以后就改填1937年，人家为了晚退休都往小里改，我却往大里改。至于月日也搞不清楚，原来填的是1月7日，后来妈妈说是阴历十二月初五生的，阳历不清楚，有人帮我查了万年历，算是1月17日。终于确定了出生年月日。

2007年，我70岁，我的硕士生和博士生，早早地就张罗给我过生日，开始我反对，实在拗不过，后来勉强同意，条件是以我带的学生为限，吃一顿饭就行，不要太张扬。后来不知道怎么传出去的，文艺学研究中心一位也不是我带的女博士生听说了，还专门去找了一个有名的书法家，为我题了"思无邪"三个大字，做成横匾，气喘吁吁地扛上四层楼，送到我家里来，让我很过意不去。晚饭的那一天，在京的我的博士和硕士都来了。他们除了送来鲜花，知道我喜欢石头，又送了一块红、绿、黄相间的石头。生日宴上，大家切蛋糕，唱生日歌，举杯祝我生日快乐。桌上最高兴的是我的小孙女，看着大家切开蛋糕，她高兴得合不上嘴。学生们为我祝寿是非常真诚的，他们希望我能健康长寿。那天我也很感慨，我父亲活了65岁，我母亲活了74岁，我自己从小体弱多病，没想还能活到70岁，可见现在的日子和医疗条件比起从前是要好得多了。我也希望自己能多活几年，尽量为社会多做点事，也能看到祖国繁荣，民族振兴。

2012年，我75岁那年，学生又要给我过生日，我说也是吃一顿饭就行，我和学生们又聚了一次。看到自己的学生有的在国家机关当上领导，有的在国家出版社独当一面，更多的学生在高校教书，他们当中有些已是教授、博导，有的甚至当上学校领导，做老师的我感到自豪和欣慰。餐桌上我建议今后不要再张罗过生日了，以后如果大家有时间，可以每年聚一聚，交流工作的情况和经验，这样可能比过生日更有意义。他们部分接受我的意见，同意每年聚一聚，但认为逢五逢十，生日还是要过的，并开始筹备80生日的活动，我很感谢他们，但也很难预料能否活到80岁。在身体问题上，我向来是低调，有人问我身体怎么样，我总是说还凑合，从来不敢吹自己身体怎么怎么好，这恐怕还是比较符合实际的。人老了，谁能说自己一定会健康长寿，那只不过是一种美好的愿望。反正不要给自己设定目标，好好过好每一天，尽量做点有利于人民的事，不要给孩子们添麻烦，这就是我的基本想法和理想。

编后记

正民师的"法定"生日是 1937 年 1 月，那 2017 年 1 月便是他 80 岁华诞，但实际上，根据我按他的回忆录推算，他的实际生日应当是 1938 年 1 月，因为他家的老人回忆，他是在"七七"事变之后出生的。我之所以要提到这一点，是觉得正民师其实还年轻。在我的印象中，我 1996 年第一次见到先生的时候，他就是这个样子，花白的头发，瘦瘦的，高度数的眼镜后面闪烁着睿智的光；20 年过去了，他现在还是这个样子。我和同学们都有同样的感受，而这种感觉让人有一种温暖油然而生。

孔子曾说"知者乐、仁者寿"，这个话用在正民师身上恰如其分。所谓"知者"，一是指学术水准，这一点圈内的人都有共识，正民师拥有的不仅是学识，更重要的是见识，即发现问题并让你明白问题在哪儿；一个人的"知"（智）其实更重要的是体现在以谦和的姿态来面对自己的成就，以大量的论证来说明问题，所以他从不自我夸耀，从不以咄咄逼人的口气谈论任何问题，他不愧是巴赫金的研究专家，谈论问题从来都是"对话"式的，既对自我主体保持应有的自信，又对所述对象秉持对话的姿态——这也是正民师在圈内赢得广泛敬重的根本原因。所谓"仁者"，"爱人也"。心理学上有一个说法，"施予"不仅是一种道德行为，也是一种健康行为，你给了别人爱，自己获得的是心理的慰藉，从而激发体内的生命潜能，使生命变得更加美好。马斯洛说善与健康是相关的，马斯洛是个人本主义者，所以这个话带有激励人们向善、努力修行以获取健康的意思。实际上，我一直说，正民师的"善"不是修行来的，是天生的。也正是这种天性，弥补了高强度的工作给他的身体带来的负面影响，所以，在退休之后，他还做了大量的研究工作，出版了多种著作，而且始终保持着宁静而致远的精神气度。

两年前，我们几位同学就开始商量为正民师过一个有意义的寿诞，其中的一项主要内容，就是出版一套文集，包括正民师的代表性著作，以及一卷生活记述性文集。在该卷记述性文集中，收进了正民师的回忆录节选、他对自己老师的纪念性文章，和他的同事、学生们的记述性文字。在征集这些文字的过程中，大家表现出了共同的热情，特别让我感动的是董晓萍老师和王一川老师。董老师知道我们这个活动的计划后，即开始搜集材料，最后写出来数万字的长文，她站在一个学者、同事、朋友和学生的多重角度，对正民师的学术活动，尤其是与钟敬文先生的民俗学专业相关的学术交往，做了细致而生动的梳理。而王一川老师的文章，在第一次发给我之后，在接下来的一段时间内，他又几易其稿，对细节的补充和订正精益求精。董老师的稿子也是如此，在写完初稿之后又做了多次补充和修订。两位老师在写作过程中的投入让我深受感动，他们的稿子有时是在深夜，甚至是凌晨四点发给我的。周志强的一句话也许能反映大家的共同想法：能为程老师做点事，是我的一个心愿。

实际上，文集的编辑工作是给我们提供了一个再度接受正民师教诲的机会，并通过这些充满历史感的文字，进一步走进他丰富的生命空间，感受一个纯正的学者、一个充满爱心的仁者的精神世界的广博。而就是在这个广博的精神世界中，正民师将与我们始终同行。

责任编辑罗莉和特约编辑席建海为本书的编辑出版付出了辛勤劳动，我们向他们表示衷心的感谢。

王志耕　邱运华　陈太胜